U0133347

东周时代戎族史迹的考古学探索

Xirong Tribes

The Agent of Cultural Exchange

Between Ancient China and Eurasian Steppe

张寅 ◎ 著

上海古籍出版社

图书在版编目（CIP）数据

西戎：东周时代戎族史迹的考古学探索 / 张寅著
. —上海：上海古籍出版社，2024.5
　ISBN 978 - 7 - 5732 - 0848 - 4

　Ⅰ.①西…　Ⅱ.①张…　Ⅲ.①古代民族–民族考古学
–研究–中国–东周时代　Ⅳ.①K289

　中国国家版本馆CIP数据核字（2023）第171446号

西戎

东周时代戎族史迹的考古学探索

张　寅　著

上海古籍出版社出版发行

（上海市闵行区号景路 159 弄 1-5 号 A 座 5F　邮政编码 201101）

（1）网址：www. guji. com. cn

（2）E-mail: guji1 @ guji. com. cn

（3）易文网网址：www. ewen. co

上海丽佳制版印刷有限公司印刷

开本 700 × 1000　1/16　印张 21.25　插页 9　字数 319,000

2024 年 5 月第 1 版　2024 年 5 月第 1 次印刷

ISBN 978 - 7 - 5732 - 0848 - 4

K · 3453　定价：128.00 元

如有质量问题，请与承印公司联系

张 寅

1986 年生于陕西西安，现为陕西师范大学历史文化学院副教授，考古文博系副主任，国际长安学研究院长安考古研究中心副主任。2004 年考入北京大学考古文博学院，先后获历史学、哲学学士学位，历史学博士学位。2014 年至今任教于陕西师范大学，2016－2017 年曾在英国伦敦大学学院访学，2020 年晋升为副教授。主要致力于东周秦汉考古研究工作，主持国家社科基金项目两项，发表考古简报、学术论文十余篇。

　　本书系国家社科基金青年项目"东周西戎考古学文化及其所反映的中外文化交流研究"（项目批准号：16CKG009）最终研究成果，由陕西师范大学优秀著作出版基金、陕西师范大学历史文化学院优秀学术著作出版基金资助出版。

Preface 序

《礼记·王制》："东方曰夷，南方曰蛮，西方曰戎，北方曰狄。"这段话基本代表了战国时期居住在东亚大中原地区华夏族群对周边四方之地非华夏族群的大致区分及泛称。实际上，这种区分并非始于战国，而是由来已久。从文献记载看，大约在夏商时代就已初见端倪，至两周时代逐渐清晰化。尽管所谓夷、蛮、戎、狄的称谓并非绝对按照方位，如北方有山戎、西戎亦曰西夷，或戎狄、蛮夷并称，但大体上的区分还是存在的。

就西戎而言，见之于文献记载，主要为晚商及两周时期。这一时期的西戎，主要指居住在陕西关中盆地以外的西部山地及西北黄土高原一带的非华夏族群。也就是说，所谓西戎首先是一种地域概念，即西地之戎。其次是一种文化概念，即区别于华夏族群，自身具有独特的文化面貌，从考古学文化层面可以明显区分出来的族群。然而，属于西戎的考古学文化并非单一，而是包含了多个考古学文化。其三，所谓西戎并非自称，乃是华夏族群给予的一种统称或泛称。由于西戎族群长期处于相对分散的氏族部落或部落联盟阶段（部分西戎族群曾一度建立国家），其具体称谓颇为复杂，见于文献记载的西戎族名不下二三十种。

当然，有关西戎族群的活动地域也随时代的变迁而有所变动。例如，商时期以寺洼文化为代表的西戎族群主要活动于黄河上游的支流洮河一带，大约在商代晚期及西周时期才迁徙至陇西、陇南及陇东地区；而东周时期，来自北方草原地带的一些游牧或半游牧部落占据了陇山东西两侧，也成为西戎的一部分；更由于秦人的崛起，特别是受秦霸西戎的影响，除一部分土著西戎族群仍在原地域继续存在外，一部分则迁徙至中原地区，如关中的西戎移民、陕晋邻近处北洛河的戎人、河南伊洛河流域的陆浑戎等；另一部分则南下至川西南，与当地文化融合；而汉晋时期，西戎则指更为遥远的河湟之地的少数族群。

两周时期的西戎族群因与周秦毗邻，周秦王朝的兴衰与之密不可分，从这个层面上讲，西戎文化的研究在中国古史研究中占有重要地位。

然而，尽管历史文献及铜器铭文中对西戎族群的活动留下了不少记载，但总体上较为简略，且缺漏甚多。特别是东周时期，西戎族群分化严重，支系众多，迁徙变动频繁，我们仅从文献记载很难弄明白其来龙去脉。因此，考古发现与西戎考古学文化研究尤为重要，甚至在观察西戎族群活动中已经占据了主导地位。

目前，在甘肃中东部、东南部以及宁夏中南部一带，即陇山东西两翼，经考古调查发现的东周西戎遗址（或墓地）已超过 60 处，其中，经过较大规模发掘的东周西戎遗存有 10 多处。例如张家川马家塬西戎贵族墓地连续十多年的发掘，其文化内涵之丰富，超出了我们的想象。此外，近年陕西黄陵县寨头河、史家河战国西戎墓地，河南伊川徐阳陆浑戎墓地的大规模发掘，使得我们对东周西戎族群的内迁有了更为直观的认识。

张寅于 2004 年进入北京大学考古文博学院学习，历经本科、硕士、博士。我作为他的导师，其间多次安排他参与甘肃、陕西地区秦文化与西戎文化的考古调查、发掘及资料整理工作，张寅的本科学位论文、博士学位论文也均与此有关。2014 年毕业后，张寅在陕西师范大学任教，并继续相关研究，目前已发表与东周西戎考古相关的学术论文十余篇，并顺利完成了国家社科基金青年项目"东周西戎考古学文化及其所反映的中外文化交流研究"。这本《西戎：东周时代戎族史迹的考古学探索》即是张寅多年来对于西戎文化认识的系统总结，可以说在东周西戎考古学文化研究领域处于学科领先地位，主要学术成果有以下几点：

其一，首次将东周西戎考古学文化分为八个类型，对各类型的年代分期、分布地域、文化因素构成、生业模式，以及族属等问题，进行了全面、深入的研究。

其二，系统论证了东周西戎族群及考古学文化的两个来源：一是来自北方草原地带，从春秋晚期开始，这群人自北向南迁徙，保留了自身强烈的北方草原文化传统，以"杨郎类型"和"马家塬类型"等为代表；另一则是原本生活于甘肃东部地区的土著西戎，其文化来源于西周至春秋早期活动于此的寺洼文化，以"毛家坪B组类型"等为代表。

其三，探讨了东周时期西戎文化与欧亚草原中部游牧文化、中国北方系青铜文化、中原文化、西北土著文化的关系，从文化交流视角，更加清晰地辨明了东周西戎族群的构成及其文化特色，明确了西戎部族在中外文化交流中所发挥的作用。

其四，除系统分析了甘陕地区东周西戎文化代表性陶器"铲足鬲""带耳罐"外，还辨识出一种"戎式罐"，对东周西戎文化的认识大有裨益。

其五，对于历史上煊赫一时的西戎族群的去向，结合考古学与历史学成果进行分析，提出了自己独到的看法，勾勒出东周时代华夏族与西戎族群逐渐融合的历史态势，完整了西戎族群的生命史研究。

总之，该书全面而深入，创新性突出，对推动西戎文化的研究具有重要的学术价值。

需要指出的是，目前东周西戎考古学文化的发现与发掘相对有限，特别是陇山东侧西戎考古调查与发掘工作尚少，致使文献记载的一些西戎重要族群，如著名的义渠戎国，目前还难以与考古学文化挂钩。这些有待于今后的工作，也希望张寅能够继续深入地研究下去。

赵化成

二〇二三年九月十六日

Contents 目录

绪　论

古代文献中记载的"西戎"史迹，可以上溯至商周时期。但相较而言，东周时期西戎的活动地域及历史脉络更加清晰一些。《史记·匈奴列传》曰："秦穆公得由余，西戎八国服于秦。"[1]秦穆公所服之戎，《列传》为八国，《秦本纪》却说:穆公"三十七年，秦用由余谋伐戎王，益国十二，开地千里"，正义引韩安国语："秦穆公都地方三百里，并国十四，辟地千里。"[2]《韩非子·十过》云："兼国十二，开地千里"[3]，而《史记·李斯列传》以为秦穆公"并国二十，遂霸西戎"[4]，《后汉书·西羌传》则详列春秋西戎十国[5]。文献所见东周时期的西戎族群或为八国、十国，或为十二、十四、二十，说者不一。可见，西戎应是一个泛称的大概念，下分很多支系或部落。俞伟超曾说："大体讲来，西戎是指缘于陕西西部至甘、青地区的一些祖源相同或相近的畜牧和游牧部落的统称。"[6]

一、何为"西戎"

对于西戎史迹，自汉代以来的经学家直至清代考据学派就有不少疏解。1915年，王国维作《鬼方昆夷猃狁考》，开启学界对于戎族称谓及特征的研究。他认为"戎"是"以中国之称称之也"，"随世异名，因地殊号"，其为泛称，并非单一民

---

[1] 司马迁:《史记·匈奴列传》，中华书局，1982年，第2883页。
[2] 司马迁:《史记·秦本纪》，中华书局，1982年，第194页。
[3] 张觉:《韩非子校注》，岳麓书社，2006年，第96页。
[4] 司马迁:《史记·李斯列传》，中华书局，1982年，第2542页。
[5] 范晔:《后汉书·西羌传》，中华书局，1965年，第2872页。
[6] 俞伟超:《古代"西戎"和"羌"、"胡"文化归属问题的探讨》，《青海考古学会会刊》1980年第1期。

族称谓[1]。对此，有学者持反对意见，强调"戎"在商周时期曾作为一个单独的民族共同体确实存在过[2]，"戎"并非泛称，而是单一民族之专名。至春秋之时，"戎"逐渐成为各少数民族的泛称[3]。目前，历史学界普遍认为"戎"作为一个族群称谓，其所指有"由小变大"和"由大变小"两个历史过程。"由小变大"指"戎"从小部族专称演变为多种异族统称。"由大变小"是指"戎"逐渐退居西部，成为所谓"西戎"[4]。这种转变，约发生于两周之际，东周时期的"戎"已经彻底成为一个泛化的概念了。

对于戎是否活动于中国西部，学界也有着不小的争议。一些学者强调戎族与西部地域方位的联系。吕思勉指出："戎狄固以方位言，非以种族言。"[5]郭沫若强调："所谓西戎，主要指活动在陕甘青藏的一些分散的羌人部落或方国。"[6]林剑鸣认为西戎是泛指散布于秦国西方的许多戎族[7]。然而，也有学者主张戎并不局限于西方。童书业认为："戎，并不限于西方，东方、南方、北方都有戎。"[8]史念海指出："东夷、西戎、南蛮、北狄，仿佛他们各据一方，不相混合。其实，他们并不是绝对有区别的四种部落。"[9]实则，戎与西方的联系是较晚时发生的。童书业考证："春秋以后……夷、蛮、戎、狄便渐渐与东、南、西、北发生比较固定的关系了……把夷、蛮、戎、狄分配东、南、西、北的记载，最早的似乎是《墨子》……自从战国人有了这种看法，于是汉人就沿袭下来，《礼记》说西方曰'戎'……自从汉人这

————————

[1] 王国维：《观堂集林》，中华书局，2004 年，第 583—584 页。
[2] 杨建新：《论戎族》，《西北史地》1984 年第 1 期。
[3] 王宗维：《西戎八国考述》，《西北历史研究》（1986 年号），三秦出版社，1987 年。
[4] 雷紫翰、姚磊：《近百年戎族特征及称谓研究综论》，《史学月刊》2014 年第 8 期。姚磊在《先秦戎族研究》（兰州大学硕士学位论文，2014 年）中对海内外历史学界有关先秦戎族称谓、分布、族属等问题的研究进行了系统整理。下文中有关史学界对于西戎族群的研究观点，多参考自《先秦戎族研究》，下不赘引。
[5] 吕思勉：《中国民族史》，上海古籍出版社，2008 年，第 236 页。
[6] 郭沫若：《中国史稿》（第 1 册），人民出版社，1976 年，第 301 页。
[7] 林剑鸣：《秦史稿》，上海人民出版社，1981 年，第 45 页。
[8] 童书业：《夷蛮戎狄与东南西北》，《禹贡》1937 年第 10 期。
[9] 史念海：《西周与春秋时期华族与非华族的杂居及其地理分布》（上），《中国历史地理论丛》1990 年第 1 期。

样一写，后人也就继续沿袭下来了。"[1]王玉哲认为戎最初出现时并无方位的含义，西戎是战国末年及秦汉间的学者为整齐划一而分的[2]。赵铁寒强调："以夷蛮戎狄四名，配东南西北四方，成为东夷、南蛮、西戎、北狄之专名，此种风气，开始于春秋之时，至汉初而完成，古无是说也。"[3]顾颉刚认为："战国以下的人总喜欢把夷、蛮、戎、狄四名分配东、南、西、北四方。"[4]因此，无论早期"戎"是否生活在西部，但大约从东周时期开始，"西戎"的称谓逐渐形成，成为秦晋以西广大地区非华夏族群的统称。

西戎族群与周、秦兴衰密切相关，因此在先秦两汉文献乃至周代铜器铭文中留下大量记载。古文献中多将东周时期的西戎视为异族，他们属于非华夏族群，为外来人、非周人，文明程度远低于华夏。饶宗颐就指出："戎狄与东夷皆泛指东西异族。"[5]史念海强调戎部落并非华族[6]。王明珂认为："戎或西戎，在春秋战国时期是华夏民族对非我族类的称号。"[7]可以说，周代各诸侯国已经有了一种清楚地区分"我们"和"他们"的意识，西戎不仅是外族，而且是一个强烈抵触周王朝道德影响的"野蛮人"[8]。同时，"戎"带有明确的贬义，这是春秋时期民族冲突引起的华夏意识增强的产物。"戎"已经不是一个简单的伤及尊严的描述，它是将文明概念与人性思想相结合的社会意识的一部分[9]。东周时期"西戎"二字把生活在华夏社会栅栏外的异族集团描绘成了遥远的徘徊于兽性边缘的野蛮人。

周代"西戎"的称谓在一定程度上也表明戎人与华夏诸国之间的敌对关系。沈长云认为："所谓夷、戎、蛮的称呼，最初都主要是指不在诸夏政治联盟之内，或与诸

[1] 童书业：《夷蛮戎狄与东南西北》，《禹贡》1937年第10期。
[2] 王玉哲：《论先秦的"戎狄"及其与华夏的关系》，《南开大学学报》1955年第1期。
[3] 赵铁寒：《春秋时期的戎狄地理分布及其源流》，《大陆杂志》1955年第2期。
[4] 顾颉刚：《从古籍中探索我国的西部民族——羌族》，《社会科学战线》1980年第1期。
[5] 饶宗颐：《饶宗颐二十世纪学术文集·甲骨集林》，中国人民大学出版社，2009年，第962页。
[6] 史念海：《西周及春秋时期华族与非华族的杂居及其地理分布》（上），《中国历史地理论丛》1990年第1期。
[7] 王明珂：《华夏边缘：历史记忆与族群认同》，允晨文化有限公司，1997年，第215页。
[8] 狄宇宙：《古代中国与其强邻：东亚历史上游牧力量的兴起》，中国社会科学出版社，2010年，第117—127页。
[9] 冯客：《近代中国之种族观念》，江苏人民出版社，1999年，第6页。

夏在政治军事上对立的各个国族。"[1]从西周时期开始，"戎"就可以指代华夏国家边境以外的其他任何敌对势力组织了[2]。尚武好战成为戎族的显著文化符号，他们不断侵扰华夏，"戎"字本身就关涉到"好战的""军事的""战争""武器"等意义[3]。

"西戎"的经济形态往往被认为是迥异于中原农业社会的。钱穆认为："惟其为游牧的社会，故无上述城郭、宫室诸文物，而饮食、衣服种种与诸夏异，而成其为蛮夷戎狄。"[4]虽然后来很多学者反对西戎过着游牧生活，其应处于一种复合经济形态，如武沐认为："生活在森林草原环境中的诸多戎、狄民族也不可能成为真正意义上的游牧民族，只能是一种农、牧、狩猎混合型的族群。"[5]杜正胜指出："戎狄不是纯粹的游牧民族，农作在经济生产中还占有相当的比重……戎狄分散溪谷，生产方式必然与生态环境配合，或农或牧，或渔或猎是有个别性的差异的，但整体而言，他们过着半农半牧的生活，并且渔猎采集以补充生活资料之不足。"[6]但不可否认的是，牧业、渔猎等特殊生业模式在西戎生活中所占比重应是远高于中原农业社会的。

由于西戎长期处于相对分散的氏族部落或部落联盟阶段，因此其具体称谓颇为复杂，见于文献记载的东周西戎族名多达十余种。《史记·匈奴列传》："秦穆公得由余，西戎八国服于秦，故自陇以西有绵诸、绲戎、翟、獂之戎，岐、梁山、泾、漆之北有义渠、大荔、乌氏、朐衍之戎。"[7]《后汉书·西羌传》列为十国，"及平王之末，周遂陵迟，戎逼诸夏，自陇山以东，及乎伊、洛，往往有戎。于是渭首有狄、獂、邽、冀之戎，泾北有义渠之戎，洛川有大荔之戎，渭南有骊戎，伊、洛间

[1] 沈长云：《先秦史》，人民出版社，2006年，第153页。
[2] 李峰：《西周的灭亡：中国早期国家的地理和政治危机》（增订本），上海古籍出版社，2007年，第166页；辛迪：《两周戎狄考》，北京大学博士学位论文，2006年，第32页。
[3] 梁启超：《饮冰室文集点校》，云南教育出版社，2001年，第3224页；杨佩铭：《释戎》，《边疆人文》1947年第4期；杨树达：《积微居字说》，《复旦学报》1947年第3期；范毓周：《甲骨文"戎"字考释》，《纪念殷墟甲骨文发现一百周年国际学术研讨会论文集》，社会科学文献出版社，2003年；狄宇宙：《古代中国与其强邻：东亚历史上游牧力量的兴起》，中国社会科学出版社，2010年，第131页。
[4] 钱穆：《国史大纲》，商务印书馆，1996年，第57页。
[5] 武沐：《匈奴史研究》，民族出版社，2005年，第18页。
[6] 杜正胜：《西周封建的特质——兼论夏政商政与戎索周索》，《中国上古史论文选集》，华世出版社，1979年。
[7] 司马迁：《史记·匈奴列传》，中华书局，1982年，第2883页。

有杨拒、泉皋之戎，颍首以西有蛮氏之戎"[1]，所述戎族大多活动于秦晋西北，亦多为西戎部族。这些族群名称部分袭自古族名，如绲戎，又作昆戎、昆夷、犬夷、犬戎等，其实为晚商至西周时期西戎之称谓，一些族名则因居住地域而得名。东周西戎支系众多，学者对于诸戎地域进行精详的考辨[2]，其松散化的分布特征呈现出异于中原国家的社会组织形态。

最后，在讨论西戎人群历史时，能否使用"氏族""部落""部族""族群""民族"等概念，这是困扰学界的一个问题。目前，学界对"部落""族群""民族"等概念的定义并无统一的认识[3]，这些概念多出现较晚，且有些词语为舶来品，能否直接用来研究先秦时期人群，解释先秦史实，学界存有疑虑。实际上，东周时期西戎构成复杂，体系庞大，"西戎"并非通常意义上的族类构成。本书中"西戎""戎人""戎族""西戎族群"等概念意在强调这是一个在体质、文化、语言、习俗、生业模式等方面具有自己传统和特点的群体，具有不同于中原国家的社会组织形式。在华夏文化语境下，他们显然是一群带有"非我族类"身份标识的"边缘"群体。

二、东周西戎考古学文化的发现与研究

1934—1937 年，北平研究院史学研究所在陕西宝鸡斗鸡台沟东区清理 104 座墓葬。这些墓葬多为西周墓，但其中有 4 座屈肢葬墓各出土 1 件铲脚袋足鬲较为特殊。尽管当时对这种遗存一无所知，但苏秉琦明确将其区分出来，并判断其年代约为战国时期[4]。

---

[1] 范晔：《后汉书·西羌传》，中华书局，1965 年，第 2872 页。
[2] 聂新民：《秦霸西戎地域考——秦国势力在黄土高原的扩展过程》，《西北史地》1986 年第 2 期；蒙文通：《周秦少数民族研究》，《蒙文通文集》，巴蜀书社，1987 年；舒大刚：《春秋少数民族分布研究》，文津出版社，1994 年；赵铁寒：《春秋时期的戎狄地理分布及其源流》，《大陆杂志》1955 年第 2 期；辛迪：《春秋诸戎及其地域分布考》，《中国国家博物馆刊》2013 年第 4 期；姚磊：《先秦戎族研究》，兰州大学硕士学位论文，2014 年；付建：《朝那鼎与乌氏、朝那》，《考古与文物》2020 年第 3 期；付建：《乌氏戎略考》，《宁夏师范学院学报》2020 年第 6 期。
[3] 王东明：《关于"民族"与"族群"概念之争的综述》，《广西民族学院学报（哲学社会科学版）》2005 年第 2 期。
[4] 苏秉琦：《斗鸡台沟东区墓葬》，北京大学出版社，1948 年；苏秉琦：《瓦鬲的研究》，《苏秉琦考古学论述选集》，文物出版社，1984 年。

随着考古工作的不断展开，20世纪50年代以后，这类以"铲足鬲"为特征的遗存在陕西关中地区东周秦国墓地中多有发现。20世纪80年代前后，俞伟超、韩伟在涉及秦文化来源时曾就铲足鬲所代表的文化属性有过讨论，或认为与秦文化来源有关，或主张属于西戎之遗留[1]。而这一问题的解决，得益于1982、1983年甘肃甘谷毛家坪遗址的两次发掘。

毛家坪遗址出土一类以夹砂红褐陶为特征，个别陶胎近灰色的陶器，被称作"B组遗存"，其主要器类包括双耳或双鋬的分裆袋足鬲、高领深腹罐、双大耳罐、双耳平口罐，袋足鬲较早者为柱状足跟，略晚者为铲形足跟，即所谓的"铲足鬲"[2]。毛家坪B组遗存从春秋中晚期开始在居址中出现，虽然其是在与秦文化陶器共存的情况下发现的，但与秦式陶器又有明显不同。以铲足鬲为代表的这类遗存在甘肃东部有着广泛的分布，赵化成论证其为东周西戎的遗存，而具体到毛家坪遗址则可能是冀戎的遗留[3]，这一论断得到学界的认可。但有关毛家坪B组遗存的文化来源则分歧较大。一种意见认为B组遗存来源于寺洼文化[4]，另一种意见认为与晋陕高原及内蒙古中南部一带的李家崖文化、西岔文化有继承关系[5]，也有学者认为可能是二者融合的产物[6]。

如前所述，自宝鸡斗鸡台遗址首次发现铲足鬲之后，这类器物除在甘肃东部广泛分布外，陕西关中地区也多有发现。早在20世纪80年代，韩伟撰文指出这些

---

[1] 俞伟超：《古代"西戎"和"羌"、"胡"文化归属问题的探讨》，《青海考古学会会刊》1980年第1期；韩伟：《关于"秦文化是西戎文化"质疑》，《青海考古学会会刊》1981年第2期；韩伟：《关于秦人族属及文化渊源管见》，《文物》1986年第4期。
[2] 甘肃省文物工作队、北京大学考古学系：《甘肃甘谷毛家坪遗址发掘报告》，《考古学报》1987年第3期。
[3] 赵化成：《甘肃东部秦和羌戎文化的考古学探索》，北京大学硕士学位论文，1984年；后收入俞伟超主编：《考古类型学的理论与实践》，文物出版社，1989年。
[4] 赵化成：《甘肃东部秦和羌戎文化的考古学探索》，北京大学硕士学位论文，1984年；张寅：《铲足鬲的分布、年代及其相关问题研究》，《文博》2014年第2期。
[5] 水涛：《甘青地区青铜时代的文化结构和经济形态研究》，《中国西北地区青铜时代考古论集》，科学出版社，2001年；杨建华：《陕西清涧李家崖东周墓与"河西白狄"》，《考古与文物》2008年第5期；早期秦文化联合考古队：《戎狄之旅——内蒙、陕北、宁夏、陇东考察笔谈》，《考古与文物》2012年第1期。
[6] 孙战伟：《毛家坪B组遗存再认识》，《考古与文物》2019年第2期。

"戎式风格"器物在秦墓中的出现不会早于战国时代,可能与西戎有关[1]。20 世纪 90 年代以来,在《陇县店子秦墓》[2]《塔儿坡秦墓》[3]《华县东阳》[4]等一批关中地区东周秦墓考古报告中,披露了大量以铲足鬲为代表的"戎式风格"器物。赵化成认为:"店子秦墓随葬双耳鬲的这几座墓,多同出一种小口圆肩罐,随葬品相当简陋,大概应是'戎人'移民后裔的墓葬。"[5]田亚岐则对东周时期关中秦墓所见"戎狄文化因素"进行了探析[6]。马金磊、王颢等对宝鸡市郭家崖东周秦墓的姜戎文化因素进行了考察[7]。肖健一等对西耳、尹王秦墓所见铲足鬲、单耳罐进行了研究[8]。近年来,张寅对东周时期关中地区的西戎遗存进行了系统研究,除"铲足鬲"外,还辨析出一种"戎式罐"也属于西戎遗存。在此基础上,进一步论证关中地区东周时期西戎遗存来源于甘肃东部地区,是东周西戎考古学文化的次生类型,与迁徙到关中居住的西戎移民有关[9]。其实,关中地区东周时期随葬"铲足鬲""戎式罐"者多为小型墓,可能属于受秦裹挟而东迁的西戎族群下层民众。而据文献记载,关中地区东周时期还有一些西戎族所建立的小方国存在。20 世纪 70—90 年代,陕西户县宋村[10]、南关[11]清理的春秋早期墓,出土的青铜礼器分别为五鼎四簋和七鼎六簋,陈平认为它们属于戎人"丰国"之遗存[12]。宝鸡益门村亦发掘一座春秋晚期秦墓,墓虽不大,但出土了大量金器、玉器和铁器,关于该墓的族属有"秦贵族说"和"西

---

[1] 韩伟:《关于秦人族属及文化渊源管见》,《文物》1986 年第 4 期。
[2] 陕西省考古研究所:《陇县店子秦墓》,三秦出版社,1998 年。
[3] 咸阳市文物考古研究所:《塔儿坡秦墓》,三秦出版社,1998 年。
[4] 陕西省考古研究所、秦始皇兵马俑博物馆:《华县东阳》,科学出版社,2006 年。
[5] 赵化成:《〈陇县店子秦墓〉读后》,《考古》2000 年第 1 期。
[6] 田亚岐:《东周时期关中秦墓所见"戎狄"文化因素探讨》,《文博》2003 年第 3 期。
[7] 马金磊、王颢、田原曦:《郭家崖东周秦墓姜戎文化因素观察》,《文博》2018 年第 6 期。王颢:《战国秦墓姜戎文化群体特征之管窥——以宝鸡郭家崖秦国墓地为例》,《文博》2019 年第 4 期。
[8] 肖健一、乔美美:《西耳村、尹王村秦墓中所见的西戎文化因素》,《秦汉研究》(2020),西北大学出版社,2020 年。
[9] 张寅:《东周时期关中地区西戎遗存的初步研究》,《考古与文物》2014 年第 2 期;张寅、耿庆刚、侯红伟:《关中地区东周时期"戎式陶罐"及相关问题研究》,《文博》2017 年第 5 期。
[10] 吴镇烽、尚志儒:《陕西户县宋村春秋秦墓发掘简报》,《文物》1975 年第 10 期。
[11] 曹发展:《陕西户县南关春秋秦墓清理记》,《文博》1989 年第 2 期。
[12] 陈平:《试论关中秦墓青铜容器的分期问题》(上、下),《考古与文物》1984 年第 3、4 期。

戎君长说"，后一说认为或与秦霸西戎后迁徙至关中地区的西戎贵族有关[1]。

20 世纪 80 年代起，宁夏南部地区陆续发现一批以北方系青铜器为特征的东周西戎遗存，代表遗址有固原杨郎墓地[2]、于家庄墓地[3]、撒门墓地[4]、西吉陈阳川墓地[5]、彭阳张街墓地[6]，以及近年新发掘的彭阳王大户、九龙山墓地[7]。宁夏南部一带东周时期的这类考古遗存具有较大的共性，钟侃、韩孔乐认为其属于义渠戎的遗存[8]，罗丰认为应属乌氏之戎所创造的物质文化[9]。许成、李进增提出"杨郎类型"命名，指出"杨郎类型"是东周时期戎人的文化遗存[10]。此后，学者们对宁夏南部地区东周西戎遗存的特征[11]、年代[12]、典型器物[13]、

―――――――――――――

[1] 宝鸡市考古工作队：《宝鸡市益门村二号春秋墓发掘简报》，《文物》1993 年第 10 期；张天恩：《秦器三论——益门春秋墓几个问题浅谈》，《文物》1993 年第 10 期；陈平：《试论宝鸡益门二号墓短剑及有关问题》，《考古》1995 年第 4 期；赵化成：《宝鸡市益门村二号墓族属管见》，《考古与文物》1997 年第 1 期；刘军社：《宝鸡益门二号墓的文化归属问题初探》，《宝鸡社会科学》1999 年第 4 期；田静、史党社：《益门村二号墓相关问题续说》，《考古与文物》2002 年增刊号；刘云辉、何宏：《益门二号春秋墓文化属性再析及墓主新考》，《文博》2011 年第 4 期；宝鸡市考古研究所：《秦墓遗珍：宝鸡益门二号春秋墓》，科学出版社，2016 年。
[2] 宁夏文物考古研究所、宁夏固原博物馆：《宁夏固原杨郎青铜文化墓地》，《考古学报》1993 年第 1 期。
[3] 宁夏文物考古研究所：《宁夏彭堡于家庄墓地》，《考古学报》1995 年第 1 期。
[4] 罗丰、韩孔乐：《宁夏固原近年发现的北方系青铜器》，《考古》1990 年第 5 期；罗丰、延世忠：《1988 年固原出土的北方系青铜器》，《考古与文物》1993 年第 4 期。
[5] 罗丰、韩孔乐：《宁夏固原近年发现的北方系青铜器》，《考古》1990 年第 5 期；延世忠、李怀仁：《宁夏西吉发现一座青铜时代墓葬》，《考古》1992 年第 6 期；宁夏文物考古研究所、西吉县文管所：《西吉县陈阳川墓地发掘简报》，《宁夏考古文集》，宁夏人民出版社，1994 年。
[6] 宁夏回族自治区文物考古研究所、彭阳县文物站：《宁夏彭阳张街村春秋战国墓地》，《考古》2002 年第 8 期。
[7] 宁夏文物考古研究所、彭阳县文物管理所：《王大户与九龙山：北方青铜文化墓地》，文物出版社，2016 年。
[8] 钟侃、韩孔乐：《宁夏南部春秋战国时期的青铜文化》，《中国考古学会第四次年会论文集》，文物出版社，1985 年。
[9] 罗丰：《固原青铜文化初论》，《考古》1990 年第 8 期。
[10] 许成、李进增：《东周时期的戎狄青铜文化》，《考古学报》1993 年第 1 期。
[11] 马建军：《宁夏南部春秋战国时期青铜文化的发现及其特征》，《西北第二民族学院学报（哲学社会科学版）》2008 年第 1 期。
[12] 母少娟：《试论宁夏地区东周时期的墓葬》，中央民族大学硕士学位论文，2010 年。
[13] 马立群：《固原春秋战国墓地出土的青铜兵器》，《宁夏师范学院学报（社会科学）》2010 年第 5 期；冯国富、程云霞：《固原青铜文化暨动物纹牌饰的地域特征与相邻地区的关系》，《宁夏师范学院学报（社会科学）》2010 年第 4 期。

葬俗[1]、来源[2]等方面进行了详尽的研究。

进入 21 世纪后，甘肃东部渭河流域一带又发掘了一批重要的东周西戎文化遗址，张家川马家塬墓地[3]、清水刘坪墓地[4]、秦安王洼墓地[5]、漳县墩坪墓地[6]是其中较为重要的发现，尤其是马家塬西戎贵族墓地规格之高、随葬品之丰富、文化内涵之复杂，彻底颠覆学界对西戎文化的传统认识。王辉对马家塬墓地的年代、文化性质及族属、文化因素等方面进行详细的分析与研究，指出马家塬墓地文化因素包含有欧亚草原东部的中国北方系青铜文化因素，欧亚草原地带中、西部的斯基泰、塞克（萨卡）、巴泽雷克文化因素以及秦文化和甘青地区传统文化等多种文化因素[7]，这是从考古材料出发，对东周西戎在中外文化交流中所起作用问题进行的一次卓有成效的探索。杨建华指出马家塬墓地的草原文化因素来自哈萨克斯坦东南的天山七河地区[8]。赵吴成对马家塬战国墓多辆马车

［1］刘羽阳、王辉：《先秦时期西北游牧地区动物埋葬习俗——从埋葬头蹄的现象谈起》，《考古与文物》2017 年第 1 期；罗丰：《北方系青铜文化墓的殉牲习俗》，《考古学报》2018 年第 2 期。

［2］张寅：《东周西戎文化杨郎类型来源管窥》，《中国国家博物馆馆刊》2018 年第 3 期。

［3］甘肃省文物考古研究所、张家川回族自治县博物馆：《2006 年度甘肃张家川回族自治县马家塬战国墓地发掘简报》，《文物》2008 年第 9 期；早期秦文化联合考古队、张家川回族自治县博物馆：《张家川马家塬战国墓地 2007—2008 年发掘简报》，《文物》2009 年第 10 期；早期秦文化联合考古队、张家川回族自治县博物馆：《张家川马家塬战国墓地 2008—2009 年发掘简报》，《文物》2010 年第 10 期；早期秦文化联合考古队、张家川回族自治县博物馆：《张家川马家塬战国墓地 2010—2011 年发掘简报》，《文物》2012 年第 8 期；早期秦文化联合考古队、张家川回族自治县博物馆：《甘肃张家川马家塬战国墓地 2012—2014 年发掘简报》，《文物》2018 年第 3 期；甘肃省文物考古研究所：《西戎遗珍：马家塬战国墓地出土文物》，文物出版社，2014 年；甘肃省文物考古研究所：《甘肃重要考古发现（2000—2019）》，文物出版社，2020 年，第 236—261 页。

［4］甘肃省文物考古研究所、清水县博物馆：《清水刘坪》，文物出版社，2014 年；李晓青、南宝生：《甘肃清水县刘坪近年发现的北方系青铜器及金饰片》，《文物》2003 年第 7 期。

［5］甘肃省文物考古研究所：《甘肃秦安王洼战国墓地 2009 年发掘简报》，《文物》2012 年第 8 期；甘肃省文物考古研究所：《甘肃重要考古发现（2000—2019 年）》，文物出版社，2020 年，第 296—301 页。

［6］甘肃省文物考古研究所：《甘肃漳县墩坪墓地 2014 年发掘简报》，《考古》2017 年第 8 期；甘肃省文物考古研究所、漳县文物管理所：《甘肃漳县墩坪墓地 2015 年发掘简报》，《文物》2019 年第 3 期；甘肃省文物考古研究所：《甘肃重要考古发现（2000—2019 年）》，文物出版社，2020 年，第 262—275 页。

［7］王辉：《马家塬战国墓地综述》，《西戎遗珍：马家塬战国墓地出土文物》，文物出版社，2014 年；王辉：《张家川马家塬墓地相关问题初探》，《文物》2009 年第 10 期。

［8］杨建华：《张家川墓葬草原因素寻踪——天山通道的开启》，《西域研究》2010 年第 4 期。

进行复原研究，认为马家塬墓地为绵诸戎的遗留[1]，王飞[2]、马芳芳[3]亦持相同观点。马格侠则主张"马家塬应是义渠戎墓地"[4]。李媛探讨了马家塬战国墓地的文化性质及其与秦文化的关系[5]，乔美美指出马家塬墓地出土铜容器主要源于中原文化[6]。米玉梅[7]、史党社[8]、马小军[9]、闫虹如[10]、王笑[11]、裴建陇[12]则重点探讨了马家塬墓葬所表现出的中外文化交流特性。张寅在对东周西戎文化类型划分的基础上，认为"马家塬类型"的文化面貌与西周晚期至春秋晚期分布于河西走廊东端的沙井文化"三角城类型"具有极强的相似性，"马家塬类型"应来源于沙井文化"三角城类型"[13]。郭物分析了马家塬墓地所见秦霸西戎后的文化表象及其内因[14]。黄维等学者对马家塬墓地出土金属制品技术的特点与渊源进行总结，并论及早期中西方在金属技术上的传播与交流情况[15]。亦有许多学者从科技考古角度对墓地出土的金属饰件、绿松石制品、玻璃及料珠等进行多方位的

[1] 赵吴成：《甘肃马家塬战国墓马车的复原——兼谈族属问题》，《文物》2010年第6期；赵吴成：《甘肃马家塬战国墓马车的复原（续一）》，《文物》2010年第11期；赵吴成：《甘肃马家塬战国墓马车的复原（续二）——马车的设计制造技巧及牛车的改装与设计思想》，《文物》2018年第6期；赵吴成、马玉华：《战国戎人造车》，文物出版社，2020年。
[2] 王飞：《马家塬和杨郎战国墓葬对比研究》，西北师范大学硕士学位论文，2014年。
[3] 马芳芳：《马家塬墓地西戎文化研究》，西北大学硕士学位论文，2018年。
[4] 马格侠：《秦戎关系再议——以陇右秦墓为例》，《西安财经学院学报》2018年第3期。
[5] 李媛：《马家塬战国墓地文化性质及其与秦文化关系探讨》，西北大学硕士学位论文，2009年。
[6] 乔美美：《马家塬战国墓葬出土铜容器文化因素分析》，《秦汉研究》（第13辑），西北大学出版社，2019年。
[7] 米玉梅、赵吴成：《从马家塬战国墓管窥上古时期的中西文化交流》，《鲁东大学学报（哲学社会科学版）》2015年第6期。
[8] 史党社：《从考古新发现谈前丝路的一些问题》，《秦始皇帝陵博物院》（第4辑），陕西人民出版社，2014年。
[9] 马小军：《乳钉纹琉璃杯来源问题初探——兼议西戎文化多元性与古丝绸之路关系》，《文物鉴定与鉴赏》2019年第11期。
[10] 闫虹如：《张家川马家塬战国墓出土装饰品研究》，西北师范大学硕士学位论文，2015年。
[11] 王笑：《张家川马家塬战国墓錽金银铁子研究》，西北师范大学硕士学位论文，2017年。
[12] 裴建陇：《马家塬墓地出土的筒形臂钏与弓形项饰》，《艺术品鉴》2022年第28期。
[13] 张寅：《东周西戎文化马家塬类型来源初探》，《考古与文物》2019年第2期。
[14] 郭物：《马家塬墓地所见秦霸西戎的文化表象及其内因》，《四川文物》2019年第4期。
[15] 黄维、吴小红、陈建立、王辉：《张家川马家塬墓地出土金管饰的研究》，《文物》2009年第10期；黄维、陈建立、王辉、吴小红：《马家塬墓地金属制品技术研究：兼论战国时期西北地区文化交流》，北京大学出版社，2013年。

研究[1]。

　　需要特别提到的是，近年来在陇山东西两翼东周西戎文化分布中心区域之外，如陕西北部、河南洛阳等地新发现了几处带有西戎文化色彩的遗存。其中，陕西黄陵寨头河墓地[2]、史家河墓地[3]，河南伊川徐阳墓地[4]进行了较大规模的勘探与发掘，出土一批丰富的东周时期戎人遗存，反映出东周西戎族群的迁徙与流布情况。寨头河墓地与史家河墓地相距较近，均位于子午岭以东的北洛河支流葫芦河下游，地处东周时期秦与三晋交界处的魏国河西之地。学者指出两处墓地是战国时期魏国统治下的某一支戎人墓地，随葬陶器等遗物与陇山东西两侧的寺洼文化风格相似，墓主应是春秋初年从甘肃东部一带被秦驱赶至该地的戎人的后裔[5]。河南伊川徐阳墓地规格较高，其葬俗及出土遗物具有浓厚的戎人文化特征，吴业恒指出该墓地为东周陆浑戎贵族墓[6]。这些远离东周西

[1] 邵安定、梅建军、陈坤龙、周广济、王辉：《张家川马家塬战国墓地出土金属饰件的初步分析》，《文物》2010年第10期；芦敏：《张家川马家塬战国墓地出土车马金银铁饰件制作工艺初探》，《遗产与保护研究》2018年第9期；韩飞：《甘肃张家川马家塬战国墓地出土绿松石珠微痕研究》，《文博》2019年第2期；王颖竹、马泓蛟、马清林、黄晓娟、赵西晨：《甘肃张家川马家塬战国墓地M4出土料珠研究》，《文物保护与考古科学》2019年第4期；林怡娴、周广济、Ian Freestone、Thilo Rehren：《张家川马家塬战国墓地出土玻璃与相关材料研究》，《文物》2018年第3期；黄晓娟、韦清、赵西晨、严静：《甘肃马家塬战国墓地M4出土身体装饰件的保护修复及复原研究》，《中国国家博物馆馆刊》2016年第6期。

[2] 陕西省考古研究院、延安市文物研究所、黄陵县旅游文物局：《陕西黄陵寨头河战国戎人墓地发掘简报》，《考古与文物》2012年第6期；陕西省考古研究院、延安市文物研究所、黄陵县旅游文物局：《寨头河：陕西黄陵战国戎人墓地考古发掘报告》，上海古籍出版社，2018年。

[3] 陕西省考古研究院、延安市文物研究所、黄陵县旅游文物局：《陕西黄陵县史家河墓地发掘简报》，《考古与文物》2015年第3期；陕西省考古研究院、延安市文物研究院、榆林市文物保护研究所、黄陵县文化和旅游局、清涧县文化和旅游局：《戎与狄：陕北史家河与辛庄战国墓地考古报告》，文物出版社，2021年。

[4] 郑州大学文物考古研究院（洛阳）、洛阳市文物考古研究院：《河南伊川徐阳东周墓地西区2013—2015年发掘》，《考古学报》2020年第4期；郑州大学文物考古研究院（洛阳）、洛阳市文物考古研究院：《河南伊川徐阳墓地东区2015—2016年发掘简报》，《华夏考古》2020年第3期。

[5] 孙周勇、孙战伟、邵晶：《黄陵寨头河战国墓地相关问题探讨》，《考古与文物》2012年第6期；孙周勇、孙战伟、邵晶：《黄陵史家河战国墓地相关问题探讨》，《考古与文物》2015年第3期；陈飞：《陕晋北部南流黄河两岸地区东周墓葬研究》，吉林大学硕士学位论文，2020年，第59页；陈瑞：《寨头河墓地研究》，山西大学硕士学位论文，2020年，第49页。

[6] 吴业恒：《河南伊川徐阳墓地的族属》，《大众考古》2017年第6期；吴业恒：《河南伊川徐阳墓地初步研究》，《青铜器与金文》（第2辑），上海古籍出版社，2019年。

戎族群腹地的戎人遗存，证实文献所载东周时期西戎族群向中原迁徙的史实。

除以上专题研究外，诸多学者就东周时期西戎族群的历史与文化进行了多角度的综合研究。罗丰通过对东周西戎墓葬中的器物与周边已知年代的同类器进行比较，对甘宁地区的东周西戎遗存进行了全面分期[1]。杨建华则通过墓葬的组合变化，对已发现的东周西戎遗存进行了年代判断[2]。二位学者利用不同的证据和方法得到大体相同的分期结果，基本建立起东周西戎考古学文化的年代序列。张寅将东周时期西戎考古学文化分为两大系统及五个类型：一是以杨郎类型和马家塬类型为代表，其文化源头为北方草原青铜文化，从春秋中晚期开始，他们自北向南迁徙；另一文化系统为当地的土著，以毛家坪B组类型、关中类型、寨头河类型为代表，其文化源头为西周至春秋早期的寺洼文化。这两大文化系统在早一阶段相对独立，晚一阶段则彼此交流和逐步融合。二者在与秦国及中西亚的交往中，吸收了一些秦文化因素与西方文化因素，共同塑造出东周时期西戎考古学文化的独特面貌。[3]王安琪根据不同阶段西戎墓葬特征的异同，探讨西戎社会结构、阶层构成和身份标识的变化[4]，颇具新意。赵化成、张寅、王辉则对西戎文化的形成与发展进行了系统论述[5]。

随着东周西戎考古学文化年代序列与文化面貌的明晰，加之对周邻考古学文化研究的深入，学界认识到东周西戎考古学文化与周邻考古学文化具有较强的共性，其间存在着文化交流。

---

[1] 罗丰：《以陇山为中心甘宁地区春秋战国时期北方青铜文化的发现与研究》，《内蒙古文物考古》1993年第1、2期。

[2] 杨建华：《春秋战国时期中国北方文化带的形成》，文物出版社，2004年。

[3] 张寅：《东周西戎考古学文化的初步研究》，《秦始皇帝陵博物院》（第3辑），三秦出版社，2013年；张寅：《两周时期陇山东西两侧考古学文化研究》，北京大学博士学位论文，2014年；张寅：《两周时期西戎族群生业模式的转变》，《北方文物》2019年第2期；张寅：《东周西戎文化马家塬类型来源初探》，《考古与文物》2019年第2期；张寅：《东周西戎文化杨郎类型来源管窥》，《中国国家博物馆馆刊》2018年第3期。

[4] 王安琪：《春秋战国时期西戎文化墓葬研究》，山东大学硕士学位论文，2020年；王安琪：《春秋战国时期西戎墓葬葬俗初探》，《东方考古》（第18集），科学出版社，2021年。

[5] 赵化成、张寅、王辉：《西戎文化的考古发现与研究》，《中国考古学百年史（1921—2021）》，中国社会科学出版社，2021年。

东周西戎考古学文化所在的陇山东西两侧地区，是农业与牧业的交错地带，这使得东周西戎考古学文化受到来自北方牧业文化与南方农业文化的双重影响。北方牧业文化的影响主要来自中亚草原的萨卡文化（Saka Culture）、西萨彦岭的乌尤克文化（Uyok Culture）、阿尔泰地区的巴泽雷克文化（Pazyryk Culture）以及中国内蒙古地区的北方系青铜文化、中国新疆地区的早期铁器时代文化。杰西卡·罗森[1]、杜正胜[2]、乌恩岳斯图[3]、李海荣[4]、李刚[5]、王辉[6]、郭物[7]、邵会秋[8]、赵德云[9]、任秀芬[10]、苏海洋[11]、陈晶[12]、张寅[13]等学者均以某类器物或某种纹饰为研究对象，探讨欧亚草原多种考古学文化间的交流状况，东周西戎文化参与其中。林沄[14]、杨建华[15]等学者在对整个中国北方系青铜文化进行全面考察

[1] 杰西卡·罗森：《红玛瑙珠、动物塑像和带有异域风格的器物——公元前1000—前650年前后周及其封国与亚洲内陆的交流迹象》，《祖先与永恒：杰西卡·罗森中国考古艺术文集》，生活·读书·新知三联书店，2011年。
[2] 杜正胜：《欧亚草原动物纹饰与中国古代北方民族之考察》，《"中研院"历史语言研究所集刊》（第64本第2分），"中研院"历史语言研究所，1993年。
[3] 乌恩：《我国北方古代动物纹饰》，《考古学报》1981年第1期；乌恩岳斯图：《北方草原考古学文化研究——青铜时代至早期铁器时代》，科学出版社，2007年。
[4] 李海荣：《北方地区出土夏商周时期青铜器研究》，文物出版社，2003年。
[5] 李刚：《中国北方青铜器的欧亚草原文化因素》，文物出版社，2011年。
[6] 王辉：《甘肃发现的两周时期的"胡人"形象》，《考古与文物》2013年第6期。
[7] 郭物：《战国晚期西戎文化的独特性、多元性、多层性和多维性》，《中国文物报》2015年2月13日第4版。
[8] 邵会秋、杨建华：《欧亚草原与中国新疆和北方地区的有銎战斧》，《考古》2013年第1期；邵会秋、石嫱静：《中国北方地区先秦时期马镳研究》（一、二），《草原文物》2018年第2期、2019年第1期；邵会秋、侯知军：《百兽率舞：商周时期中国北方动物纹装饰综合研究》，上海古籍出版社，2020年。
[9] 赵德云：《中国出土的蜻蜓眼式玻璃珠研究》，《考古学报》2012年第2期。
[10] 任秀芬：《东周时期北方长城地带的双耳罐研究》，吉林大学硕士学位论文，2013年。
[11] 苏海洋：《论早期秦文化和西戎文化中域外因素传入的途径》，《西安财经学院学报》2019年第5期。
[12] 陈晶：《天水市博物馆藏战国车饰件的整理与研究》，西北师范大学硕士学位论文，2020年。
[13] 张寅：《欧亚草原地带早期金属器上的鹿形纹样研究》，《中国美术研究》（第23辑），东南大学出版社，2017年；张寅：《略论东周时期北方地区金属器上羊形纹样的来源》，《四川文物》2018年第5期；张寅：《公元前1千纪新疆地区偏洞室墓葬形制的东传》，《丝绸之路与秦汉文明》，文物出版社，2020年。
[14] 林沄：《中国北方长城地带游牧文化带的形成过程》，《燕京学报》（新14期），北京大学出版社，2003年。
[15] 杨建华：《春秋战国时期中国北方文化带的形成》，文物出版社，2004年；杨建华：《中国北方东周时期两种文化遗存辨析——兼论戎狄与胡的关系》，《考古学报》2009年第2期。

的基础上，将东周西戎文化作为北方系青铜文化的一部分纳入东周时期中国北方文化带的研究之中，为研究东周西戎考古学文化提供了开阔的视野；南方农业文化的影响主要来自秦文化、晋文化与三晋文化。赵化成[1]、杜正胜[2]、滕铭予[3]、史党社[4]、陈洪[5]、梁云[6]、单月英[7]、陈探戈[8]、杨瑾[9]、张寅[10]、谢高文[11]、马格侠[12]、李娟[13]等学者注意到东周西戎考古学文化与中原地区文化存在着文化交流，反映了戎人与华夏族群的互动；东周西戎文化还受到甘青地区较早时期土著文化的影响[14]。此外，韩康信[15]、张燕[16]、郭辉[17]、韩涛[18]、

[1] 赵化成：《甘肃东部秦和羌戎文化的考古学探索》，《考古类型学的理论与实践》，文物出版社，1989年。
[2] 杜正胜：《周秦民族文化"戎狄性"考察》，《周秦文化研究》，陕西人民出版社，1998年。
[3] 滕铭予：《秦文化：从封国到帝国的考古学观察》，学苑出版社，2002年；滕铭予、王春斌：《东周时期三晋地区的北方文化因素》，《边疆考古研究》（第10辑），科学出版社，2011年。
[4] 史党社：《秦关北望：秦与"戎狄"文化的关系研究》，复旦大学博士学位论文，2008年；史党社：《秦与"戎狄"文化的关系研究》，上海古籍出版社，2022年。
[5] 陈洪：《秦文化之考古学研究》，科学出版社，2016年。
[6] 梁云：《考古学上所见秦与西戎的关系》，《西部考古》（第11辑），科学出版社，2016年。
[7] 单月英：《东周秦代中国北方地区考古学文化格局——兼论戎、狄、胡与华夏之间的互动》，《考古学报》2015年第3期。
[8] 陈探戈：《春秋战国时期的秦戎关系研究》，西北大学硕士学位论文，2011年。
[9] 杨瑾：《基于考古资料的周、秦与戎狄关系异同考察》，《江汉学术》2014年第2期。
[10] 张寅：《两周时期陇山东西两侧考古学文化研究》，北京大学博士学位论文，2014年；张寅：《东周时期关中地区西戎遗存的初步研究》，《考古与文物》2014年第2期；张寅、耿庆刚、侯红伟：《关中地区东周时期"戎式陶罐"及相关问题研究》，《文博》2017年第5期。
[11] 谢高文：《从秦咸阳发现带"戎"字陶文试析秦戎关系》，《秦始皇帝陵博物院》（第7辑），三秦出版社，2017年。
[12] 马格侠、张琳：《从陇右秦墓看秦人与戎人的关系》，《西安财经学院学报》2017年第2期。
[13] 李娟、郭妍利：《东周S形饰辨析》，《文博》2021年第2期。
[14] 赵化成：《甘肃东部秦和羌戎文化的考古学探索》，《考古类型学的理论与实践》，文物出版社，1989年；王占奎：《试论九站寺洼文化遗址——兼论甘肃东部地区寺洼文化》，北京大学硕士学位论文，1985年；南玉泉、郭晨辉：《寺洼——安国系统陶鬲的序列》，《文物》1987年第2期；张寅：《东周西戎考古学文化的初步研究》，《秦始皇帝陵博物院》（第3辑），三秦出版社，2013年；张寅：《铲足鬲的年代、分布及相关问题研究》，《文博》2014年第2期。
[15] 韩康信：《宁夏彭堡于家庄墓地人骨种系特点之研究》，《考古学报》1995年第1期。
[16] 张燕：《陕西省黄陵县寨头河战国戎人墓地人骨古病理研究》，西北大学硕士学位论文，2013年。
[17] 郭辉：《黄陵寨头河战国时期戎人墓地出土人骨的肢骨研究》，西北大学硕士学位论文，2013年。
[18] 韩涛、朱存世、王晓阳、张全超：《宁夏地区古代居民的体质类型研究》，《文博》2019年第4期。

洪秀媛[1]、杨诗雨[2]等学者从体质人类学的角度探索东周西戎族群的族源。黄维[3]、黄晓娟[4]、郭美玲[5]、田小刚[6]等学者以金属器、珠饰为研究对象，运用科技考古方法，探明西戎人群与周边文明的交流。近些年来，一批硕博士学位论文围绕东周西戎文化所反映的文化交流问题进行了多角度的研究[7]。

综上所述，随着研究的深入，东周西戎考古学文化的研究主题已从考古学文化谱系的建立转向关注文化面貌所反映的文化交流问题，研究对象由东周西戎考古遗存扩展至周邻各考古学文化，研究方法从单纯的考古地层学、类型学方法转向考古学、体质人类学、冶金考古、动物考古、历史学、民族学等多学科综合研究的方法。

对于东周西戎考古学文化的研究，虽已取得较大成果，但依然存在一些不足：第一，以往学者多采用与周边已知年代的同类器进行比较或根据墓葬的组合变化等方法对东周西戎考古遗存进行年代判断，虽然较好地解决了东周西戎文化的分期问题，但代表性器物的演变序列却并未完全建立起来；第二，以往研究多针对东周西戎考古学文化本身，较少关注其与周邻考古学文化的关系问题，这使得东周西戎的构成、来源、去向等重要问题未能完全解决；第三，以往关于东周西戎文化与周邻

[1] 洪秀媛：《甘谷毛家坪沟东墓葬区出土人骨的研究》，西北大学硕士学位论文，2014年。
[2] 杨诗雨：《甘肃漳县墩坪墓地东周时期人骨研究》，吉林大学博士学位论文，2023年。
[3] 黄维：《北方地区青铜文化金制品的生产与流动——基于技术与艺术风格的分析》，《古代文明》（第13卷），上海古籍出版社，2019年。
[4] 黄晓娟、王丽琴、严静、孙周勇、孙战伟、李建西：《陕北寨头河墓地出土硅酸盐类装饰珠的分析研究》，《考古与文物》2018年第2期。
[5] 郭美玲、陈坤龙、梅建军、孙战伟、邵晶、邵安定：《陕西黄陵寨头河战国墓地出土铁器的初步科学分析研究》，《考古与文物》2014年第2期。
[6] 田小刚、李延祥、毛瑞林：《甘肃漳县墩坪墓地出土青铜器科学分析》，《有色金属（冶炼部分）》2023年第7期。
[7] 代威巍：《陇东地区东周时期金银器及相关问题研究》，吉林大学硕士学位论文，2014年；周琪：《宁夏东周北方文化青铜器研究》，吉林大学硕士学位论文，2017年；秦晓禾：《甘宁地区东周时期西戎墓地出土腰带饰研究》，西北师范大学硕士学位论文，2017年；曹肖肖：《甘肃东周时期戎墓研究》，西北师范大学硕士学位论文，2018年；王璐：《渭河上游周秦汉时期遗址的聚落考古学研究》，西北大学硕士学位论文，2018年；李珊：《甘肃地区汉代以前金银器艺术风格初探》，西北师范大学硕士学位论文，2018年；赵良强：《洛阳徐阳春秋战国墓地西戎文化要素分析》，天津师范大学硕士学位论文，2023年。

文化关系的研究，均是以个别西戎文化遗址，或是某一种器物为研究对象，缺少在中外文化交流视野下对东周西戎考古学文化整体性的研究。以往的研究也多是将东周西戎文化与众多考古学文化一起置于欧亚大陆文化交流的背景中，鲜见以东周西戎考古学文化为中心，对其与周邻文化关系进行研究的专文。以往许多学者把草原文化看成是以黑海沿岸为代表的斯基泰文化，所以把西戎文化很多来自草原的影响都归结为斯基泰文化的影响。然而近年来的研究表明，欧亚草原各地区早期铁器时代的文化之间存在着差异。东周西戎与欧亚草原的联系，更多的是与欧亚草原亚洲部分的联系，尤其是与天山、阿尔泰山和萨彦岭地区的联系。

可见，关于东周西戎文化的研究尚具深入探索的空间，主要包括：第一，全面建立东周西戎考古学文化谱系及编年体系。诚然，东周西戎遗存由于多车马器、装饰器，少容器，多铜器、少陶器等特点，使得考古学文化谱系的建立并非易事。并且已知的东周西戎遗存地点虽多，但许多遗址点只是经过调查，或是在地县博物馆见到征集或采集品，经过正式考古发掘的地点还太少，这无疑也为研究带来困难。但难以否认的是，随着研究的深入，完善东周西戎文化谱系已刻不容缓。第二，关注不同文化间动态交往的过程，复原东周西戎考古学文化形成、发展、消亡的全过程，解决东周西戎族群的构成、来源、去向问题，勾勒出东周时期西戎活动的轨迹及历史背景。第三，运用比较考古学方法，深入探讨东周西戎文化与周邻文化之间的关系，明确东周西戎考古学文化的多源性，进而阐明西戎族群在中外文化交流中所起到的重要作用。

东周西戎族群活动于农牧交界地带，是沟通中原农业文明与欧亚草原牧业文明的重要媒介，东周西戎文化的形成是多文化交流的结果。对于东周西戎考古学文化及其所反映的中外文化交流问题进行深入研究，不仅对明确东周西戎文化的形成、发展与消亡有着至关重要的意义，而且对确认东周西戎在中外文化交流中发挥的作用，进而复原东周时期中原农业文明与欧亚草原牧业文明的交流情况，理解中国统一的多民族国家的形成都具有十分重要的意义。

第一章

东周西戎文化的两个系统

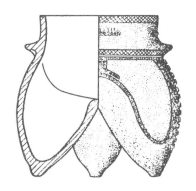

"华夷之辨"的思想深植于中国古代历史记述之中。出于文化上的优越感，华夏族的历史记忆几乎不会对"粗鄙无礼"的周边蛮夷多加留意，对周边文化的不了解，使得历史文献错漏百出。同时，中原人群又有着深刻的防蛮夷、卫华夏的思想，当周边"四夷"对中原王朝产生军事威胁时，史家会对保卫华夏的武装征伐大书特书，甚至夸大、变形。然而，由于周边族群大多没有形成自我书写的史料系统，因此，若想了解这些族群的历史，中原王朝对于他们零散的记载，成为不可或缺的信息来源。幸运的是，近百年来考古学界对周边族群历史印记的探索从未停止，大量考古发现使得我们一窥蛮夷族群的历史真实。

　　有关东周西戎族群的记载多见于《春秋》《左传》《史记》《汉书》《后汉书》等中原王朝编纂的史籍，记载简略，疏漏较多。可是，当我们仔细爬梳这些古代文献，在华夏人群对于西戎含混的认识之中，却也隐藏着东周西戎称谓变化、历史事迹不连贯的史实。

　　相比文献记载的简略，考古学家在甘肃、宁夏等地发现了大量与东周时期西戎族群有关的考古遗存，这些遗存的文化面貌并不一致，预示着东周西戎考古学文化至少可划分为两个截然不同的文化系统，两个系统有着不同的文化来源。

　　历史文献记载西戎史迹的阶段性与东周西戎考古学文化的二元性相契合，指明东周时期西戎族群构成十分复杂。这成为我们探明东周西戎族群史迹的切入点。

第一节　历史文献中东周西戎史迹的阶段性

　　西戎是周、秦王国西北边疆的重大威胁，西周王朝的覆灭、秦人的崛起等一系列影响中国历史进程的大事件均与之有关。依据史料记载，东周时期西戎族群的史迹可分为春秋、战国两大阶段。不同阶段间对西戎部族的称谓有着显著区别，且早、晚两阶段西戎史迹也存在明显的时间间隔。

一、春秋时期西戎史迹

文献中对于春秋时期西戎事迹多有记载，他们一直活动于周、秦民族的西北地区，其历史可上溯至商代晚期。西戎族群自先周时期起不断侵扰周人，直至春秋中期才被秦穆公征服。在历史记述中，犬戎是这时西戎部族的别称，其势力强大，此外在西周铜器铭文及《诗经》中还提到一支称为猃狁的部落。为了探明春秋时期西戎的来源，这里有必要介绍一下西戎的早期历史。

早在先周时期，西戎就是周人最大的威胁。古本《竹书纪年》记载：夏末"畎夷入居邠、岐之间"[1]。《后汉书·西羌传》云："及武乙暴虐，犬戎寇边，周古公逾梁山而避于岐下。"[2]至西周王朝建立前夕，戎人势力极强，《诗经·小雅·采薇》序云："文王之时，西有昆夷之患，北有猃狁之难。"[3]文王灭商之前的系列战争中，最先进攻犬戎。《史记·周本纪》有"（文王）明年伐犬戎"[4]的记载，就是指文王在断虞芮之讼后进行的一场对犬戎的军事进攻。关于这次进攻的结果，文献没有明确记载，但《国语·周语·穆王将征犬戎》祭公谋父之言"今自大毕、伯士之终也，犬戎氏以其职来王"[5]，说明此次战争之后，犬戎臣服于周，这种臣服关系应当维持到周穆王时期。

自西周中期开始，西北戎人部落不断侵扰周王畿。西周晚期之时，周人在对西戎战争中处于劣势，以至于《诗经》在描述周人惨败的情形时写道："靡室靡家，猃狁之故"[6]。据《后汉书·西羌传》载："至穆王时，戎狄不贡，王乃西征犬

---

[1] 范祥雍：《古本竹书纪年辑校订补》，上海古籍出版社，2018年，第14页。
[2] 范晔：《后汉书·西羌传》，中华书局，1965年，第2870页。
[3] 王秀梅译注：《诗经·小雅·采薇》，中华书局，2015年，第343页。
[4] 司马迁：《史记·周本纪》，中华书局，1982年，第118页。
[5] 韦昭注、徐元诰集解：《国语集解》，中华书局，2019年，第8—9页。
[6] 王秀梅译注：《诗经·小雅·采薇》，中华书局，2015年，第343页。

戎，获其五王，又得四白鹿，四白狼，王遂迁戎于太原。夷王衰弱，荒服不朝，乃命虢公率六师伐太原之戎，至于俞泉，获马千匹。厉王无道，戎狄寇掠，乃入犬丘，杀秦仲之族，王命伐戎，不克。及宣王立，……后二十七年，王遣兵伐太原戎，不克。"[1]《诗经·小雅·六月》云："猃狁匪茹，整居焦获，侵镐及方，至于泾阳。"[2]至西周末年，分布在今甘肃东部一带的西申国联合犬戎，杀周幽王，西周覆灭[3]。

西周晚期周王室衰微，西戎不断骚扰周疆，作为生活于周之西北的周王朝附庸，秦人自然与西戎发生了一系列战事。在连绵不绝的战争中，秦人不仅一度丧失对都邑犬丘的控制权，首领秦仲亦战死疆场。但也正是在一次次的对戎作战中，秦人的政治地位不断上升。《史记·秦本纪》对此有着详细的记载[4]。

西周末年，周幽王死于戎祸，西周王朝覆灭。"秦襄公将兵救周，战甚力，有功。周避犬戎难，东徙雒邑，襄公以兵送周平王。"公元前770年，秦襄公因护送周平王东迁有功，被封"诸侯"，"襄公于是始国，与诸侯通使聘享之礼"[5]。

春秋时期，努力寻求势力东进的秦人，最先做的就是征服西戎，稳定西北边疆。公元前688年，即秦武公十年，秦"伐邽、冀戎，初县之"[6]。公元前638年，即秦穆公二十二年，秦人依靠武力成功地迫使陆浑戎从瓜州迁至伊川，将瓜州之地据为己有[7]。

---

[1] 范晔：《后汉书·西羌传》，中华书局，1965年，第2871页。
[2] 王秀梅译注：《诗经·小雅·六月》，中华书局，2015年，第374页。
[3] "时幽王昏虐，四夷交侵，遂废申后而立褒姒。申侯怒，与戎寇周，杀幽王于骊山，周乃东迁洛邑，秦襄公攻戎救周。"范晔：《后汉书·西羌传》，中华书局，1965年，第2872页。
[4] "秦仲立三年，周厉王无道，诸侯或叛之。西戎反王室，灭犬丘大骆之族。周宣王即位，乃以秦仲为大夫，诛西戎。西戎杀秦仲。秦仲立二十三年，死于戎。有子五人，其长者曰庄公。周宣王乃召庄公昆弟五人，与兵七千人，使伐西戎，破之。于是复予秦仲后，及其先大骆地犬丘并有之，为西垂大夫。庄公居其故西犬丘，生子三人，其长男世父。世父曰：'戎杀我大父仲，我非杀戎王则不敢入邑。'遂将击戎，让其弟襄公……襄公二年，戎围犬丘，世父击之，为戎人所虏。岁余，复归世父。"司马迁：《史记·秦本纪》，中华书局，1982年，第178—179页。
[5] 司马迁：《史记·秦本纪》，中华书局，1982年，第179页。
[6] 司马迁：《史记·秦本纪》，中华书局，1982年，第182页。
[7]《春秋左传·僖公二十二年》："秋，秦、晋迁陆浑之戎于伊川。"杨伯峻：《春秋左传注》，中华书局，2017年，第430页。

公元前 626 年，即秦穆公三十四年，戎王"闻缪公贤，故使由余观秦"，秦穆公在与由余的谈话中，意识到西戎竟有如此贤能之人，这令穆公担心不已。穆公使用离间计，盛赞由余的才能，破坏戎王对由余的信任。同时，秦穆公再"以女乐二八遗戎王"，使戎王沉迷于"女乐"之中。当由余自秦返回西戎，见到戎王此番作为，"数谏不听"，由余"遂去降秦"，"缪公以客礼礼之，问伐戎之形"[1]。公元前 623 年，即秦穆公三十七年，"秦用由余谋伐戎王，益国十二，开地千里，遂霸西戎。天子使召公过贺缪公以金鼓"[2]。至此，猖獗为患的早期西戎就这样被秦国征服了。此后的一百五十余年间，历史文献中再难觅西戎的踪迹。

二、战国时期西戎史迹

战国之时[3]，西戎再次现身于历史记载之中，史籍不再称这些戎人为犬戎或猃狁，亦不见春秋早中期散布于甘肃一带的邽、冀等戎族。此时的西戎部族众多，各支系自有名号，义渠、绵诸、大荔、獂戎是其中势力较强者，有些强大的部落甚至建立了国家。此时戎人不断侵扰秦国，成为秦人兼并天下战争中，西北后方的重大军事隐患。

---

[1] "戎王使由余于秦。由余，其先晋人也，亡入戎，能晋言。闻缪公贤，故使由余观秦。秦缪公示以宫室、积聚。由余曰：'使鬼为之，则劳神矣。使人为之，亦苦民矣。'缪公怪之，问曰：'中国以诗书礼乐法度为政，然尚时乱，今戎夷无此，何以为治，不亦难乎？'由余笑曰：'此乃中国所以乱也。夫自上圣黄帝作为礼乐法度，身以先之，仅以小治。及其后世，日以骄淫。阻法度之威，以责督于下，下罢极则以仁义怨望于上，上下交争怨而相篡弑，至于灭宗，皆以此类也。夫戎夷不然。上含淳德以遇其下，下怀忠信以事其上，一国之政犹一身之治，不知所以治，此真圣人之治也。'于是缪公退而问内史廖曰：'孤闻邻国有圣人，敌国之忧也。今由余贤，寡人之害，将奈之何？'内史廖曰：'戎王处辟匿，未闻中国之声。君试遗其女乐，以夺其志；为由余请，以疏其间；留而莫遣，以失其期。戎王怪之，必疑由余。君臣有间，乃可虏也。且戎王好乐，必怠于政。'缪公曰：'善。'因与由余曲席而坐，传器而食，问其地形与其兵势，尽察，而后令内史廖以女乐二八遗戎王。戎王受而说之，终年不还。于是秦乃归由余。由余数谏不听，缪公又数使人间要由余，由余遂去降秦。缪公以客礼礼之，问伐戎之形。"司马迁：《史记·秦本纪》，中华书局，1982 年，第 192—193 页。
[2] 司马迁：《史记·秦本纪》，中华书局，1982 年，第 194 页。
[3] 战国时代之始年历史学界多有探讨，形成了公元前 481 年、公元前 476 年、公元前 468 年、公元前 453 年、公元前 403 年等多个意见，不同划分标准直接决定了文献中西戎族群再次出现于春秋晚期，抑或战国早期。然而，由于考古年代学研究无法过于精细，具体年份之争，对考古学研究意义不大，因此考古学家多认为战国时代始于公元前 5 世纪上半叶。本书遵循考古学研究特点，宽泛地将这一阶段的西戎族群称为战国时期西戎。

战国早期，秦国式微，秦人与西戎的战事又再次趋于频繁。秦厉共公六年"义渠来赂，绵诸乞援"[1]，十六年，"以兵二万伐大荔，取其王城"[2]。二十年，秦厉共公亲自率兵与绵诸战[3]，三十三年"伐义渠，虏其王"。躁公"十三年，义渠来伐，至渭南"[4]。惠公五年"伐绵诸"[5]。

战国中期，秦国逐渐强盛，扭转了在秦戎战争中的弱势局面。《后汉书·西羌传》："秦献公初立，欲复穆公之迹，兵临渭首，灭狄䝠戎。"[6]秦孝公元年"西斩戎之獂王"[7]，二十四年"大荔围合阳"[8]。惠文王七年，"义渠内乱，庶长操将兵定之"[9]，十一年"县义渠……义渠君为臣"[10]，更元十一年"侵义渠，得二十五城"[11]。但义渠戎并未对秦人真正臣服。至武王元年时，再次"伐义渠"[12]。

最终，战国晚期秦昭襄王时，"义渠戎王与宣太后乱，有二子。宣太后诈而杀义渠戎王于甘泉，遂起兵伐残义渠。于是秦有陇西、北地、上郡，筑长城以拒胡"[13]。此后，秦人彻底解除了西北边疆的军事隐患，集中力量东进。西戎族群也退出历史舞台，绝迹于史籍之中。

在史料记述中，春秋、战国两个阶段西戎主要部族的名称发生了明显变化。商末至春秋中期，犬戎、猃狁是西戎人群中最为强大的部族，其为推翻西周王朝统治

[1]司马迁:《史记·六国年表》,中华书局,1982年,第689—690页。
[2]司马迁:《史记·秦本纪》,中华书局,1982年,第199页。
[3]"公将师与绵诸战。"司马迁:《史记·六国年表》,中华书局,1982年,第693页。
[4]司马迁:《史记·秦本纪》,中华书局,1982年,第199页。
[5]司马迁:《史记·六国年表》,中华书局,1982年,第712页。
[6]范晔:《后汉书·西羌传》,中华书局,1965年,第2875页。
[7]司马迁:《史记·秦本纪》,中华书局,1982年,第202页。
[8]司马迁:《史记·六国年表》,中华书局,1982年,第726页。
[9]司马迁:《史记·六国年表》,中华书局,1982年,第728页。
[10]司马迁:《史记·秦本纪》,中华书局,1982年,第206页。
[11]司马迁:《史记·六国年表》,中华书局,1982年,第732页。《史记·秦本纪》记为"十年"。
[12]司马迁:《史记·秦本纪》,中华书局,1982年,第209页。
[13]司马迁:《史记·匈奴列传》,中华书局,1982年,第2885页。

的主要力量，也应是秦穆公所征服的西戎的主体[1]。虽然关于犬戎、猃狁是否为同一族群，学界还有争议[2]，但是显而易见，当历史进入战国时代，无论犬戎还是猃狁，在文献中都已不见踪影，取而代之的是一群被称为义渠、绵诸、大荔的戎人部落。众多的戎族称谓说明，东周时期西戎族群是由许多分支部落共同组成的，应是一个松散的部落联盟，各部族间虽有强弱之分，但并无绝对的统领关系。同时，春秋、战国阶段西戎主要部族名称的变迁，以及文献中对春秋中晚期百余年间西戎人群记载的缺失，都暗示着大约在春秋战国之交，西戎族群的人群构成发生了重大变化，春秋、战国两个阶段西戎族群之间或无直接的亲缘关系。

第二节　东周西戎考古学文化的二元性

东周西戎考古学文化的确认是一个漫长而艰辛的过程。在近一百年的时间里，多代考古学家在中国西北地区不断进行艰苦的田野考古调查、发掘及整理工作，剥茧抽丝，逐渐揭开东周西戎文化的原貌。

---

[1]《史记·匈奴列传》云："秦穆公得由余，西戎八国服于秦，故自陇以西有绵诸、绲戎、翟、獂之戎，岐、梁山、泾、漆之北有义渠、大荔、乌氏、朐衍之戎"，所列西戎八国族名、方位应是对战国时期西戎的描述，而秦穆公所征服之西戎的主体，依历史记述逻辑推断，应是活跃于西周中晚期的犬戎、猃狁等。同理，《后汉书·西羌传》中所记："及平王之末，周遂陵迟，戎逼诸夏，自陇山以东，及乎伊、洛，往往有戎。于是渭首有狄、獂、邽、冀之戎，泾北有义渠之戎，洛川有大荔之戎，渭南有骊戎，伊、洛间有杨拒、泉皋之戎，颍首以西有蛮氏之戎"，也有将早晚两个阶段戎族名称混淆之处。
[2] 支持西戎（犬戎）与猃狁为不同族群的学者主要有蒙文通、沈长云、田静等，具体参见蒙文通：《周秦少数民族研究》，龙门联合书局，1958 年；沈长云：《猃狁、鬼方、姜氏之戎不同族别考》，《人文杂志》1983 年第 3 期；田静、史党社：《猃狁、乌氏的地域及文化散论》，《秦文化论丛》（第 9 辑），西北大学出版社，2002 年。支持西戎（犬戎）即猃狁的学者主要有尹盛平、彭裕商、刘桓、李峰、赵化成、张寅等，具体参见尹盛平：《猃狁、鬼方的族属及其与周族的关系》，《人文杂志》1985 年第 1 期；彭裕商：《周伐猃狁及相关问题》，《历史研究》2004年第 3 期；刘桓：《甲骨、金文中所见的犬戎与猃狁》，《殷都学刊》1994 年第 2 期；李峰：《西周的灭亡：中国早期国家的地理和政治危机》（增订本），上海古籍出版社，2016 年。张寅：《两周时期陇山东西两侧考古学文化研究》，北京大学博士学位论文，2014 年，第 87—92 页；赵化成、张寅、王辉：《西戎文化的考古发现与研究》，《中国考古学百年史（1921—2021）》，中国社会科学出版社，2021 年。

东周西戎考古学文化主要分布于宁夏回族自治区中南部、甘肃省东部及东南部，陇山两翼为其核心分布区，这与文献中所述西戎活动于秦之西北的地理方位相一致。具体来说，东周西戎文化东至泾水中上游，西抵渭河上游，南达西汉水上游，北至宁夏银川一带，遗址点遍布宁夏中卫、中宁、固原、西吉、彭阳、隆德，甘肃天水、武山、甘谷、秦安、清水、张家川、正宁、庆阳、合水、庆城、镇原、宁县、平凉、泾川、庄浪、漳县、礼县等县市，总数在50处以上（图1-1）。

除核心分布区外，在陕西宝鸡、陇县、凤翔、咸阳、西安、富平、铜川、华县、黄陵，山西侯马，河南伊川、渑池等地亦零星发现一批具有西戎文化特征的遗存，它们往往被视为东周时期迁居中原的西戎族群的遗留。

从目前考古调查与发掘所积累的资料看，这些被认定与东周西戎族群有关的遗址点，尤其是位于陇山两侧西戎文化中心区的遗存，仅有少数经过科学的考古发掘，大多数地点是依文物普查或博物馆征集所得文物确认的。遗址几乎均为墓地，居址极少。部分遗址文化面貌多元，东周西戎文化遗存与中原文化遗存共存，反映着西戎族群与华夏族群的交往与互动。

依据文化面貌的差异，东周西戎文化遗存可分为两类：一类是以铲足鬲、带耳罐等"戎式陶器"为特征的遗存，这类遗存与较早时期西北本地土著文化——寺洼文化具有亲缘关系，是为东周西戎文化寺洼支系；另一类遗存以北方系青铜器为特征，具有强烈的北方草原文化基因，故将其命名为东周西戎文化草原支系。

一、东周西戎文化寺洼支系

出于历史上西戎与秦的特殊关系，对西戎文化的关注是在秦文化的探索中开始的。20世纪30年代，陕西宝鸡斗鸡台遗址发掘了4座屈肢葬墓，每墓各出土1件铲足陶鬲。尽管当时对这类遗存一无所知，但苏秉琦明确将其区分出来，归入第二期，即战国时期[1]。关于铲足鬲的渊源，苏秉琦指出它与甘肃洮河流域的寺洼鬲

---

[1] 苏秉琦：《斗鸡台沟东区墓葬》，北平研究院史学研究所，1948年；苏秉琦：《瓦鬲的研究》，《苏秉琦考古学论述选集》，文物出版社，1984年。

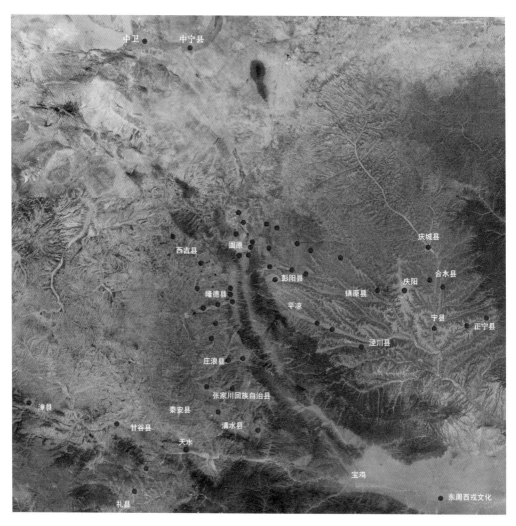

图 1-1　陇山东西两侧东周西戎文化遗址分布图[1]

---

[1] 东周西戎文化遗存资料来源于考古调查及发掘报告，以及《中国文物地图集·甘肃分册》《中国文物地图集·宁夏分册》，图中标注点为东周西戎文化遗址所在乡镇位置，各乡镇遗址数量不一。

有更近似的外貌，并在 1948 年撰写的《瓦鬲的研究》中进一步说明：当 D 型（矮足鬲）几乎业已消灭之后，才随屈肢葬又突然出现于斗鸡台之 A2 型鬲（铲脚袋足鬲），恐怕只能向西北去找它的渊源线索了。[1]

随后，以铲足鬲为特征的遗存在陕西关中地区东周时期秦墓中多有发现，在缺乏前人研究及可资对比的周边材料的情况下，很容易将铲足鬲作为寻找秦文化渊源的线索。20 世纪 80 年代，俞伟超在研究秦文化来源时提出关中秦墓中出土的铲足鬲"双耳、高领、袋足乃至铲状足端"的特征，同"周式鬲"完全不同，按其所属文化的主要族属性质来看，应称之为"戎式鬲"。秦人不断使用具有"戎式鬲"作风的陶鬲，暗示了秦人和戎人历史上的亲缘关系[2]。很快，韩伟驳斥了铲足鬲是秦文化特征之一的观点。他认为铲足鬲只是到了战国中期或早期才在关中地区的秦墓中出现，到了战国晚期就绝迹了。它不是从春秋到战国期间秦墓中始终存在、延绵不绝的典型器物，且其在战国秦墓中也极不普遍。因此，把铲足鬲当作秦文化的特征之一，并判断这些东西就是戎人文化的表征，是寻找秦文化渊源关系的重要线索，似乎缺乏坚实基础[3]。俞伟超与韩伟的争论焦点在于是否将铲足鬲视为秦文化的典型特征之一，就此说明秦人与西戎之间的亲缘关系。但无论秦文化是否来源于西戎文化，二位学者都对铲足鬲的西戎文化属性确信不疑。

甘肃甘谷毛家坪遗址的发掘正式确定了铲足鬲的西戎文化属性。在毛家坪遗址首次发现两周时期以绳纹灰陶为代表的 A 组遗存（秦文化遗存）的同时，也揭露出以夹砂红褐陶为特征的毛家坪 B 组遗存。B 组遗存器类有双耳或双鋬的分档袋足鬲、高领深腹罐、双大耳罐、双耳平口罐等，其色泽不匀，多素面，少绳纹。分档鬲中有 4 件铲形足跟，即所谓的铲足鬲[4]。这种遗存从春秋中期开始在居址中出现，

[1] 苏秉琦：《瓦鬲的研究》，《苏秉琦考古学论述选集》，文物出版社，1984 年，第 153 页。
[2] 俞伟超：《古代"西戎"和"羌"、"胡"文化归属问题的探讨》，《青海考古学会会刊》1980 年第 1 期。
[3] 韩伟：《关于"秦文化是西戎文化"质疑》，《青海考古学会会刊》1981 年第 2 期；韩伟：《关于秦人族属及文化渊源管见》，《文物》1986 年第 4 期。
[4] 甘肃省文物工作队、北京大学考古学系：《甘肃甘谷毛家坪遗址发掘报告》，《考古学报》1987 年第 3 期。

与秦文化共存，可见它是新出现的外来因素，不是由西周时期秦文化发展而来的。赵化成推测这种遗存是东周时期文献中记载的冀戎的遗留，源于寺洼文化[1]。毛家坪的发现证实铲足鬲的确不是秦文化的传统器物，与秦文化渊源无关，而是西戎文化带给秦文化的一种影响。

除甘肃东部地区外，陕西关中盆地、晋陕高原、河南洛阳盆地也陆续发现颇具戎式风格的陶器，它们与毛家坪B组遗存特征一致，反映了这支西戎族群的迁徙与流布。

东周西戎文化寺洼支系虽然出现于春秋中晚期，流行至秦代，但它具有久远的文化传统，其为商代晚期至春秋早期西戎族群所使用的寺洼文化的继承者，是早期西戎后裔的遗留。同时，寺洼支系遗存的文化面貌通常不纯粹，除独具风格的戎式陶器外，在墓葬形制、葬俗、随葬品等方面均融入大量中原文化因素，尤其秦文化因素格外突出。这类西戎遗存常与典型秦文化遗存共存于同一遗址之中，鲜见文化面貌单一的寺洼支系遗址，反映出这支戎人与以秦人为主的中原人群具有极其紧密的社会关系。

二、东周西戎文化草原支系

自20世纪80年代起，在宁夏中南部和甘肃东部地区陆续发现大量东周时期北方系青铜文化的分布地点。这类遗存的文化面貌与以毛家坪B组遗存为代表的东周西戎文化寺洼支系迥异，墓葬盛行洞室墓，墓中大量殉葬食草类动物，随葬品以青铜兵器、工具、车马器、装饰品为主，即所谓的北方系青铜器，陶器数量很少，各方面均表现出强烈的牧业文化色彩。许多学者认为这类遗存应与文献中记载的东周时期实力强大的义渠戎、乌氏戎有关[2]，其时代及分布地区符合历史文献中对于东周时期西戎人群的记载，这类遗存的创造者应是戎人[3]。东周西戎文化草原支系的年代始于春秋晚期，其像一个闯入者，突然出现于陇山东西两侧，与较早的土著

---

［1］赵化成：《甘肃东部和羌戎文化的考古学探索》，《考古类型学的理论与实践》，文物出版社，1989年。
［2］钟侃、韩孔乐：《宁夏南部春秋战国时期的青铜文化》，《中国考古学会第四次年会论文集》，文物出版社，1985年；罗丰：《固原青铜文化初论》，《考古》1990年第8期。
［3］许成、李进增：《东周时期的戎狄青铜文化》，《考古学报》1993年第1期。

西戎文化毫无关联。而且，东周西戎文化草原支系具有强烈的文化交流特征，兼具欧亚草原东部游牧文化、西方文化、中原文化、东周西戎文化寺洼支系等多元文化因素，其中草原文化因素占据主要地位。

总的来说，两类文化面貌迥异的遗存，均被认为是东周时期西戎族群的遗留，那么二者是何关系，为何同一人群在使用的器物上表现出如此巨大的差异？

人们经常把考古学文化与历史上存在过的人群共同体——"族"联系在一起。柴尔德就曾认为考古学文化"就是今天所谓的某个族的物质表现"[1]。在今天的考古实践中，尤其是史前时期的考古学研究中，我们也确实以此为理论基础，来探讨族群活动、迁徙与交流。但许多考古学家对此表示强烈反对，他们认为考古学文化与历史的族群不是一个对等的概念[2]。希安·琼斯指出，物质文化是多义的，它的意义因时而变，取决于它特定的社会历史、特定社会参与者的立场，以及它所直接使用的社会背景。而且，物质文化不只是含义累加的仓储，还带有它在不同社会背景里的生产与用途和因势而异的参与者的印记，考古学家不应认为，物质文化的异同可以提供一种族群亲疏关系的直接证据[3]。

如果将考古学文化与一群特定的人群联系起来，我们很可能会认为，东周西戎文化寺洼支系与草原支系这两类物质文化面貌迥异的遗存，属于两支考古学文化，应为两个不同族群的遗留。然而，事实并非如此。西戎考古学文化是对历史时期考古学文化命名的一种特殊做法。对于历史文献中有明确记载的人群或国家，考古学家往往喜欢直接以族名或国名来命名。族群是一个十分复杂的、动态的群体，尤其是进入历史时期，文明进程加快，人群迁徙、交流变得越来越频繁，如果说在史前时期考古学文化或许还有很大可能确跟一支人群相对应，那么，进入历史时期，这已成为不可能完成的任务。历史时期经常会出现同一族群使用不同考古学文化，或

[1] V. Gordon Childe, *The Danube in Prehistory*, Oxford: Clarendon Press, 1929.
[2] 格林·丹尼尔：《考古学一百五十年》，文物出版社，2009年，第309—326页。
[3] 希安·琼斯：《族属的考古：构建古今的身份》，上海古籍出版社，2017年，第234页。

同一种考古学文化被不同族群使用的情况。因此，这就解答了为何寺洼支系与草原支系同属东周西戎考古学文化的疑问。

人类学研究在分辨族属时有一个十分重要的问题，即主位视角或客位视角的问题。主位视角从被研究人群主观的自我认定来定义族群，而客位视角则根据研究者的观察来定义族群[1]。虽然，客位视角长期以来饱受批评，认为其难免会掺杂主观因素，是无法真实反映族群情况的。但是，我们在研究西戎族群时，客位视角似乎是唯一的选择。由于西戎族群没有文字，因此他们如何进行自我界定，我们不得而知。他们是否具有共同的语言、信仰和价值观等族属界定标准，我们仅从遗留下来的物质遗存，也很难确认。而我们能够利用的，仅有华夏族群的共同历史记忆。无论西戎人群的真实构成如何，他们是否自我认同为同一族群，华夏社会并不在意。在华夏族眼里，他们都是遥远的"他者"，都是"非我族类"的西戎。据此，依据历史文献所得出的"西戎"概念本身就是不准确的，甚至有可能是背离历史真相的。但受限于史料匮乏，这是我们仅能拥有的研究起点。这也就解释了为何两种不同面貌的遗存均被考古学家认定为西戎文化了。

最后，我们惊喜地发现，历史记载与考古学研究竟然奇妙地相互印证。东周西戎文化寺洼支系源于较早的西北土著戎族文化，有着强烈的本地化特征，说明该支戎族的祖先很早就已生活于西北地区。这与文献中记载的从商代晚期起就活跃于甘肃东部地区的早期西戎史迹相印证，也就是说，东周西戎文化寺洼支系的使用者应是文献中"犬戎""猃狁"等早期西戎部族的后裔，即春秋时期的西戎；约当春秋战国之交，东周西戎文化草原支系遗存短时间内遍布陇山东西两侧，并成为战国时期西戎文化的主体。这种戏剧化的登场方式，让人不禁联想到战国时期突然出现于史籍之中的"义渠""绵诸"等西戎部族，这类遗存的出现意味着战国时期西戎的登场。历史学与考古学研究的偶合，表明东周时期西戎人群的构成绝非单一，至少具有两个不同的来源。

---

[1] 希安·琼斯：《族属的考古：构建古今的身份》，上海古籍出版社，2017年。

第二章

东周西戎文化寺洼支系

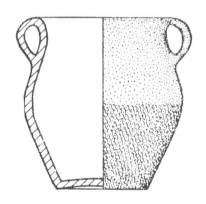

自商代晚期起，周、秦以西地区就是西戎族群的主要活动地域。他们与周、秦民族或战或和，一同谱写了波澜壮阔的先秦史。犬戎是西周时期西戎部族的重要一员。西周末年，他们侵入王畿，杀周幽王，关中沦为一片焦土，致使周平王东迁洛邑，是为东周时代的开始。犬戎作为两周之际影响历史进程的一支重要力量，从考古学文化上确认其存在，成为长久以来考古学家们研究的重点。大量的考古发现已证实，分布于甘肃东部地区的寺洼文化即为犬戎的遗留。寺洼文化的陶器与周、秦文化截然不同，造型独特的各类陶罐不仅彰显着犬戎别具风格的制陶工艺、审美情趣，也暗示着他们差异化的生业经济模式。

春秋初年，秦人东进，逐步收复被犬戎占据的关中地区，同时对西部的戎族也展开一系列攻伐，以稳定后方。秦穆公时，秦霸西戎，彻底解决了心腹之患。随着犬戎的臣服，他们中的大部处于秦人统治之下，成为秦国的新成员。也有一批西戎迁居中原，沦为大国角力的牺牲品。虽然这些犬戎遗民的生居死葬或多或少保留有寺洼文化的影子，但此时已发展成为一支全新的考古学文化类型了，我们称之为东周西戎文化寺洼支系。

第一节　寺洼支系诸类型

东周西戎文化寺洼支系是延续寺洼文化而来的遗存，自然承继了寺洼文化的分布格局，陇山东西两翼是东周西戎文化寺洼支系的原生地。陶色斑驳的铲足鬲、带耳罐、侈口高领罐作为东周西戎文化寺洼支系的代表性器物，遍布于甘肃东部的渭河、西汉水及泾河流域，在甘肃甘谷、清水、庄浪、张家川、礼县、庆阳等县市的博物馆中均能见到征集的这类遗存。总体来看，东周西戎文化寺洼支系的分布西至洮河流域的甘肃定西，东至子午岭西麓，北至甘肃兰州、会宁、庆阳一线，向南可达西汉水流域的甘肃礼县一带。

一、毛家坪 B 组类型

20 世纪 80 年代初期，在俞伟超的指导与安排下，北京大学考古学系赵化成前往甘肃天水一带开展考古调查，后与甘肃省文物工作队合作，两次发掘甘肃甘谷毛家坪遗址，遗址中发现的 B 组遗存正式揭开考古学界对东周西戎文化研究的大幕。毛家坪 B 组遗存极具标志性，大量铲足鬲、双耳罐、戎式罐等东周西戎文化代表性器物构成了主体文化面貌，且 B 组遗存与秦文化遗存共存一处，受到后者强烈影响。类似的遗存广布于甘肃东部，可将它们称为"毛家坪 B 组类型"。

1. 甘肃甘谷毛家坪遗址

毛家坪遗址位于甘肃省甘谷县磐安乡毛家坪村，东距县城 25 公里，分布在渭河南岸的二级台地上。遗址东西约 600、南北约 1 000 米，面积约 60 万平方米。遗址南部地势较高，北部低平，分沟东和沟西两部分，沟西部分的北部及西部为居址区，大部分被村庄叠压，南部为墓葬区；沟东部分主要为墓葬区，被盗严重。

1982、1983 年甘肃省文物工作队、北京大学考古学系在此进行两次发掘。1982 年在墓葬区清理土坑墓 6 座、灰坑 2 个。1983 年继续墓葬区的发掘，发掘土坑墓 16 座。同时在墓葬区发掘点西北约 100 米的居住区开探方 8 个，发掘灰坑 37 个、房基 4 处、土坑墓 11 座、鬲棺葬 12 组[1]。毛家坪遗址主要有三种文化遗存，分别为：以彩陶为特征的石岭下类型遗存。以绳纹灰陶为代表的 A 组遗存，属于两周时期秦文化。以夹砂红褐陶为特征的 B 组遗存，为东周时期西戎的遗留[2]。

B 组遗存主要见于地层堆积的第③层，第②层中也出土有 B 组遗存的陶片。遗迹有鬲棺葬 8 组，另 82H1 和 83H4 也都出土 B 组遗存的陶片。B 组遗存在第

---

[1] 甘肃省文物工作队、北京大学考古学系:《甘肃甘谷毛家坪遗址发掘报告》,《考古学报》1987 年第 3 期。

[2] 赵化成:《甘肃东部秦和羌戎文化的考古学探索》,《考古类型学的理论与实践》,文物出版社,1989 年。

③层中与秦文化遗存共存，约占 12.2%。8 组瓮棺葬中，其中第③层下 4 组，即 LM5、LM9、LM11、LM12；第②层下 4 组，即 LM1、LM2、LM4、LM8。而 LM4、LM11 中又各有 1 件 A 组遗存的陶器。瓮棺葬的葬具多是残破的鬲片，出土时堆放在一起，婴孩骨骼置其中，发现时多被扰乱，未扰乱者也未见坑埋痕迹，推测当时仅以鬲、罐片掩埋并培土覆盖。

B 组遗存遗物均为陶器，以夹砂红褐陶为特征，个别陶胎近灰色。器类有分裆鬲、高领深腹罐、双耳平口罐、双大耳罐。夹砂红褐陶质，器表色泽不匀，红、灰、黑相杂。多见素面，绳纹较少，绳纹浅而细，竖向整齐（图 2-1）。分裆陶鬲依据足跟的不同，可分为柱足鬲与铲足鬲，二者具有演变关系。根据共存关系，毛家坪第③层中的 B 组遗存及第②层下的 B 组遗存瓮棺葬相当于战国时期，第③层下的 B 组遗存年代应为春秋时期，但因为第③层下的 B 组遗存与第③层中和第②层下的 B 组遗存陶器形制较接近，其年代可能相当于春秋中晚期[1]。B 组遗存中，铲足鬲[2]（图 2-1，1—2）、带耳罐（图 2-1，3—4）因其易于辨认的足部、耳部特征，常被作为东周西戎文化的代表器物。其实，陶色斑驳的侈口高领罐也是西戎文化的标志

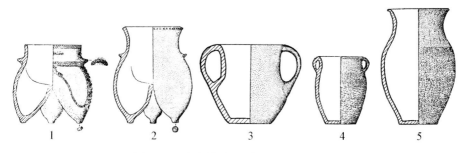

图 2-1　甘肃甘谷毛家坪遗址 B 组遗存

1. 陶铲足鬲（LM4：1）　2. 陶柱足鬲（LM5：1）　3. 陶双耳罐（T6③：1）
4. 陶双耳罐（LM5：2）　5. 陶戎式罐（LM9：2）

[1] 赵化成：《甘肃东部秦和羌戎文化的考古学探索》，《考古类型学的理论与实践》，文物出版社，1989 年。
[2] 少数分裆陶鬲为柱足或锥足，但陶质、陶色、袋足、錾、耳等特征与铲足鬲一致，二者属于同一文化系统，文化属性相同，足跟的差异应与时代早晚有关。依据学术传统，这类陶鬲也可称为铲足鬲。

性遗物之一（图2-1，5），尤其是在陕西关中地区的东周秦墓中，这类器物更是成为判断墓葬西戎文化属性的重要标识，因此，可将其命名为戎式罐[1]。

自2012年起，早期秦文化联合考古队再次全面勘探、发掘毛家坪遗址，勘探出墓葬千余座，其中沟东731座、沟西300余座，发掘遗迹包括灰坑、瓮棺葬、踩踏面、房址、墓葬、车马坑等[2]。部分灰坑出土夹砂红褐陶铲足鬲、双耳罐，属于东周西戎文化遗存。居住区地层内发现瓮棺葬，瓮棺为内盛婴儿骨骼的大型铲足鬲或盆、罐。与20世纪80年代发掘情况不同，在本次发掘中，B组遗存多出现于墓葬之中，主要分布于沟东。墓葬中出土的B组遗存主要为夹砂红褐陶的铲足鬲、双耳罐、戎式罐，葬俗与秦文化墓葬无异。这类墓葬与面貌纯粹的秦文化墓葬交错分布，器物组合多为1件铲足鬲或双耳罐加上1—2件戎式罐、灰陶无耳罐，少数墓葬还有1件灰陶钵或盆，罕见秦式鬲、豆、陶礼器、模型明器等秦文化器物（图2-2）。依据出土器物形制及共存秦文化器物判断，新近发掘的B组遗存年代范围并未打破之前对毛家坪遗址B组遗存年代的认识，即春秋晚期至战国晚期，仅年代下限略有延伸，或进入秦代。

毛家坪遗址年代从西周晚期延续至战国晚期，总面积约60万平方米，可能是古冀县的县治[3]。毛家坪A组遗存多被认为是秦人的遗留[4]，这类遗存时代早、数量

---

[1] 张寅、耿庆刚、侯红伟：《关中地区东周时期"戎式陶罐"及相关问题研究》，《文博》2017年第5期。

[2] 甘肃省文物考古研究所：《甘肃重要考古发现（2000—2019）》，文物出版社，2020年，第200—207页；早期秦文化联合考古队：《甘肃甘谷毛家坪遗址沟东墓地2012—2014年发掘简报》，《考古与文物》2022年第3期；早期秦文化联合考古队：《甘肃甘谷毛家坪遗址沟西墓地2012—2014年发掘简报》，《考古与文物》2022年第3期；早期秦文化联合考古队：《甘肃甘谷毛家坪春秋秦墓（M2059）及车马坑（K201）发掘简报》，《文物》2022年第3期。

[3] 梁云：《2012年甘谷毛家坪遗址发掘简报》，《中国文物信息网》2013年2月27日；早期秦文化联合考古队：《甘肃甘谷毛家坪遗址2013年考古收获》，《2013中国重要考古发现》，文物出版社，2014年；早期秦文化联合考古队：《2014年甘肃甘谷毛家坪遗址发掘丰富了周代秦文化内涵》，《中国文物报》2014年11月14日。

[4] 少数学者对于毛家坪A组遗存的使用者为秦人持怀疑态度。史党社认为A组遗存可能是西戎所使用的文化之一。参见史党社：《日出西山：秦人历史新探》，陕西人民出版社，2013年。罗泰对西周时期的A组遗存是否属于秦人也表示存疑。参见罗泰：《宗子维城：从考古材料的角度看公元前1000至前250年的中国社会》，上海古籍出版社，2017年，第260—264页。

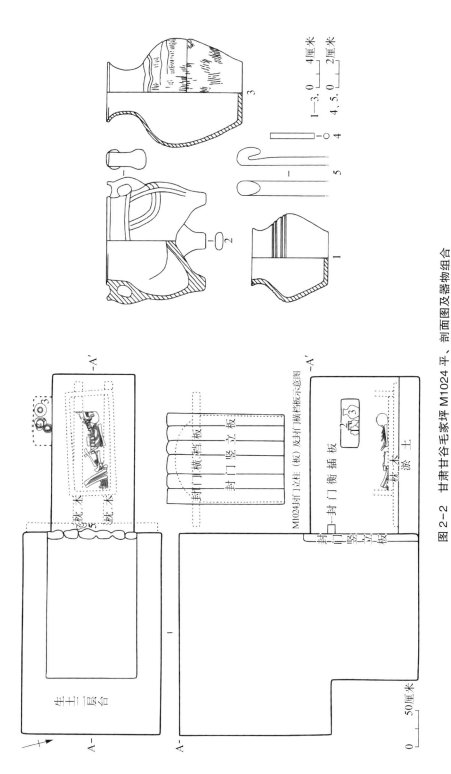

图 2-2 甘肃甘谷毛家坪 M1024 平、剖面图及器物组合

1. 小陶罐（M1024：1） 2. 陶禹 3. 陶戎式罐（M1024：3） 4. 玻璃器（M1024：4） 5. 铁带钩（M1024：5）

多、等级高。遗址发现出土5鼎4簋的高级别春秋秦墓，随葬铜戈有"秦公作子车用"铭文，表明遗址内生活着春秋时期秦贵族子车家族[1]。反观西戎族群所使用的B组遗存则年代偏晚，数量有限。并且，B组遗存中常常伴有A组遗存因素，而A组遗存中绝不见B组遗存特征，表明两类遗存使用者的社会地位差异巨大。A组遗存作为强势、先进文化，处于绝对的统治地位，它单向地被B组遗存吸收、学习，这是西戎族群处于秦人统治之下的物化表征。

2. 甘肃礼县六八图遗址

六八图遗址位于甘肃省礼县红河乡东南部的六八图村西北，该遗址是目前红河流域最大的一处周秦文化遗址。2004年，早期秦文化联合考古队在该遗址调查发现大量灰坑、灰层等遗迹，采集到周代绳纹灰陶片，认定其为早期秦文化的三大核心遗址区之一[2]。2017—2018年，甘肃省文物考古研究所对六八图遗址进行全面考古勘探，发现各类遗迹现象744处。2018年，甘肃省文物考古研究所对礼县六八图遗址墓葬进行发掘，共发掘墓葬32座，出土遗物104件。墓葬年代多为战国中晚期到秦代[3]。

已发掘墓葬中，竖穴土坑墓28座、偏洞室墓4座，均为平民墓葬，多数墓内除秦文化遗物外，还出土了带有浓厚西戎特色的随葬品，埋葬方式除在棺椁之间、棺侧外，还有埋葬于二层台坑、头龛、头坑三种。墓葬的文化因素较为复杂，从葬制、葬式来看具有秦人的特征，为仰身屈肢葬和侧身屈肢葬，葬俗上也有在填土中殉狗的情况。而陶器可分为具有毛家坪B组遗存因素的夹砂红褐陶和具有秦文化因素的泥质灰陶两类。出土陶器多为罐类，组合较为简单，主要分为两类：第一类包括长颈罐、圆

[1] 梁云：《2012年甘谷毛家坪遗址发掘简报》，《中国文物信息网》2013年2月27日；早期秦文化联合考古队：《甘肃甘谷毛家坪遗址2013年考古收获》，《2013中国重要考古发现》，文物出版社，2014年；早期秦文化联合考古队：《2014年甘谷毛家坪遗址发掘丰富了周代秦文化内涵》，《中国文物报》2014年11月14日。
[2] 甘肃省文物考古研究所、中国国家博物馆、北京大学考古文博学院、陕西省考古研究院、西北大学文博学院：《西汉水上游考古调查报告》，文物出版社，2008年，第288页。
[3] 甘肃省文物考古研究所：《甘肃重要考古发现（2000—2019）》，文物出版社，2020年，第216—221页。

肩罐、单耳罐或双耳罐、小罐或釜；第二类为圆肩罐、小罐或釜或鬲。经辨认，许多长颈罐、圆肩罐实则为戎式罐。随葬品中不见秦墓中常见的壶、仓、缶等。其中，已公布的 M18 随葬品具有"毛家坪 B 组类型"特色。该墓为东西向竖穴土坑墓，葬具为一椁一棺。在墓室西壁发现有头龛，出土器物包括陶铲足鬲、戎式罐等（图 2-3）。

图 2-3　甘肃礼县六八图 M18 墓葬形制及器物组合

六八图遗址所在的"六八图—费家庄"遗址群是西汉水上游早期秦文化中心分布区之一，以往认为秦人早期都邑的具体位置有可能在其范围之内[1]。然而，考古发掘证实该遗址虽然面积巨大，但墓葬等级普遍不高。墓葬中虽然具有秦文化因素，但铲足鬲、戎式罐、带耳罐等戎式陶器也十分多见，西戎文化因素浓厚，因此六八图遗址绝非秦人都邑，其性质更可能为秦统治下的一处西戎族群中心聚落。

3. 甘肃礼县大堡子山遗址

大堡子山遗址位于甘肃礼县西汉水与永坪河交汇处。这是一处春秋早期的大规模城址，城内发现有秦公大墓，学者认为遗址很可能是秦国史书《秦记》所记载的秦宪公所居"西新邑"[2]。礼县大堡子山遗址发掘了一座编号为Ⅲ M11 的战国墓葬。该墓北偏东130°，为长方形竖穴浅坑，无棺椁，发现人骨一具，葬式为仰身屈肢。随葬器物只有 1 件平底小陶罐，口沿稍残，夹砂，深灰色，器表颜色不匀，颈部有折线刻划纹，腹部有稀疏绳纹（图 2-4，1）[3]。陶罐虽然无耳，但高领、颜色不匀的特点，表明其为一件戎式罐，属于"毛家坪 B 组类型"。这座戎人墓葬打破城内大型府库建筑 21 号建筑基址的室内地面，展示出西新邑废弃之后的战国时代，有西戎部族活动于此。此外，西汉水上游地区的多处东周时期遗址中均采集到铲足鬲[4]，亦表明甘肃东南部地区是"毛家坪 B 组类型"的重要分布地域。

4. 甘肃庄浪贺子沟、王宫遗址

水洛镇贺子沟遗址与盘安镇王宫遗址位于甘肃省庄浪县，遗址均出土铲足鬲、

［1］甘肃省文物考古研究所、中国国家博物馆、北京大学考古文博学院、陕西省考古研究院、西北大学文博学院：《西汉水上游考古调查报告》，文物出版社，2008 年，第 288 页。
［2］梁云：《西新邑考》，《中国历史文物》2007 年第 6 期；早期秦文化研究课题组：《甘肃礼县三座周代城址调查报告》，《古代文明》（第 7 卷），文物出版社，2008 年。
［3］早期秦文化联合考古队：《2006 年甘肃礼县大堡子山 21 号建筑基址发掘简报》，《文物》2008 年第 11 期。
［4］早期秦文化联合考古队：《甘肃礼县三座周代城址调查报告》，《古代文明》（第 7 卷），文物出版社，2008 年。

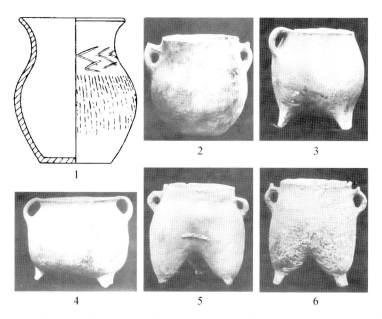

图 2-4　甘肃礼县大堡子山、庄浪贺子沟、庄浪王宫遗址出土"毛家坪 B 组类型"陶器
1. 陶戎式罐（大堡子山Ⅲ M11：1）　2. 陶双耳罐（庄浪 P411）　3. 陶铲足鬲（庄浪 P266）
4. 陶罐式鬲（庄浪 P275）　5. 陶铲足鬲（庄浪 P410）　6. 陶铲足鬲（庄浪 P271）

双耳罐等陶器（图 2-4，2、3、5、6），可惜遗迹情况阙载[1]，年代约为战国时期。王宫遗址出土的一件特殊陶器，其器身形态近似双耳罐，底部饰有三个铲形足跟（图 2-4，4），应是"毛家坪 B 组类型"的一种新器类。

　　依据甘肃东部周、秦、西戎考古学文化的分布特点，周、秦人多活动于河流两岸的开阔地带，而远离干流的山地则成为西戎的势力范围。庄浪县位于六盘山西麓，境内群山起伏，山地和丘陵沟壑占总面积的百分之九十以上。此地寺洼文化、东周西戎文化遗址点密布，而少见周、秦文化分布，表明这里是两周时期西戎族群的重要分布地点之一。

[1]　丁广学：《甘肃庄浪县出土的寺洼陶器》，《考古与文物》1981 年第 2 期。

5. 甘肃合水九站遗址

九站遗址是以寺洼文化为主体的一处大型遗址，是早期西戎人群的活动中心之一[1]。但在居址第②层中出土了一批具有"毛家坪B组类型"特色的器物，以铲足鬲和双耳罐为主（图2-5）。这些陶器与典型的战国时期秦文化陶器共存，因此第②层的年代应为战国时期。发掘者当时已认识到，从地层关系上来说，第②层与属于寺洼文化的第④A层之间隔着洪水淤积形成的不包含任何遗物的第③A及第③B层，之间存在着年代缺环，且第②层与第④A层出土的遗物风格也有差别。

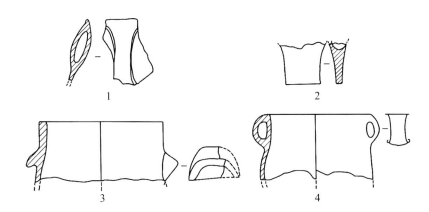

图2-5　甘肃合水九站遗址居址第②层出土"毛家坪B组类型"陶器

1. 陶罐（T9②:4）　2. 陶鬲足（T9②:7）　3. 陶鬲（T9②:12）　4. 陶鬲（T9②:7）

6. 甘肃武山马坪墓地

马坪遗址位于甘肃省武山县滩歌镇关庄村西北，地处山丹河西岸的台地上，总面积约2万平方米。2016—2017年秦文化与西戎文化联合考古队在台地顶部发现两座被盗掘的墓葬[2]。墓葬破坏严重，应为头向西的竖穴墓，填土中发现有兽骨，随葬器物在头端，人骨被扰乱。采集有绳纹灰陶及夹砂褐陶器，包括陶盆、双錾耳陶罐、铁矛等。

---

[1] 王占奎、水涛：《甘肃合水九站遗址发掘报告》，《考古学研究》（三），科学出版社，1997年，第303—304页。
[2] 甘肃省文物考古研究所、天水市文物保护和考古研究中心：《渭河上游天水段考古调查报告》，文物出版社，2022年，第324—326页。

总体来看，东周西戎文化"毛家坪 B 组类型"主要分布于甘肃东部地区的渭河流域，以天水市为中心，在其西部的武山县、甘谷县，北部的庄浪县均发现有此类遗存，位于泾河流域的合水县以及西汉水流域的礼县也有零星线索，年代集中于春秋晚期至战国晚期。"毛家坪 B 组类型"以铲足鬲、带耳罐、戎式罐为特色，陶器多为夹砂红褐陶，陶色不均，烧成温度较低，陶质疏松。器表以素面为多，部分器物饰有细且浅的绳纹。除特色陶器外，"毛家坪 B 组类型"墓葬在墓向、形制、葬式等方面融入了强烈的秦文化因素，此类墓葬亦常与秦文化墓葬和谐共存于同一遗址之中，但其器物组合以铲足鬲或带耳罐搭配戎式罐为主，罕见秦式鬲、豆、陶礼器、模型明器，与典型秦文化墓葬迥异，特色鲜明。"毛家坪 B 组类型"遗存等级普遍较低，与秦文化相比，处于弱势，其使用者应为秦统治下的西戎族群。

二、关中类型

陕西关中地区东周秦墓中常出土带有浓郁戎式风格的陶器，这些器物特征与"毛家坪 B 组类型"并无二致，但由于分布地域集中在关中地区，此地非东周西戎文化的原生地，显得十分特殊，故将这类遗存单列为东周西戎考古学文化的一个类型，即"关中类型"。

在关中地区发现的具有西戎文化特征的遗物，以陶质铲足鬲、双耳罐为主，兼有少量的单耳罐。此外，"毛家坪 B 组类型"中颇为常见的无耳戎式陶罐在"关中类型"遗存中亦有发现。这种陶罐大多为泥质灰陶，部分器物陶色斑驳。高领是这类陶罐最为突出的特征，侈口、圆腹、平底，绝大多数素面，少数具有纹饰。它们与东周秦墓中常见的秦式陶罐在颈部形态上具有明显的差别（图 2-6），而与寺洼文化的高领陶罐十分类似，应为西戎族群遗物[1]。

---

[1] 张寅、耿庆刚、侯红伟：《关中地区东周时期"戎式陶罐"及相关问题研究》，《文博》2017 年第 5 期。

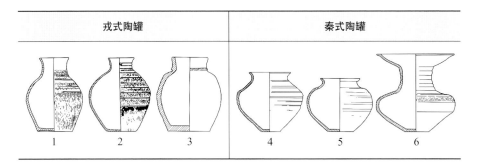

戎式陶罐	秦式陶罐

图2-6　陕西关中地区出土东周时期戎式陶罐与秦式陶罐比较

1. 店子 M1：2　2. 益尔 M58：1　3. 任家咀 M124：3
4. 雷家台 M2：7　5. 雷家台 M5：2　6. 雷家台 M2：8

目前，东周西戎文化"关中类型"均为墓葬遗存，它们散布于关中地区秦人墓地之中，在墓葬形制、墓向、葬式等方面，与典型战国时期中小型秦墓一致，仅在随葬品上保留一些自身特色。

1. 陕西宝鸡斗鸡台秦墓

1934—1937 年，北平研究院史学研究所在斗鸡台遗址先后进行三次发掘，在沟东区清理 104 座墓葬，出土随葬器物的有 82 座[1]。苏秉琦将墓葬分为三个不同时期：瓦鬲墓时期、屈肢葬时期和洞室墓时期。他敏锐地指出："以上三个时期之间，界限厘然，说是三个时期固可，说是三个文化亦未尝不可。"[2] 今天看来，这三种文化就是周文化、秦文化、汉文化。苏秉琦划分的第二期（屈肢葬时期）的 11 座秦文化墓葬，年代均可归入战国晚期。

A3、C4、H7、K10 等 4 座秦文化墓葬中，各出土 1 件铲足鬲。墓葬形式均为东西向的竖穴土坑墓。葬式为屈肢葬。同出陶盂、陶壶、陶瓮、石权、料珠、铜镞。报告认为墓葬年代为屈肢葬墓初期，即战国晚期。

---

[1] 苏秉琦：《斗鸡台沟东区墓葬》，北平研究院史学研究所，1948 年。
[2] 苏秉琦：《斗鸡台沟东区墓葬》，北平研究院史学研究所，1948 年；苏秉琦：《瓦鬲的研究》，《苏秉琦考古学论述选集》，文物出版社，1984 年。

2. 陕西宝鸡李家崖秦墓

李家崖墓地共分布小型墓葬 67 座，其中战国时期秦墓 41 座，墓葬多为战国晚期[1]。

M8、M38 各出土 1 件铲足鬲。二墓均为东西向洞室墓，M8 为屈肢葬，M38 葬式不清。同出陶壶、陶罐等物（图 2-7）。墓葬年代为战国晚期。

M3 出土 1 件双耳罐。墓葬为洞室墓，朝向、葬式不清。同出 1 件铜带钩。墓葬年代为战国晚期。

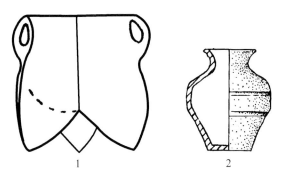

图 2-7　陕西宝鸡李家崖 M8 陶器组合

1. 陶鬲　2. 陶壶

3. 陕西宝鸡建河秦墓

建河墓地发掘秦墓 39 座，发掘者将其分为三期，第一期为战国中期晚段，第二期分战国晚期早段和晚段，第三期为秦代[2]。滕铭予指出这些墓葬年代起自战国晚期，历经秦代，部分已进入西汉时期[3]。

M36、M43、M45 各出土 1 件铲足鬲。M36、M45 为偏洞室墓，M43 为竖穴土坑墓。葬式均为屈肢葬，同出器物为陶罐、陶壶。墓葬年代为战国晚期。

---

[1] 何欣云：《宝鸡李家崖秦国墓葬清理简报》，《文博》1986 年第 4 期。
[2] 陕西省考古研究院：《宝鸡建河墓地》，陕西科学技术出版社，2006 年。
[3] 滕铭予：《宝鸡建河墓地的年代及相关问题》，《边疆考古研究》（第 8 辑），科学出版社，2009 年。

M5、M24、M25、M26、M34、M39、M44、M47 各出土 1 件双耳罐。除 M24 为偏洞室墓外，其余墓葬均为直线式洞室墓。葬式均为屈肢葬。墓葬中同出陶罐、陶戎式罐、陶壶、铜带钩、铜鍪、铁带钩等物。墓葬年代为战国中晚期。

M12、M41 各出土 1 件单耳罐。两墓均为直线式洞室墓，葬式均为屈肢葬。墓中同出陶罐、陶壶、陶盆等物。墓葬年代为战国中晚期。

此外，M25 出土 1 件戎式罐，原报告称其为异形罐。

4. 陕西宝鸡郭家崖秦墓

郭家崖墓地共发掘战国秦墓 115 座，时代覆盖战国早、中、晚期，少数墓葬年代可至秦代[1]。

BM36、BM41、NM23、NM30、NM32、NM64、NM68、NM73、NM79 各出土 1 件铲足鬲。BM36 为瓮棺墓，年代为战国早期。BM41 为东西向竖穴土坑墓，屈肢葬，同出陶盆、陶壶、铜带钩等，年代为战国早期。NM23 为东西向竖穴土坑墓，屈肢葬，同出陶壶，年代为战国早期偏晚阶段。NM30 为东西向直线式洞室墓，屈肢葬，同出陶壶、铜环、铜铃、铁削、料珠、铁器等，年代为战国中期。NM32 为东西向直线式洞室墓，同出陶罐、铜铃、铁带钩、料珠、铁削等，年代为战国晚期。NM64 为东西向偏洞室墓，屈肢葬，同出陶罐、铁带钩，年代为战国早期。NM68 为东西向直线式洞室墓，屈肢葬，同出铁带钩，年代为战国中期。NM73 为南北向直线式洞室墓，屈肢葬，同出陶壶、铁带钩等，年代为战国晚期。NM79 为东西向竖穴土坑墓，屈肢葬，同出陶壶，年代为战国早期。

BM28、NM20、NM33、NM46、NM75、NM81 各出土 1 件双耳陶罐。BM28 为东西向偏洞室墓，屈肢葬，年代为战国早期。NM20 为东西向直线式洞室墓，屈

---

[1] 陕西省考古研究院、宝鸡市考古研究所：《宝鸡郭家崖秦国墓地（北区）发掘简报》，《文博》2018 年第 6 期；陕西省考古研究院、宝鸡市考古研究所：《宝鸡郭家崖秦国墓地（南区）发掘简报》，《文博》2019 年第 4 期；陕西省考古研究院、宝鸡市考古研究所：《宝鸡郭家崖考古发掘报告》，科学出版社，2021 年。

肢葬，同出陶壶，年代为战国中期。NM33 为东西向直线式洞室墓，屈肢葬，同出陶罐，年代为秦代。NM46 为东西向直线式洞室墓，屈肢葬，年代为战国中期。NM75 为东西向直线式洞室墓，屈肢葬，同出陶戎式罐、铜铃、铜带钩、铁削，年代为战国晚期。NM81 为东西向直线式洞室墓，屈肢葬，同出陶罐、铜支架、铜带钩、铜觿，年代为战国中期。

NM49、NM53、NM75 各出土 1 件戎式罐，发掘者将这类陶罐称为侈口粗颈罐。NM49 为东西向直线式洞室墓，屈肢葬，同出陶釜，年代为战国中期。NM53 为东西向直线式洞室墓，屈肢葬，同出陶釜，年代为战国晚期。

5. 陕西陇县店子秦墓

店子墓地共发掘东周至秦代的墓葬 224 座，发掘者将其分为六期：春秋中期、春秋晚期、战国早期、战国中期、战国晚期、秦代[1]。

M23、M27、M48、M50、M89、M97 共出土 7 件铲足鬲。这些墓葬均为竖穴土坑墓，M23、M27、M50、M97 为东西向，M48、M89 为南北向，M27、M50、M89、M97 具有二层台。M48、M89 葬式为直肢葬，其余四座墓墓主为屈肢葬。墓葬同出小口圆肩陶罐、陶戎式罐、陶纺轮、铜带钩、铁削等物（图 2-8，1—3）。墓葬年代均为秦代。

M1、M33、M91、M228、M259 各出土 1 件双耳罐。M33 为偏洞室墓，M91 为直线式洞室墓，其余均为有二层台的竖穴土圹墓。除 M259 为南北向墓外，其余均为东西向墓。葬式均为仰身屈肢葬。墓葬同出圆腹陶罐、陶戎式罐、陶盂、骨笄（图 2-8，4—6）。墓葬年代均为秦代。

M93 出土 1 件单耳罐。墓葬为东西向竖穴土圹墓，有二层台。葬式为仰身屈肢。同出有铜铃、铜镜。墓葬年代为秦代。

M1、M27、M62 各出土 1 件戎式罐。M1：2，原报告命名为侈口圆腹陶罐，

---

[1] 陕西省考古研究所：《陇县店子秦墓》，三秦出版社，1998 年。

图 2-8 陕西陇县店子 M89、M27、M48、M91、M33、M1 陶器组合

1. M89　2. M27　3. M48　4. M91　5. M33　6. M1

实为戎式罐（图 2-6，1）。墓中同出双耳陶罐、小口圆肩陶罐等（图 2-8，6）。墓葬年代为秦代。M27 亦出土 1 件戎式罐，原报告命名为陶壶，与铲足鬲共存（图 2-8，2）。墓葬年代为秦代。M62∶1，原报告称为直口圆腹罐，实则为戎式罐，是墓葬中唯一的随葬品。墓葬为东西向竖穴土坑墓，死者侧身屈肢。墓葬年代为战国晚期。

6. 陕西陇县韦家庄秦墓

韦家庄墓地共发掘秦文化墓葬 7 座，发掘者认为墓葬可分为四期：春秋晚期、

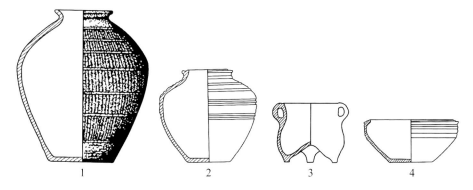

图2-9 陕西陇县韦家庄M16器物组合

1. 陶罐（M16：1） 2. 陶罐（M16：2） 3. 陶铲足鬲（M16：3） 4. 陶盆（M16：4）

春秋战国之交、战国早期偏晚、战国中期[1]。

M16出土1件铲足鬲。墓葬为东西向偏洞室墓，葬式为屈肢葬。同出圆肩陶罐、陶盆、绳纹陶罐（图2-9）。发掘者认为墓葬年代为春秋战国之交，依据同出器物以及偏洞室墓的墓葬形制判断，M16年代应为战国中期。

M15出土1件双耳罐。墓葬为东西向竖穴土圹墓，葬式为屈肢葬。同出圆肩陶罐、陶盆。墓葬年代为战国早期偏晚。

7. 陕西凤翔高庄秦墓

高庄墓地共发掘秦墓46座，发掘者将其分为五期：春秋晚期、战国早期、战国中期、战国晚期、秦代[2]。

M9出土1件铲足鬲。墓葬为南北向竖穴土坑墓，葬式为屈肢葬。同出铜带钩、陶盆、陶人口罐、陶盆等物。有学者认为其年代应为战国晚期[3]。

M47、M7、M17各出土1件双耳罐。墓葬均为洞室墓，除M47为南北向外，其余均为东西向。M47葬式为直肢葬，其余两座墓葬式不明。同出铜鼎、铜钫、铁

[1] 宝鸡市考古队、陇县博物馆：《陕西陇县韦家庄秦墓发掘简报》，《考古与文物》2001年第4期。
[2] 吴镇烽、尚志儒：《陕西凤翔高庄秦墓地发掘简报》，《考古与文物》1981年第1期。
[3] 王学理、梁云：《秦文化》，文物出版社，2001年，第91—92页。

剑、铁釜、陶盆、陶缶、大口陶罐、小口陶罐、陶瓮、半两钱、陶灶、铁臿、铜鍪、铜甗、铜盘、铜铃、铜环、铜带钩、铜镜构件、石琮、玉饰等物。墓葬年代为秦代。

8. 陕西凤翔西村秦墓

西村墓地共发掘秦墓 42 座、车马坑 2 座，发掘者将墓葬分为三期：战国早期晚段、战国中期、战国晚期[1]。

M66 出土 1 件铲足鬲。墓葬为南北向竖穴土坑墓，葬式为仰身屈肢。同出陶盂、陶罐等物。墓葬年代为战国中期。

9. 陕西咸阳塔儿坡秦墓

塔儿坡墓地共发掘秦墓 381 座，墓葬年代为战国晚期至秦代[2]。

M23090、M26109 各出土 1 件铲足鬲。M23090 为南北向的直线式洞室墓，M26109 为东西向的竖穴土坑墓，有二层台。葬式均为仰身屈肢。同出有陶罐、陶盆、陶瓮、铜带钩等物（图 2-10）。墓葬年代均为战国晚期。

图 2-10　陕西咸阳塔儿坡 M23090 陶器组合

---

[1] 李自智、尚志儒：《陕西凤翔西村战国秦墓发掘简报》，《考古与文物》1986 年第 1 期。
[2] 咸阳市文物考古研究所：《塔儿坡秦墓》，三秦出版社，1998 年。

10. 陕西咸阳任家咀秦墓

任家咀墓地共发掘 242 座秦墓，墓葬年代跨度较大，分为六期：春秋中期、春秋晚期、战国早期、战国中期、战国晚期、秦代[1]。

M11、M13、M15、M16、M49、M80、M113、M124、M148、M157、M215、M220、M223 各出土 1 件双耳罐。墓葬均为竖穴土坑墓，除 M13、M16 为南北向墓外，其余均为东西向墓。葬式均为屈肢葬。同出陶盆、陶壶、石环、陶戎式罐、料珠、陶小口大罐、陶簋、陶鬲、陶盘、陶匜、铜剑、铜环首削刀、铜带饰、铁镯、玉璜、骨锥、铜带钩、陶钵、石锥、石斧、陶喇叭口罐、陶敞口罐等物（图2-11）。发掘者认为 M13 的年代为春秋晚期，依据出土的陶小口大罐和陶盆形态判断，墓葬年代应为战国中期。发掘者认为 M49 出土的双耳罐为春秋晚期，依据出土的陶大喇叭口罐和陶盆形态判断，年代应为战国早期。M80、M157 年代为战国

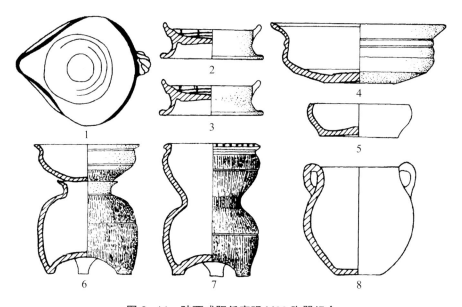

图 2-11　陕西咸阳任家咀 M80 陶器组合

1. 陶匜　2. 陶簋　3. 陶簋　4. 陶盆　5. 陶盘　6. 陶鬲　7. 陶鬲　8. 陶双耳罐

---

[1] 咸阳市文物考古研究所：《任家咀秦墓》，科学出版社，2005 年。

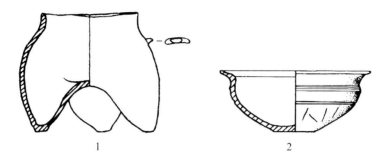

图 2-12　陕西咸阳任家咀 M91 陶器组合

1. 陶铲足鬲（M91：1）　2. 陶盆（M91：2）

早期，M11、M15、M113、M215、M223 年代为战国中期，M16 年代为战国晚期。

M91、M112 各出土 1 件铲足鬲。二墓均为东西向竖穴土坑墓，葬式均为屈肢葬。同出陶盆（图 2-12）。M112 年代为战国中期，发掘者认为 M91 年代为春秋晚期，但将出土袋足鬲与毛家坪遗址所出春秋晚期袋足鬲相比较，其年代应晚于春秋时期，大致应为战国早期。

M19、M124、M219 各出土 1 件戎式罐，原报告将它们命名为直领罐[1]（图 2-6，3）。M19 为东西向竖穴土坑墓，葬式为屈肢葬。同出陶鬲残片、陶盆、石环等。墓葬年代为战国晚期。M219 为东西向竖穴土坑墓，葬式为仰身屈肢葬。同出陶釜残片、陶盆等。墓葬年代应为战国中期。

11. 陕西咸阳西耳秦墓

西耳墓地发掘秦墓 52 座，墓葬年代集中，为战国晚期至秦代[2]。

M33 出土 1 件铲足鬲。墓葬为东西向直线式洞室墓，葬式为仰身屈肢葬，同出陶小口罐、陶大口罐、陶珠等物。墓葬年代为战国晚期中段。

---

[1] 原报告中命名的陶直领罐分为侈口和敛口两类，其中侈口直领罐中有 3 件属于戎式罐。

[2] 陕西省考古研究院：《咸阳东郊秦墓》，科学出版社，2018 年。

12. 陕西咸阳尹王秦墓

尹王墓地发掘秦墓134座，墓葬年代集中于战国晚期至秦代[1]。

M226出土1件单耳罐。该墓为南北向竖穴土坑墓，葬式为仰身屈肢葬。M226被战国晚期墓葬打破，墓葬年代应为战国中期晚段。

13. 陕西西安半坡秦墓

半坡遗址发掘墓葬240座，其中112座为秦墓，墓葬年代贯穿战国时期[2]。

M88、M10各出土1件铲足鬲。二墓均为东西向洞室墓，葬式均为仰身屈肢葬。同出陶茧形壶、铜带钩等物。墓葬年代均为战国晚期。

14. 陕西西安尤家庄秦墓

尤家庄村附近12处地点共发掘197座秦墓，墓葬年代主要集中在战国中晚期至秦代[3]。

99青海M2出土1件铲足鬲。墓葬为东西向直线式洞室墓，葬式为侧身屈肢葬。同出陶小口大罐1件。墓葬年代为战国晚期。

15. 陕西西安张家堡秦墓

张家堡街道下辖北康村、翁家庄、尤家庄、郭家庄共发掘194座秦墓，墓葬年代为战国晚期至西汉初年[4]。

08张家堡12#M86、04长庆盐岩M14各出土1件铲足鬲。墓葬均为洞室墓。08张家堡12#M86为东西向，死者向东，屈肢葬。04长庆盐岩M14为南北向，死者向南。同出铜镜、陶小口罐等。墓葬年代为战国晚期后段至秦代。

---

[1]陕西省考古研究院：《咸阳东郊秦墓》，科学出版社，2018年。
[2]金学山：《西安半坡的战国墓葬》，《考古学报》1957年第3期。
[3]陕西省考古研究院：《西安尤家庄秦墓》，陕西科学技术出版社，2008年。
[4]陕西省考古研究院：《西安张家堡秦墓发掘报告》，陕西科学技术出版社，2018年。

16. 陕西西安新丰秦墓

新丰墓地共发掘秦墓 597 座，年代可分为战国中期晚段、战国晚期、战国末期至秦代、秦末汉初四段，该墓地为战国中晚期至秦代"戏邑""丽邑"内居民的墓葬区[1]。

M333 出土 1 件铲足鬲。墓葬为东西向竖穴土坑墓，葬式为屈肢葬。同出陶大口罐、陶盆等。墓葬年代为战国晚期。

M68 出土 1 件双耳罐。墓葬为东西向直线式洞室墓。同出陶鼎、陶大口罐、陶盆、陶盂形甑、陶釜、铜带钩等物。墓葬年代为战国末期至秦代。

M474、M585 各出土 1 件戎式罐，发掘者称其为敞口罐。M474 为东西向竖穴土坑墓，M585 为南北向偏洞室墓，葬式均为屈肢葬。同出陶盆、陶釜、陶小口罐。墓葬年代为战国末期至秦代。

17. 陕西西安张卜秦墓

张卜墓地发掘 14 座小型秦墓，墓葬年代为战国中晚期[2]。

M36 出土 1 件铲足鬲。墓葬为南北向偏洞室墓，墓主屈肢葬。同出 1 件陶瓿。墓葬年代为战国中期。

18. 陕西西安益尔秦墓

益尔墓地发掘秦墓 51 座，墓葬年代从春秋晚期延续至战国晚期前段[3]。

这批秦墓中共出土 5 件铲足鬲，墓葬年代为战国中期。

M49 出土 1 件双耳罐，墓葬年代为战国晚期偏早。

M58 出土 1 件戎式罐（图 2-6，2），墓葬年代为战国晚期偏早。

---

［1］陕西省考古研究院：《临潼新丰：战国秦汉墓葬考古发掘报告》，科学出版社，2016 年。
［2］陕西省考古研究所：《高陵张卜秦汉唐墓》，三秦出版社，2004 年。
［3］陕西省考古研究所：《陕西高陵县益尔公司秦墓发掘简报》，《考古与文物》2003 年第 6 期。

19. 陕西富平迤山秦墓

迤山墓地发掘秦墓1座，墓葬出土1件铲足鬲，墓葬形制为南北向竖穴土坑墓。葬式不明。同出陶罐、陶盉、陶盆等物。陶盆为红土胎，质地疏松，出土时被毁。墓葬年代为战国中期[1]。

20. 陕西铜川枣庙秦墓

枣庙墓地共发掘秦墓24座，墓葬年代自春秋中期至战国中期[2]。

M2、M6各出土1件铲足鬲。两墓均为东西向竖穴土坑墓，有二层台。M6出土有圈足茧形壶等（图2-13），其年代应晚至战国晚期。M2出土的铲足鬲与益尔秦墓出土的陶鬲相似，年代应为战国中期。

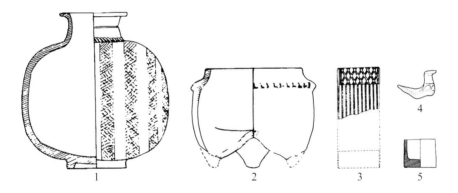

图2-13 陕西铜川枣庙M6陶器组合

1.陶茧形壶（M6：2） 2.陶鬲（M6：3） 3.铜牌饰（M6：5）
4.陶鸟（M6：19） 5.陶杯（M6：4）

21. 陕西华县东阳秦墓

东阳墓地共发掘秦墓39座，墓葬年代为春秋晚期至秦代[3]。

---

[1] 井增利：《富平新发现一座战国秦墓》，《考古与文物》2001年第1期。
[2] 陕西省考古研究所：《陕西铜川枣庙秦墓发掘简报》，《考古与文物》1986年第2期。
[3] 陕西省考古研究所、秦始皇兵马俑博物馆：《华县东阳》，科学出版社，2006年。

M10、M30、M42各出土1件双耳罐。墓葬均为东西向竖穴土坑墓，有二层台。葬式均为仰身屈肢葬。同出陶盆、陶大口罐、陶小口深腹罐、陶鬲、陶豆等。M10、M30年代为战国中期，M42年代为战国晚期至秦代。

"关中类型"中的陶铲足鬲均为墓葬出土，遍布整个关中地区。依据铲足鬲耳部特征，分四型：

A型：袋足。肩部饰对称的鸡冠形鋬。据整体特征，分三式：

Ⅰ式：高领、大袋足、无实足跟，器高大于宽。标本：任家咀M91∶1，夹砂红陶。直口，高领，弧腹，三袋足发达，裆高。肩附两鋬，已残。素面，有烟炱痕。口径15.3、腹径21.5、高18.3厘米（图2-14，1）。

Ⅱ式：溜肩、大袋足、铲状扁足，器高小于宽。标本：益尔M12∶2，直口微敛，方唇，溜肩，联裆，裆部较高，肥大袋状足上空下实，足跟为铲形扁足，颈部有两个对称的附加堆纹鋬，通高18.2、口径14.4、腹深12.4厘米（图2-14，2）。

Ⅲ式：高领圆肩、铲状足、袋足缩小。标本：枣庙M6∶3，敛口方唇，高领圆肩，分裆袋足，足尖呈铲状。全身素面，肩部有一周附加堆纹，左右对称有横堆的鸡冠耳。耳下有扣手的凹槽。高16.4、口径17.8厘米（图2-14，3）。

B型：分裆，袋足，颈部饰单耳。口微侈，铲状足。标本：高庄M9∶6，夹砂红陶。分裆，铲状袋足，颈部有扁条单耳，通高11.9、口径13.2、腹深9.6厘米（图2-14，4）。半坡M88∶1，口部微侈，敛颈，浅腹，三足如袋，围成的底部甚窄。口颈部分还附有一窄短的器把，外壁还有烟痕。通高13.5、口径14.5、腹深9、壁厚0.5厘米（图2-14，5）。

C型：无耳，袋足，有铲足跟。标本：半坡M10∶1，口部敛缩而垂直，略呈三角形，浅腹，三足如袋，围成的底部窄小。足端实而呈乳头状，外附浓厚的烟灰。通高13.5、腹深9.5、壁厚0.7厘米（图2-14，6）。

D型：袋足。肩、颈部饰对称的附耳。据整体特征，可分五式：

Ⅰ式：袋足，颈部饰对称的双扁平附耳，铲状足跟。标本：益尔M10∶1，侈

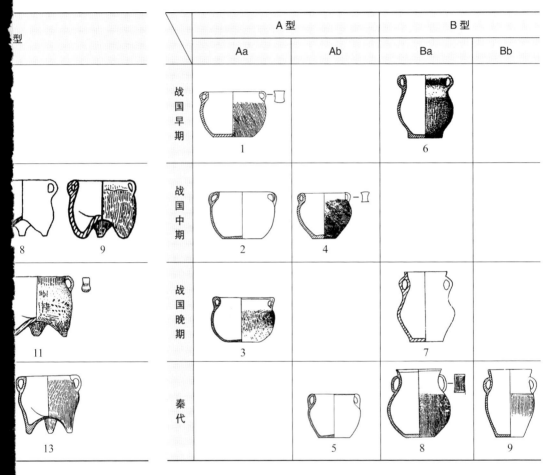

	A 型		B 型	
	Aa	Ab	Ba	Bb
战国早期	1		6	
战国中期	2	4		
战国晚期	3		7	
秦代		5	8	9

图 2-15 "关中类型"陶双耳罐分期

1. Aa I（任家咀 M157：1） 2. Aa II（东阳 M10：3）
3. Aa III（益尔 M49：1） 4. Ab I（任家咀 M13：2）
5. Ab II（东阳 M30：1） 6. Ba I（韦家庄 M15：2）
7. Ba II（李家崖） 8. Ba III（高庄 M7：7） 9. Bb（店子 M91：2）

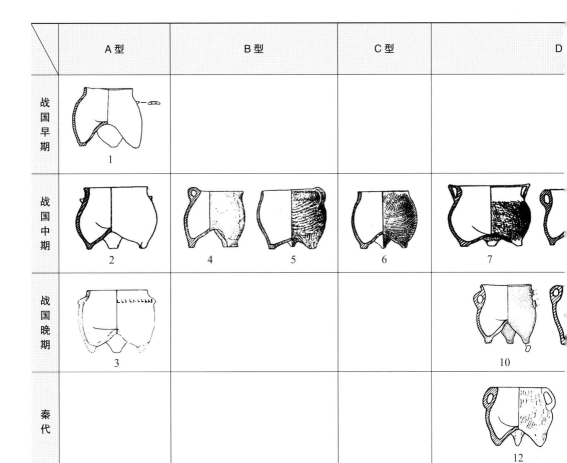

	A 型	B 型		C 型	D
战国早期	1				
战国中期	2	4	5	6	7
战国晚期	3				10
秦代					12

图 2-14　"关中类型"陶铲足鬲分期

1. A I（任家咀 M91：1）　2. A II（益尔 M12：2）　3. A III（枣庙 M6：3）
4. B（高庄 M9：6）　5. B（半坡 M88：1）　6. C（半坡 M10：1）
7. D I（益尔 M10：1）　8. D II（韦家庄 M16：3）　9. D III（任家咀 M112：1）
10. D IV（塔儿坡 23090：1）　11. D V（塔儿坡 26109：1）　12. D V（店子 M23：1）　13. D V

口，方唇，束颈，鼓腹，联裆，袋状足上空下实，器表颈以下部分饰交错绳纹。通高 16.4、口径 12.8、腹径 19 厘米（图 2-14，7）。

Ⅱ式：侈口，垂腹，肩、颈部饰一双对称的宽扁状环耳，最大径较低，铲状足跟。标本：韦家庄 M16：3，直口微侈，平沿方唇。上有二道凹弦纹。带状双耳，连弧裆，袋足，长方铲形柱状足跟，口径略等于腹径。通体光素，通高 12.5、口径 14.3、腹深 8.5 厘米（图 2-14，8）。

Ⅲ式：高领，弧腹，最大径较低，无实足跟。标本：任家咀 M112：1，夹砂红陶。直口，高领，弧腹，三袋足，裆较高，肩附双耳。肩部抹光，腹饰竖细绳纹，有烟炱痕。口径 9.3、腹径 11.5、高 9.3 厘米（图 2-14，9）。

Ⅳ式：侈口，肩、颈部饰一双对称的宽扁状环耳，最大径较 Ⅰ 式为高，铲状足跟。标本：塔儿坡 23090：1，夹砂红陶。侈口，束颈，颈部有两桥形耳，一耳残。袋足肥大，裆高。素面。口径 15.9、腹径 19.2、高 18.3 厘米（图 2-14，10）。

Ⅴ式：直口微敛，肩、颈部饰一双对称的宽扁状环耳，平沿，鼓腹，锥足，铲状足跟消失。标本：塔儿坡 26109：1，夹砂灰陶。直口，袋足较扁，裆低。口沿附两对称桥形耳。体饰交错绳纹。裆部有烟炱痕。口径 13.4、腹径 17.4、高 13.8 厘米（图 2-14，11）。店子 M23：1，敛口，平沿，鼓腹，袋状足。通高 12.6、口径 9.6、腹深 8.1 厘米（图 2-14，12）。店子 M48：3，直口微敛，平沿，空心锥足较高。通高 14.4、口径 11.4、腹深 9.9 厘米（图 2-14，13）。

总体看来，铲足鬲从早到晚具有袋足逐渐缩小、裆部逐渐降低、铲足跟逐渐消失、形体逐渐增高、从长方体变为方体的演变趋势。

"关中类型"发现的陶双耳罐均为墓葬出土，依据双耳罐颈部特征，分二型：

A 型：短颈，双耳，器宽大于高。根据腹部特征，分二亚型：

Aa 型：双耳，弧腹，器宽大于高。根据整体特征，可分三式：

Ⅰ式：直口，绳纹。标本：任家咀 M157：1，夹砂红陶。侈口，圆唇，束颈，平底。口及颈附两对称环状耳。颈部抹光。腹饰斜粗绳纹，有烟炱痕。口径 12、腹径 20、底径 11、高 13.7 厘米（图 2-15，1）。

Ⅱ式：直口，素面。标本：东阳 M10：3，直口，平沿，短颈，鼓腹，平底。素面，灰陶有少量夹砂，烧制火候不均，局部陶色或灰黑或灰色。口径 11.4、腹径 15.4、底径 9、通高 11 厘米（图 2-15，2）。

Ⅲ式：侈口，绳纹，垂腹。标本：益尔 M49：1，夹砂灰陶。侈口，方唇，颈部微束，溜肩，鼓腹，腹壁较直，平底。口、肩部有一双对称的宽扁状耳。腹部饰斜绳纹，有抹痕，器表有烟熏痕迹。高 13.5、口径 13.3、腹径 18.5、底径 10.5 厘米（图 2-15，3）。

Ab 型：双耳，侈口，耸肩，斜腹，器宽约等于高。根据整体特征，可分二式：

Ⅰ式：最大径较高。标本：任家咀 M13：2，夹砂红陶。口微侈，束颈，平底。口及颈附两对称环状耳。颈部有抹光痕，腹饰斜绳纹。有烟炱痕。口径 15.1、腹径 18、底径 7、高 14.9 厘米（图 2-15，4）。

Ⅱ式：最大径较Ⅰ式降低。标本：东阳 M30：1，口微侈，平沿，短直颈，圆肩，鼓腹，平底。对称两鼻纽形双耳。腹壁有烟炱。夹砂灰陶。口径 10.8、腹径 14.2、底径 8.2、通高 11.4 厘米（图 2-15，5）。

B 型：侈口，长颈，双耳，器高大于宽。根据腹部特征，分二亚型：

Ba 型：双耳，鼓腹。根据整体特征，可分三式：

Ⅰ式：弧腹，平底微带圈足。标本：韦家庄 M15：2，夹砂红陶。敛口，尖圆唇，双耳与沿平，束颈，斜腹，平底微带圈足。腹以下饰绳纹，颈部抹光，双耳上饰绳纹。有烟炱痕。通高 17、口径 12.5、腹径 16、底径 9.5 厘米（图 2-15，6）。

Ⅱ式：斜腹，平底。标本：李家崖秦墓出土双耳罐，大口外侈，长颈，双耳，鼓腹，下腹斜收，平底。通高 17.1、口径 10.5 厘米（图 2-15，7）。

Ⅲ式：鼓腹大于Ⅰ式，平底。标本：高庄 M7：7，夹砂粗灰陶。侈口，束颈，圆腹，平底，颈部有两个扁宽耳。腹饰细绳纹，颈部抹光。通高 14.7、口径 10.5 厘米（图 2-15，8）。

Bb 型：平底，长腹。标本：店子 M91：2，泥质灰陶。侈口，平沿，颈部有一双对称环耳，长腹，平底，腹上部饰竖绳纹。通高 20、口径 12.8、最大腹径 16、底径 8.8 厘米（图 2-15，9）。

双耳罐具有腹部逐渐增大、器身最大径下移的变化趋势。

"关中类型"发现的陶戎式罐数量不多，年代十分集中，较难进行类型学分期。但必须强调的是，由于早年研究中并未明确戎式罐的西戎文化属性，导致学界对其认识不足，加之考古材料刊布不全，故戎式罐的实际分布地域及数量应高于上述统计数据。依据同出器物的年代判断，戎式罐流行于战国中期至秦代，其年代上限不排除到达战国早期的可能。

此外，在店子秦墓、建河秦墓、尹王秦墓中零星出土陶单耳罐，年代约为战国中期至秦代。

值得关注的是，四种"关中类型"代表性器物之间存在着特殊的器物组合，双耳罐、铲足鬲、单耳罐并不共存于一座墓葬之中，它们分别与戎式罐或秦式陶罐、陶壶、陶盆同出。建河墓地的发现证实铲足鬲、双耳罐、单耳罐不共存的现象与墓主性别无关。建河墓地出土单耳罐的 2 座墓均为女性墓。出土双耳罐的 8 座墓中，男性墓 3 座，女性墓 4 座，1 座墓墓主性别无法判断。出土铲足鬲的 3 座墓中，男性墓 1 座，女性墓 2 座。可见铲足鬲、双耳罐的使用与墓主性别并无直接关系，其内涵尚待研究。这种双耳罐、铲足鬲、单耳罐不共出的现象，在东周西戎文化寺洼支系其他类型中也普遍存在。

总之，东周西戎文化"关中类型"遗物主要由铲足鬲、双耳罐、单耳罐、戎式罐等陶器构成，这类器物时代集中于战国早期至秦代。在各墓地中，"关中类型"墓葬并非集中分布，而是散布在秦文化墓葬之中，并无特定规律可循。这些墓葬大多等级不高，墓葬中秦文化铜礼器、仿铜陶礼器、模型明器等器物罕见，但竖穴、洞室兼具的墓葬形制、西首葬、屈肢葬等特征，与典型战国时期中小型秦墓毫无差别。随葬品中铲足鬲、双耳罐、单耳罐、戎式罐等戎式陶器独具特色，标示着墓主的西戎族群基因。

三、寨头河类型

陕西黄陵寨头河墓地系一处晋陕高原发现并完整揭露的戎人墓地，它的发掘不仅填补了陕北地区考古学文化谱系中的重要一环，也为辨识该区域同类遗存的年代及性质提供了可靠的标尺，墓地发现的铲足鬲、带耳罐、戎式罐等各类"杂色"陶器明显具有东周西戎文化寺洼支系特色。以寨头河墓地为代表的同类遗存广布于子午岭以东地区，远超出以往对于东周西戎文化分布东界的认知，这为探讨东周西戎族群的分布提供了重要线索。我们将这类遗存称为东周西戎文化"寨头河类型"。

1. 陕西黄陵寨头河墓地

寨头河墓地位于陕西省黄陵县阿党镇寨头河村南。墓地总面积约 5500 平方米，共发现墓葬 90 座、马坑 2 座、方坑 1 座。墓葬均为竖穴土坑墓，规模以中小型墓为主。墓葬多为东西向，其中又以头朝东的墓占绝大多数。南北向墓较少，其中又以头朝北的墓居多。12 座墓葬发现有壁龛，所有壁龛均靠近墓主头向位置，壁龛内放置陶器、殉牲等物。在未被盗掘、破坏的 47 座墓葬中，具有单棺的墓葬占到 53%，一椁一棺的墓葬近 30%，其余墓葬无葬具。在可辨识葬式的 48 座墓葬中，葬式以仰身直肢葬为主，占到 75%，屈肢葬 12.5%，其余葬式占 12.5%（图 2-16）。在发掘的 90 座墓葬中，殉牲墓有 41 座，占 45%。另有 2 座马坑。殉牲动物中牛、羊出现的频率较高，也有一定数量的马。殉牲的骨骼部位除完整的马骨架外，多为动物的头、蹄。随葬品质地繁多，包括陶器、铜器、铁器、骨器、石器及各种质地的珠料。墓地年代为战国早中期[1]。

陶器是寨头河墓地数量最多的一种随葬品。独具特色的"杂色"陶器群在整个墓地出土陶器数量中占有绝对优势，遍布于绝大多数的墓葬之中。"杂色"陶器多为夹砂红褐陶质，器表色泽不均，红、灰、黑相杂，素面，器类主要由铲足鬲、单

---

[1] 陕西省考古研究院、延安市文物研究所、黄陵县旅游文物局：《寨头河：陕西黄陵战国戎人墓地考古发掘报告》，上海古籍出版社，2018 年；陕西省考古研究院、延安市文物研究所、黄陵县旅游文物局：《陕西黄陵寨头河战国戎人墓地发掘简报》，《考古与文物》2012 年第 6 期。

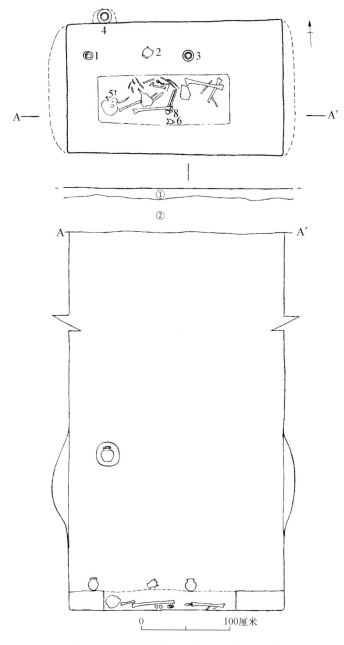

图 2-16　陕西黄陵寨头河 M51 平剖面图

1. 陶鼓腹罐　2. 陶罐式鬲　3. 陶罐式鬲　4. 陶鼓腹罐　5. 骨笄　6. 铜布币　7. 铜带钩　8. 铁器

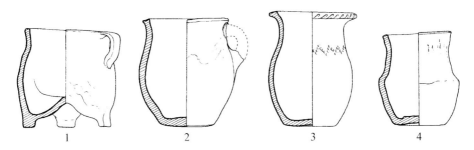

图 2-17　陕西黄陵寨头河墓地出土 "寨头河类型" 遗物

1.陶铲足鬲（M11：1）　2.陶单耳罐（M7：2）　3.陶戎式罐（M76：2）　4.陶戎式罐（M7：1）

耳陶罐及各类侈口罐组成（图 2-17）。铲足鬲、带耳罐作为东周西戎文化寺洼支系的代表性器物，预示着这类器物源于甘肃东部的寺洼文化。各类侈口罐显然即为东周西戎文化 "毛家坪 B 组类型" "关中类型" 中的戎式罐，它们也是东周西戎族群的遗留。"杂色" 陶器群作为墓地主流文化因素，表明寨头河墓地是一处较为纯粹的东周时期戎人墓地。此外，墓地还包含一些具有典型三晋文化特征的陶豆、陶鬲、铜鼎、铜戈，及少量北方草原式器物。

2. 陕西黄陵史家河墓地

史家河墓地位于寨头河墓地以西约 4 公里的史家河村。墓地发掘墓葬 37 座，形制可分为竖穴土坑墓及洞室墓两类。其中，竖穴土坑墓 27 座，占墓葬总数的 72.9%；洞室墓 10 座，占 27%。竖穴土坑墓绝大多数为东西向，头朝东向墓与头朝西向墓数量相当；个别墓葬为南北向，墓主头向北。葬式以仰身直肢葬为大宗。大多数墓葬内发现有棺、椁等朽木灰痕，葬具可以分为单棺、一椁一棺和一椁二棺等三类，其中以单棺墓为多。史家河墓地随葬品以陶器居多，出土有陶罐式鬲、陶双耳罐、陶高领圆肩罐、铜戈、铜镟、铜铃形饰、铜扣饰、铜管饰及镂空铜铃等。史家河墓地从战国早中期沿用至秦代，经历了两个发展阶段：第一阶段为战国早中期，墓葬形制多为竖穴土坑墓，随葬品以各类 "杂色" 侈口罐为主，以及具有三晋地区特色的陶器；第二阶段为战国晚期至秦代，墓葬形制为洞室墓，出土有典型的秦文化器物[1]。

史家河墓地第一阶段墓葬的特征与寨头河墓地相似，墓葬出土大量陶罐，多属戎式罐范畴。这些陶罐多为夹砂红褐陶质，器表色泽不匀，陶色斑驳，烧制温度低，口沿及颈部多饰由戳印圆点组成的纹饰圈，特征无一不是源自寺洼文化。且其数量占墓地陶器总数的62.5%，作为主流文化特色，彰显了墓主的寺洼支系戎人族属。然而，史家河墓地亦具特殊之处。其戎人墓葬并无大量殉牲现象，除东周西戎文化外，三晋文化因素、北方青铜文化因素多有发现，文化面貌更为复杂。且墓地沿用时间更长。战国晚期至秦代时，该地墓葬受到秦文化强烈影响，西戎文化因素消失，表明河西地区已完全纳入秦国的统治，墓主放弃了原本戎人的身份标识，全面"秦化"。

总之，"寨头河类型"遗存主要分布于子午岭以东的陕北黄土高原，这类遗存年代集中于战国早中期，应存在更早时期的遗存。墓内随葬的大量"杂色"陶器中，铲足鬲、带耳罐、戎式罐最具特色，是墓主作为西戎族群的重要身份标志。这些墓葬以竖穴土坑墓为主，部分墓地殉牲现象较为突出，墓葬中头东向、直肢葬、壁龛的特征，均显现出其与"毛家坪B组类型""关中类型"的差异。虽然，"寨头河类型"遗存也受到中原文化的影响，但强度不大，它代表着较为纯粹的东周西戎文化寺洼支系戎人的文化面貌。

四、徐阳类型

文献中记载了"戎人内迁伊洛"的历史事件，考古学家在河南伊川徐阳墓地发现了与之有关的戎人遗存。徐阳墓地的中原文化特征突出，尤其是高等级贵族墓葬的葬俗及随葬品显现出强烈的周文化风格，反映了内迁后戎人对周文化的认同。然

---

[1] 陕西省考古研究院、延安市文物研究所、黄陵县旅游文物局：《陕西黄陵县史家河墓地发掘简报》，《考古与文物》2015年第3期；陕西省考古研究院、延安市文物研究院、榆林市文物保护研究院、黄陵县文化和旅游局、清涧县文化和旅游局：《戎与狄：陕北史家河与辛庄战国墓地考古报告》，文物出版社，2021年。

而，大多数墓葬在墓葬形制、殉牲习俗、典型陶器等方面依然保留有西戎文化特色。徐阳墓地是研究东周时期西戎族群与中原人群文化交流与融合的重要资料，极具代表性，故将同类遗存命名为"徐阳类型"。

1. 河南伊川徐阳墓地

徐阳墓地位于河南省洛阳市伊川县鸣皋镇徐阳村一带，发现墓葬 500 余座。截至目前，已清理东周墓葬 132 座、车马坑 4 座、祭祀遗存 7 处[1]。墓葬年代为春秋中晚期[2]。

墓葬依据墓向分为两类。第一类：东西向墓，共 101 座。形制均为长方形竖穴土坑墓，其中 20 平方米以上大型墓葬 5 座，10—20 平方米中型墓葬 12 座，10 平方米以下小型墓葬 84 座。葬具均为一椁一棺或单棺，仰身直肢葬。10 平方米以上大中型贵族墓葬西北均有与之对应的陪葬车马坑或马、牛、羊头蹄祭祀坑。10 平方米以下小型墓葬随葬遗物或置于壁龛，或置于墓底棺内外。部分填土中还发现有用马、牛、羊头殉牲现象。大中型墓葬随葬遗物以铜器为主。大型墓主要随葬铜鼎、铜豆、铜壶（罍）、铜盘、铜匜、铜舟组合或铜编钟、石磬等礼器，中型墓多为铜鼎、铜簋、陶罐组合，伴出铜镦、铜盒、铜环、铜斧、铜矛、铜镞、铜盘、铜豆、铜舟、铜勺、铜剑、铜戈、铜车马器、玉器等。小型墓器物组合主要为陶单耳罐、陶圆腹罐、陶盆、陶鬲、陶罐、陶盆和陶鼎、陶豆、陶壶组合，伴出铜矛、铜带钩、铜镞、砺石、骨镞等（图 2-18）。第二类：南北向墓葬，共 31 座。均为小型长方形竖穴土坑墓，随葬器物以鼎、豆、壶组合为主，极少数为陶单耳罐、陶圆腹罐、陶盆组合。

---

[1] 郑州大学文物考古研究院（洛阳）、洛阳市文物考古研究院：《河南伊川徐阳东周墓地西区 2013—2015 年发掘》，《考古学报》2020 年第 4 期；郑州大学文物考古研究院（洛阳）、洛阳市文物考古研究院：《河南伊川徐阳墓地东区 2015—2016 年发掘简报》，《华夏考古》2020 年第 3 期；吴业恒、马占山：《戎人内迁伊洛》，《文博中国》微信公众号，2021 年 4 月 3 日。
[2] 吴业恒：《河南伊川徐阳墓地初步研究》，《青铜器与金文》（第 2 辑），上海古籍出版社，2018 年。

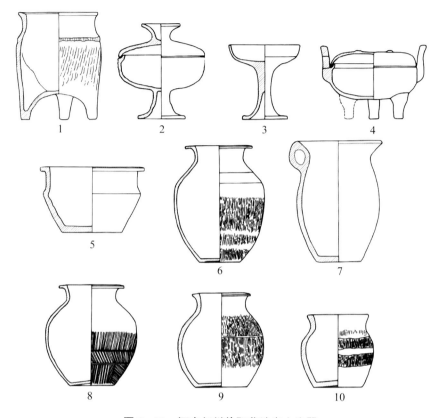

图 2-18　河南伊川徐阳墓地出土陶器

1. 陶鬲（西区 M13：7）　2. 陶豆（西区 M3：5）　3. 陶豆（西区 M11：2）
4. 陶鼎（西区 M3：9）　5. 陶盆（西区 M14：2）　6. 陶罐（西区 M13：8）
7. 陶单耳罐（西区 M7：2）　8. 陶罐（西区 M16：2）　9. 陶戎式罐（西区 M7：3）
10. 陶戎式罐（西区 M9：3）

　　4 座车马坑均为长方形土坑，东西向，葬车 1—7 辆，马 2—18 匹，以及大量马、牛、羊头蹄（图 2-19）。此外还发掘马、马牛羊头蹄、狗、猪、羊坑等遗存 7 处。

　　虽然墓地文化因素以周文化为主，但墓葬中出土的单耳罐（图 2-18，7）、戎式罐（图 2-18，9—10）预示着墓主的寺洼文化基因，马、牛、羊头蹄殉葬及壁龛（图 2-19、图 2-20）的流行也与西戎文化有关。

　　此外，在墓地西部还发现 1 座城址，隶属于河南省宜阳县白杨镇南留村。据

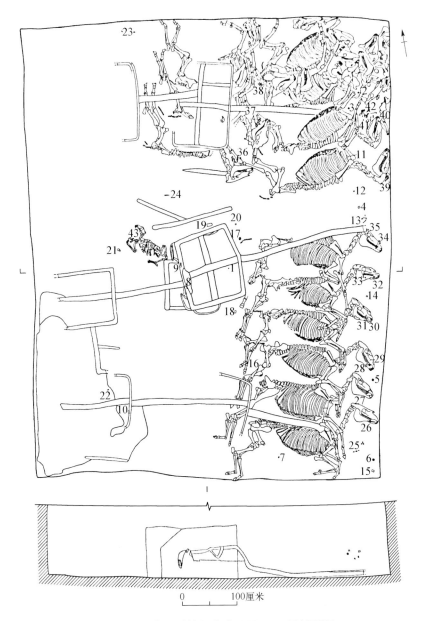

图 2-19 河南伊川徐阳墓地西区 MK1 平剖面图

1、7、13、22、23、29、31、33、35、41.骨贝　2、3、11、12.骨饰
4—6、10、14—18.骨管　8、9.铜饰　19.石铸　20.石饰　21.蚌饰
24.骨锥　26—28、30、32、34、36—40、42.骨镳　43.铜环

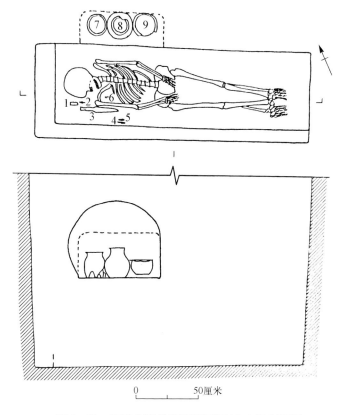

图 2-20　河南伊川徐阳墓地西区 M13 平剖面图

1. 砾石　2. 骨镞　3. 铜矛　4、5. 骨镞　6. 铜带钩　7. 陶鬲　8. 陶罐　9. 陶盆

《水经注》等文献记载，为两汉时期陆浑县县治所在。考古发掘表明，残存城墙始建年代不早于汉武帝时期，约在东汉末年废弃，城墙之下发现东周时期灰坑、窖穴等遗存。

2. 河南渑池鹿寺西遗址

鹿寺西遗址位于河南省渑池县天池镇鹿寺村。考古发掘春秋时期墓葬42座，均为长方形竖穴土坑墓，墓向多为南北向，部分墓葬带有壁龛，葬式有仰身直肢葬和屈肢葬两种。随葬陶器多放置在棺椁之间或放置在壁龛内，陶器组合较为固定，为单耳罐、盆、罐组合，且在单耳罐内均发现有猪骨或羊骨[1]。鹿寺西遗址文化特征与徐阳墓地相近，亦应为内迁西戎族群的遗留。

　　总之，"徐阳类型"遗存集中分布于河南中西部地区，年代约为春秋中、晚期。这类遗存均与春秋时期西戎族群内迁中原的历史事件有关，其丧葬习俗显现出西戎人群对中原文化的强烈认同，仅单耳罐、戎式罐等陶器，马、牛、羊头蹄殉牲，壁龛、东向墓等习俗保留着西戎文化特色。此外，在部分高等级墓葬中，墓主佩戴金耳环、鎏金动物形牌饰，也是重要的西戎贵族形象标志。

第二节　寺洼文化的继承者

　　虽然，东周西戎文化"毛家坪 B 组类型""关中类型""寨头河类型""徐阳类型"的分布地域、年代及面貌特征具有较大的差异，但是最能代表西戎文化特色的、陶色斑驳的铲足鬲、带耳罐、戎式罐却普遍存在于各类型之中。这些独具特色的陶器很容易使人将四个类型与寺洼文化关联起来，二者陶器器形、陶质、陶色、纹饰不容忽视的一致性，标志着其间具有密切的亲缘关系。

一、文化面貌的相似性

　　自 1924 年瑞典考古学家安特生在甘肃临洮寺洼山遗址首次发掘寺洼文化墓葬至今，考古学家已在甘肃省中东部地区发现寺洼文化遗址近 200 处，分布范围西起洮河流域，南到白龙江、西汉水流域，北至甘肃静宁、平凉、庆阳一线，东达子午岭西麓的泾河上游地区，在甘肃临洮、漳县、岷县、渭源、陇南、西和、礼县、成县、宕昌、康县、文县、和政、夏河、合作、临潭、卓尼、迭部、碌曲、天水、清水、秦安、甘谷、武山、合水、平凉、庄浪、静宁等 28 个县市均有发现（图 2-21）。

---

[1] 中国新闻网：《河南渑池发现 42 座春秋戎人墓葬　形制与陆浑戎王墓基本一致》，《文物鉴定与鉴赏》2021 年第 6 期；洛阳市文物局：《河南：三门峡新发现 38 座戎人墓葬，佐证春秋时期"戎人内迁伊洛"》，《考古中的国》微信公众号，2021 年 3 月 24 日。

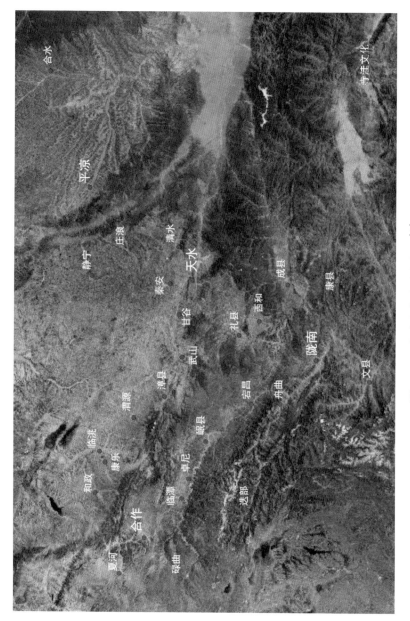

图 2-21　寺洼文化遗址分布图 [1]

[1] 数据来自考古调查、发掘报告及《中国文物地图集·甘肃分册》。图中标注为寺洼文化遗址所在县市位置，各县市遗址数量不一。

寺洼文化呈现出自西向东发展的态势。洮河流域的寺洼文化年代普遍偏早，大致为商时期。白龙江流域、西汉水流域、渭河上游及其支流庄浪河、泾河、马莲河等地的寺洼文化年代普遍较晚，主体为西周时期，部分遗址年代下限可达春秋早中期[1]。

依据寺洼文化的分布地域、年代、文化面貌及其与周、秦文化的关系来看，寺洼文化应是西周时期西戎族群主体——犬戎的遗留[2]。西周之时，犬戎是一支活动在周王朝西部边疆的强大族群，他们与周、秦民族发生了频繁的战争。西周末年，犬戎与申、缯联合灭周。周王室东迁后，秦人成为与西戎作战的主力。公元前623年，秦穆公终于称霸西戎。

春秋中期，煊赫一时的犬戎被秦人征服，寺洼文化或终结或流散。一部分寺洼戎人逃散至岷江、青衣江一带，成为当地土著[3]。寺洼人群的主体则留守于甘肃东部地区。留守的戎人处于秦人的统治之下，与秦人逐渐融合，成为秦国的一员，"毛家坪B组类型""关中类型"所显现出的秦文化与西戎文化交融的情景就是在这样的历史背景下形成的。

东周西戎文化"毛家坪B组类型""关中类型"均以铲足鬲、带耳罐、戎式罐为代表器物，这些陶器应与西周至春秋早期分布在甘肃东部地区的寺洼文化有着直接的亲缘关系，二者器形、陶质、陶色、纹饰具有极大的相似性（图2-22）。"毛家坪B组类型"所代表的戎人应是原本生活于甘肃东部地区的土著，他们是寺洼

[1] 赵化成：《甘肃东部秦和羌戎文化的考古学探索》，《考古类型学的理论与实践》，文物出版社，1989年；水涛：《关于寺洼文化研究的几个问题》，《中国西北地区青铜时代考古论集》，科学出版社，2001年；宋江宁：《试论寺洼文化》，中国社会科学院硕士学位论文，2001年。
[2] 赵化成：《甘肃东部秦和羌戎文化的考古学探索》，《考古类型学的理论与实践》，文物出版社，1989年；尹盛平：《猃狁、鬼方的族属及其与周族的关系》，《人文杂志》1985年第1期；尹盛平：《寺洼文化族属探索》，《文博》2020年第5期；段连勤：《犬戎历史始末述——论犬戎的族源、迁徙及同西周王朝的关系》，《民族研究》1989年第5期；张天恩：《甘肃礼县秦文化调查的一些认识》，《考古与文物》2004年第6期。
[3] 陈苇：《甘青地区与西南山地先秦时期考古学文化及互动关系》，吉林大学博士学位论文，2009年，第145页；张寅：《两周时期陇山东西两侧考古学文化研究》，北京大学博士学位论文，2014年，第94—99页。

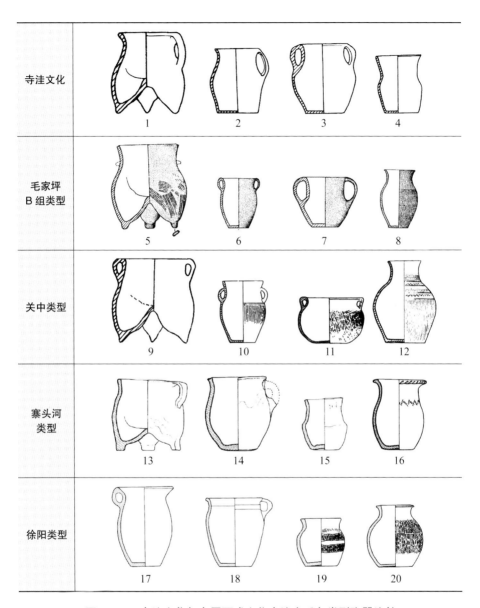

图 2-22　寺洼文化与东周西戎文化寺洼支系各类型陶器比较

1. 陶鬲（九站 M71：2）　2. 单耳罐（九站 M11：17）　3. 双耳罐（九站 M47：8）
4. 侈口罐（九站 M55：4）　5. 铲足鬲（毛家坪 LM8：1）　6. 双耳罐（毛家坪 T1③：2）
7. 双耳罐（毛家坪 T6③：1）　8. 戎式罐（毛家坪 LM9：2）　9. 铲足鬲（李家崖 M8）
10. 双耳罐（店子 M91：2）　11. 双耳罐（益尔 M49：1）　12. 戎式罐（店子 M1：2）
13. 铲足鬲（寨头河 M11：1）　14. 单耳罐（寨头河 M7：2）　15. 戎式罐（寨头河 M7：1）
16. 戎式罐（寨头河 M76：1）　17. 单耳罐（徐阳西区 M7：2）　18. 单耳罐（徐阳西区 M10：1）
19. 戎式罐（徐阳西区 M9：3）　20. 戎式罐（徐阳西区 M7：3）

戎人的后裔，是一支原生型的东周西戎文化类型。而"关中类型"的分布范围却跳出了寺洼文化的边界，当是一种次生类型。"关中类型"与"毛家坪 B 组类型"有着极其相似的文化面貌，应是由后者发展而来的，它是在秦人裹挟下，迁居关中的西戎族群的遗留。虽然，目前尚不能明确指出寺洼文化与"毛家坪 B 组类型"的直接演变轨迹，尤其是寺洼文化袋足鬲向东周西戎文化铲足鬲演变的清晰谱系。但考古调查发现，"毛家坪 B 组类型"遗存与寺洼文化的分布地域高度重合，如毛家坪遗址附近的甘谷县磐安镇、武山县洛门镇境内均发现多处寺洼文化遗址，合水九站遗址也同时发现"毛家坪 B 组类型"和寺洼文化两种不同的陶器，间接证明寺洼文化作为"毛家坪 B 组类型"源头的正确性。

"寨头河类型"位于子午岭以东的陕北地区南部，在寨头河、史家河墓地大规模发掘前，学者们对于此地东周时期分布有何种考古学文化及族群的认识是比较模糊的。"寨头河类型"较为纯粹的戎人文化面貌，表明子午岭以东、南流黄河以西的黄土高原地带是东周时期西戎族群重要的活动区域，这拓展了东周西戎文化原生地的东界。发掘者曾指出寨头河墓地出土的"杂色陶器"与寺洼文化具有某种渊源关系[1]（图 2-22），可见，虽然寺洼文化的分布范围并未跨越子午岭，但寺洼戎人的后裔向东进发，占据了这片新的土地。

同时，一些寺洼戎人被迫远离故土，迁居他处，成为大国间政治角力的牺牲品，"徐阳类型"就是在这样的背景下形成的一类遗存。它们虽然远离寺洼文化的分布地域，但遗存中颇具特色的单耳罐、戎式罐等器物与寺洼文化陶器一脉相承（图 2-22）。

在东周西戎文化寺洼支系各类型墓葬中多出现壁龛，这些壁龛被用来放置随葬品、殉牲等物（图 2-2、2-16、2-20）。墓葬内流行壁龛，是寺洼文化墓葬的特色之一。甘肃合水九站遗址被认为是寺洼文化年代最晚的一处遗址，时代下限可达春秋中期[2]。在九站遗址中，带头龛的墓葬达到 76.25%，且随葬器物多放置

---

[1] 孙周勇、孙战伟、邵晶：《黄陵寨头河战国墓地相关问题探讨》，《考古与文物》2012 年第 6 期。
[2] 王占奎、水涛：《甘肃合水九站遗址发掘报告》，《考古学研究》（三），科学出版社，1997 年。

在头龛之中（图2-23，1）。徐家碾墓地是另一处经过大规模考古发掘的寺洼文化墓地[1]，墓地使用壁龛现象虽不及九站遗址普遍，但依然有5.88%的墓葬具有头龛，且头龛内多放置殉人。"毛家坪B组类型""关中类型""寨头河类型""徐阳类型"作为寺洼戎人的后裔，墓葬中设置壁龛的做法显然继承自寺洼文化。

值得注意的是，壁龛葬俗在秦墓中也甚为流行。在甘肃礼县大堡子山[2]、圆顶山[3]、西山[4]、六八图[5]、清水李崖[6]、甘谷毛家坪[7]；陕西宝鸡李家崖[8]、建河[9]、郭家崖[10]、凤翔八旗屯[11]、高庄[12]、西村[13]、孙家南头[14]、六道[15]，

[1] 中国社会科学院考古研究所：《徐家碾寺洼文化墓地：1980年甘肃庄浪徐家碾考古发掘报告》，科学出版社，2006年。
[2] 戴春阳：《礼县大堡子山秦公墓地及有关问题》，《文物》2000年第5期；早期秦文化联合考古队：《2006年甘肃礼县大堡子山东周墓葬发掘简报》，《文物》2008年第11期；秦文化与西戎文化联合考古队：《甘肃礼县大堡子山秦墓及附葬车马坑发掘简报》，《文物》2018年第1期。
[3] 甘肃省文物考古研究所、礼县博物馆：《礼县圆顶山春秋秦墓》，《文物》2002年第2期；甘肃省文物考古研究所、礼县博物馆：《甘肃礼县圆顶山98LDM2、2000LDM4春秋秦墓》，《文物》2005年第2期。
[4] 赵丛苍、王志友、侯红伟：《甘肃礼县西山遗址发掘取得重要收获》，《中国文物报》2008年4月4日；王志友：《早期秦文化研究》，西北大学博士学位论文，2007年。
[5] 甘肃省文物考古研究所：《甘肃重要考古发现（2000—2019）》，文物出版社，2020年，第216—221页。
[6] 材料待刊。
[7] 早期秦文化联合考古队：《甘肃甘谷毛家坪遗址沟东墓地2012—2014年发掘简报》，《考古与文物》2022年第3期；早期秦文化联合考古队：《甘肃甘谷毛家坪遗址沟西墓地2012—2014年发掘简报》，《考古与文物》2022年第3期；早期秦文化联合考古队：《甘肃甘谷毛家坪春秋秦墓（M2059）及车马坑（K201）发掘简报》，《文物》2022年第3期。
[8] 陕西考古调查发掘队：《宝鸡和西安附近考古发掘简报》，《考古通讯》1955年第2期；何欣云：《宝鸡李家崖秦国墓葬清理简报》，《文博》1986年第4期。
[9] 陕西省考古研究所：《宝鸡建河墓地》，陕西科学技术出版社，2006年。
[10] 陕西省考古研究院、宝鸡市考古研究所：《宝鸡郭家崖考古发掘报告》，科学出版社，2021年。
[11] 陕西省雍城考古队：《陕西凤翔八旗屯秦国墓葬发掘简报》，《文物资料丛刊》（第3辑），文物出版社，1980年；陕西省雍城考古队：《陕西凤翔八旗屯西沟道秦墓发掘简报》，《文博》1986年第3期。
[12] 雍城考古队：《陕西凤翔高庄秦墓地发掘简报》，《考古与文物》1981年第1期；雍城考古工作队：《凤翔县高庄战国秦墓发掘简报》，《文物》1980年第9期。
[13] 雍城考古队：《陕西凤翔西村战国秦墓发掘简报》，《考古与文物》1986年第1期。
[14] 陕西省考古研究院、宝鸡市考古工作队、凤翔县博物馆：《陕西凤翔孙家南头春秋秦墓发掘简报》，《考古与文物》2013年第4期。
[15] 陕西省考古研究院、宝鸡市考古研究所：《凤翔六道村战国秦墓发掘简报》，《文博》2013年第2期。

陇县店子[1]、韦家庄[2]、扶风刘家[3]、西安半坡[4]、南郊[5]、零口[6]、北郊[7]、尤家庄[8]、秦东陵[9]、清凉寺[10]、米家崖[11]、岩村[12]、咸阳石油钢管钢绳厂[13]、塔儿坡[14]、黄家沟[15]、上孟[16]、西北林学院[17]、任家咀[18]、西耳、尹王[19]、闫家寨[20]、花杨[21]、大荔朝邑[22]、渭南庙湾[23]、蒲城永丰[24]、铜川耀州[25]等秦文化墓地中均发现有壁龛墓，尤其是战国中晚期十分兴盛[26]，部分墓地壁龛墓

［1］陕西省考古研究所：《陇县店子秦墓》，三秦出版社，1998年。
［2］宝鸡市考古队、陇县博物馆：《陕西陇县韦家庄秦墓发掘简报》，《考古与文物》2001年第4期。
［3］周原博物馆：《扶风刘家发现战国双洞室墓》，《文博》2003年第2期。
［4］中国科学院考古研究所：《西安半坡的战国墓葬》，《考古学报》1957年第3期。
［5］西安市文物保护考古所：《西安南郊秦墓》，陕西人民出版社，2004年。
［6］陕西省考古研究所：《临潼零口村》，三秦出版社，2004年；陕西省考古研究所：《陕西临潼零口战国墓葬发掘简报》，《考古与文物》1998年第3期。
［7］陕西省考古研究所：《西安北郊秦墓》，三秦出版社，2006年。
［8］陕西省考古研究院：《西安尤家庄秦墓》，陕西科学技术出版社，2008年。
［9］陕西省考古研究所、临潼县文管会：《秦东陵第一号陵园勘查记》，《考古与文物》1987年第4期；陕西省考古研究所、临潼县文物管理委员会：《秦东陵第二号陵园调查钻探简报》，《考古与文物》1990年第4期。
［10］西安市文物保护考古研究院、西安市长安博物馆、陕西文物保护专修学院：《陕西西安清凉山秦墓发掘简报》，《考古与文物》2022年第4期。
［11］陕西省考古研究院：《陕西高陵米家崖秦墓发掘简报》，《考古与文物》2021年第4期。
［12］西安市文物保护考古研究院、南开大学考古学与博物馆学系：《陕西西咸新区空港新城岩村墓地发掘简报》，《文博》2022年第2期。
［13］咸阳市文物考古研究所：《咸阳石油钢管钢绳厂秦墓清理简报》，《考古与文物》1996年第5期。
［14］咸阳市文物考古研究所：《塔儿坡秦墓》，三秦出版社，1998年。
［15］秦都咸阳考古队：《咸阳市黄家沟战国墓发掘简报》，《考古与文物》1982年第6期。
［16］陕西省考古研究所：《陕西长武上孟村秦国墓葬发掘简报》，《考古与文物》1984年第3期。
［17］咸阳市文管会：《西北林学院古墓清理简报》，《考古与文物》1992年第3期。
［18］咸阳市文物考古研究所：《任家咀秦墓》，科学出版社，2005年。
［19］陕西省考古研究院：《咸阳东郊秦墓》，科学出版社，2018年。
［20］陕西省考古研究院：《陕西咸阳闫家寨战国秦遗址、墓葬发掘简报》，《考古与文物》2018年第4期。
［21］咸阳市文物考古研究所：《咸阳花杨战国秦墓群发掘简报》，《文博》2017年第1期。
［22］陕西省文管会、大荔县文化馆：《朝邑战国墓葬发掘简报》，《文物资料丛刊》（第2辑），文物出版社，1978年。
［23］陕西省考古研究院、渭南市考古研究所：《陕西渭南阳郭庙湾战国秦墓发掘简报》，《文博》2011年第5期。
［24］陕西省考古研究院、渭南市文物保护考古研究所：《陕西蒲城永丰战国秦汉墓发掘简报》，《考古与文物》2016年第5期。
［25］马建熙：《陕西耀县战国、西汉墓葬清理简报》，《考古》1959年第3期。
［26］李楠：《关中地区商周时期墓葬壁龛的初步研究》，陕西师范大学硕士学位论文，2019年。

比例在 70% 以上。这些秦文化壁龛墓等级不一，时代自西周时期直至秦代。鉴于早期秦人与戎人之间的密切交往，张天恩、梁云指出秦中小型贵族墓带壁龛的习俗显然为以寺洼文化为代表的西戎葬俗的影响所致[1]，此说当无异议。而对于陕西关中地区带有壁龛的小型秦墓，有学者认为这些墓葬的主人应当是秦国统治之下的姜戎后裔，壁龛是东周时期戎人的重要身份标识[2]。虽然，东周西戎文化"毛家坪 B 组类型""关中类型"墓葬中确有一定数量的壁龛墓，但数量巨大的壁龛秦墓中并无戎式器物出土，反而秦文化因素异常强烈，因此，仅以壁龛判断墓主的族属，显然缺乏足够的证据。在现有认识之下，将壁龛视作西戎文化对秦文化的影响，而不将其作为辨识西戎族群身份的主要标识，应该更加稳妥一些。

"寨头河类型""徐阳类型"墓葬普遍殉牲，殉牲种类以牛、羊为主，少数墓葬中有马殉葬。殉牲的骨骼部位多为头、蹄。埋葬动物头蹄是西北及北方游牧民族共有的葬俗，反映出他们与中原农耕民族不同的生业模式[3]。寺洼支系墓葬中殉葬牛、羊、马的头蹄的葬俗，或也受到寺洼文化的影响。虽然当前经过大规模科学发掘的寺洼文化墓地不多，但其独特的殉牲习俗已凸显出来。徐家碾寺洼文化墓地中许多墓葬殉葬有动物骨骼，以牛、羊的前肢及头骨为主，也有猪、马等动物[4]。九站寺洼文化遗址亦有类似现象[5]。可见，寺洼文化具有头、蹄殉葬的文化传统。而"毛家坪 B 组类型"和"关中类型"墓葬少有殉牲，应当与这些西戎族群深受秦文化影响有关，头蹄殉葬习俗在秦文化墓葬中罕见。另外，在徐阳墓地大中型贵族墓葬西北均发现与之对应的陪葬车马坑或马、牛、羊头蹄祭祀坑（图 2-19），类似的现

[1] 张天恩、焬珧：《秦墓的壁龛殉人葬俗初论》，《秦始皇帝陵博物院》（第 6 辑），陕西师范大学出版社，2016 年；梁云：《论早期秦文化的来源与形成》，《考古学报》2017 年第 2 期。
[2] 王颢：《战国秦墓姜戎文化群体特征之管窥——以宝鸡郭家崖秦国墓地为例》，《文博》2019 年第 4 期；田亚岐、刘明科：《关中战国秦墓地姜戎文化因素的比较与思考》，《第二届秦文化论坛秦文化研究会学术交流论文集》，内部刊物，2022 年。
[3] 刘羽阳、王辉：《先秦时期西北游牧地区动物埋葬习俗——从埋葬头蹄的现象谈起》，《考古与文物》2017 年第 1 期；罗丰：《北方系青铜文化墓的殉牲习俗》，《考古学报》2018 年第 2 期。
[4] 袁静、杨梦菲：《甘肃庄浪徐家碾寺洼文化墓葬出土动物骨骼研究报告》，《徐家碾寺洼文化墓地：1980 年甘肃庄浪徐家碾考古发掘报告》，科学出版社，2006 年。
[5] 王占奎、水涛：《甘肃合水九站遗址发掘报告》，《考古学研究》（三），科学出版社，1997 年。

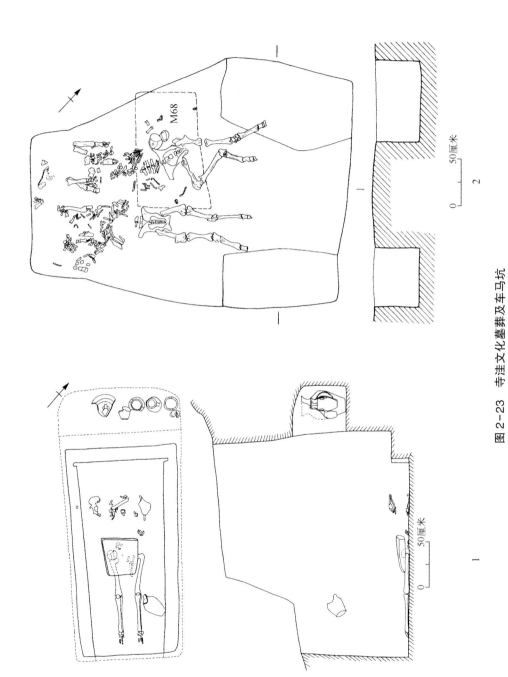

图 2-23　寺洼文化墓葬及车马坑

1. 九站 M54　2. 徐家碾 M104

象在徐家碾寺洼文化墓地中也有发现（图2-23，2）。

还应指出的是，东周西戎文化寺洼支系的墓葬形制、死者葬式及头向亦反映着文化渊源与交流。卡约文化、辛店文化与寺洼文化是三支分布于甘青地区、年代大致相同的考古学文化，它们均属于羌戎文化系统。但与卡约文化、辛店文化流行洞室墓不同，竖穴土坑墓是寺洼文化中占据绝对主流的墓葬形制，东周西戎文化寺洼支系中盛行的竖穴土坑葬俗应源于此。至于"毛家坪B组类型""关中类型"中洞室墓的出现，则是受秦文化影响的结果，西首葬、屈肢葬等独特葬俗亦是如此。"寨头河类型"所表现出的直肢葬、死者头向以东为主的葬俗应更加接近东周西戎文化寺洼支系的原貌，它们是东周时期北方牧业文化的共同特征，是相似生业模式下不同人群精神信仰趋同的直观反映。

最后，"寨头河类型"与"徐阳类型"流行单耳罐，少见铲足鬲的特征，显示出二者与以铲足鬲、双耳罐为特色的"毛家坪B组类型""关中类型"存在不同。虽然，四种类型同源于寺洼文化，但其间的差异也确实存在。这种差异可能是寺洼文化各地方类型之间的区别，也可能是寺洼文化向东周西戎文化寺洼支系转变过程中不同部族对于代表性器物取舍的结果。

二、人种的一致性

寺洼支系戎人的体质特征与寺洼人高度相似，这肯定了东周西戎文化寺洼支系各类型与寺洼文化之间的亲缘关系。

考古学家对甘肃临潭磨沟、庄浪徐家碾、合水九站等寺洼文化遗址出土人骨进行了种属研究。磨沟墓地位于甘肃中部，年代较早，约为商代，其居民与蒙古人种的东亚类型最为相近，其次是南亚类型，再次是东北亚类型，与北亚类型关系最为疏远[1]。徐家碾、九站遗址位于甘肃东部，年代较晚。徐家碾墓地年代约为先周时期至西周中期[2]。墓主的人骨属于亚洲蒙古人种，其与南亚蒙古人种之间存在着较

[1] 赵永生：《甘肃临潭磨沟墓地人骨研究》，吉林大学博士学位论文，2013年，第190页。
[2] 张寅：《两周时期陇山东西两侧考古学文化研究》，北京大学博士学位论文，2014年，第80—82页。

为密切的联系，他们之间的接近程度最大。同时在某些面部形态上，徐家碾组与东亚蒙古人种之间存在着一定的关系，他们之间的接近程度仅次于与南亚蒙古人种的接近程度[1]。九站遗址的年代约为商代末期到春秋早期[2]，是目前发现年代延续最晚的寺洼文化遗址。九站居民的主要体质特征与现代亚洲蒙古人种的南亚类型最为接近，其次该组与东亚类型之间也存在较多共同的体质因素，而其与北亚、东北亚类型的蒙古人种之间则表现出明显的人种类型上的差异[3]。聚类结果显示，徐家碾墓地与九站遗址出土人骨的种属类型较为一致[4]，两处寺洼文化遗址的人群应为同一组群的人。寺洼人群体质特征总体上接近蒙古人种的东亚、南亚类型，而与北亚类型差距明显。

相较于东周西戎文化寺洼支系其他类型，"寨头河类型"遗存开展体质人类学研究较多。寨头河墓地与史家河墓地均被认为是较为纯粹的戎人墓地。体质人类学研究显示，寨头河戎人与蒙古人种的东亚类型最为接近，同时与南亚类型也存在一定的接近关系，与北亚类型和东北亚类型的差异较大。研究者同时指出，寨头河组与九站组总体形态特征比较相近，都属于古中原类型的一员[5]。史家河与寨头河人群体质特征非常相似。史家河戎人与东亚蒙古人种存在最为相似的形态特征，同时，史家河人群与南亚蒙古人种也存在一定相似性，它与北亚蒙古人种和东北亚蒙古人种存在较大颅面形态上的差异[6]。这表明"寨头河类型"的使用者在人种上确实与寺洼人群相似。

[1] 王明辉：《甘肃庄浪徐家碾寺洼文化人骨研究》，《徐家碾寺洼文化墓地：1980年甘肃庄浪徐家碾考古发掘报告》，科学出版社，2006年。
[2] 王占奎：《试论九站寺洼文化遗址——兼论甘肃东部地区寺洼文化》，北京大学硕士学位论文，1985年，第32—35页；水涛：《关于寺洼文化研究的几个问题》，《中国西北地区青铜时代考古论集》，科学出版社，2001年。
[3] 朱泓：《合水九站青铜时代颅骨的人种学分析》，《考古与文物》1992年第2期。
[4] 王明辉：《甘肃庄浪徐家碾寺洼文化人骨研究》，《徐家碾寺洼文化墓地：1980年甘肃庄浪徐家碾考古发掘报告》，科学出版社，2006年。
[5] 陕西省考古研究院、延安市文物研究所、黄陵县旅游文物局：《寨头河：陕西黄陵战国戎人墓地考古发掘报告》，上海古籍出版社，2018年，第205—211页。
[6] 陕西省考古研究院、延安市文物研究院、榆林市文物保护研究所、黄陵县文化和旅游局、清涧县文化和旅游局：《戎与狄：陕北史家河与辛庄战国墓地考古报告》，文物出版社，2021年，第86页。

东周西戎文化"毛家坪B组类型"与"关中类型"遗存多与秦文化遗存共存于同一遗址之中，表明遗址中可能共同生活着戎人与秦人两支不同族源的群体，然而，研究者在进行人骨研究时，并未对两类遗存进行区分，这使得对于这类遗址的人种研究成果很难直接说明西戎遗民与寺洼人群的关系。即便如此，甘肃甘谷毛家坪墓地古代男性居民的体质特征更多地表现出了与亚洲蒙古人种东亚类型的相似性[1]。出土"关中类型"陶器较多的陕西宝鸡建河墓地的人骨种属也与东亚类型、南亚类型具有密切关系[2]。这些研究结果显示，无论秦人，抑或"毛家坪B组类型""关中类型"戎人，他们与寺洼人群均属于同一人种。

东周西戎文化"徐阳类型"的人骨研究需要特别关注。发掘者曾指出，在徐阳墓地采集的人骨标本大部分保存不全，无法进行种属鉴定。仅有2份头骨标本显示出明显的蒙古人种北亚类型体征[3]。这是否说明"徐阳类型"戎人与寺洼人群在人种上有着巨大差异，二者并无继承关系？实际上，古代人群的构成来源从来不是单一的，如在寨头河墓地中，部分人群骨骼特征接近欧洲人种的原始欧洲人类型，同时不排除来自古蒙古高原因素的影响[4]。东周时期人群流动增强，以东亚、南亚人种为主体的寨头河戎人中融入少量北亚人群并不意外，类似的情况也可能出现在徐阳墓地之中。由于样本量太小，徐阳墓地人种尚难定论。然而，依据徐阳墓地的文化特征来看，"徐阳类型"与寺洼文化有着密切的亲缘关系。加之"徐阳类型"年代集中于春秋时代，这时围绕在华夏文化圈外围的戎、狄多为东亚、南亚人种，而以北亚人种为主体的戎、胡侵入华夏应是战国时期的事情了[5]。因此，"徐阳类型"的人种主体也应当为古中原类型的一员，应与寺洼戎人种属一致。

[1] 洪秀媛：《甘谷毛家坪沟东墓葬区出土人骨的研究》，西北大学硕士学位论文，2014年。
[2] 凌雪、王望生、陈靓等：《宝鸡建河墓地出土战国时期秦人骨的稳定同位素分析》，《考古与文物》2010年第1期。
[3] 吴业恒：《河南伊川徐阳墓地初步研究》，《青铜器与金文》（第2辑），上海古籍出版社，2018年。
[4] 陕西省考古研究院、延安市文物研究所、黄陵县旅游文物局：《寨头河：陕西黄陵战国戎人墓地考古发掘报告》，上海古籍出版社，2018年，第205—211页。
[5] 林沄：《戎狄非胡论》，《林沄学术文集》（二），科学出版社，2008年。

三、生业经济的趋同性

古代人群生业模式的相似性可从侧面印证人群间的密切联系。实际上，金文及早期文献中对于东周时期西戎族群的经济形态及生活习俗少有提及。由于《史记》将西戎写入《匈奴列传》，《后汉书》将其纳入《西羌传》，使得后世历史学者多认为西戎的生业模式应与匈奴、西羌一致，均为游牧民族。众所周知，游牧是一种移动性极强的生活方式，这迫使牧民在制造生活用品时，便携性成为首要考虑的因素。然而，寺洼文化及东周西戎文化寺洼支系诸类型均以器形多样的陶器为主要特色，陶器显然并非易于搬运的物品，并且其居住形态、殉牲习俗、饮食习惯也表现出定居、非游牧的特点。

定居人群通常会留下规模较大的居住遗址，遗址中房屋、灰坑、窖穴、壕沟等遗迹种类十分丰富。目前经过科学发掘的寺洼文化晚期遗址中，除甘肃西和栏桥遗址是一处规模较小的墓地外[1]，徐家碾遗址和九站遗址均包含居住区和墓葬区两部分。居住区位于地势低洼的川地上，墓地选择在地势高亢的山坡上。九站遗址的居住区发现灰坑、房址、水槽口、窖穴、窑址、墓葬等多种遗迹，获得了较丰富的陶片、十几件完整的陶容器及铜、石、骨、蚌和陶质工具、兵器等小件器物；东周西戎文化寺洼支系的代表性遗址中，毛家坪遗址、六八图遗址均分为居住区和墓葬区两部分，居住区发现了大量灰坑、房基、瓮棺、踩踏面和墓葬。徐阳墓地附近也发现1座城址，应为墓地使用者生前的居住区。

在定居的遗址中经常出土各种动物骨骼，不仅动物种类多样化，除食草类动物外，还有猪、狗等定居生活饲养的家畜，且食草类动物的数量相比游牧遗存较少。徐家碾寺洼文化遗址发掘的102座墓葬中完整殉牲仅发现1例，见于M63。这座墓在墓圹填土中埋了1头黄牛。另外，在28座墓葬中零星发现有马、猪、黄牛、山羊、绵羊和食肉类（种属不清）等6种动物的前肢骨或颌骨[2]；九站寺洼文化遗址

---

[1] 赵化成、柳春鸣：《甘肃西和栏桥寺洼文化墓葬》，《考古》1987年第8期。
[2] 袁靖、杨梦菲：《甘肃庄浪徐家碾寺洼文化墓葬出土动物骨骼研究报告》，《徐家碾寺洼文化墓地：1980年甘肃庄浪徐家碾考古发掘报告》，科学出版社，2006年。

共发掘墓葬 80 座，随葬动物骨头的墓葬 18 座，占墓葬总数的 22.5%，可辨认的动物骨骼包括牛头、羊头等。有学者统计，在九站墓地和徐家碾墓地中，殉牲率达到 30% 以上，时代越晚，寺洼文化墓葬中殉牲动物的种类和数量越多[1]；属于东周西戎文化寺洼支系的寨头河墓地，在发掘的 90 座墓葬中，殉牲墓有 41 座，占 46%，另有 2 座马坑和 1 座殉有牛骨的方坑。殉牲动物包括牛、羊、马、猪、狗等，多见羊、牛[2]。徐阳墓地在墓葬中埋葬马、牛、羊头的现象很普遍，在 4 座车马坑中埋葬有 2—18 匹马，以及大量马、牛、羊头蹄。此外还发掘 7 处马、马牛羊头蹄、狗、猪、羊坑等遗存。

一般认为定居性质的遗物主要为陶器。在徐家碾寺洼文化墓地 102 座墓中，除 2 座墓未发现随葬器物外，其余 100 座墓都随葬有陶容器，出土陶器共 1 531 件。每座墓出土陶器的数量不等，常出 15—20 件，最多的出 46 件，最少的只有 1—2 件。九站寺洼文化遗址在 72 座墓葬中发现有随葬品，其中陶质容器共出土 694 件，占随葬品总数的 89.2%。栏桥寺洼文化墓地共清理墓葬 9 座，每墓皆有随葬品，最多的达 55 件，最少的有 13 件，绝大部分为陶器；东周西戎文化寺洼支系各遗址情况类似，在各类随葬品中，陶器是绝对的大宗，铲足鬲、带耳罐、戎式罐是代表性器物。

通过以上分析可以看出，寺洼文化具有稳定的聚落居住址及墓地。居住址中包括房址、灰坑、窖穴、排水设施等多类遗迹，出土物品以陶器为大宗。墓葬中亦出土有大量的陶质器皿。居住址和墓葬材料表明，寺洼人过着相对稳定的定居生活。作为寺洼文化的继承者，东周西戎文化寺洼支系也表现出相似的定居生活要素，寺洼族群的生活方式得以延续。遗址里中原文化陶鬲、陶簋、陶豆的出现，说明农业生产在寺洼文化及其继承者的生活中占据一定地位。墓葬中出土的各类带耳器物、无耳高领罐均为移动化生活的产物，数量不少的牛、马、羊的兽骨也说明寺洼文化

---

[1] 包曙光：《中国北方地区夏至战国时期的殉牲研究》，科学出版社，2021 年，第 36—37 页。
[2] 陕西省考古研究院、延安市文物研究所、黄陵县旅游文物局：《寨头河：陕西黄陵战国戎人墓地考古发掘报告》，上海古籍出版社，2018 年，第 279—280 页。

及东周西戎文化寺洼支系居民亦从事畜牧业。寨头河墓地通过古病理学研究指出寨头河戎人可能主要以采集、狩猎为生，同时伴有游牧的经济类型或者农牧混合型经济[1]。史家河居民的龋齿发生率低于农业人群的平均水平，可能是因采集狩猎、畜牧在经济生产活动中占据了重要的地位[2]。毛家坪遗址则采用了种植与家畜饲养相结合的农业经济[3]。总之，源自寺洼文化的东周西戎部族，保留有祖先的生业模式，过着畜牧为主，兼营农业、采集、狩猎的定居生活。

综上，无论从考古学文化特征，抑或人种、生业模式等方面来看，寺洼文化与东周西戎文化寺洼支系有着高度的相似性，具有明确的渊源关系。但是，寺洼文化及其继承者之间的区别也是不容忽视的，如东周西戎文化寺洼支系的分布地域已大大超出寺洼文化的空间范围，寺洼支系与周邻文化的交流状况更为复杂。此外，部分寺洼支系类型的年代与寺洼文化具有较大缺环，更不论寺洼文化中的代表性器物——马鞍口罐已完全消失于东周西戎文化寺洼支系之中。因此，我们很难将东周西戎文化寺洼支系划归寺洼文化的范畴，其已成为一支全新的考古学文化类型。

第三节　寺洼支系的族属

"毛家坪B组类型""关中类型""寨头河类型"及"徐阳类型"各有其分布地域、年代、文化面貌亦不尽相同，这是东周西戎分支部族众多的物化写照。结合文献中所载各支戎族史地信息，我们得以一窥寺洼戎人后裔的流布。

[1] 陕西省考古研究院、延安市文物研究所、黄陵县旅游文物局：《寨头河：陕西黄陵战国戎人墓地考古发掘报告》，上海古籍出版社，2018年，第400页。
[2] 陕西省考古研究院、延安市文物研究院、榆林市文物保护研究所、黄陵县文化和旅游局、清涧县文化和旅游局：《戎与狄：陕北史家河与辛庄战国墓地考古报告》，文物出版社，2021年，第110页。
[3] 刘欢：《甘肃天水毛家坪遗址动物遗存研究》，西北大学博士学位论文，2019年。

一、"毛家坪 B 组类型"的族属

依据文献资料，春秋时代分布于秦国以西的戎人为邽、冀之戎。《史记·秦本纪》载：武公十年（前 688），"伐邽、冀戎，初县之"[1]。稍晚，绲戎、翟戎也活动于陇山一带[2]。东周西戎文化"毛家坪 B 组类型"自春秋中晚期起出现于甘肃东部，其与史料所载邽、冀、绲、翟等戎人时空分布范围重合，故"毛家坪 B 组类型"的使用者应与这些戎族有关。

邽、冀之戎活动于春秋早期的甘肃东部地区，其自然为西周时期寺洼戎人的后裔，属于东周西戎文化寺洼支系。

自毛家坪遗址发现 B 组遗存之时，赵化成已指出其不属于秦文化，应为西戎之一的冀戎的遗留。遗址中毛家坪 B 组遗存与秦文化共存，反映了秦武公伐冀戎并设县的历史[3]。

冀县与邽县，是冀、邽之戎的居地，也是秦人最早在甘肃东部设县的地区之一。《汉书·地理志》天水郡有冀，王莽改曰"冀治"[4]。《水经注·渭水》："其水北迳冀县城北，秦武公十年伐冀戎，县之，故天水郡治，王莽更名镇戎，县曰冀治。"[5]冀县故城，《大清一统志》云在伏羌县南[6]。对于冀戎的活动范围，学界意见相对统一，舒大刚[7]、何光岳[8]、杨建新[9]均认为在甘肃甘谷东南的渭水岸边。

毛家坪遗址位于渭河南岸的二级台地上，东距甘谷县城 25 千米，面积不少于

---

[1] 司马迁：《史记·秦本纪》，中华书局，1982 年，第 182 页。

[2] "陇以西有绵诸、绲戎、翟、獂之戎。"司马迁：《史记·匈奴列传》，中华书局，1982 年，第 2883 页。

[3] 赵化成：《甘肃东部秦和羌戎文化的考古学探索》，《考古类型学的理论与实践》，文物出版社，1989 年。

[4] 班固：《汉书·地理志》，中华书局，1962 年，第 1612 页。

[5] 郦道元：《水经注校证》，中华书局，2007 年，第 425 页。

[6] 转引自辛迪：《两周戎狄考》，北京大学博士学位论文，第 55 页。

[7] 舒大刚：《春秋少数民族分布研究》，文津出版社，1994 年，第 183 页。

[8] 何光岳：《〈山海经〉所载戎族的来源与分布》，《〈山海经〉与中华文化》，湖北人民出版社，1999 年。

[9] 杨建新：《中国西北少数民族史》，民族出版社，2003 年，第 24 页。

60万平方米，墓葬总数逾千座，出土了五鼎四簋的高等级贵族墓葬及大型车马坑，遗址年代从西周一直延续至战国。无论从时代、地望还是从文化内涵来看，毛家坪遗址当为古冀县县治所在。遗址中包含秦文化及 B 组遗存两种不同的遗存，正是秦人征服并统治冀戎的实物证据。

至于邽戎，《汉书·地理志》陇西上邽县，应劭曰："故邽戎邑也。"[1]《后汉书·西羌传》曰"渭首有狄、獂、邽、冀之戎"[2]，邽戎在渭水源头。《水经注·渭水》载：渭水"又东过上邽县"，郦道元注曰："上邽，故邽戎国也。秦武公十年伐邽，县之……其乡居悉以板盖屋，《诗》所谓西戎板屋也。濛水又南注藉水，《山海经》曰：'邽山，濛水出焉，而南流注于洋'，谓是水也。"[3]《元和郡县志》曰："后魏以避道武帝讳改（上邽）曰上封，废县为镇，隋大业元年复为上邽县。"《大清一统志》曰："上邽故城在秦州西南。"[4]学者多认为邽戎活动于甘肃天水市西南。何光岳认为："邽戎在今天水县西南部山之北。"[5]翁独健认为："邽戎冀戎，在今甘肃天水、甘谷一带。"[6]杨建新认为："邽戎的活动地区大约在今甘肃天水。"[7]舒大刚指出："邽戎、冀戎俱在今甘肃境内渭水上流。"[8]

六八图遗址是"毛家坪B组类型"另一处代表性遗址，位于甘肃省礼县红河乡东南部、天水市西南，距天水市约35千米，面积达32万平方米。甘肃省文物考古研究所对遗址进行全面考古勘探，发现各类遗迹现象744处，其中墓葬538座，以及窑址、灰坑、沟等。遗址地面分布着大量的周代陶片。这里一直被视为秦文化在西汉水流域最为重要的活动中心之一。但与西山遗址、大堡子山遗址等西汉水流域秦人早期都邑级别聚落不同，六八图遗址年代偏晚，未发现城址，未

[1] 班固：《汉书·地理志》，中华书局，1962年，第1610页。
[2] 范晔：《后汉书·西羌传》，中华书局，1965年，第2872页。
[3] 郦道元：《水经注校证》，中华书局，2007年，第428页。
[4] 转引自辛迪：《两周戎狄考》，北京大学博士学位论文，第55页。
[5] 何光岳：《桂人、邽戎的来源和迁徙》，《长沙水电师院学报（社会科学版）》1989年第1期。
[6] 翁独健：《中国民族关系史纲要》，中国社会科学出版社，2001年，第70—71页。
[7] 杨建新：《中国西北少数民族史》，民族出版社，2003年，第24页。
[8] 舒大刚：《春秋少数民族分布研究》，文津出版社，1994年，第182页。

见高等级墓葬，无夯土建筑，无祭祀类遗存，其显然并非秦人早期都邑。六八图遗址聚落规模、等级、内涵与毛家坪遗址相近，也应是一处秦人县治级别的遗址。已发掘的战国晚期墓葬显示，遗址中具有浓厚的"毛家坪 B 组类型"西戎文化因素。遗址中秦文化遗存与西戎遗存融合的现象，与毛家坪遗址极其相似，表明秦人与戎人共居一处。结合遗址年代、地望及等级内涵，六八图遗址很可能是邦县县治，遗址中出土的铲足鬲、双耳罐、戎式罐等器物就是处于秦人统治下的邦戎的遗留。

大多数学者认为绲戎即犬戎，又作昆夷、混夷、串夷、畎戎，其中犬、畎同音，昆、混、串、绲古音同部，诸形实同名之译转[1]。春秋中期，犬戎被秦所灭后，其中一支居于陇山以西活动。依《汉书》"安定山谷之间，昆戎旧壤"[2]，绲戎应生活在今甘肃陇西、天水市一带[3]。绲戎作为犬戎的一支，其使用的文化必定属于东周西戎文化寺洼支系，依据分布地域、时代及文化面貌来看，要想辨识出东周时期绲戎的遗存，必定需要在东周西戎文化"毛家坪 B 组类型"中去寻找。甘肃庄浪一带是铲足鬲、双耳罐等器物的集中分布地之一，且这里的铲足鬲、双耳罐大多不与秦文化器物共存，这暗示着此地是寺洼支系戎人的一处重要据点，因此，庄浪县的西戎遗存或许是探寻绲戎居地的一个重要线索。

《后汉书·西羌传》云"渭首有狄、獂、邦、冀之戎"，李贤注狄即狄道[4]。《汉书·百官表》："县有蛮夷曰道。"[5]《汉书·地理志》载陇西郡下有狄道，颜师古曰：

---

[1] 黄文弼：《古代匈奴民族之研究》，《边政公论》1943 年第 2 卷第 3—5 期；吕思勉：《吕思勉读史札记》，上海古籍出版社，1982 年，第 398—399 页；王宗维：《西戎八国考述》，《西北历史研究》（1986 年号），三秦出版社，1987 年；黄烈：《中国古代民族史研究》，人民出版社，1987 年，第 73 页；史念海：《西周与春秋时期华族与非华族的杂居及其地理分布》（上），《中国历史地理论丛》1990 年第 1 期；舒大刚：《春秋少数民族分布研究》，文津出版社，1994 年，第 154—155 页；岑仲勉：《两周文史论丛》，中华书局，2004 年，第 522 页；徐卫民：《秦汉历史地理研究》，三秦出版社，2005 年，第 524 页。
[2] 班固：《汉书·杨敞传附弟恽传》，中华书局，1962 年，第 2897 页。
[3] 辛迪：《两周戎狄考》，北京大学博士学位论文，2005 年，第 69 页。
[4] 范晔：《后汉书·西羌传》，中华书局，1965 年，第 2872 页。
[5] 班固：《汉书·百官公卿表》，中华书局，1962 年，第 742 页。

"其地有狄种，故云狄道。"[1] 狄种即翟戎。汉置狄道县为陇西郡治，《水经注·河水》："洮水又北迳降狄道故城西"[2]，《大清一统志》以狄道故城在"狄道州西南"[3]。学者多认为翟戎活动于今甘肃临洮、陇西一带[4]。洮河流域是寺洼文化的发源地。加之，翟即狄，翟戎含有北狄血统[5]。已有研究表明，狄（翟）与戎都是北方长城地带较早时期的土著居民，与北方草原南下族群（胡）在人种及使用考古学文化上截然不同[6]。因此，我们有理由相信翟戎也应属于东周西戎文化寺洼支系，绝非战国时期由北方草原南下而来的西戎部族，只是具体的遗址点尚待进一步探索。

二、"关中类型"的族属

东周西戎文化"关中类型"遗存以铲足鬲、双耳罐、戎式罐三类器物为主，同类器物集中分布于陇山东西两侧的甘肃东部地区，与"毛家坪 B 组类型"中大量铲足鬲、双耳罐及戎式罐别无二致，两种东周西戎文化类型表现出极强的共性，这表明"关中类型"，即陕西关中地区的西戎遗存，与分布在甘肃东部地区的"毛家坪 B 组类型"有着密切的联系。

"毛家坪 B 组类型"的年代集中于春秋晚期至战国晚期，而"关中类型"贯穿

---

[1] 班固：《汉书·地理志》，中华书局，1962 年，第 1610 页。
[2] 郦道元：《水经注校证》，中华书局，2007 年，第 47 页。
[3] 转引自辛迪：《两周戎狄考》，北京大学博士学位论文，2005 年，第 69 页。
[4] 王宗维：《西戎八国考述》，《西北历史研究》（1986 年号），三秦出版社，1987 年；邱菊贤、杨东晨：《西戎简论》，《西北民族学院学报（哲学社会科学版）》1989 年第 4 期；史念海：《西周与春秋时期华族与非华族的杂居及其地理分布》（下），《中国历史地理论丛》1990 年第 2 期；钟侃、陈明猷：《宁夏通史》（古代卷），宁夏人民出版社，1993 年，第 22 页；王宗维：《西戎八国考述》，《西北历史研究》（1986 年号），三秦出版社，1987 年；辛迪：《两周戎狄考》，北京大学博士学位论文，2005 年，第 69 页；童书业：《春秋史》，中华书局，2006 年，第 129 页。
[5] 王宗维：《西戎八国考述》，《西北历史研究》（1986 年号），三秦出版社，1987 年；何光岳：《〈山海经〉所载戎族的来源与分布》，《〈山海经〉与中华文化》，湖北人民出版社，1999 年，第 170 页；刘光华：《西北通史》（第 1 卷），兰州大学出版社，2005 年，第 219、221 页；安介生：《历史民族地理》，山东教育出版社，2007 年，第 82 页。
[6] 林沄：《戎狄非胡论》，《金景芳九五诞辰纪念文集》，吉林文史出版社，1996 年；林沄：《中国北方长城地带游牧文化带的形成过程》，《燕京学报》（新 14 期），北京大学出版社，2003 年；杨建华：《中国北方东周时期两种文化遗存辨析——兼论戎狄与胡的关系》，《考古学报》2009 年第 2 期；单月英：《东周秦代中国北方地区考古学文化格局——兼论戎、狄、胡与华夏之间的互动》，《考古学报》2015 年第 3 期。

于整个战国时期至秦代，其年代晚于甘肃东部地区的西戎遗存。同时，"毛家坪 B 组类型"的分布地本是西戎居地，其应为东周西戎文化的原生类型，而关中地区本为周王畿，并非戎地，"关中类型"是东周西戎考古学文化的一个次生类型。可见，"关中类型"源自"毛家坪 B 组类型"。

与"毛家坪 B 组类型"相比，"关中类型"具有两个明显的差异：第一，绳纹的出现。在甘肃东部地区所见的铲足鬲、双耳罐、戎式罐多素面，绳纹较少且浅而细，竖向排列整齐。而关中地区所见的同类器物则多饰有绳纹，常常通体绳纹，深而粗。绳纹作为中原文化的特征，并不常见于西戎遗存当中，但在关中发现有大量带绳纹的"戎式器物"，说明了两种文化的交流。第二，器物组合的变化。东周时期甘肃东部地区出土的铲足鬲、双耳罐、戎式罐并不与秦式陶鬲、陶豆共存于同一单位，这些戎式器物多与各类陶罐形成一个稳定的器物组合。然而，"关中类型"遗存出现了戎式器物与典型秦器共存于一座墓葬的现象，尤其是在高庄 M17、M47 中双耳罐与铜礼器共存，任家咀 M80 中双耳罐与仿铜陶礼器共存（图 2-11）。这种器物组合虽不多见，但反映出西戎文化与秦文化更深的融合，也暗示了西戎人群政治地位的提升。

《史记·秦本纪》载："秦用由余谋伐戎王，益国十二，开地千里，遂霸西戎。"[1] 由余为戎人，帮助秦人征服西戎，有功于秦，也就是说从春秋中期起，便有像由余这样的戎人生活于关中地区。同时，移民政策作为秦对西戎的一种统治手段，很早就存在，文献中多次记载秦人迁戎的历史事件。虽然史料中没有明确记载秦人将戎人迁移到关中的史实，但是关中作为秦的统治中心，秦人的统治应当是相当牢固的。在征服西戎后，秦人将原先生活于西北边疆的戎人迁徙到关中地区以便于统治，也是情理之中的事。基于这样的推测，我们可以认为"关中类型"遗存应与迁移到关中居住的西戎移民有关[2]。

无论"毛家坪 B 组类型"还是"关中类型"代表的西戎部族，均与秦人深度

［1］ 司马迁：《史记·秦本纪》，中华书局，1982 年，第 194 页。
［2］ 张寅：《东周时期关中地区西戎遗存的初步研究》，《考古与文物》2014 年第 2 期。

融合，秦文化特色已深植于他们生居、死葬之中，他们仅以为数不多的特色陶器标明自己的族源身份。与其说这些遗存是东周西戎文化的地方类型，不如说它们是秦文化下的西戎类型分支，也就是说，随着秦人的征服与统治，他们已经成为"新秦人"，被视为秦国的一员。

三、"寨头河类型"的族属

大荔戎是东周时期实力极强的一支西戎部族。《后汉书·西羌传》曰："是时义渠、大荔最强，筑城数十，皆自称王。"[1]《史记·秦本纪》记载历共公十六年，"以兵二万伐大荔，取其王城"。集解引徐广注："今之临晋也。临晋有王城。"《括地志》曰："同州东三十里朝邑县东三十步故王城。大荔近王城邑。"[2]又云："同州冯翊县及朝邑县，本汉临晋县地，古大荔戎国。"[3]依据文献记载，大荔戎的居地应当在北洛河下游与黄河相夹的三角地带，后代学者也多从此说，认为大荔戎活动于今天陕西大荔[4]。然而，陕西大荔位于秦国东部，与文献记载的"岐、梁山、泾、漆之北有义渠、大荔、乌氏、朐衍之戎"[5]的地望相去甚远，吕思勉据此认为大荔戎应当生活在义渠附近[6]，姚磊也指出大荔戎活动之时，秦国都城为雍，距离渭水、洛水与黄河的交汇处有较远的距离[7]。吕说应该更加接近历史真相。《后汉书·西羌传》云"洛川有大荔之戎"[8]，据《大清一统志》，今洛川县东北有洛川故城[9]。陕西

[1] 范晔：《后汉书·西羌传》，中华书局，1965年，第2873页。
[2] 司马迁：《史记·秦本纪》，中华书局，1982年，第199页。
[3] 司马迁：《史记·匈奴列传》，中华书局，1982年，第2884页。
[4] 王宗维：《西戎八国考述》，《西北历史研究》（1986年号），三秦出版社，1987年；童书业：《春秋史》，中华书局，2006年，第129页；陈平：《试论宝鸡益门二号墓短剑及有关问题》，《考古》1995年第4期；舒大刚：《春秋少数民族分布研究》，文津出版社，1994年，第170—171页；刘光华：《西北通史》（第1卷），兰州大学出版社，2005年，第220页；辛迪：《两周戎狄考》，北京大学博士学位论文，第71页。
[5] 司马迁：《史记·匈奴列传》，中华书局，1982年，第2883页。
[6] 吕思勉：《吕思勉读史札记》，上海古籍出版社，1982年，第404页。
[7] 姚磊：《先秦戎族研究》，兰州大学硕士学位论文，2014年，第173页。
[8] 范晔：《后汉书·西羌传》，中华书局，1965年，第2872页。
[9] 转引自辛迪：《两周戎狄考》，北京大学博士学位论文，第71页。

洛川位于北洛水中游，正在义渠居地甘肃宁县、庆阳的东侧，距离不远。因此，大荔戎实则居住在今天陕西洛川附近。

　　学界对于大荔戎的活动时间也有分歧。传统说法是周贞王八年（前461），大荔戎被秦国所灭[1]。然而，蒙文通、舒大刚等学者提出不同意见。蒙文通认为："范书《西羌传》言：'至周贞王八年（前461），秦厉公灭大荔，取其地。'……大荔于此灭也。六国年表，'秦孝公二十四年（前338），秦大荔围合阳。'知大荔之灭，其后犹有存者，从秦以攻伐也。"[2]舒大刚认为："前461年，秦厉共公'伐大荔，取其王城'，首先变大荔为附庸，以此为侵魏伐韩的桥头堡。前338年，秦孝公与大荔围魏之合阳，亦是挟大荔东侵的证明。《后汉书·西羌传》说：'至周贞王八年（前461），秦厉公灭大荔，取其地。'《辞海》亦谓：'（大荔）周贞王八年为秦所并，其地改名临晋。'都是错误的。事实上在前338年大荔与秦人共围合阳之后，其名乃不复见，至少在那时或稍后，它才被秦吞灭。"[3]可见，春秋时期大荔戎已经存在。春秋、战国之际，秦人对其进行军事征伐，然而大荔戎并未就此灭亡，直至战国中期，秦人依然联合大荔戎伐魏。此后，大荔戎消失于文献记载之中。

　　目前在陕西洛川附近发现的东周西戎文化遗存仅有"寨头河类型"。那么，"寨头河类型"是否为大荔戎的遗留呢？关于寨头河墓地的族属，发掘者认为寨头河墓地处于"晋之南鄙"范围内，其使用者应该是春秋初年从"瓜州"被秦驱赶至该地的戎人的后裔。"瓜州"戎人被迁于子午岭以东，"三家分晋"后，该区域由承袭者魏国继续管辖，而寨头河戎人是这些移民中的某支系之后裔[4]。史家河墓地的使用者与寨头河墓地为同一群人[5]。由于"晋之南鄙"是一个宽泛的地域概念，这些墓地能否与从瓜州迁居晋南的姜姓之戎严格对应起来，尚存疑虑。加之，目前所见

---

[1] "至周贞王八年，秦厉公灭大荔，取其地。"范晔：《后汉书·西羌传》，中华书局，1965年，第2874页。

[2] 蒙文通：《周秦少数民族研究》，龙门联合书局，1958年，第105页。

[3] 舒大刚：《春秋少数民族分布研究》，文津出版社，1994年，第172页。

[4] 孙周勇、孙战伟、邵晶：《黄陵寨头河战国墓地相关问题探讨》，《考古与文物》2012年第6期。

[5] 孙周勇、孙战伟、邵晶：《黄陵史家河战国墓地相关问题探讨》，《考古与文物》2015年第3期。

"寨头河类型"遗存的年代与秦晋迁戎事件的发生时间存在较大缺环,很难将"寨头河类型"与秦晋所迁戎人直接联系起来。实际上,"寨头河类型"分布于子午岭以东的陕北地区,其核心位于陕西黄陵一带,此地紧邻洛川,年代集中于战国早中期,不排除有更早时期遗存的可能,遗存时空特征与大荔戎分布相一致,据此,"寨头河类型"当为大荔戎的遗留。

至于大荔戎的族源,历史学界多有讨论。王宗维认为大荔戎即骊戎[1]。黄烈认为:"大荔戎所处的位置,正是商代夹黄河两岸方国林立的民族复杂地区,很可能是商代方国民的遗存。其族属似与义渠等羌类不同。"[2]何光岳指出:"大荔戎乃雷人。在东周初年,因周平王东迁洛邑之后关中荒凉,雷人有一部分由陇东迁至今陕西大荔县。"[3]饶宗颐判定大荔戎是殷时西北戎王之一"郮王"的后裔[4]。虽然学者对于大荔戎的族属尚存分歧,但无一不指其源于西北地区商周时期的土著文化。《后汉书·西羌传》记载:"至周贞王八年,秦厉公灭大荔,取其地。赵亦灭代戎,即北戎也。韩、魏复共稍并伊、洛、阴戎,灭之。其遗脱者皆逃走,西逾汧、陇。自是中国无戎寇,唯余义渠种焉。"[5]这段记载不仅明确了大荔、北戎、伊洛之戎、阴戎与义渠戎之间的年代早晚差异,更以"义渠种"强调后者与前者可能具有人种上的不同。义渠是一支源自北方草原地带的外来人群,为北亚人种,活跃于战国时期。如若大荔戎种属与之有异,那么其只能源于西北地区本土西戎文化,即寺洼文化。加之,大荔戎主要活跃于春秋时代,此时源于草原地带的西戎部族尚未大规模进驻陇山一带,更加证明大荔戎应是自古就生活在秦晋西北的土著人群,其为东周西戎文化寺洼支系的使用者。

寨头河墓地出土的西戎文化因素占到60%,晋系文化因素占35%,北方系青

［1］王宗维:《西戎八国考述》,《西北历史研究》(1986年号),三秦出版社,1987年。
［2］黄烈:《中国古代民族史研究》,人民出版社,1987年,第74页。
［3］何光岳:《南蛮源流史》,江西教育出版社,1988年,第335、354页。
［4］饶宗颐:《西南文化创世纪:殷代陇蜀部族地理与三星堆、金沙文化》,上海古籍出版社,2010年,第11、16页。
［5］范晔:《后汉书·西羌传》,中华书局,1965年,第2874页。

铜文化仅占 5%[1]，并且占比最大的陶器与寺洼文化陶器在器形、陶质、陶色、纹饰等方面具有很大的相似性。史家河墓地中陶、铜器中西戎文化因素占 65.3%，显然是以西戎文化为主体的[2]。虽然，子午岭以东的陕北地区超出了寺洼文化的分布东界，但"寨头河类型"强烈的寺洼文化特征，说明它的祖源应是西周至春秋早期分布于甘肃东部的寺洼文化，其形成应是寺洼文化所代表的犬戎在春秋时期东徙的结果。历史学者也提出了犬戎东迁的可能性，指出大荔戎早期生活在今陕西西北和甘肃东北地区[3]。值得关注的是，较早阶段的"寨头河类型"遗存中秦文化因素少见，说明春秋、战国之际，秦人对大荔戎的军事征服并未成功，大荔戎依然独立于秦国统治之外。相反，遗存中三晋文化因素突出，成为仅次于西戎文化的次要文化因素，表明由于地缘邻近，大荔戎与魏国文化往来频繁。也正是由于大荔戎毗邻魏国，秦孝公时，秦人才联合大荔戎攻魏。史家河墓地中战国晚期墓葬已与典型秦文化墓葬无异，展现出此时的大荔戎已被秦国征服，融入秦文化之中的历史图景。

四、"徐阳类型"的族属

东周西戎文化"徐阳类型"远离东周西戎文化的主要分布区，应为秦晋迁戎的结果。

文献所载秦晋所迁之戎族分为允姓、姜姓两支。其一为允姓陆浑戎，其先居于瓜州，后迁居伊川。《左传》记载：僖公二十二年（前 638）"初，平王之东迁也，辛有适伊川，见被发而祭于野者，曰：'不及百年，此其戎乎！其礼先亡矣。'秋，秦、晋迁陆浑之戎于伊川。"[4] 秦晋迁戎一事，亦见于《左传》昭公九年（前 533），周王责备晋公曰："先王居梼杌于四裔，以御魑魅，故允姓之奸，居于瓜州，伯父

[1] 孙周勇、孙战伟、邵晶：《黄陵寨头河战国墓地相关问题探讨》，《考古与文物》2012 年第 6 期。
[2] 陕西省考古研究院、延安市文物研究院、榆林市文物保护研究所、黄陵县文化和旅游局、清涧县文化和旅游局：《戎与狄：陕北史家河与辛庄战国墓地考古报告》，文物出版社，2021 年，第 122 页。
[3] 舒大刚：《春秋少数民族分布研究》，文津出版社，1994 年，第 170、171 页；刘光华：《西北通史》（第 1 卷），兰州大学出版社，2005 年，第 220 页。
[4] 杨伯峻：《春秋左传注》，中华书局，1990 年，第 393—394 页。

惠公归自秦，而诱以来，使逼我诸姬，入我郊甸，则戎焉取之。戎有中国，谁之咎也？"[1]另一为姜姓之戎，从瓜州迁至晋之南鄙。《左传》襄公十四年（前559），范宣子厉责戎子驹支曰："来！姜戎氏！昔秦人迫逐乃祖吾离于瓜州，乃祖吾离被苫盖，蒙荆棘，以来归我先君。我先君惠公有不腆之田，与女剖分而食之。"戎子辩解："昔秦人负恃其众，贪于土地，逐我诸戎。惠公蠲其大德，谓我诸戎，是四岳之裔胄也，毋是翦弃。赐我南鄙之田，狐狸所居，豺狼所嗥。"[2]

工国维指出："所谓'允姓之奸'居于瓜州者，亦猃狁同族也。"[3]《诗·小雅》之《采薇》《出车》《六月》《采芑》等篇和西周铜器多处铭文提及猃狁，他们应为戎族之一，西周之时，与周、秦民族多有冲突。文献及铜器铭文描述的涉及西戎、犬戎或猃狁的一些历史事件，往往说的是一码事。因此，西戎、犬戎与猃狁是为同一族群，只是称谓不同罢了[4]。允姓之戎作为猃狁族人，亦即犬戎（西戎）的一支，寺洼文化当为其使用的文化；而姜戎，即羌戎，《说文解字》释"羌"："西戎，牧羊人也，从人从羊。"20世纪40年代，夏鼐在甘肃临洮寺洼山发掘了一批寺洼文化墓葬，他根据古文献关于羌族有火葬的记载，首次提出寺洼文化有可能是古羌人文化遗存的观点[5]。20世纪70年代，俞伟超指出甘青地区的寺洼文化、卡约文化都是羌人文化[6]。

允姓、姜姓之戎的原居地"瓜州"也指向寺洼文化的分布地。瓜州之所在，历来有很多说法。据《左传》昭公九年杜注，瓜州即敦煌，后世学者皆从之，直到近代开始有学者质疑这种观点。顾颉刚认为瓜州不可能在敦煌，最显而易见的证据就是敦煌与秦晋之间的距离。当时秦都雍，在今陕西凤翔，离敦煌有三千余里，无论如何括地，秦都不可能远及彼地。直至汉武帝派张骞"凿空"西域，始置敦煌郡

［1］杨伯峻：《春秋左传注》，中华书局，1990年，第1309页。
［2］杨伯峻：《春秋左传注》，中华书局，1990年，第1005—1006页。
［3］王国维：《观堂集林》，河北教育出版社，2003年，第383页。
［4］学界对于"西戎""猃狁""犬戎"称谓关系的争论，详见赵化成、张寅、王辉：《西戎文化的考古发现与研究》，《中国考古学百年史（1921—2021）》，中国社会科学出版社，2021年。
［5］夏鼐：《临洮寺洼山发掘记》，《考古学报》1949年第4期。
［6］俞伟超：《古代"西戎"和"羌""胡"考古学文化归属问题的探讨》，《先秦两汉考古学论集》，文物出版社，1985年。

为河西四郡之一[1]。有学者认为瓜州为"九州","瓜""九"同音通假。这里的"九州"不是指天下之广义用法，而是指具体的区域，即陕东南、晋西南、楚西北，包有渭、洛、伊、汝水之流域[2]。然而，若瓜州在伊洛水流域，陆浑戎从瓜州内一地迁往另一地，近似未迁。且瓜州之戎与"四裔"有关，其不应在九州这一中心区域。有学者认为瓜州在陕北一带[3]，在泾水上游，今平凉至固原一带[4]，或在今甘肃洮河流域上游地区[5]，这一观点应是接近历史真实的，即无论瓜州具体地望位于何处，其位于秦国西北地区的陇山东西两侧是大致不错的。且"瓜州"戎人被迁至中原的时间是春秋中期，其族源应是在此之前生活于"瓜州"的戎人。那么，西周至春秋早中期陇山东西两侧仅见有周文化、秦文化、寺洼文化三支考古学文化，属于西戎遗留的寺洼文化应是瓜州之戎唯一的文化来源。

总之，秦、晋所迁之戎，无论允姓、姜姓，都属于犬戎系统，他们均与甘肃东部土著文化——寺洼文化有着密切联系。"徐阳类型"盛行的杂色陶器源自寺洼文化，墓葬中壁龛、头蹄殉等葬俗也与寺洼文化有着千丝万缕的联系。虽然，"徐阳类型"分布于三晋两周地区，但是它源于西周至春秋早期甘肃东部的寺洼文化是不争的事实，"徐阳类型"的形成应是春秋早中期秦、晋迫使使用寺洼文化的犬戎东迁的生动反映。

徐阳墓地地处河南中西部一带，墓地殉牲习俗带有明显的戎人特点，小型墓葬中流行的壁龛、随葬单耳罐也具有寺洼文化特征。这是该遗存与周边同时期中原文化相比最为独特的地方，是墓地主人重要的身份标识。发掘者论证徐阳墓地所在

[1] 顾颉刚:《瓜州》,《史林杂识初编》,中华书局,1963年。
[2] 顾颉刚:《瓜州》,《史林杂识初编》,中华书局,1963年;顾颉刚:《九州之戎与戎禹》,《古史辨》(第七册),上海古籍出版社,1982年;刘德岑:《秦晋开拓与陆浑东迁》,《禹贡半月刊》第四卷第八期;陈槃:《春秋大事表列国爵姓及存灭表撰异续编》(三),《"中研院"历史语言所集刊》第32本;王雷生:《瓜州新考》,《敦煌学辑刊》1993年第2期;柴帅兴:《陆浑戎研究》,河北师范大学硕士学位论文,2022年,第18—19页。
[3] 赵铁寒:《春秋时期的戎狄地理分布及其源流》,《大陆杂志》1955年第2期;王占奎:《晋地"姜戎氏"文化的线索》,《文物考古文集》,武汉大学出版社,1997年。
[4] 余太山:《古族新考》,商务印书馆,2012年,第128—131页。
[5] 尹盛平:《寺洼文化族属探索》,《文博》2020年第5期。

顺阳河流域为陆浑戎活动核心区域，墓地以西2公里的宜阳南留古城遗址据文献记载和考古发掘证实为两汉时期陆浑县县治所在。墓地发现的"四驾马车"和"五鼎四豆"的礼器组合，与陆浑戎"子"的爵位和诸侯身份相符。加之，文献记载陆浑戎自公元前638年迁入伊川，公元前525年被消灭，时间跨度上与徐阳墓地年代相当，因此，徐阳墓地为"秦、晋迁陆浑之戎于伊川"的允姓陆浑戎的遗留[1]。大量牛、马、羊的头蹄殉葬是判断徐阳墓地戎人属性的关键因素，故而经常有人认为其族源与战国时期游牧化程度更高的西戎族群相同，即其为东周西戎族群草原支系一员。但是，如若徐阳墓地为陆浑戎遗留这一判断无误，那么，依据文献记载，陆浑戎原为西周时期生活于陇山一带的西戎分支，其文化只能承继自寺洼文化，人种也应当以蒙古人种东亚、南亚类型为主，这是无可辩驳的事实。相较于寺洼文化墓葬中的殉牲状况，徐阳墓地殉牲数量偏高，应当是墓葬等级的直观反映。

《左传》记载：僖公十一年（前649），"夏，扬拒、泉皋、伊雒之戎同伐京师，入王城，焚东门，王子带召之也。秦、晋伐戎以救周。秋，晋侯平戎于王"[2]。可见，除陆浑戎外，伊洛地区还分布有扬拒、泉皋、伊雒之戎等多支戎人[3]。这些戎人的族源应来自犬戎，是受秦人的攻逐，犬戎沿渭河，出函关，进入伊洛流域的结果[4]。因此，"徐阳类型"所囊括的诸多遗存中，除徐阳墓地属于陆浑戎外，其他遗存或为伊洛一带戎人的遗留，河南渑池县鹿寺西遗址所发现的戎人遗存的族属，就应在扬拒、泉皋、伊雒之戎中寻找。

---

[1] 吴业恒：《河南伊川徐阳墓地的族属》，《大众考古》2017年第6期；吴业恒：《河南伊川徐阳墓地初步研究》，《青铜器与金文》（第2辑），上海古籍出版社，2018年。
[2] 杨伯峻：《春秋左传注》，中华书局，1990年，第338页。
[3] 孟世杰：《先秦文化史》，上海书店，1992年，第242页；李亚农：《西周与东周》，上海人民出版社，1956年，第20页；舒大刚：《春秋少数民族分布研究》，文津出版社，1994年，第123页；何光岳：《〈山海经〉所载戎族的来源与分布》，《〈山海经〉与中华文化》，湖北人民出版社，1999年，第180—181页；安介生：《历史民族地理》，山东教育出版社，2007年，第85页；晁福林：《春秋战国的社会变迁》，商务印书馆，2011年，第337页；潘英：《中国上古史新探》，明文书局，1985年，第143页；葛兰言：《中国文明》，中国人民大学出版社，2012年，第84页；朱学渊：《新版中国北方诸族的源流》，华东师范大学出版社，2010年，第225页。
[4] 蒙文通：《周秦少数民族研究》，龙门联合书局，1958年，第36页；舒大刚：《春秋少数民族分布研究》，文津出版社，1994年，第160页。

此外，在山西侯马上马墓地出土少量带耳罐，均为夹砂红褐陶，素面，沿下一耳或双耳，年代约为春秋时期[1]。发掘者注意到这类双耳罐与甘肃甘谷毛家坪战国时期地层中出土的双耳罐类似，二者之间应存在文化交流[2]。有学者指出寺洼文化向东发展可能到达山西，在山西侯马上马墓地中发现的单、双耳罐具有寺洼文化特征[3]。这类遗存或为寻找从瓜州迁来晋南的姜氏戎提供线索[4]。

第四节　益门二号墓的性质

春秋时期陕西关中地区分布有一些西戎建立的小方国。春秋初年，周平王向秦襄公承诺："戎无道，侵夺我岐、丰之地，秦能攻逐戎，即有其地。"而后，秦襄公"十二年伐戎而至岐，卒"。文公十六年，"以兵伐戎，戎败走"，于是文公"收周余民有之，地至岐"[5]。秦宁公二年，"遣兵伐荡社。三年，与亳战，亳王奔戎，遂灭荡社。……十二年，伐荡氏，取之"[6]。至秦武公元年，秦国又向东方出兵，"伐彭戏氏，至于华山下"[7]。在秦国国都附近，即今陕西宝鸡境内，还有一个戎人的据点——"小虢"[8]，秦武公十一年，"灭小虢"[9]。秦穆公即位后，大力向东扩展，带兵征伐位于陕西、山西交界处的茅津戎，并取得胜利[10]。

---

[1] 山西省考古研究所：《上马墓地》，文物出版社，1994年。
[2] 山西省考古研究所：《山西侯马上马墓地发掘简报（1963—1986年）》，《文物》1989年第6期。
[3] 水涛：《甘青地区青铜时代的文化结构和经济形态》，《中国西北地区青铜时代考古论集》，科学出版社，2001年。
[4] 王占奎：《晋地"姜戎氏"文化的线索》，《文物考古文集》，武汉大学出版社，1997年。
[5] 司马迁：《史记·秦本纪》，中华书局，1982年，第179页。
[6]《史记索隐》："西戎之君号曰亳王，盖成汤之胤。其邑曰荡社。"司马迁：《史记·秦本纪》，中华书局，1982年，第181页。
[7]《史记正义》："戎号也，盖同州彭衙故城是也。"司马迁：《史记·秦本纪》，中华书局，1982年，第182页。
[8] 林剑鸣：《秦史稿》，上海人民出版社，1981年，第41页。《史记正义》："小虢，羌之别种。"
[9] 司马迁：《史记·秦本纪》，中华书局，1982年，第182—183页。
[10]"缪公任好元年，自将伐茅津，胜之。"司马迁：《史记·秦本纪》，中华书局，1982年，第185页。

20 世纪 70—80 年代，在陕西户县宋村、南关清理的春秋早期墓葬中，分别出土有五鼎四簋、七鼎六簋的青铜礼器，曹发展指出春秋早期秦人的势力尚未达到关中东部，这两座高等级墓葬应是郭沫若《两周金文辞大系图录考释》中铜器铭文所揭示的"䣚国"之墓[1]。陈平则认为属于戎人"丰国"之遗存。户县靠近西周时期的丰、镐二京，文献记载，两周之际，这一带为西戎丰王所占据。进入东周时期，秦襄公曾以其女弟缪嬴妻丰王。秦武公元年，秦伐彭戏氏至今户县以东的华山下，户县一带至迟于此时已臣服于秦[2]。参阅文献可知，关中地区的西戎部族多为西周末年戎祸时侵入王畿之地的，他们为推翻西周王朝的犬戎的分支，是寺洼文化的使用者。然而，户县发现的铜器墓在墓葬形制及随葬品方面丝毫看不出寺洼文化的影子，相反，宋村墓葬中见到腰坑、殉狗、殉人等典型商文化墓葬习俗，因此这批墓葬大概率不属于戎人遗存，墓葬主人或许与殷遗民有关。

陕西宝鸡益门二号墓是另一座位于关中地区，经常被认为属于西戎贵族的墓葬。该墓为长方形竖穴土坑墓，墓向 315°。葬具为一椁一棺。墓主骨架无存，棺内发现朱砂层。随葬品放置于椁室头箱、棺内。椁室头箱内以马具为主，棺内主要为兵器及装饰品。墓葬出土的随葬品，主要是兵器、装饰品及马具等，未见礼器及生活用器（图 2-24）。其中，金器共 104 件（组），有带钩、带扣、泡、环、络饰、串珠、金柄铁剑、金环首铁刀、金方首铁刀、金环首料背铁刃刀、金环首铜刀等。玉器共 81 件（组），有璧、环、璜、佩、觿、璋形饰、带钩等。铜器共出土 19 件，有镞、带钩、带扣、马衔、环、转子等，以及玛瑙、绿松石串饰、料珠等。简报判断该墓年代为春秋晚期偏早阶段[3]。有学者认为该墓年代为春秋中期晚段至春秋晚期中段[4]，也有学者认为此墓年代可早至春秋中期晚段[5]。关于益门二号墓的墓主身份，许

[1] 吴振烽、尚志儒：《陕西户县宋村春秋秦墓发掘简报》，《文物》1975 年第 10 期；曹发展：《陕西户县南关春秋秦墓清理记》，《文博》1989 年第 2 期。
[2] 陈平：《试论关中秦墓青铜容器的分期问题》（上、下），《考古与文物》1984 年第 3、4 期。
[3] 宝鸡市考古工作队：《宝鸡市益门村二号春秋墓发掘简报》，《文物》1993 年第 10 期。
[4] 陈平：《试论宝鸡益门二号墓短剑及有关问题》，《考古》1995 年第 4 期。
[5] 赵化成：《宝鸡市益门村二号春秋墓族属管见》，《考古与文物》1997 年第 1 期。

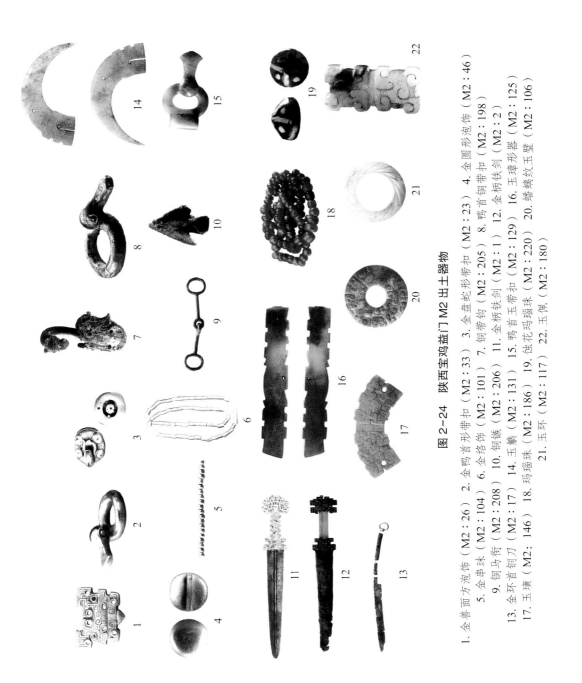

图 2-24 陕西宝鸡益门 M2 出土器物

1. 金兽面方泡饰（M2 : 26） 2. 金鸭首形带扣（M2 : 33） 3. 金盘蛇形带扣（M2 : 23） 4. 金圆形泡饰（M2 : 46）
5. 金串珠（M2 : 104） 6. 金络饰（M2 : 101） 7. 铜带钩（M2 : 205） 8. 鸭首铜带扣（M2 : 198）
9. 铜马衔（M2 : 208） 10. 铜镞（M2 : 206） 11. 金柄铁剑（M2 : 1） 12. 金柄铁剑（M2 : 2）
13. 金环首铜刀（M2 : 17） 14. 玉玦（M2 : 131） 15. 鸭首玉带扣（M2 : 129） 16. 玉璋形器（M2 : 125）
17. 玉璜（M2 : 146） 18. 玛瑙珠（M2 : 186） 19. 蚀花玛瑙珠（M2 : 220） 20. 蟠螭纹玉璧（M2 : 106）
21. 玉环（M2 : 117） 22. 玉佩（M2 : 180）

多学者认为与西戎有关，其或为秦穆公"霸西戎"后西戎某国被秦胁迫内迁的失势戎王[1]，或为被秦国所征服的北方系青铜文化中某一支系的君长或贵族首领（包括其子女）[2]，或为秦国有一定身份地位的"臣邦真戎君长"[3]。但是，也有学者不同意这一观点。刘军社指出墓葬属于秦文化系统，无法归入戎狄文化系统[4]。刘云辉、何宏认为墓主为秦景公的弟弟公子鍼[5]。学者们之所以对益门二号墓的文化归属有着截然不同的判断，是由于该墓葬具有太多特殊之处。我们不能忽视墓葬中随葬的大量兵器、马具和装饰品，以及崇尚黄金的审美风尚带有明显的西戎风气，但随葬的大量玉器、无殉牲的特点却也与西戎文化特征不合；墓葬中金器、玉器的纹饰以及多数器物的造型与秦器相同或相似，反映出强烈的秦文化特征，但墓葬规模太小而随葬品丰富且珍贵，墓内无铜、陶礼器或秦文化陶器，又与典型的秦人贵族墓葬截然不同。

学界对益门二号墓葬族属存在争论的原因，无外乎它兼具西戎与周秦文化特征，而考古学研究对于文化交流导致考古学文化面貌改变的复杂性却难以把握。实际上，如果仅将目光聚焦于遗存本身，那么对其文化性质的判定就难以跳出仁者见仁、智者见智的循环。幸运的是，在一些族属明确的春秋时期秦人贵族墓葬中，经常出土短剑、铜镂、马具等具有西戎特色的器物。墓葬中秦、戎二元文化融合的特色与益门二号墓具有相似之处。将秦贵族墓与益门二号墓进行比较研究，有助于我们厘清益门二号墓的族属。这些秦文化墓葬包括：

1. 陕西宝鸡西高泉 M1

西高泉 M1 南距秦都平阳的太公庙春秋遗址 1 千米。M1 为长方形竖穴土坑墓，发现时已破坏，葬式不明，据称骨架屈肢。铜器放在头前，也曾出土陶器，已毁坏。墓中出土铜器 22 件，包括甬钟、壶、豆、斧、剑、戈、削、尖角状器、铜鱼、车

---

[1] 陈平：《试论宝鸡益门二号墓短剑及有关问题》，《考古》1995 年第 4 期。
[2] 赵化成：《宝鸡市益门村二号春秋墓族属管见》，《考古与文物》1997 年第 1 期。
[3] 田亚岐：《东周时期关中秦墓所见"戎狄"文化因素探讨》，《文博》2003 年第 3 期。
[4] 刘军社：《宝鸡益门二号墓的文化归属问题初探》，《宝鸡社会科学》1999 年第 4 期。
[5] 刘云辉、何宏：《益门二号春秋墓文化属性再析及墓主新考》，《文博》2011 年第 4 期。

嘼、銮铃等。墓葬年代应为春秋早期。墓中出土铜壶、铜豆，可能是西周晚期遗物。铜豆铭文记载器主为"周生"，与西周晚期器物周生豆铭文完全相同。有学者认为"周生"与"珷生"为同一人，为宣王时太宰。珷生器群可能失散在犬戎入侵之时[1]。

2. 陕西凤翔八旗屯BM27

BM27为长方形竖穴土坑墓。两椁一棺，墓主仰身直肢。出土铜器有鼎、甗、盉、戈、矛、镞、铃、斤、短剑、盾泡，陶器有磬，以及玉璧、石圭、石璧、玉玦、海贝等。简报将墓葬年代定为春秋早期[2]。有学者认为其年代当为春秋中期[3]。

3. 陕西凤翔孙家南头M191、M126

M191为长方形竖穴土坑墓，墓向265°。葬具为两椁一棺，葬式为单人直肢葬。墓底有一腰坑。墓葬有壁龛，龛内殉人。出土铜鼎、铜簋、铜壶、铜甗、铜敦、铜盘、铜匜、铜壶、铜铃、铜戈、铜泡、陶罐、铁剑、石圭、石璧、石玦、石饰、石环、石贝、石蝉、玉管、玉饰、玉璧、骨贝等器物。

M126为长方形竖穴土坑墓，墓向296°。葬具为两椁一棺，葬式不明。有壁龛，龛内多殉人。出土铜鼎、铜簋、铜壶、铜敦、铜盘、铜匜、铜甗、铜剑、铜铃、铜戈、铜椁饰、陶喇叭口罐、陶豆、铁刀、石圭、石戈、石串饰、玉环、贝饰、石斧等器物。两座墓葬年代约为春秋中期[4]。

4. 甘肃灵台景家庄秦墓

墓葬为竖穴土坑墓，墓向220°。葬具为一椁一棺，有腰坑，坑内有猫1具。填土内有殉狗。墓葬出土铜鼎、铜甗、陶豆、陶罐、铜戈、铜柄铁剑、铜铃、石戈、石圭等（图2-25）。墓葬旁有3个殉葬坑，分别葬有马及人骨。简报判断墓葬

［1］宝鸡市博物馆、宝鸡县图博馆：《宝鸡县西高泉村春秋秦墓发掘记》，《文物》1980年第9期。
［2］陕西省雍城考古队：《陕西凤翔八旗屯秦国墓葬发掘简报》，《文物资料丛刊》（第3辑），文物出版社，1980年。
［3］陈平：《试论宝鸡益门二号墓短剑及有关问题》，《考古》1995年第4期。
［4］陕西省考古研究院、宝鸡市考古工作队、凤翔县博物馆：《陕西凤翔孙家南头春秋秦墓发掘简报》，《考古与文物》2013年第4期。

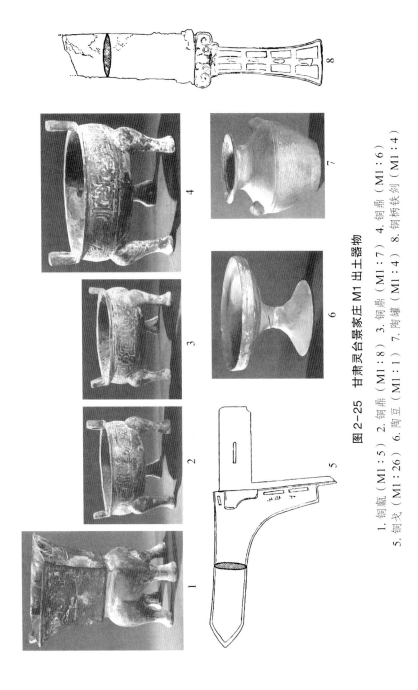

图 2-25　甘肃灵台景家庄 M1 出土器物

1. 铜瓿（M1∶5）　2. 铜鼎（M1∶8）　3. 铜鼎（M1∶7）　4. 铜鼎
5. 铜戈（M1∶26）　6. 陶豆（M1∶1）　7. 陶罐（M1∶4）　8. 铜柄铁剑（M1∶4）

年代为春秋早期[1]。根据墓葬出土的器物来看，铜鼎蹄足、三足上移至腹部，陶罐侈口、肩颈与口径相当，陶豆浅盘、细柄、柄上无箍，这些器物都是春秋中期的典型器，因此，灵台景家庄墓葬年代应为春秋中期。

5. 甘肃礼县西山M2003

墓葬为长方形竖穴土坑墓，东西向。竖穴墓道开设有壁龛，内置殉人。葬具为一椁一棺。墓主葬式为仰身直肢葬，头向西。椁下有腰坑殉狗。随葬品置于头箱、椁内、棺内及棺盖上。出土有铜鼎、铜簋、铜短剑、铜戈、铜鱼、玉璧、玉圭、玉戈、玉璋、玉玦、玉管、陶鬲、陶盆、陶豆、陶罐、陶甗及海贝等（图2-26）。墓葬年代为西周晚期，是目前所见年代最早的秦人贵族铜器墓[2]。

图2-26　甘肃礼县西山M2003随葬器物组合

6. 甘肃礼县圆顶山98LDM2、98LDM3

98LDM2为长方形竖穴土坑墓，墓向275°，墓底中部有长方形腰坑，葬具为一椁一棺。葬式不明，棺内残留有大量朱砂。墓内有殉人7具、殉狗1具。殉人位

---

[1] 刘得祯、朱建唐：《甘肃灵台县景家庄春秋墓》，《考古》1981年第4期。
[2] 甘肃省文物考古研究所：《甘肃重要考古发现（2000—2019）》，文物出版社，2020年，第222—229页。

于壁龛内，殉狗位于墓室填土内。墓葬出土随葬器物102件，其中铜器有鼎、盖鼎、簋、方壶、圆壶、盉、盘、匜、簠、戈、短剑、削、铃，陶器包括喇叭口罐、鼓腹罐、甗、鬲等，以及玉玦、玉环、玉贝形饰、玉圭、玉璜、玉四棱形饰、玉片饰、石圭、石凿、石管、石璧、石玦、石琀、石剑、料珠等（图2-27）。墓葬年代为春秋中晚期[1]。

98LDM3为长方形竖穴土坑墓，墓向275°，葬具为一椁一棺。葬式不明，棺内有朱砂。墓内有壁龛，壁龛内殉人。随葬品包括獐牙、石圭、铜尊、陶鼎、铜鼎、铜铃、陶罐、铜戈、铜剑、石玦、石饰、石渣、碎玉玦等。简报将墓葬年代定为春秋早期[2]，而后续简报将墓葬年代调整为春秋中期[3]。

7. 甘肃礼县大堡子山 I M32、I M25、III M1

I M32为长方形竖穴土坑墓，墓向为250°，葬具为一椁一棺，墓主葬式为仰身直肢葬。棺内撒有少量朱砂。椁底板中部有腰坑，坑内殉狗。墓壁开设有壁龛，龛内有殉人。随葬品包括铜铃、玉圭、铜鼎、铜簋、铜壶、铜匜、铜盘、陶鬲、陶喇叭口罐、侈口小陶罐、陶豆、铜柄铁剑、金饰片、铜戈、玉琀、玉管、玉玦、玛瑙串珠、贝币等。墓葬年代为两周之际[4]。

I M25为竖穴土坑墓，墓向245°。有壁龛，龛内见少量动物骨骼。葬具为一椁一棺，椁盖板上有殉狗1具。墓主葬式为仰身屈肢葬。椁室底板下设置腰坑，坑内殉狗。出土遗物共153件，其中铜器包括鼎、盉、甗、短剑、虎、铃、环，玉石器包括石璧、玉环、玉蝉、玉玦、玉饰品、石圭，陶器有陶罐、陶豆等。墓葬年代为春秋中期。

[1] 甘肃省文物考古研究所、礼县博物馆：《甘肃礼县圆顶山98LDM2、2000LDM4春秋秦墓》，《文物》2005年第2期。
[2] 甘肃省文物考古研究所、礼县博物馆：《礼县圆顶山春秋秦墓》，《文物》2002年第2期。
[3] 甘肃省文物考古研究所、礼县博物馆：《甘肃礼县圆顶山98LDM2、2000LDM4春秋秦墓》，《文物》2005年第2期。
[4] 秦文化与西戎文化联合考古队：《甘肃礼县大堡子山秦墓及附葬车马坑发掘简报》，《文物》2018年第1期。

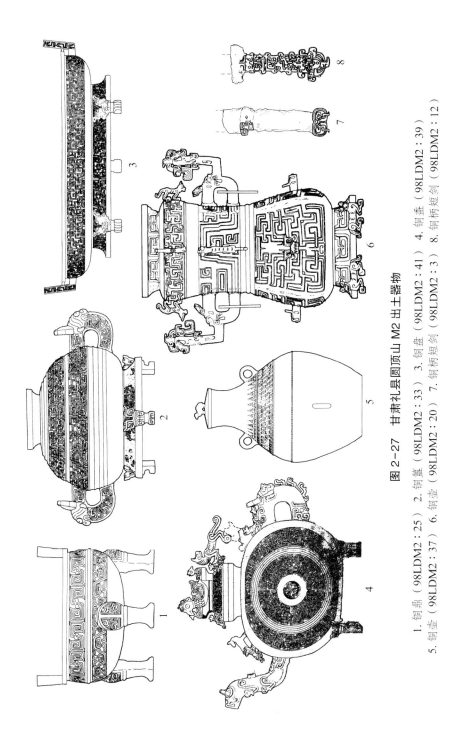

图 2-27 甘肃礼县圆顶山 M2 出土器物

1. 铜鼎（98LDM2：25） 2. 铜簋（98LDM2：33） 3. 铜盘（98LDM2：41） 4. 铜盉（98LDM2：39）
5. 铜壶（98LDM2：37） 6. 铜壶（98LDM2：20） 7. 铜柄短剑（98LDM2：3） 8. 铜柄短剑（98LDM2：12）

ⅢM1 为竖穴土坑墓，墓向 210°，葬具为一椁一棺。椁盖板上有殉狗 1 具。随葬器物包括铜鼎、铜甗、铜柄铁剑、铜马衔、铜镞、铜铃、贝壳、玉玦、石圭、骨器、鹿角等。墓葬年代为春秋晚期[1]。

8. 甘肃甘谷毛家坪 M2059

墓葬为长方形竖穴土坑墓，有壁龛，龛内殉人。墓主头向西，仰身屈肢葬。墓内随葬铜鼎、铜簋、铜方壶、铜盘、铜匜、铜盂、铜甗、陶大喇叭口罐、陶小罐、铜戈、铜短剑等物。墓葬为春秋中晚期之际[2]。

此外在陕西凤翔东社[3]、西安范家寨、西安大白杨仓库、西安市纺织四厂厂区[4]都出土有铜镞。陕西西安阎良[5]、西安大白杨仓库[6]、陇县[7]等地也曾出土青铜短剑。这些铜镞与短剑也可能出土自秦文化贵族墓之中。

综合来看，这类秦人墓葬集中分布于甘肃东部及陕西关中西部，这里正是文献中描绘的秦、戎杂处之地。墓葬均为竖穴土坑墓，东西向，墓主头向西。葬式分为直肢葬与屈肢葬两类，似以直肢葬为主。大多数墓壁开设壁龛，龛内殉人。墓底多具有腰坑，坑内殉狗。墓中盛行铜礼器。墓葬年代集中于西周晚期至春秋中晚期。

秦墓的一个典型特点就是西首葬，不仅高等级贵族墓如此，中小型秦墓也遵从这一特质。大量的考古发现已证明，直肢葬是秦宗族使用的葬式，而屈肢葬受到外来文化的影响，在中小型秦墓中广泛流行。秦人出土铜礼器的墓葬中，一般多有殉人，且殉人多见于壁龛之中。尤其是墓底具有腰坑、殉狗的葬俗，已被甘肃清水李崖遗址的

[1] 早期秦文化联合考古队：《2006 年甘肃礼县大堡子山东周墓葬发掘简报》，《文物》2008 年第 11 期。
[2] 甘肃省文物考古研究所：《甘肃重要考古发现（2000—2019）》，文物出版社，2020 年，第 204 页；早期秦文化联合考古队：《甘肃甘谷毛家坪春秋秦墓（M2059）及车马坑（K201）发掘简报》，《文物》2022 年第 3 期。
[3] 陕西省雍城考古队：《一九八二年凤翔雍城秦遗址调查简报》，《考古与文物》1984 年第 2 期。
[4] 王长启：《西安市文管会藏鄂尔多斯式青铜器及其特征》，《考古与文物》1991 年第 4 期。
[5] 陈平：《试论宝鸡益门二号墓短剑及有关问题》，《考古》1995 年第 4 期。
[6] 西安市文物保护考古所：《西安文物精华·青铜器》，世界图书出版公司，2005 年，第 135 页，图版 143。
[7] 肖琦：《陇县出土的匈奴文物》，《文博》1991 年第 5 期。

发现证明，这是秦文化与商文化渊源的重要证据[1]，应是最为正统的秦宗族使用的葬俗。据此判断，上述墓葬应为秦人高等级贵族墓葬，秦文化是墓葬中较为稳定且占据主要地位的文化因素，具有秦宗族的文化特征。加之，西山 M2003 是目前发现时代最早，也是等级最高的秦文化铜器墓，其墓主应是西周晚期秦人极高等级的贵族。毛家坪 M2059 是毛家坪遗址发现的等级最高的墓葬，墓中出土铜戈，上有"子车"字样，墓主应与春秋时期秦国重要贵族子车氏有关。而礼县圆顶山、礼县大堡子山、凤翔孙家南头发现的此类墓葬，不仅鼎簋制度完善，而且均葬于秦公陵园周围。在极度重视血缘关系的春秋时期，墓主与秦国国君关系应十分密切，大概率为秦国公室成员[2]。宝鸡西高泉 M1、凤翔南指挥 BM27 虽遭破坏，墓葬形制、葬式等情况不明，但两座墓葬分别靠近宝鸡太公庙秦公墓及雍城秦公陵园，也应属于秦贵族墓葬。

我们不能忽视，在这类墓葬中均随葬金属短剑[3]、铜镦、铜虎形饰等具有北方草原文化特色的器物，这些器物将其从众多同时代、同地域的典型秦人贵族墓中分离出来。墓葬多采用壁龛殉人葬俗，已被证实源于寺洼文化[4]。偶见的屈肢葬墓亦表明墓主并非均为秦宗族成员。这些特征显示这类秦人贵族深受西戎文化影响，但西戎文化因素相较秦文化因素仍趋于次要地位，墓葬还应属于秦文化系统。

与之相较，益门二号墓虽也融合了秦文化与西戎文化因素，但二类因素的比例及特征截然不同，这预示了族群属性的差异。除益门二号墓外，学者指出在渭河与

---

[1] 赵化成：《秦人从哪里来——寻踪早期秦文化》，《中国文化遗产》2013 年第 2 期；赵化成：《李崖周代遗存与嬴秦西迁研究》，《国际视野下的秦始皇帝陵及秦俑学研究学术研讨会论文集》，西安地图出版社，2021 年。
[2] 裴建陇：《新出秦国短剑试论》，陕西师范大学硕士学位论文，2013 年，第 39 页。
[3] 此类短剑或被称作"秦式短剑"（参见张天恩：《秦器三论——益门春秋墓几个问题浅谈》，《文物》1993 年第 10 期；张天恩：《再论秦式短剑》，《考古》1995 年第 9 期；裴建陇：《新出秦国短剑试论》，陕西师范大学硕士学位论文，2013 年），或被称作"花格剑"（参见郑绍宗：《中国北方青铜短剑的分期及形制研究》，《文物》1984 年第 2 期），或被称为"狄式剑"（参见林沄：《中国北方长城地带游牧文化带的形成过程》，《燕京学报》（新 14 期），北京大学出版社，2003 年），单月英称其为"蟠虺纹柄短剑""带有简化蟠虺纹格和首的短剑"（参见单月英：《东周秦代中国北方地区考古学文化格局——兼论戎、狄、胡与华夏之间的互动》，《考古学报》2015 年第 3 期）。
[4] 张天恩、煜珧：《秦墓的壁龛殉人葬俗初论》，《秦始皇帝陵博物院》（第 6 辑），陕西师范大学出版社，2016 年；梁云：《论早期秦文化的来源与形成》，《考古学报》2017 年第 2 期。

泾河流域的关中及周边地区还有一批类似的墓葬，他们共同点在于墓葬中多随葬短剑、铜镞、盘丝螺旋形饰，此外也流行铜斧、铜锛、铜车饰和马具等。这类遗存年代主要为西周晚期至春秋时期，也被认为是戎人的遗留[1]。

1. 陕西宝鸡甘峪墓

墓葬形制与葬式不明，随葬品出自墓主人头部，包括陶罐、铜镞、铜戈、铜削、铜马衔、铜环、铜车马饰、金丝等。墓葬年代为春秋早期[2]。

2. 陕西宝鸡谭家 M24

长方形竖穴土坑墓，东西向，出土有陶鬲、陶三足罐、陶盂、铜戈、铜剑、铜矛、玉璜等。墓葬年代为春秋中期[3]。

3. 陕西宝鸡旭光 M19

墓葬为长方形竖穴土坑墓，单棺，墓内积石。墓主直肢葬，头朝东，面向北。墓中有殉牲兽骨 2 件。出土器物以饰品和马器为主，包括金冠饰、金盘丝、金箔、铜铃、铜马衔、铜管具、铜环、铜珠、铜泡、绿松石饰、玛瑙饰、串饰、骨扣、角镳、骨泡等。墓葬年代为春秋中晚期至战国早期[4]。

4. 陕西凤翔河南屯墓葬

墓葬出土有铜镞、铜篡、铜戈、陶罐等。墓葬年代为春秋早期[5]。

[1] 杨建华:《中国北方东周时期两种文化遗存辨析——兼论戎狄与胡的关系》,《考古学报》2009 年第 2 期;单月英:《东周秦代中国北方地区考古学文化格局——兼论戎、狄、胡与华夏之间的互动》,《考古学报》2015 年第 3 期。
[2] 高次若、王桂枝:《宝鸡县甘峪发现一座春秋早期墓葬》,《文博》1988 年第 4 期。
[3] 宝鸡市考古工作队:《宝鸡市谭家村春秋及唐代墓》,《考古》1991 年第 5 期。
[4] 宝鸡市考古研究所:《陕西宝鸡旭光东周积石墓(M19)发掘简报》,《文物》2023 年第 3 期;宝鸡市考古研究所:《宝鸡旭光墓地》,文物出版社,2023 年。
[5] 高次若、王桂枝:《宝鸡县甘峪发现一座春秋早期墓葬》,《文博》1988 年第 4 期。

5. 陕西凤翔上郭店墓葬

该地点共发现 2 座墓葬。SGM1 由于遭到破坏，墓葬情况不明。SGM2 为东西向竖穴土坑墓，单棺无椁，墓主头向东，葬式不明。SGM1 出土小金盆、金首铜刀、铜鼎、玉饼、玉环、鸟形玉饰等。SGM2 出土金带钩、金首铜刀、铜带钩、料珠串饰、骨串饰等。墓葬年代为春秋晚期[1]。

6. 甘肃宁县宇村墓葬

墓葬为竖穴土坑墓，墓主仰身直肢，头向东，墓内放置朱砂，器物大多在墓主头部，随葬品包括铜鬲、铜簋、铜尊、铜虎、铜虎饰、铜短剑、铜 U 形饰、铜杖头、小铜罐、铜勺、铜饰、小铜铃、铜钩、蚌玦、骨笄、骨圭、骨管等（图2-28）。墓葬年代为西周晚期[2]。

图 2-28 甘肃宁县宇村墓葬出土器物

1. 铜剑（M1:8） 2. 铜虎（M1:4） 3. 铜尊（M1:3） 4. 铜簋（M1:2） 5. 铜鼎（M1:1）

---

［1］凤翔县博物馆：《陕西凤翔县上郭店村出土的春秋时期文物》，《考古与文物》2005 年第 1 期。
［2］许俊臣、刘得祯：《甘肃宁县宇村出土西周青铜器》，《考古》1985 年第 4 期。

7. 甘肃宁县石家墓地

石家墓地出土多件青铜短剑、铜镞、金丝绕管饰、兽面铜饰等。依据发掘者描述，此类物品主要出现于墓地两周之际至春秋中期遗存之中。这一时期墓葬以周文化因素为主体，北方草原文化与之共存，其文化因素主要受到宇村西周晚期墓葬的影响，如花格铜剑、虎形铜牌饰、虎形铜饰、兽面铜饰等。至春秋中期，周文化仍为主体，秦文化因素开始凸显，北方草原文化因素继续存在，但有所减弱，金丝绕管饰、兽面铜饰等已不见，铜镞有个别发现。至春秋晚期，北方草原文化仍有发现[1]。

益门二号墓这类墓葬分布于泾河流域及陕西关中西部一带，年代自西周晚期至春秋晚期。相较于带有西戎文化因素的秦人贵族墓葬，这类墓葬具有如下特征：第一，墓主头部多向东。东首葬是北方系青铜文化墓葬的特征之一，戎、狄、胡、匈奴等族群多采用此葬俗，表明东方崇拜是北方牧业人群的共同信仰，具有明确的族群标志属性。北方系青铜文化墓葬不仅死者头向以东向为主，墓中大型牲畜马、牛的头骨吻部也多朝东[2]，但益门二号等墓葬中未见大量殉牲。第二，墓主采用仰身直肢葬，虽与秦宗族葬式相同，但相反的头向表明二者分属两族。同时，直肢葬式也与中下层秦人常用的屈肢葬不同，说明墓主并非低等级秦人。第三，这类墓葬规模不大，若依墓室面积判断，属于小型墓的范畴。但墓葬中随葬品奢华，尤其是出土大量黄金、铜、铁制品，随葬品与墓葬规模并不相配。第四，墓葬中出土的金属短剑、铜虎、铜镞、铜或金盘丝螺形饰数量增多，它们在随葬品中的地位明显增强。第五，墓主喜爱黄金制品，随葬品以各类兵器及人体装饰为主，少见青铜礼器，几无陶器，生活用器罕见。滕铭予曾指出这类墓葬的使用者"虽然也用青铜礼器随葬，但并不重视用鼎制度，因此其之所以能获得使用青铜礼器的权力，原因有别于第一群人（世袭贵族）。这一组墓葬中均随葬的北方系直刃匕首式短剑同时又共出其他的青铜兵器，因此可以认为这一人群是因某种与北方文化有关的军事活动

---

[1] 甘肃省文物考古研究所：《甘肃重要考古发现（2000—2019）》，文物出版社，2020年，第276—295页。
[2] 罗丰：《北方系青铜文化墓的殉牲习俗》，《考古学报》2018年第2期。

而获得了使用青铜礼器的权力"[1]。实则，墓葬随葬的金属短剑是墓主最为重要的身份标志物，表明墓主与北方文化的紧密连接。黄金审美倾向也反映了墓主深受西方文化影响。第六，墓中随葬的中原文化器物来源复杂，似乎墓主并不重视这些器物的文化内涵，仅将其当作奢侈品放入墓葬。如上郭店墓葬中出土带盖小圆鼎与秦式鼎风格完全不同，融入了晋国、楚国、中山国、秦国等多国特色[2]。益门二号墓中大量的玉器则分为秦式和楚式两种[3]。

相较于秦人贵族墓葬对西戎文化有限的吸收，益门二号墓这类墓葬具有更强烈的西戎因素，二者文化面貌迥异，族属定当不同。结合这些墓葬的年代、地域及特征，其族属不应为秦人，而是被秦人征服的西戎贵族遗留。甘肃宁县宇村墓葬、石家墓地遗存较为特殊。这些墓葬位于陇山东侧的甘肃东部地区，年代主要为西周晚期至春秋早中期。与其他墓葬表现出的与秦人密切的联系不同，两处墓葬反映出较强的周文化因素。两周之际的陇山东侧地区，正是周文化逐渐退出、秦文化尚未进入之时[4]，宇村墓葬的出现，正是在周、秦权力交接的真空时期，戎人活跃于泾河上游地区的直接证据。而石家墓地的族群主体虽为周余民[5]，但遗存中浓重的北方草原文化因素表明使用者中亦有西戎贵族人群存在。

历史文献记载，至少从西周时起，秦人便与戎人杂处，"在西戎，保西垂"[6]。二者来往频繁，西戎上层贵族的喜好，如金属短剑、铜虎、铜镈、黄金制品、璧翣等，逐渐被秦人所接受，成为高等级秦人墓葬中重要的特征，具有西戎文化特色的秦人贵族墓葬就是在此背景下形成的。西周晚期，西戎不断骚扰周疆，秦人生活于周之西北，首当其冲。西周王朝覆灭后，作为王畿的关中地区，一度被戎人所控

[1] 滕铭予：《秦文化：从封国到帝国的考古学观察》，学苑出版社，2002年，第69页。
[2] 凤翔县博物馆：《陕西凤翔县上郭店村出土的春秋时期文物》，《考古与文物》2005年第1期。
[3] 刘云辉、何宏：《益门二号春秋墓文化属性再析及墓主新考》，《文博》2011年第4期。
[4] 张寅：《两周时期陇山东西两侧考古学文化研究》，北京大学博士学位论文，2014年，第164—169页。
[5] 张天恩、刘锐：《春秋早期关中周余民及文化遗存浅识》，《陕西历史博物馆论丛》（2021年），三秦出版社，2021年；梁云：《早期秦文化探索》，上海古籍出版社，2021年，第263—274页。
[6] 司马迁：《史记·秦本纪》，中华书局，1982年，第174页。

制，众多西戎部族活动于此。经历了春秋早期数代秦公对西戎的不断征战，直至秦穆公时期，秦人才彻底占有关中平原，稳定了西北边疆。益门二号墓等一类墓葬应是这一历史阶段中，西戎贵族人群活动于甘肃东部与关中地区，并逐渐被秦人征服的历史印记。

最后，我们需要讨论益门二号墓这类墓葬与东周西戎文化寺洼支系的关系。目前发现的寺洼文化墓葬以陶器墓为主，墓葬中出土铜器极少，墓葬等级偏低。即便如此，在九站寺洼文化墓地依然出土 1 件类似的铜制短剑（图 4-2，14）。同时，东周西戎文化寺洼支系遗存也大多等级不高，与益门二号等墓存在较大不同。例如，金属短剑在寺洼支系遗存中极为罕见，而广泛流行于寺洼支系的铲足鬲、单耳罐、双耳罐、戎式罐等陶器，也不见于益门二号墓这一级别的墓葬之中。但是，如若我们对寺洼支系诸类型与益门二号等墓的族属判断无误，那么它们都与文献中记载的西周时期活动于周王朝西北边疆的犬戎有着渊源关系，二者是同一批西戎族群的后裔，益门二号墓这类墓葬当为东周西戎文化寺洼支系的一员，它们与寺洼支系其他类型的文化面貌差异，只能视为等级差异。这类以金属短剑、铜镞、金丝耳环为代表的遗存应是寺洼支系戎人上层贵族的遗留，而"毛家坪B组类型""关中类型""寨头河类型"大多与西戎中下层人群有关。徐阳墓地是目前所见寺洼支系中等级最高的遗址，墓地的主人包括陆浑戎王等高等级西戎贵族。虽然，陆浑戎身处中原，其文化面貌已高度华夏化，但是墓葬中随葬的铜镞（图 4-1，20）、金饰品暗示了"徐阳类型"与益门二号等墓之间的同源性。总之，益门二号墓这类墓葬虽已融入大量周、秦文化因素，文化面貌不再单纯，但其西戎文化属性的确认，为我们一窥犬戎贵族后裔的生活提供了可能。需要说明的是，益门二号墓这类墓主虽在身份上属于寺洼族系，但大量使用金器、铜镞、短剑的特征应是受到广阔北方草原文化的影响，这也预示，如若将来发现寺洼文化高等级墓葬，其也必将与陶器墓反映出的本土化特征不同，应具有更加强烈的半月形文化传播带风貌。

综上所述，春秋中期，秦霸西戎，寺洼文化退出历史舞台。寺洼戎人的后裔迫于中原国家的军事压力，或与中原族群融合，或被迁至他处。东周西戎文化寺洼支系"毛家坪 B 组类型"遗存多与秦文化遗存共存，呈现出秦文化征服西戎文化的态势。"关中类型"表明一些戎人成为秦国一员，他们追随秦国东进的步伐，移居关中。益门二号墓这类戎人贵族墓葬亦反映出相同的历史趋势。虽然这些"新秦人"身处秦文化洪流之中，但始终使用着具有西戎身份标识的特色器物。同时，在秦、晋及三晋的胁迫下，使用"寨头河类型""徐阳类型"的西戎部族成为中原国家角力的牺牲品，他们或顽强守护着纯正的戎人文化特色，或迅速华夏化，最终消亡于战国时代的兼并战争之中。在不断"中原化"的过程中，寺洼文化的继承者们或多或少保留有自身文化的本色，坚守着对于自身独特族源的认同。独具特色的葬俗及随葬品，无时无刻不在强调着他们与寺洼人群的亲缘关系，他们是东周时期西戎族群构成的重要来源之一。

第三章

东周西戎文化草原支系

中国古代气候变化的趋势，从战国至西汉是降温走向，到东汉末达到最高峰[1]。春秋晚期起，为了应对气候干冷带来的环境压力，原先生活在北方草原地带的牧业人群开始大举南下，到达陇山东西两侧，占据了早前寺洼支系西戎居住的大片土地。虽然，这些新到来的游牧人群与寺洼戎人及其后裔毫无亲缘关系，但相同的活动地域、相衔接的时间关系、相似的异族文化特征，使得华夏人群自然地将其视为"西戎"一员，继续延续"西戎"称号。

随着北方草原人群而来的，是一种全新的游牧化生活方式。他们大多居无定所，逐水草而居，遗留下来大量墓葬遗迹，但鲜见居址。为了适应游牧生活的需要，各种材质的兵器、车具、马具及车马饰件成为了最具代表性的物质资料。丰富的动物纹装饰反映出西戎新成员独特的精神信仰。洞室墓是这些草原人群偏爱的墓葬形制。各类贵金属、珠子制成的奢华人体饰件，展现了他们与农业人群大相径庭的审美情趣，成为身份认同的重要标志。马、牛、羊等家畜作为牧民最为重要的生产资料和经济来源，被放置在墓葬之中，象征着死者生前的社会地位与财富。这类北方草原因素突出的西戎文化遗存，可称为东周西戎文化草原支系。

作为西戎族群的新成员，草原支系戎人为东周西戎文化注入了更多来自遥远的欧亚草原游牧文化的特征。游牧人群的高速移动性，也使得西戎族群成为沟通中外文化的重要媒介。

---

[1] 陈良佐：《再探战国到两汉的气候变迁》，《"中研院"历史语言研究所集刊》（第 67 本第 2 分册），"中研院"历史语言研究所，1996 年，第 323—381 页；满志敏：《中国历史时期气候变化研究》，山东教育出版社，2009 年，第 288—289 页。

第一节　草原支系诸类型

东周西戎文化草原支系遗存遍布陇山东西两侧，在宁夏中南部、甘肃东部地区多有发现，分布范围东至子午岭以西，西达渭河上游，南及天水一带，北抵中卫、中宁一线，遗址点遍及宁夏中卫、中宁、固原、西吉、彭阳、隆德，甘肃天水、秦安、清水、张家川、正宁、庆阳、庆城、镇原、宁县、平凉、泾川等 2 省 17 县市。

尽管已知的东周西戎文化草原支系遗址点较多，但大多仅经过调查，或是在县市博物馆见到征集品，经过正式考古发掘的遗址很少。加之，草原支系遗物种类繁杂，多金属兵器、车马器及各类装饰品，而相对较能反映年代特征的陶器却十分少见，这给此类遗存的分期带来很大难度。可以说，目前草原支系西戎遗存的年代谱系并未完全建立起来，只具备一个大致的框架。以目前所见考古材料，想细化年代学研究为时过早。就是在这种情况下，许多学者依然尝试从其他角度对东周西戎文化草原支系的年代进行研究，并且取得不小的成果。罗丰通过对东周西戎文化墓葬中的部分器物与周围已知年代的同类器物进行比较，将东周时期固原地区的西戎遗存分为春秋晚期、战国初期至战国中期、战国晚期三个阶段[1]。一些学者将此类遗存放置于东周时期北方文化带的大背景下进行考察，对其文化特征及年代予以总结。杨建华将草原支系遗存划分为三期，早期为春秋中期至晚期，中期为春秋晚期至战国早期，晚期为战国中期至秦代[2]。单月英将此类遗存划分为三期，早期为春秋中晚期至战国中期早段，中期为战国中期晚段至战国晚期，晚期为战国末至秦代[3]。

---

［1］罗丰：《固原青铜文化初论》，《考古》1990 年第 8 期。

［2］杨建华：《中国北方东周时期两种文化遗存辨析——兼论戎狄与胡的关系》，《考古学报》2009 年第 2 期。

［3］单月英：《东周秦代中国北方地区考古学文化格局——兼论戎、狄、胡与华夏之间的互动》，《考古学报》2015 年第 3 期。

总体看来，东周西戎文化草原支系年代上限大约为春秋晚期，下限可至秦代，其间经历了三个大的发展阶段：第一阶段为春秋晚期，此时武器基本不见短剑，刀只有大环首刀。车马器种类简单。服饰不见腰带，只有带扣，这是骑射的初始阶段。第二阶段为战国早中期，这一阶段流行短剑、鹤嘴斧、腰饰牌，是发达的骑射阶段。这一时期的早晚两段反映了车马器逐渐增多的过程，车马器的比例逐渐大于武器与牌饰。第三阶段为战国晚期至秦代，此阶段短剑、鹤嘴斧等武器不再占据明显的地位。车马器中的车器明显增多，说明车的作用在增强。装饰主题与风格也发生了变化，立体动物装饰和浮雕动物装饰盛行。

一、杨郎类型

20世纪90年代，许成、李进增提出"杨郎类型"这一概念。他们指出在宁夏南部和甘肃东部发现的众多北方青铜文化的遗址点中，以杨郎墓地的资料最丰富，最具代表性，遂将这类考古遗存命名为"杨郎类型"，并且认为"杨郎类型"应是东周时期戎狄活动的遗留[1]。许、李所称"杨郎类型"，显然是东周时期陇山东西两侧所有以北方系青铜器为特征的西戎遗存的统称，基本等同于东周西戎文化草原支系的概念范畴。而我们所指的"杨郎类型"，特指东周西戎文化草原支系众多遗存中，以直线式洞室墓为特征的一类遗存。所谓直线式洞室墓，即在长方形竖穴墓道的短边一侧挖出洞室，洞室的轴线与墓道的轴线重合或平行，以往考古报告中所称凸字形土洞墓、刀把形土洞墓均属此类（图3-1）。这类墓葬盛行殉牲，殉牲种类以牛、马、羊为主，随葬品以北方系青铜器为大宗，主要器类包括兵器、工具、车马器及服饰器，陶器数量较少。

1. 宁夏固原杨郎墓地

杨郎墓地，又名马庄墓地，位于宁夏回族自治区固原市杨郎乡马庄附近的沙沟

---

[1] 许成、李进增：《东周时期的戎狄青铜文化》，《考古学报》1993年第1期。

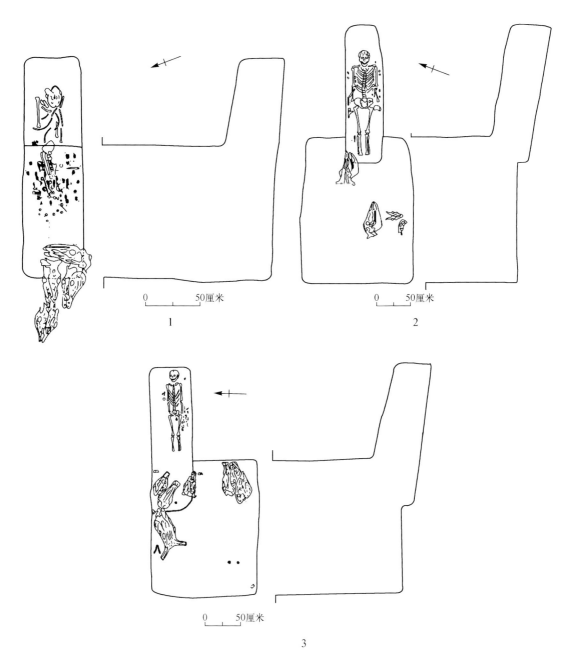

0   50厘米

1

0   50厘米

2

0   50厘米

3

图 3-1 东周西戎文化"杨郎类型"直线式洞室墓

1. 于家庄 M12 2. 于家庄 M17 3. 于家庄 M20

北岸。墓地共发掘东周时期墓葬49座，出土各类遗物2 957件（组）[1]。由于盗掘和雨水冲蚀，49座墓葬中有20座破坏严重，形制不明；仅有29座可辨清形制，分竖穴土坑墓和竖穴墓道土洞墓两类，前者1座，后者28座。竖穴墓道土洞墓中有27座墓为单洞室，1座墓为双洞室，均为直线式洞室墓。洞室一般开口于墓道东壁或北壁，有的居正中，有的偏于一角，有的偏于一侧。洞室为长方形，弧顶，底部一般为斜坡状，里端低，外口高。洞室底部一般低于墓道底部，并延伸到洞口以外。人骨架皆是头里脚外，少数骨架全部在洞室内，多数下肢露在洞室外。

49座墓葬中，有33座墓人骨被严重扰乱，葬式不清。人骨保存较好的有10座，人骨朽坏但葬式可辨的有6座。各墓均无葬具。葬式为单人仰身直肢葬，头向或东或北，面向不一致。人骨均头低足高。无合葬墓。人骨保存较好的10座墓，墓主均为成年人，其中7座墓为一次葬，无扰乱现象，余下3座墓似为二次葬。

殉牲种类有羊、马、牛三种，都是以牲畜的头颅和蹄子代替全牲。以羊最多，各墓均有羊头，少者3具，多者达40具；其次为马，马头、蹄骨最多的有10具，有6座墓中不见；再次为牛头，最多为7具，有2座墓中不见。殉牲时，先将死者及一部分随葬品掩埋于墓室中，然后将割取的牲畜头、蹄埋于墓道填土中，一部分随葬品如陶罐和大型车马器等多与殉牲一起置放，墓道实际上成为专用的殉牲坑。殉牲的头、蹄骨多数置放紊乱、无规律。

49座墓葬中，有33座遭受不同程度的破坏，随葬品已不能确知原来位置。16座较为完整的墓葬中，15座墓既有殉牲又有随葬品，1座墓仅有殉牲而无随葬品。随葬品数量多少不等，多者达121件，少者3件。以各类质料的串珠数量最多，几乎每座墓中都有出土。其次是铜、铁质的服饰品及车马器。另外还有少量兵器、日常用具和陶器。

杨郎墓地的年代约为战国中期至秦代。通过出土遗物分析，可分为两期：第一期包括ⅠM14、ⅡM14、ⅡM17、ⅢM1等墓葬。典型器物为铜质腹中空动物饰（图

---

[1] 宁夏文物考古研究所、宁夏固原博物馆：《宁夏固原杨郎青铜文化墓地》，《考古学报》1993年第1期。

3-2，4）、鹰首竿头饰（图 3-2，3）、凸管状马面饰（图 3-2，2）、抽象 S 形牌饰、长方形带扣（图 3-2，8）等，年代应为战国中期；第二期包括 I M1、I M12、III M3、III M4 等墓葬。出土铜羊首辕饰（图 3-2，9）、铜动物形饰（图 3-2，11）、银耳环（图 3-2，13）、铜大卷角羊牌饰（图 3-2，15）、铜带饰（图 3-2，12）等典型器物，年代应为战国晚期至秦代。

2. 宁夏固原于家庄墓地

于家庄墓地位于宁夏回族自治区固原市彭堡乡撒门村西北 2.5 千米，墓地南北长 500 米，东西宽 50 米。墓地被路与冲沟分割成北、中、南三区。墓葬集中于中区，此处发掘 20 座墓葬；北区清理 3 座残墓；南区发掘 5 座墓葬[1]。

墓葬形制可分为竖穴土坑墓与洞室墓。发掘较完整的竖穴土坑墓 6 座，其中儿童墓 3 座、成人墓 3 座。墓坑为长方形竖穴，墓口略大于墓底，墓的大小不一，人骨的一侧放置随葬器物；洞室墓均为直线式洞室墓，可分为四类，即竖穴土洞墓、凸字形土洞墓、刀形土洞墓和凹字形土洞墓。完整的竖穴土洞墓有 4 座。这类墓的特点是在长方形的竖穴土坑墓道的纵向一端下部，掏挖一个浅洞作为墓室。由于洞穴较浅，人骨的头部和上身在洞室内，人骨的大部却仍置于墓道之中（图 3-1，1）。据人骨鉴定，此类墓埋葬的均是儿童。随葬品均置于墓道中的人骨两侧，不在洞内。殉葬的牛、马、羊的头、蹄置于人骨足端上面。完整的凸字形土洞墓有 7 座。这类墓的特点是在方形或长方形的墓道一端中间，掏挖出和墓道相垂直的洞室作为墓室。墓室底前高后低。人骨的一部分置于洞室外面，大部置于洞室内（图 3-1，2）。随葬品均在洞内人骨的两侧。除 1 座墓为儿童和 1 座墓人骨年龄不能判明外，其余 5 座均为成年男女。殉葬的牛、马、羊骨大多置于墓道近墓室的一侧。完整的刀形土洞墓 4 座。这类墓的特点是在长方形墓道后端的一侧（一般在左侧），向里掏挖出狭长的长方形土洞充作墓室，人骨完全放在洞内或大部置于洞内（图 3-1，3）。随葬品大多置于人

---

[1] 宁夏文物考古研究所：《宁夏彭堡于家庄墓地》，《考古学报》1995 年第 1 期。

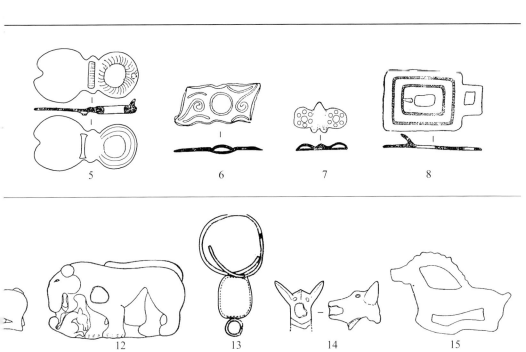

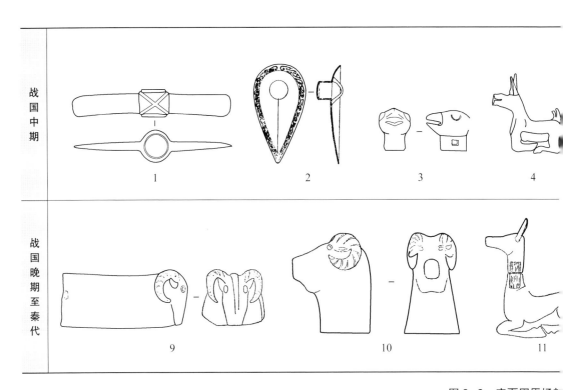

战国中期

战国晚期至秦代

1

2

3

4

9

10

11

图 3-2　宁夏固原杨郎

1. 铜鹤嘴斧（ⅠM14：12）　2. 铜马面饰（ⅠM14：4）　3. 铜竿头饰（ⅡM17：26）　4. 铜动物形

8. 铜带扣（ⅢM1：52）　9. 铜车辕饰（ⅢM4：3）　10. 铜竿头饰（ⅢM4：1）　11. 铜动物形饰（

15. 铜动物牌饰（

骨的两侧，仅有少量的马具置于殉葬的牛、马头骨附近。凹字形土洞墓是一种异形直线式洞室墓，较完整的仅1座。这类墓的特点是在长方形墓道一侧的两端，各向里挖掘出狭长的土洞作为墓室，两个墓室之间以生土为隔梁，墓葬平面似"凹"字。人骨的股骨以上部分在洞内，殉葬的羊、马头骨分别置于人骨的足下。

在人骨保存较好的21座墓葬中，只有2座是儿童合葬，其余均是单人仰身直肢葬，头向东或东北，均无葬具。人骨的头部均低于足部，呈足高头低的姿态。

于家庄墓葬普遍存在殉牲现象。中区的20座墓葬无一例外；南区的5座墓葬中，2座有殉牲；北区的3座残墓，除1座破坏特甚未发现殉牲外，其余2座残墓均有殉牲。殉牲的种类为牛、马、羊的完整头骨或颌骨、蹄骨。殉牲的方式大致有两种：多数将殉牲和人骨同置于墓道或墓室的底部，位置因墓葬形制不同而异。竖穴土坑墓多置于人骨的足下，土洞墓则置于洞外的墓道近墓室一侧，有的由于殉牲数量较多，还分层堆放。殉牲的吻部都朝向墓室。少数墓不把殉牲放于墓底，而是在墓葬填土后，将殉牲埋在墓道一端上口处。各墓殉牲的数量多寡不一，一般而言，竖穴土坑墓殉牲的数量较少，而各种类型的洞室墓殉牲较多。

墓地出土陶器仅7件，1件为双耳罐，其余为单耳罐。出土铜器673件，多为兵器、工具、马具、饰件。骨器755件，多为马具、饰件。大量石质、玉质饰件。少量金、铁器物。

于家庄墓地的年代为春秋晚期至战国中期，可分为三期：第一期典型墓葬为M17。M17出土的青铜戈，内、援平直，锋部尖圆，中胡三穿（图3-3，1），与北京发现的春秋时期的宋公差戈[1]相近，也与北京延庆军都山东周时期的YYM32：3戈[2]相近。该期墓葬的年代约为春秋晚期。第二期典型墓葬为NM2、NM12。这一时期出土铜质写实兽首花瓣牌饰（图3-3，10、11）、写实S形牌饰、叶部与铤部长度接近的矛（图3-3，6）等特色器物。同类器物在杨郎墓地第一期墓葬中也有

[1] 程长新：《北京发现商龟鱼纹盘及春秋宋公差戈》，《文物》1981年第8期。
[2] 北京市文物研究所山戎文化考古队：《北京延庆军都山东周山戎部落墓地发掘纪略》，《文物》1989年第8期。

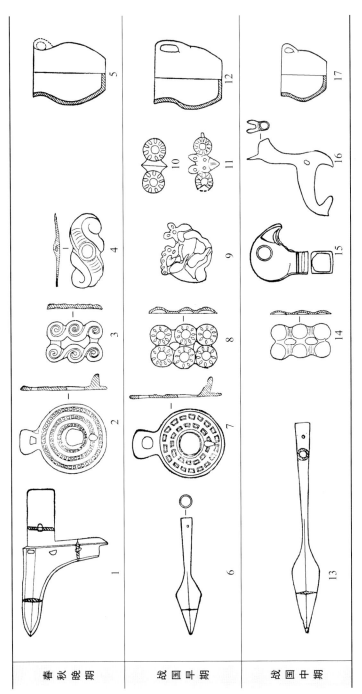

图 3-3　宁夏固原于家庄墓地出土器物分期

1. 铜戈（M17：6）　2. 铜带钩（M17：4）　3. 铜连珠状饰牌（M17：1：3）　4. 铜鸟纹饰牌（M17：9）
5. 陶罐（M17：16）　6. 铜矛（NM2：3：1）　7. 铜带扣（NM2：左2）　8. 铜连珠状饰牌（M12：13）
9. 铜双鹿饰牌（M12：1）　10. 铜连钮饰（M12：29）　11. 铜兽头饰（M12：48）　12. 陶罐（NM2：19）
13. 铜矛（SM4：47）　14. 铜连珠纹饰牌（M5：22）　15. 铜羊头饰（SM4：15）　16. 铜动物饰（M5：8）　17. 陶罐（M5：1）

发现，但杨郎第一期墓葬中盛行的铜质鹰首竿头饰、凸管状马面饰、腹中空动物饰等器物在于家庄第二期墓葬中还未出现，因此，于家庄第二期墓葬的年代应稍早于杨郎墓地第一期墓葬，为战国早期。第三期以 SM4、SM5 为代表。特色器物为铜质鹰首竿头饰（图 3-3，15）、腹中空动物饰（图 3-3，16）、花纹简化的连珠纹牌饰（图 3-3，14）等。这些器物在杨郎墓地第一期墓葬中大量存在，年代为战国中期。

此外，于家庄村民在取土时，挖出过一批青铜器。青铜器所在墓葬已遭严重破坏，仅采集到部分文物，共计 27 件[1]。出土的铜质腹中空动物饰、泡状竿头饰、铜柄铁剑等器物，年代应为战国中期。

3. 宁夏固原九龙山墓地

九龙山墓地位于宁夏回族自治区固原市原州区西南约 1.3 千米，属开城镇羊坊村，共清理墓葬 11 座[2]。

墓葬形制统一，均为凸字形直线式洞室墓，东西向。死者均为单人葬，无葬具。墓主依洞室底部的斜坡，头放在低处，脚置于高处，呈现出头低足高的状态。墓葬盛行殉牲习俗。每墓均陪葬数量不等的牛、马、羊头骨，多者 33 具，少者 6 具，全部为完整的牛、马、羊头骨，其中羊头骨最多，几乎每墓必有。这些随葬的动物头骨原始的摆放位置已遭盗墓者破坏，现多置于洞室内，相互叠压，方向不一，无次序、无规律，人骨和动物头骨分布混乱（图 3-4）。

随葬品以各种小件青铜饰品居多，其中又以小型铜泡、连珠饰、环饰、管状饰及长方形铜饰数量最多，应为上衣或腰带上的饰品。女性墓葬中多有铜耳环和由石珠、绿松石等构成的项饰。陶器和骨器很少，陶器流行圆肩或斜肩单耳和双耳罐。由于随葬品中无武器，车马器种类也十分简单，服饰亦不见腰带，多见简单的小型铜饰件，因此墓地年代较早，应为春秋晚期。

---

[1] 延世忠：《宁夏固原出土战国青铜器》，《文物》1994 年第 9 期。
[2] 宁夏文物考古研究所、彭阳县文物管理所：《王大户与九龙山：北方青铜文化墓地》，文物出版社，2016 年。

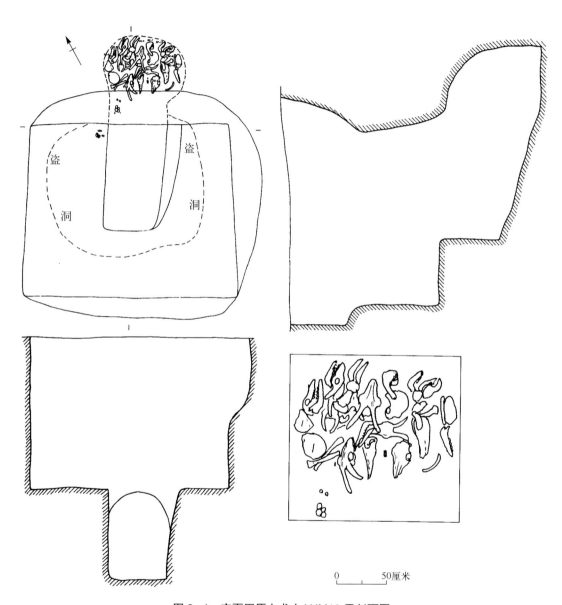

图 3-4　宁夏固原九龙山 YJM10 平剖面图

0 ⎓⎓ 50厘米

4. 宁夏固原撒门墓地

撒门墓地位于宁夏回族自治区固原市彭堡乡撒门村。1985年至1988年在此数次发现墓葬，应同属一个墓葬群[1]。M1为土坑墓，墓主头向东，无葬具。出土遗物共700余件。M2为土坑墓，没有发现葬具，墓主头向东。墓周围伴出马、羊头骨各2具，牛头骨1具，出土遗物130多件。M3为土坑墓，无葬具，墓主头向东。墓周围有4具马头骨伴出，出土遗物约40件。三座墓葬均未进行科学考古发掘，发掘者将墓葬形制判断为土坑墓似不准确。M2、M3周围伴出动物骨骼，人骨与殉牲分离，应为墓主位于洞室、殉牲位于竖穴墓道造成的，这两座墓极有可能是洞室墓。1988年，撒门村村民在自家院取土时又发现1座墓葬。墓葬为直线式洞室墓，呈东西向，土洞呈斜坡状。墓主头低脚高，随葬品大都分布于墓主周围。无葬具。竖穴填土内共发现马头骨3具、牛头骨1具、羊头骨十几具。墓内共出土青铜器20余件。墓地随葬品以青铜兵器、车马器、饰件为主。

撒门墓地的年代为春秋晚期至战国中期。根据四座墓葬出土器物分析，可分为三期：第一期以1988撒门墓葬和M2为代表。墓葬中出土的铜质鞋底型马面饰（图3-5，4）、戈（图3-5，2）、泡状竿头饰（图3-5，3）具有典型的时代特征，年代应为春秋晚期。第二期以M3为代表。墓葬出土铜戈（图3-5，7）、铜球状竿头饰（图3-5，8）、写实动物纹铜带饰（图3-5，9）及铤部较长的铜矛（图3-5，5），年代为战国早期。第三期以M1为代表。墓葬出土铜质腹部镂空的动物纹饰（图3-5，10）、抽象形的动物纹饰（图3-5，13）、车饰（图3-5，11）、车辖饰（图3-5，14）等，年代为战国中期。

5. 宁夏固原吕坪墓葬

吕坪墓葬位于宁夏回族自治区固原市河川乡吕坪村。1988年，村民在修路时发现一批铜器，后博物馆派人前往现场调查，确定出土铜器地点为墓葬[2]。因雨水冲刷，该墓上部已有部分马、牛、羊头骨暴露。调查时墓已遭破坏，除一些牲畜

---

[1] 罗丰、韩孔乐：《宁夏固原近年发现的北方系青铜器》，《考古》1990年第5期；罗丰、延世忠：《1988年固原出土的北方系青铜器》，《考古与文物》1993年第4期。

[2] 固原博物馆：《宁夏固原吕坪村发现一座东周墓》，《考古》1992年第5期。

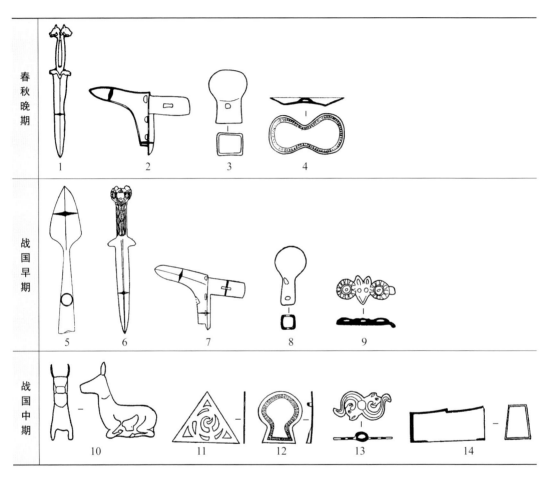

图 3-5　宁夏固原撒门墓地出土器物分期

1. 铜短剑（1988 撒门）　2. 铜戈（1988 撒门）　3. 铜竿头饰（1988 撒门）
4. 铜马面饰（1988 撒门）　5. 铜矛（M3）　6. 铜剑（M3）　7. 铜戈（M3）
8. 铜竿头饰（M3）　9. 铜带饰（M3）　10. 铜动物纹饰（M1）　11. 铜车饰（M1）
12. 铜牌饰（M1）　13. 铜动物纹饰（M1）　14. 铜车辕饰（M1）

头、蹄骨外，仅存一长方形土坑。据发现者讲，墓主头向东，头低脚高，葬式为仰身直肢葬，未发现葬具。随葬品散置于死者周围。在人骨架之上有马、牛、羊等牲畜头骨层层叠压。该墓出土随葬品84件，其中铜器75件，骨、石器9件。随葬品以车马器、人体饰件为主。

墓葬中人骨头低脚高，通常由直线式洞室墓两端高差造成，是直线式洞室墓特有的人骨摆放现象。因此，这座墓葬应为直线式洞室墓，残存长方形土坑为墓葬的洞室部分。根据出土的铜质管状马面饰、腹中空动物纹饰等标准器判断，墓葬年代应为战国中期。

6. 宁夏彭阳张街墓地

张街墓地位于宁夏彭阳县草庙乡张街村，县城东北约25千米处。1987年，村民在平整田地时，多次发现铜器、殉牲。据当事人称，此处已挖毁和破坏过10余座墓葬。1987年彭阳县文物站在张街村征集到100多件青铜器。1998年宁夏回族自治区文物考古研究所在彭阳县文物站的配合下，对墓地进行全面的钻探和发掘，发掘墓葬6座、葬坑1座，出土殉牲72具、随葬品86件（组）[1]。

墓葬形制分为直线式洞室墓和竖穴土坑墓两类。直线式洞室墓由长方形竖穴土坑墓道和洞室两部分组成，洞室开在墓道东壁，直壁弧形顶，斜坡底。死者均为单人仰身直肢葬，头向东，无葬具。除1座墓葬墓室为平底外，其余墓葬的人骨架头部均低于足部，呈头低足高状，骨骼保存尚好。

每墓均有殉牲，殉牲数不等，多者42具，少者1具，全部为完整的牛、马、羊骨。有少许牛头骨、马头骨、羊头骨下还配置一对蹄骨。殉牲在墓道或洞室外部，放置有序。

葬坑为不规则土坑，殉牲6具，包括牛头骨2具、羊头骨4具。

张街墓地随葬品以青铜马具、车器、饰件为主，出土管状马面饰（图3-6，

---

[1] 宁夏回族自治区文物考古研究所、彭阳县文物站：《宁夏彭阳县张街村春秋战国墓地》，《考古》2002年第8期。

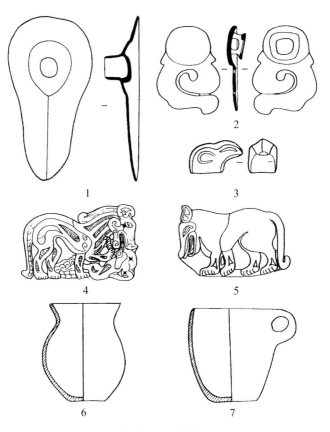

图3-6　宁夏彭阳张街墓地出土器物

1.铜马面饰（M2：30）　2.铜动物纹牌饰（M2：19）　3.铜竿头饰（M3：18）
4.铜动物纹牌饰（M2：17）　5.铜动物纹牌饰（M2：16）　6.陶罐（M2：23）
7.陶罐（M3：26）

1）、抽象的动物纹牌饰（图3-6，2）、动物纹牌饰（图3-6，4、5）和鹰状竿头
饰（图3-6，3），年代应为战国晚期至秦代。

7. 宁夏彭阳王大户墓地

王大户墓地位于宁夏回族自治区彭阳县古城镇王大户村的圆圪垯上，共清理墓
葬8座，其中7座未被盗[1]。墓葬均为直线式洞室墓。其中PWM1带短斜坡墓道，
较为特殊（图3-7）。另有凸字形墓5座、刀把形墓1座。洞室均朝东。洞口有的

[1] 宁夏文物考古研究所、彭阳县文物管理所：《王大户与九龙山：北方青铜文化墓地》，文物出
版社，2016年。

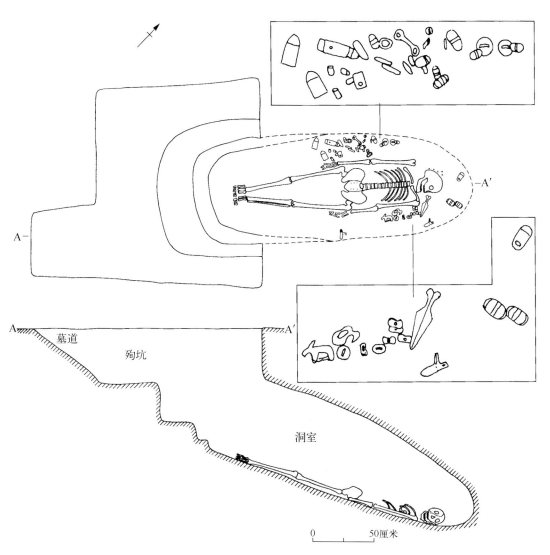

A

A

A'

A'

墓道

殉坑

洞室

0　　　　　　　50厘米

图 3-7　宁夏彭阳王大户 PWM1 墓葬形制

为圆形竖穴，有的直接掘挖为洞室，底部均呈东向渐低的斜坡。墓道方形或梯形。葬式为单人仰身直肢葬。

每座墓均有殉牲，除PWM1殉牲放置于殉坑外，其余6座墓的殉牲均放置于墓道内，以马、牛、羊的头骨为主，另外有少量的蹄骨。

墓地出土遗物的质地有铜、铁、骨、石及费昂斯饰件等，以铜和骨为主，石质和铁质器物较少。出土遗物有炊器、兵器、工具、车器、马器和饰件等（图3-8）。饰件有带饰、骨饰、竿头饰、扣饰、管状饰、绿松石珠饰等，各墓出土数量多寡不一。墓葬中常见短剑、鹤嘴斧、腰饰牌，同时也发现一定数量的车器，年代应为战国中期。

8. 宁夏彭阳中庄墓地

中庄墓地位于宁夏回族自治区彭阳县城阳镇中庄柳台村北部，距城阳镇约30千米。墓地发现墓葬2座，其中1座（PZM2）被盗毁[1]。

保存较好的PZM1为直线式洞室墓，墓向50°，由墓道和洞室组成，洞室东向偏离墓道中轴线，底部呈东向渐低的斜坡。葬式为单人仰身直肢葬。

两座墓葬均有殉牲，PZM1出土马、牛、羊的头、蹄骨和寰椎等共63件，放置于墓道和洞室竖穴口上部及洞室上部。

PZM1出土铜、骨、石质遗物58件，未见陶器，包括铜刀、铜泡饰、带柄铜泡饰、腹中空的铜鹿、铜铃形饰、铜管饰、铜长方形饰、骨管、V形骨饰、纺轮状骨饰、玛瑙珠、骨珠等。PZM2出土铜柄铁剑、骨镞、骨节约等。依据器物组合判断，两座墓葬的年代约为战国中期。

"杨郎类型"墓葬中，直线式洞室墓颇具特色，且在墓地中占比极高，是"杨郎类型"遗存的重要标志。但在部分墓地中，依然可见少量竖穴土坑墓。考古发现

---

[1] 宁夏文物考古研究所、彭阳县文物管理所：《王大户与九龙山：北方青铜文化墓地》，文物出版社，2016年。

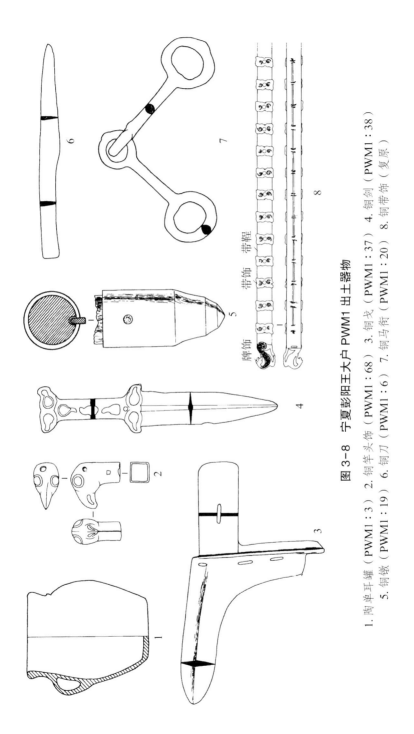

图 3-8 宁夏彭阳王大户 PWM1 出土器物

1. 陶单耳罐（PWM1∶3） 2. 铜竿头饰（PWM1∶68） 3. 铜戈（PWM1∶37） 4. 铜剑（PWM1∶38）
5. 铜镦（PWM1∶19） 6. 铜刀（PWM1∶6） 7. 铜马衔（PWM1∶20） 8. 铜带饰（复原）

表明，竖穴土坑墓中的殉牲数量明显少于直线式洞室墓，但二者在随葬品及葬式方面一致。以经过大面积发掘的杨郎、于家庄两处墓地为例，直线式洞室墓共44座、竖穴土坑墓7座（其中3座竖穴土坑墓墓主为未成年人），竖穴土坑墓的殉牲数量远远少于洞室墓。殉牲的数量应与财产的多寡有关，竖穴土坑墓中殉牲较少，说明墓主身份等级较低。虽然两类墓葬在墓葬形制和殉牲数量上存在差异，但其余文化特征相似，且两类墓葬共处同一墓地，二者实属东周西戎文化同一类型，其间差异应是墓主身份等级造成的。由于"杨郎类型"遗存集中分布于宁夏固原、彭阳一带，那么，分布于此地的一批竖穴土坑墓也应属于东周西戎文化"杨郎类型"。这些墓葬以竖穴土坑墓为主，墓葬盛行殉牲，随葬品多为北方系青铜器，陶器数量较少。它们大多未经科学考古发掘，不排除一些所谓的竖穴土坑墓为直线式洞室墓的洞室部分的可能。它们包括：

1. 宁夏固原芦子沟嘴墓葬

芦子沟嘴墓葬位于宁夏回族自治区固原市河川乡上台村。1984年该村村民挖土时发现1座墓葬[1]。墓葬为土坑墓，无葬具，出土青铜器共34件（图3-9）。

墓葬出土铜质凸管状马面饰（图3-9，6）、抽象S形牌饰（图3-9，3、7），年代应为战国中期。

2. 宁夏固原蒋河墓葬

蒋河墓葬位于宁夏回族自治区固原市杨郎乡。1976年杨郎公社杨郎大队养猪场内发现1座竖穴土坑墓[2]。死者头东脚西，仰卧。盆骨附近发现2件铜牌，形制完全相同，铜牌图案为一虎噬一驴，时代特征明显。墓葬年代应为战国晚期至秦代。

---

[1] 罗丰、韩孔乐：《宁夏固原近年发现的北方系青铜器》，《考古》1990年第5期。
[2] 钟侃：《宁夏固原县出土文物》，《文物》1978年第12期；钟侃、韩孔乐：《宁夏南部春秋战国时期的青铜文化》，《中国考古学会第四次年会论文集》，文物出版社，1985年。

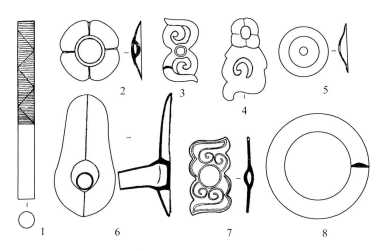

图 3-9　宁夏固原芦子沟嘴墓葬出土器物

1.铜管状饰　2.铜泡饰　3—4、7.铜牌饰　5.铜泡饰　6.铜马面饰　8.铜泡饰

3. 宁夏固原候磨墓葬

候磨墓葬位于宁夏回族自治区固原市彭堡乡候磨村。1986 年该村村民在挖土时发现 1 座墓葬[1]。墓葬为长方形竖穴土坑墓。墓主头向东，侧身直肢，无葬具。出土遗物 19 件，同时有 1 具羊头骨伴出。

墓葬中未见具有典型时代特征的器物，依出土陶罐判断，年代约为战国中期。

4. 宁夏固原肖家深沟墓葬

肖家深沟墓葬位于宁夏回族自治区固原市头营乡硝河村，发掘 1 座墓葬[2]。墓葬为竖穴土坑墓，东西向。死者葬式不明，无葬具。墓内殉葬牛、马、羊的头骨12 件。随葬器物仅见 1 件铜扣饰。墓葬年代难以判断。

［1］ 罗丰、韩孔乐：《宁夏固原近年发现的北方系青铜器》，《考古》1990 年第 5 期。
［2］ 宁夏文物考古研究所、彭阳县文物管理所：《王大户与九龙山：北方青铜文化墓地》，文物出
　　　版社，2016 年。

5. 宁夏彭阳官台墓葬

官台墓葬位于宁夏回族自治区彭阳县交岔乡官台村。1988 年村民在该村西北的沟畔发现 1 座墓葬[1]。墓葬为竖穴土坑墓，无葬具。据当事人所述，墓主头东足西，附近有马、牛、羊头骨陪葬。墓内出土青铜器、骨角器 30 余件，包括兵器、车马器、装饰品等（图 3-10）。

根据墓中出土的铜戈（图 3-10，5）、铜柄铁剑（图 3-10，1）、铜泡状竿头饰（图 3-10，4）等物推断，墓葬年代应为战国早中期。

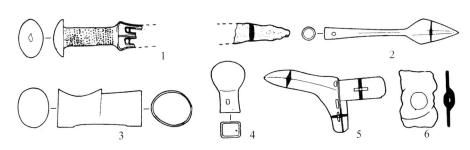

图 3-10　宁夏彭阳官台墓葬出土器物
1. 铜柄铁剑　2. 铜矛　3. 铜车辕饰　4. 铜竿头饰　5. 铜戈　6. 铜牌饰

6. 宁夏彭阳白杨林墓葬

白杨林墓葬位于宁夏回族自治区彭阳县新集乡白杨林村。农民在山坡上修院时发现 1 座墓葬[2]。墓葬为竖穴土坑墓，无葬具。死者仰身直肢，头向东。出土遗物17 件。

墓葬出土了虎噬羊造型的铜牌饰，年代应为战国晚期。

此外，宁夏固原地区还有一些出土北方系青铜器的地点，由于现场被破坏，无法获取详细的墓葬信息，但依据分布地域、年代及文化面貌判断，这些遗存大概率

［1］罗丰、延世忠：《1988 年固原出土的北方系青铜器》，《考古与文物》1993 年第 4 期。
［2］罗丰、韩孔乐：《宁夏固原近年发现的北方系青铜器》，《考古》1990 年第 5 期。

属于东周西戎文化"杨郎类型"。

1. 宁夏固原石喇墓葬

石喇墓葬位于宁夏回族自治区固原市河川乡石喇村（又名新庄子）。调查时墓葬已遭破坏，除收集了该墓出土的文物外，在清理过程中，又发现一批铜器及大量马、牛、羊头蹄骨[1]。根据当事人现场叙述，该墓无葬具，葬式为头东脚西。出土的文物以铜器和装饰品为多。

墓葬中出土的铜戈与于家庄墓地一期墓葬中出土的铜戈相似，墓葬年代应与于家庄墓地一期墓葬同时，属春秋晚期。

2. 宁夏固原阳洼墓葬

阳洼墓葬位于宁夏回族自治区固原市河川乡阳洼村。墓葬发现时已被毁坏[2]。据当事人反映，墓葬中殉葬马头、羊头各14具，牛头4具。墓中除1副成人骨架外，还同时出有2具小孩头骨。该墓出土文物126件。

墓葬出土铜戈、铜剑、铜动物花瓣牌饰等物，其外形与撒门M3同类器物一致，年代应与撒门M3相当，为战国早期。

3. 宁夏固原田洼墓葬

田洼墓葬位于宁夏回族自治区固原市南郊乡田洼村。1985年该村农民挖土时发现1座墓葬，已征集到遗物80件（枚）[3]。由于墓葬公布材料过少，年代无法判断。

[1] 罗丰：《宁夏固原石喇村发现一座战国墓》，《考古学集刊》（3），中国社会科学出版社，1983年。
[2] 钟侃、韩孔乐：《宁夏南部春秋战国时期的青铜文化》，《中国考古学会第四次年会论文集》，文物出版社，1985年。
[3] 罗丰、韩孔乐：《宁夏固原近年发现的北方系青铜器》，《考古》1990年第5期。

4. 宁夏固原大北山墓葬

大北山墓葬位于宁夏回族自治区固原市杨郎乡。1981 年发现时墓葬大部已被山水冲毁[1]。该墓出土羊头骨 20 具，牛和马的头骨各 4 具。收集出土文物 27 件。

墓葬出土大量骨器、铜泡形竿头饰，年代应为战国早期。

5. 宁夏固原鸦儿沟墓地

鸦儿沟墓地位于宁夏回族自治区固原市西郊。1973 年秋，西郊公社鸦儿沟大队在断山头南坡上发现几个相距不远的土坑，出土一批金属器具，坑内还发现人骨和马具[2]。

根据墓葬中出土的铜凸管状马面饰判断，墓葬年代应为战国中期。

6. 宁夏固原王家坪墓葬

王家坪墓葬位于宁夏回族自治区固原市头营乡。1981 年在此处发现 1 座墓葬，收集出土文物 69 件[3]。

据该墓出土铜鹰头竿头饰、铁镝判断，墓葬年代应为战国中期。

7. 宁夏彭阳孟塬墓葬

孟塬墓葬位于宁夏回族自治区彭阳县。民工在孟塬乡修公路时，发现 1 座墓葬，出土一批铜器，共计 28 件[4]（图 3-11）。

墓葬出土铜质箍空首銎斧（图 3-11，6—10）、单环首刀（图 3-11，5）和鞋底状马面饰（图 3-11，3），均表明墓葬年代较早，应为春秋晚期。

---

[1] 钟侃、韩孔乐：《宁夏南部春秋战国时期的青铜文化》，《中国考古学会第四次年会论文集》，文物出版社，1985 年。
[2] 钟侃：《宁夏固原县出土文物》，《文物》1978 年第 12 期。
[3] 钟侃、韩孔乐：《宁夏南部春秋战国时期的青铜文化》，《中国考古学会第四次年会论文集》，文物出版社，1985 年。
[4] 罗丰、韩孔乐：《宁夏固原近年发现的北方系青铜器》，《考古》1990 年第 5 期。

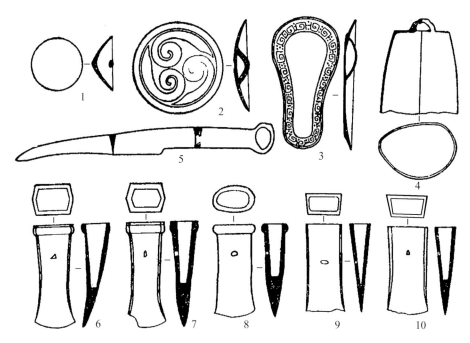

图 3-11 宁夏彭阳孟塬墓葬出土器物

1—2.铜泡饰 3.铜马面饰 4.铜铃 5.铜刀 6—10.铜斧

8. 宁夏彭阳苋麻墓葬

苋麻墓葬位于宁夏回族自治区彭阳县交岔乡苋麻村。1992 年此处出土一批青铜器[1]。据当事人所述，此处为一墓葬，人骨 1 架，无葬具。伴随出土牛、羊骨 6 件，出土青铜器共计 72 件（图 3-12）。

根据墓葬出土的铜弧面马面饰（图 3-12，6）、铜矛（图 3-12，3）、铜剑（图 3-12，1、2）等判断，墓葬年代应为战国早期。

9. 宁夏彭阳米塬墓葬

米塬墓葬位于宁夏回族自治区彭阳县刘塬乡米塬村。1991 年农民于此处发现 1

---

[1] 杨守国、祁悦章:《宁夏彭阳县近年出土的北方系青铜器》,《考古》1999 年第 12 期。

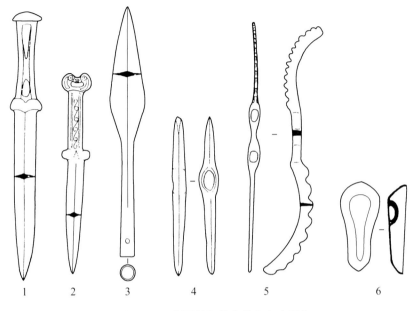

图 3-12　宁夏彭阳苋麻墓葬出土器物

1. 铜短剑　2. 铜短剑　3. 铜矛　4 铜鹤嘴斧　5. 铜马镳　6. 铜马面饰

座墓葬，共出土青铜器 58 件[1]（图 3-13）。

依据墓葬出土的铜质腹中空动物形饰（图 3-13，6）、凸形马面饰（图 3-13，3）等器物判断，墓葬年代应为战国中期。

10. 宁夏彭阳米沟墓地

米沟墓地位于宁夏回族自治区彭阳县小叉乡米沟村东部的山丘上，距彭阳县城约 25 千米。由于墓地被盗毁，墓葬形制不详，共收缴石、铜、骨质文物 209 件[2]。出土遗物包括兵器、工具、车马器、竿头饰、带饰等，其中铜戈、铜矛、铜鹤嘴

---

[1]　杨守国、祁悦章：《宁夏彭阳县近年出土的北方系青铜器》，《考古》1999 年第 12 期。
[2]　宁夏文物考古研究所、彭阳县文物管理所：《王大户与九龙山：北方青铜文化墓地》，文物出版社，2016 年。

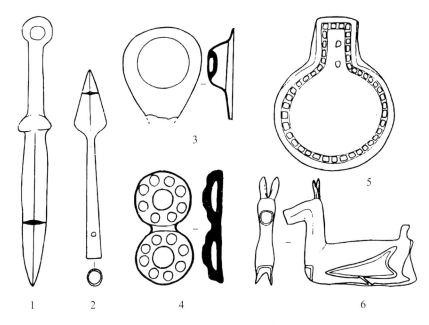

图 3-13　宁夏彭阳米塬墓葬出土器物

1. 铜短剑　2. 铜矛　3. 铜马面饰　4. 铜泡饰　5. 铜牌饰　6. 铜动物形饰

斧、铜带饰、铜马面饰等遗物显示墓地延续时间较长，约为整个战国时期。

　　综上所述，东周西戎文化"杨郎类型"遗存主要分布于宁夏南部地区，特别是陇山东侧的固原、彭阳一带，在陇山西侧少见。另外甘肃环县博物馆也收藏有一批北方系青铜器[1]，从地理方位判断大概率也属于"杨郎类型"。"杨郎类型"存在的时间较长，从春秋晚期一直延续到秦代。这类遗存中，直线式洞室墓占主体，有少量竖穴土坑墓。墓葬以东西向为主，有部分南北向墓，但两种不同朝向墓葬共存于同一墓地之中，无其他差别。死者头向以东向或东北方向为主，葬式均采用仰身直肢葬，无葬具。墓葬中多见马、牛、羊的头、蹄殉葬，动物吻部朝向多与死者头向

---

[1] 沈浩注、王宏：《甘肃省环县出土的北方系青铜器》，《草原文物》2019 年第 1 期。

一致。"杨郎类型"遗物多为北方系青铜器，陶器极少。器类主要包括兵器和工具、服饰器、车马器三大类，其中车马器、服饰器为大宗。

二、马家塬类型

东周西戎文化"马家塬类型"遗存多为墓葬，鲜有居址，以甘肃张家川马家塬墓地为代表。这类墓葬出土大量车马及人体饰件，包含多元文化因素。偏洞室墓作为"马家塬类型"遗存最为重要的特征，指在长方形竖穴墓道的长边一侧挖出洞室的墓葬。依据洞室与墓道轴线的不同关系，可划分为两个亚型：其一，洞室轴线与墓道轴线平行，这类偏洞室墓又称平行线式洞室墓，是西北地区先秦时期较为常见的偏洞室墓形态，宁夏西吉陈阳川墓地（图3-14，1）、甘肃漳县墩坪墓地的偏洞室墓均属此类；其二，洞室轴线与墓道轴线垂直，以甘肃张家川马家塬墓地、秦安王洼墓地（图3-14，2）的偏洞室墓最为典型。

1. 宁夏西吉陈阳川墓地

陈阳川墓地位于宁夏回族自治区西吉县新营乡陈阳川村。1985年该村农民挖土时发现1座墓葬[1]。墓葬为土坑墓，无葬具，出土遗物22件，周围伴出马头骨2具、羊头骨2具、牛头骨1具。1988年，该村村民在村西北的台地上平整田地时又发现1座墓，墓葬已遭严重破坏[2]。据当事人现场所述，墓葬为长方形竖穴土坑墓，无葬具，墓主头东足西，竖穴内发现马、牛、羊头骨。随葬品散置于墓主周围。墓内出土各种青铜器62件，另外还有银器1件，多为马具及饰件。1991年，宁夏文物考古研究所对陈阳川墓地进行了全面的钻探，并根据钻探情况，清理墓葬3座，出土殉牲28具、随葬品30余件（组）[3]。三座墓葬形制统一，均为偏洞室

---

[1] 罗丰、韩孔乐：《宁夏固原近年发现的北方系青铜器》，《考古》1990年第5期。
[2] 延世忠、李怀仁：《宁夏西吉发现一座青铜时代墓葬》，《考古》1992年第6期。
[3] 宁夏文物考古所、西吉县文管所：《西吉县陈阳川墓地发掘简报》，《宁夏考古文集》，宁夏人民出版社，1994年。

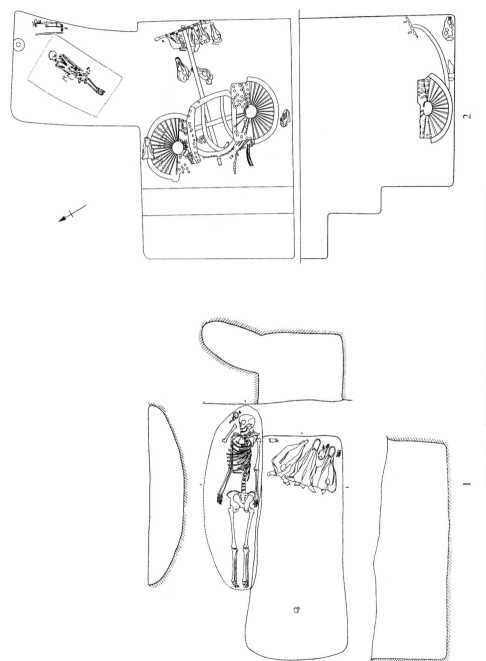

图 3-14　东周西戎文化"马家塬类型"偏洞室墓葬形制

1. 陈阳川 M1　2. 王洼 M2

墓（图3-14，1），由竖穴土坑墓道和偏洞室两部分组成。墓道均呈梯形，偏洞室开在墓道西壁，有扁圆形和圆角长方形两种，一般是弧形顶、弧形壁、平底。死者均为单人一次葬，仰身直肢，头向东北，骨骼保存完好，未见葬具痕迹。殉牲每墓皆有，数量不等，多者12具，少者4具，都是用完整的牛、马、羊头颅代替全牲。有的牛头两侧还配置一对蹄骨。殉牲均摆在墓道填土中。随葬品共计36件（组），有铜、铁、玛瑙、石、骨等多种材质，多为饰件（图3-15）。

根据历年陈阳川发现墓葬情况判断，此处应为一处东周西戎文化墓地。墓地年代为战国中期至秦代，可分为两期：第一期以M3为代表。墓葬出土铜质抽象S形牌饰（图3-15，2、3）、腹中空动物形饰（图3-15，4）等器物，年代为战国中期。第二期以1988陈阳川墓葬为代表。根据墓葬出土的铜质动物形牌饰（图3-15，8）、车辖饰（图3-15，5）等器物判断，年代应为战国晚期至秦代。

2. 甘肃漳县墩坪墓地

墩坪墓地位于甘肃省漳县县城西15千米，漳河北岸三岔镇北的二级台地之上。墓地东西长约1 000、南北宽约150米，共发掘东周时期、汉代、宋代及寺洼文化时期墓葬319座[1]。

东周时期墓葬共发掘159座，墓葬形制以竖穴土坑墓和偏洞室墓为主，还有极少量带斜坡墓道的竖穴土坑墓及直线式洞室墓，竖穴土坑墓在已发掘的墓葬中约占60%。葬式多为单人仰身直肢葬，头东足西，有个别墓葬为二次扰乱葬。部分墓有木质单棺或一椁一棺葬具。个别偏洞室墓使用封门板封堵偏洞室。根据墓葬规模及随葬遗物，大致可将墓葬分为大、中、小三型：大型墓多为竖穴土坑墓，填土内随葬完整的马车或牛车。中型墓填土中多随葬车马器，部分墓葬随葬被拆解的车构

---

[1] 甘肃省文物考古研究所：《甘肃重要考古发现（2000—2019）》，文物出版社，2020年，第262—275页；甘肃省文物考古研究所：《甘肃漳县墩坪墓地2014年发掘简报》，《考古》2017年第8期；甘肃省文物考古研究所、漳县文物管理所：《甘肃漳县墩坪墓地2015年发掘简报》，《文物》2019年第3期。

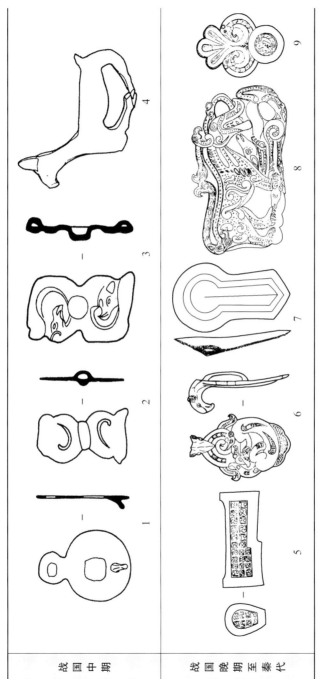

图 3-15　宁夏西吉陈阳川墓地出土器物分期

1. 铜带扣（M3：9）　2. 铜牌饰（M3：7）　3. 铜牌饰（M3：6）　4. 铜动物形饰（M3：1）　5. 铜车辕饰（1988 陈阳川）
6. 铜牌饰（1988 陈阳川）　7. 铜当卢（1988 陈阳川）　8. 铜动物形牌饰（1988 陈阳川）　9. 铜牌饰（1988 陈阳川）

件，部分车饰件经人为摆放，以象征完整车马。小型墓填土中不随葬车马器。各型墓中皆盛行殉牲，种类有马、牛、羊的头骨和前蹄骨，个别有羊或牛的腿骨。

随葬器物主要放置于墓葬填土和墓室内，大、中型墓填土内除放置车、马饰件外，随葬兵器矛的比例也较高。墓室内以饰品、车马器、兵器和工具等为主，陶器极少。

这批墓葬年代明显有早晚差别，如 M40 为一座竖穴土坑偏洞室墓，墓中随葬铜刀、铜戈及项饰（图 3-16，1），从铜戈的形制及器物组合来看，显然此墓年代较早，可早至春秋晚期。大多数墓葬中出土大量铜车马器，从器物组合判断，年代为战国早中期。此外，个别墓葬遗物，如 M64 出土铜柄铁剑（图 3-16，6）、M21 出土铜戈（图 3-16，3）或可晚至战国晚期。但是，随葬品中并未见到战国晚期盛行的立体动物装饰和浮雕动物装饰。因此，墓地的主体年代应为春秋晚期至战国中期。

3. 甘肃张家川马家塬墓地

马家塬墓地位于甘肃省张家川回族自治县县城西北约 17 千米，木河乡桃园村北 200 米的马家塬上，墓地总面积 3 万余平方米。截至 2019 年底，墓地共发掘墓葬 77 座、祭祀坑 3 座、车迹 68 辆，发现随葬品万余件[1]。

墓地以大型墓葬 M6 为中心，其他中小型墓葬南北成排、呈半月形分布于 M6 的北部和东西两侧，呈众星捧月状。墓葬均呈东西向，墓内皆有殉牲现象，其中个别大、中型墓葬内殉埋整马，其他墓葬内殉埋马、牛、羊的头、蹄、肋骨和肢骨等，部分墓葬中有殉狗，个别墓葬的地表还有墓祭现象。动物头向均朝竖穴或墓室

---

[1] 甘肃省文物考古研究所：《甘肃重要考古发现（2000—2019）》，文物出版社，2020 年，第 236—261 页；甘肃省文物考古研究所：《西戎遗珍：马家塬战国墓地出土文物》，文物出版社，2014 年；甘肃省文物考古研究所、张家川回族自治县博物馆：《2006 年度甘肃张家川回族自治县马家塬战国墓地发掘简报》，《文物》2008 年第 9 期；早期秦文化联合考古队、张家川回族自治县博物馆：《张家川马家塬战国墓地 2007—2008 年发掘简报》，《文物》2009 年第 10 期；早期秦文化联合考古队、张家川回族自治县博物馆：《张家川马家塬战国墓地 2008—2009 年发掘简报》，《文物》2010 年第 10 期；早期秦文化联合考古队、张家川回族自治县博物馆：《张家川马家塬战国墓地 2010—2011 年发掘简报》，《文物》2012 年第 8 期；早期秦文化联合考古队、张家川回族自治县博物馆：《甘肃张家川马家塬战国墓地 2012—2014 年发掘简报》，《文物》2018 年第 3 期。

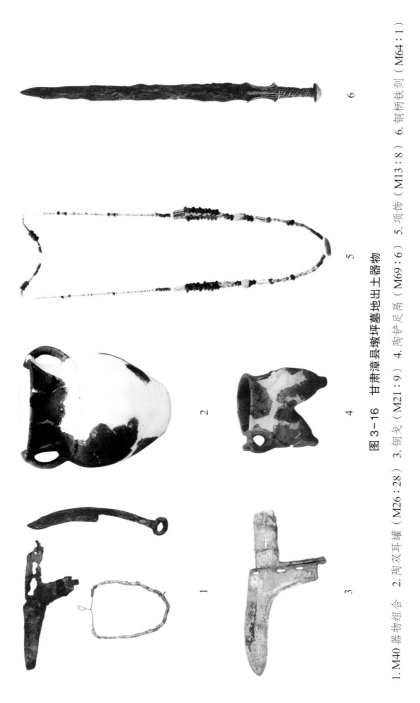

图 3-16 甘肃漳县墩坪墓地出土器物

1. M40 器物组合 2. 陶双耳罐（M26：28） 3. 铜戈（M21：9） 4. 陶铲足鬲（M69：6） 5. 项饰（M13：8） 6. 铜柄铁剑（M64：1）

方向，肢骨多为带肩胛的左前肢，蹄骨左右皆有。墓地东、中、西部各有1座祭祀坑，坑内羊、牛、马三种动物分层殉埋。

马家塬已发掘的77座墓葬中，以墓葬结构类型划分，可分为五类：第一类为甲字形竖穴土坑木椁墓（图3-17，2），仅1座，位于整个墓地的中心。墓葬呈不规则甲字形，结构为开口西端凸出短墓道连接中间斜坡墓道，竖穴南北两侧壁有9级阶梯，墓道东端下挖长方形土坑，形成墓室，以置木椁。墓向258°。椁室被盗严重，结构不明。椁室西端的斜坡墓道上，自东向西依次有殉马4匹、髹漆车3辆，中间车舆上殉狗1只，舆下前端殉牛头、蹄等。随葬品绝大部分被盗，仅残留少量小型车马饰和其他装饰品。第二类为偏洞室墓（图3-17，1），共50余座，占墓葬总数的六成多。这类墓葬的洞室开于竖穴长边（北壁）一侧东端或东北角，垂直或与竖穴成夹角方向掏挖而成。墓葬分中型、次中型、小型三种。可分为有阶梯和无阶梯两类。竖穴内葬车或车器，车有1—4辆不等，次中型以上墓葬皆有车随葬，中型墓除在竖穴内葬车外，墓室内还随葬装饰豪华的马车1辆，小型墓有些不随葬车辆。第三类墓葬发掘者称为竖穴顺室墓，即直线式洞室墓，共20座，占墓葬总数近三成，分为凸字形和刀把形两种。多为小型墓，亦存在有无阶梯之分别，以无阶梯为多。第四类为竖穴棺坑墓（图3-17，3），共2座。在竖穴底面东北部再下挖长方土坑，内葬墓主。在高于棺坑的竖穴底面上埋葬车辆和动物骨骼。均为小型墓。第五类为竖穴土坑墓，仅发现1座。东西向长方形竖穴土坑，墓坑西侧有一级台阶，其余三壁下各有一生土二层台。墓坑内东西向置棺，葬有少量殉牲，为小型墓。

马家塬出土墓葬除因被盗而葬式不明者外，全部为单人葬，墓主多为仰身直肢，少数为侧身直肢，个别仰身屈肢，头向与墓室方向一致，向东或向北，仅有1座与墓室方向垂直。

马家塬已发掘的未被盗掘的墓葬中约有七成以上的墓葬内随葬有数量不等的车，目前共发现68辆。马家塬墓地的人们对车辆的使用有一定等级和级别限制，随葬车辆的多寡、装饰材质的不同反映了墓主生前的社会地位和财富。

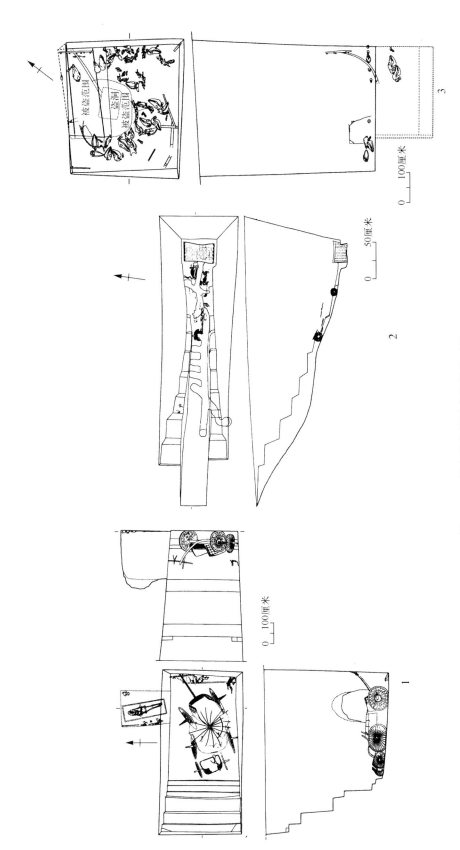

图 3-17　甘肃张家川马家塬墓葬形制

1. M14　2. M6　3. M5

马家塬墓地出土的随葬品可分为车马饰、车马器、日常生活用具、武器、工具、人体装饰和服饰等（图3-18）。车马饰是出土遗物的大宗。以各类平面镂空剪纸造型纹样为主体的金、银、铜、锡和贴金银铁质饰件最多。动物形的车饰也发现较多，有大角羊、虎、鹿、狼等造型。马家塬墓地的人们非常注重人体和服装的装饰。帽子上有金帽饰或串珠饰。颈部饰由肉红石髓、绿松石珠与金管连排焊接而成的扇形的金饰等串成的项链，有的还戴有金、银项圈，金、银耳环。个别墓主右臂戴筒形臂钏。腹部系腰带，腰带以金、银、贴金银、铁、铜错绿松石、锡质的牌饰装饰，级别较高的墓主在腰带上还缝制金牌饰，牌饰间用肉红石髓、煤精、绿松石、费昂斯珠、料珠、玻璃珠等装饰，腰带边缘饰金银泡。牌饰上的装饰母题主要为动物纹。腰带两侧挂有带环，带环下悬挂各类珠子和其他饰件组成的串饰。足部有银或珠子串成的鞋面饰。

依据马家塬墓地出土遗物观察，墓地的总体年代应为战国晚期至秦代。碳十四测年为公元前350年左右[1]。

4. 甘肃秦安王洼墓地

王洼墓地，又称王家洼墓地，位于甘肃省秦安县五营乡王家洼村北部的老爷头山南坡台地内。墓地面积约10万平方米，共发现墓葬30座。发掘墓葬10座，墓葬形制可分为阶梯式墓道竖穴偏洞室墓和竖穴土坑墓两类，其中竖穴土坑墓仅2座。阶梯式墓道竖穴偏洞室墓的洞室一般位于竖穴北壁东部，与竖穴的夹角近于垂直，阶梯的数量有1、2、3、5级不等，墓道中随葬车马（图3-14，2）。人骨保存较好的墓葬葬式为仰身屈肢，部分墓葬葬具为一棺。墓葬普遍殉牲。

该墓出土铜器、金银器、铁器、陶器、骨器等各类器物共计442件（组），器形主要有车马饰、铜壶、铜镜、铜镞、带饰、铁剑、陶罐、陶鬲、料珠、肉红石髓

---

[1] 甘肃省文物考古研究所：《甘肃重要考古发现（2000—2019）》，文物出版社，2020年，第261页。

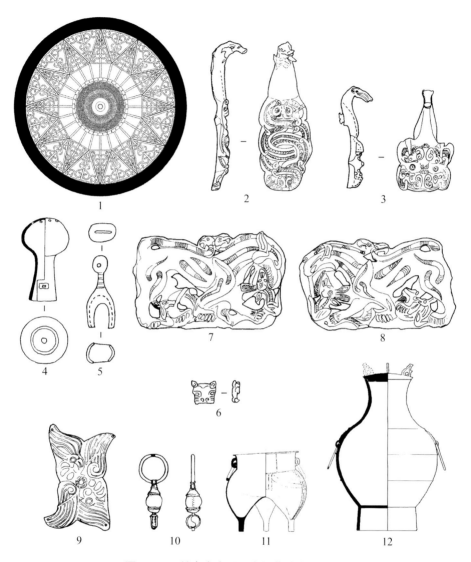

图 3-18　甘肃张家川马家塬墓地出土器物

1. 1 号车（M14）车轮复原图　2. 金带钩（M14：15）　3. 金带钩（M14：9）
4. 铜杖首（M14：13）　5. 铜铃（M14：6-1）　6. 金兽面饰（M14：11）
7. 金腰饰（M14：15-1）　8. 金腰饰（M14：15-2）　9. 金腰饰（M14：15-8）
10. 金耳环（M14：7）　11. 铜鬲（M14：1）12. 铜壶（M14：2）

珠串饰等[1]。

从墓葬形制、葬俗、随葬品判断，王洼墓地与马家塬墓地具有极强的相似性，二者年代相当，为战国晚期至秦代。

宁夏西吉、甘肃天水地区一些未经科学考古发掘的北方系青铜文化墓葬也应属于"马家塬类型"，其中有些墓葬虽被描述为竖穴土坑墓，但不排除实为偏洞室墓的可能。

1. 宁夏西吉槐湾墓葬

槐湾墓葬位于宁夏回族自治区西吉县兴隆乡单北村。1984 年该村农民修院时发现 1 座墓葬，移交文物部门的遗物共 3 件[2]。墓葬中出土的单环首铜刀与孟塬墓葬出土的铜刀相同，杨建华认为其刀柄上的纹饰是河北北部春秋时代常见纹饰[3]，据此判断该墓葬的年代为春秋晚期。

2. 宁夏隆德吴沟墓葬

吴沟墓葬位于宁夏回族自治区隆德县温堡乡吴沟村。此处发掘墓葬 1 座[4]。墓葬为竖穴土坑墓。有殉牲。出土多件铜车马饰及佩饰、箭头等。随葬品中多件透雕及立体形象动物纹饰具有年代标尺作用，年代为战国晚期至秦代。

3. 宁夏隆德机砖厂墓葬

机砖厂墓葬位于宁夏回族自治区隆德县沙塘乡。此处发掘墓葬 1 座[5]。墓葬出

---

[1] 甘肃省文物考古研究所：《甘肃重要考古发现（2000—2019）》，文物出版社，2020 年，第 296—301 页；甘肃省文物考古研究所：《甘肃秦安王洼战国墓地 2009 年发掘简报》，《文物》2012 年第 8 期。
[2] 罗丰、韩孔乐：《宁夏固原近年发现的北方系青铜器》，《考古》1990 年第 5 期。
[3] 杨建华：《春秋战国时期中国北方文化带的形成》，文物出版社，2004 年，第 20 页。
[4] 王全甲：《隆德县出土的匈奴文物》，《考古与文物》1990 年第 2 期。
[5] 王全甲：《隆德县出土的匈奴文物》，《考古与文物》1990 年第 2 期。

土一批铜车马饰件，坑内还发现零散的人骨和马骨。铜器包括马面饰、当卢、车辕饰、节约、卧羊饰等，年代应为战国早中期。

4. 甘肃清水刘坪墓地

刘坪墓地位于甘肃省清水县西北 25 公里的白驼乡南侧刘坪村东，面积约 2 万平方米。1960—1975 年，每年冬季，当地村民和白驼中学等单位联合兴修梯田，曾多次出土刀、戈、戟、匕首、爵、杯等铜器，均打坏或再次埋入地下。20 世纪 80—90 年代，该地时有零星先秦遗物出土。2000 年清水县博物馆清理了刘坪墓葬区被盗的 1 座较大墓葬[1]。墓葬坐南向北，南偏东 23°，为土坑墓，两端有龛，无葬具，盗后遗留有大量青铜车马器并有一些马腿骨。除这座大墓外，周围有十几座小型墓葬，都坐南向北，均为土坑墓，已被盗。经初步统计，历年征集的文物和清理墓葬所得文物共有 600 多件，多为车马具及装饰、人体饰件等（图 3-19）。由于是抢救性发掘，加之早年发掘水平所限，发掘者认为刘坪墓地均为土坑墓的判断可能并不准确，所谓南北向土坑墓，或是偏洞室墓的洞室部分。

墓地出土器物时代跨度较大，包括战国早期写实的动物花瓣铜带饰（图 3-19，5）、战国中期抽象的铜带饰（图 3-19，7、10）及腹中空的铜动物饰（图 3-19，8）、战国晚期的金质动物纹牌饰（图 3-19，4、6）、大角羊牌饰（图 3-19，3）等多时代器物，年代贯穿整个战国时期。

5. 甘肃庄浪石嘴墓葬

石嘴墓葬位于甘肃省庄浪县赵墩乡石嘴村。2001 年村民在取土时发现一批青铜器，共 59 件，有金属卧鹿、车马器、工具、牌饰等（图 3-20），这里为一座竖穴土坑墓葬，没有葬具[2]。

---

[1] 李晓青、南宝生：《甘肃清水县刘坪近年发现的北方系青铜器及金饰片》，《文物》2003 年第 7 期；甘肃省文物考古研究所、清水县博物馆：《清水刘坪》，文物出版社，2014 年。
[2] 李晓斌：《甘肃庄浪县出土北方系青铜器》，《考古》2005 年第 5 期。

図 3-19　甘粛清水劉坪墓地出土器物

1—2.铜当卢　3.金大角羊牌饰　4、6.金动物纹牌饰　5、7、10.铜带饰　8.铜鹿
9.铜车軎　11.铜饰片

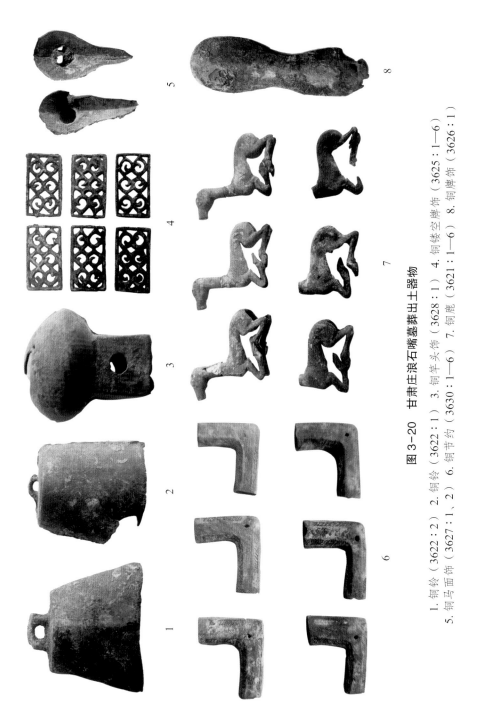

图3-20 甘肃庄浪石嘴墓葬出土器物

1. 铜铃（3622：2） 2. 铜铃（3622：1） 3. 铜苇头饰（3628：1） 4. 铜镂空牌饰（3625：1—6）
5. 铜马面饰（3627：1，2） 6. 铜节约（3630：1—6） 7. 铜鹿（3621：1—6） 8. 铜牌饰（3626：1）

根据墓葬出土铜鹿（图3-20，7）、铜管状马面饰（图3-20，5）、铜镂空牌饰（图3-20，4）等遗物判断，墓葬年代应为战国中期。

6. 甘肃庄浪邵坪墓葬

邵坪墓葬位于甘肃省庄浪县万泉乡邵坪村。2000年村民在修建房屋时发现1座墓葬[1]。据发现者描述及现场勘查，墓葬为竖穴土坑墓，南北向，墓主头向北，无葬具。墓主的头部和脚部分别置铜戈及铜镦各1件，腰部左右两侧各置铜短剑1件。墓主脚下部有一马骨架，周围散置大量铜车马饰。根据墓主头向及脚下有马殉葬的情况看，此墓大概率是一座洞室轴线与墓道轴线垂直的偏洞室墓。墓葬年代应为战国中期。

7. 甘肃张家川长沟墓地

长沟墓地位于甘肃省张家川回族自治县刘堡乡杜家村东北300米处，面积约5万平方米[2]。调查时在断面上共发现墓葬30余座，大多数被盗，在M2的盗洞口有人的头骨、股骨、动物牙齿、铲足鬲足跟及漆皮，年代约为战国晚期。

8. 甘肃张家川高崖墓地

高崖墓地位于甘肃省张家川回族自治县川王乡高崖村西，面积约10万平方米。墓地发现被盗墓葬30余座，出土大量马骨、人骨、玛瑙、釉陶珠、漆皮等。抢救性发掘墓葬3座，墓葬结构及葬俗均与马家塬墓地一致[3]。墓地出土马车、玛瑙、釉陶珠、铜鹿、铜车马饰件、陶壶、陶单耳罐等，尤其是立体铜卧鹿装饰，时代特征明显，年代应为战国中晚期。

---

[1] 庄浪县博物馆：《庄浪县邵坪村出土一批青铜器》，《文物》2005年第3期。
[2] 早期秦文化联合考古队：《牛头河流域考古调查》，《中国历史文物》，2010年第3期；王文斌：《张家川历年来发现的北方系青铜器》，《与古为新：张家川县文化遗产研究》，中国文史出版社，2020年。
[3] 王文斌：《张家川历年来发现的北方系青铜器》，《与古为新：张家川县文化遗产研究》，中国文史出版社，2020年。

9. 甘肃张家川大庄墓地

大庄墓地位于甘肃省张家川回族自治县川王乡大庄村北侧，面积 2 万平方米。盗洞中采集到夹砂红褐陶片、马骨、人骨、釉陶珠、漆皮等[1]。抢救清理的 1 座墓葬出土了骨管、铁剑、釉陶珠、铁器残片、青铜饰件等器物，年代为战国中晚期。

10. 甘肃张家川坪桃塬墓地

坪桃塬墓地位于甘肃省张家川回族自治县张川镇上川村西北 200 米，面积约 3 万平方米。墓地中有汉代砖室墓，另发现 1 座积炭墓，形制不可辨[2]。墓地出土金属车马饰、泡饰、戈、矛等，尤其是呈剪纸状的方形、三角形、大角羊金饰片与马家塬墓地同类器物造型一致，年代应为战国晚期。

此外，在甘肃省天水市博物馆[3]、庄浪县博物馆[4]收藏有大量征集自当地的北方系青铜器，秦安县也有类似的发现[5]。这些器物出土环境虽已不知，但依据特征及年代来看，当属"马家塬类型"遗存。

综上所述，东周西戎文化"马家塬类型"遗存具有如下特征：第一，"马家塬类型"墓葬集中分布于陇山西侧，陇山东侧罕见。这些遗址点现在虽然分属宁夏、甘肃两省，但它们在地理上并没有阻隔，如宁夏西吉陈阳川墓地与甘肃张家川马家塬墓地均地处陇山西麓，分别位于葫芦河上下游，古代交通道路往往沿河流分布，两地来往并不困难。第二，"马家塬类型"年代为春秋晚期至秦代，除墩坪墓地年代可早至春秋晚期外，大多数墓地年代集中于战国中晚期。第三，这类遗存盛行偏洞室

---

[1] 王文斌：《张家川历年来发现的北方系青铜器》，《与古为新：张家川县文化遗产研究》，中国文史出版社，2020 年。
[2] 王文斌：《张家川历年来发现的北方系青铜器》，《与古为新：张家川县文化遗产研究》，中国文史出版社，2020 年。
[3] 陈晶：《天水市博物馆藏战国车饰件的整理与研究》，西北师范大学硕士学位论文，2020 年；裴建陇：《天水市博物馆藏西戎遗物的介绍和相关问题探讨》，《西戎文化的发现与研究学术研讨会论文集》，文物出版社，2019 年。
[4] 李晓斌：《庄浪县出土北方系青铜器及有关问题探讨》，《丝绸之路》2016 年第 12 期。
[5] 甘肃省文物考古研究所、秦安县博物馆：《甘肃秦安考古调查记略》，《文物》2014 年第 6 期。

墓。洞室轴线与墓道轴线平行的偏洞室墓年代大多偏早，洞室轴线与墓道轴线垂直的偏洞室墓年代偏晚，后者似从前者发展而来，但二者之差别亦有可能是等级或族属差异造成的。墓地中除偏洞室墓外，也包含竖穴土坑墓、直线式洞室墓或竖穴棺坑墓等多种墓葬形制。第四，墓葬多东向。依洞室轴线与墓道轴线关系的不同，墓主头向有北向和东向的差异。葬式以仰身直肢葬为主，有少量屈肢葬。部分墓葬使用木质葬具。第五，墓葬大量殉牲，殉牲种类以牛、马、羊为主，多以头骨和蹄骨殉葬。第六，随葬品以北方系青铜器为主，主要器类为车马器、车马饰及人体装饰，陶器数量极少，部分墓葬中随葬车。各遗址出土随葬品在数量、器类、制作水平上存在差异，如陈阳川墓地出土器物数量少、种类单一，并不似马家塬墓地出土随葬品之精美奢华，这种差异应是墓葬等级造成的。需要注意的是，考古工作者曾在陈阳川墓地采集到1件铜牌饰（图3-21，1），与马家塬墓地出土铜带饰（图3-21，2）极其相似，两件带饰的题材均为虎噬羊，这种装饰题材在北方草原地带的牌饰中十分常见，但将虎的鬃毛和尾在背部弯曲成相背的鸟首的做法，在整个北方地带仅见于这两处墓地，有学者曾专门撰文指出这种背上有鸟首的图案可能源于斯基泰和巴泽雷克文化[1]。可见，陈阳川墓地应存在与马家塬墓地等级相当的墓葬。这也更加说明二者虽分处两省，年代不同，偏洞室墓形态具有差异，但应同属一种东周西戎文化类型。

1   2

图3-21 宁夏西吉陈阳川墓地与甘肃张家川马家塬墓地出土虎噬羊铜牌饰

1. 陈阳川 XC 采：16   2. 马家塬 M14：5-2

---

[1] 王辉：《张家川马家塬墓地相关问题初探》，《文物》2009年第10期。

三、狼窝子坑类型

宁夏回族自治区中部，地处陇山东北麓边缘地带，北接银川平原，南为中卫平原和丘陵山地，这里发现了一批具有特色的东周西戎遗存，称为"狼窝子坑类型"。

1. 宁夏中卫狼窝子坑墓地

狼窝子坑墓地位于宁夏回族自治区中卫县西台乡双瘩村狼窝子坑。墓葬所在地曾用推土机推过，后来沙土被风吹走，骨屑暴露于地表[1]。

发掘者指出 11 座墓葬均为竖穴土坑墓，墓向多为北偏东 20°。葬式多为单人仰身直肢葬，个别为侧肢葬或屈肢葬。由于墓葬被破坏，原始形制不清，且发掘年代较早，因此这批墓葬可能并非均为竖穴土坑墓。发掘者提及一座墓葬人头向下，双脚向上斜葬，这种特殊葬式往往由直线式洞室墓洞室结构造成，故不排除这批墓葬包含直线式洞室墓的可能。

墓葬均有殉牲，数量多少不一，各墓穴的随葬品多寡不等。出土文物大都散见于骨架两侧及头、颈、胸、腰、腿等部位。随葬器物以北方系青铜器为主，陶器数量较少，主要类型为兵器、生产工具、马具、生活用品、装饰品等（图 3-22，1、4—5、7—10、13—15、17—18）。

随葬品中包含数量较多的短剑、鹤嘴斧等兵器，少见车器，且罕见圆雕、透雕等战国晚期装饰风格。部分墓葬出土的三叉护手剑及管銎戈形态偏早，年代约当春秋晚期，甚至有早至春秋中期的可能[2]。墓地年代跨度较大，从春秋晚期延续至战国早中期。

---

[1] 周兴华：《宁夏中卫县狼窝子坑的青铜短剑墓群》，《考古》1989 年第 11 期；张伟宁：《宁夏中卫出土的东周青铜器》，《文物》2010 年第 9 期。
[2] 杨建华：《春秋战国时期中国北方文化带的形成》，文物出版社，2004 年，第 40—41 页；杨建华：《略论秦文化与北方文化的关系》，《考古与文物》2013 年第 1 期。

2. 宁夏中宁倪丁墓地

倪丁墓地位于宁夏回族自治区中宁县关帝乡西南约 5 公里的倪丁村西北，共发现墓葬 2 座，为南北方向排列[1]。南面 1 座（83JNM1）被群众破坏，据了解，发现人骨、马骨，出土随葬品包括铜斧、铜铃、铜短剑、铜泡饰、铜扣饰和磨石、绿松石饰、陶罐等。北面 1 座（83JNM2）为长方形竖穴土坑墓，东西向，头向东，单人仰身直肢葬。人骨上面有散乱的马头骨，附近有铜当卢。人头部放置陶勺、绿松石饰、铜管銎斧等。铜镞、骨镞、铜环、铜削等多在盆骨附近。金属短剑分别在股骨的左右两侧，足下置一单耳陶罐（图 3-22，2—3、6、11—12、16、19—20）。

墓地出土车马器造型简单，不见腰牌饰，只有带扣，且鹤嘴斧年代具有较早特征[2]，可见，墓地年代早至春秋晚期。

3. 宁夏中卫小湖岗子遗址

小湖岗子遗址位于宁夏中卫市城区，出土青铜器 7 件[3]。该地点没有发现人骨、兽骨或其他器物。出土器物包括青铜质短剑、镜、环、带扣、扣饰、马饰、管饰等。器物形制约与狼窝子坑墓葬相似，遗址年代应为春秋、战国之交。

总体看来，"狼窝子坑类型"遗存虽然发现不多，但独具特色。首先，这些墓葬集中分布于宁夏中部地区，是目前所见地理位置最靠北的东周西戎遗存。其次，这类遗存年代上限早，且延续时间长，从春秋晚期一直持续到战国中期，甚至部分墓葬年代上限可达春秋中期。再次，这类遗存虽可能包含有少量直线式洞室墓，但大多数墓葬均为竖穴土坑墓，与其他东周西戎文化草原支系遗存盛行洞室墓的葬俗不同。墓葬殉牲习俗、葬式、随葬品具有显著北方草原文化特色。

---

［1］宁夏回族自治区博物馆考古队：《宁夏中宁县青铜短剑墓清理简报》，《考古》1987 年第 9 期。
［2］杨建华：《春秋战国时期中国北方文化带的形成》，文物出版社，2004 年，第 40—41 页。
［3］张伟宁：《宁夏中卫出土的北方系青铜器》，《考古与文物》2011 年第 5 期。

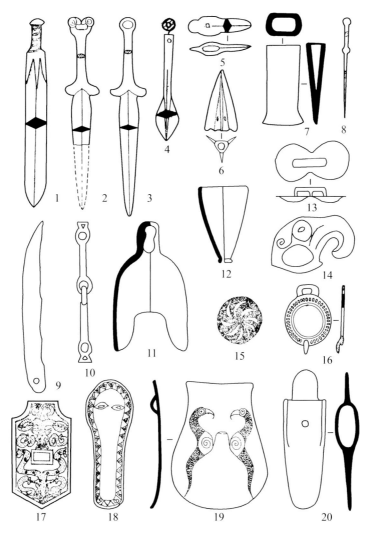

图3-22　东周西戎文化"狼窝子坑类型"遗物

1.铜柄铁剑（狼窝子坑 M3：12） 2.铜短剑（倪丁 M1：3） 3.铜短剑（倪丁 M2：11）
4.铜矛（狼窝子坑 M5：29） 5.铜鹤嘴斧（狼窝子坑 M5：7） 6.骨镞（倪丁 M2）
7.铜斧（狼窝子坑 M4：2） 8.铜锥（狼窝子坑 M5：26） 9.铜刀（狼窝子坑 M4：1）
10.铜马衔（狼窝子坑 M2：5） 11.铜铃（倪丁 M1：4） 12.铜镦（倪丁 M2：21）
13.铜连珠铜泡（狼窝子坑 M3：27） 14.铜鸟首饰（狼窝子坑 M5：32）
15.涡轮形铜牌饰（狼窝子坑 M1：15） 16.铜带扣（倪丁 M2：19）
17.透雕铜牌饰（狼窝子坑 M1：23） 18.铜当卢（狼窝子坑 M3：11）
19.铜当卢（倪丁 M2：7） 20.铜鹤嘴斧（倪丁 M2：17）

四、袁家类型

以甘肃庆阳为中心的泾河上游地区位于陇山东侧的甘肃东部地区，这里台塬广大，地势高敞，是一处相对独立的地理单元。依据文献记载，战国时期势力最为强大的义渠戎就生活于此处。囿于考古工作的不均衡性，陇东地区经过科学田野调查及发掘的东周西戎遗址极少，学界对于此处东周西戎文化分布及面貌的认识十分有限，但在各县市博物馆中均收藏有大量东周西戎遗物，尤以各类北方系青铜器为多，可见，陇东地区是东周西戎文化草原支系重要分布区域之一。结合地理分布、文献记载及零星的考古发现，暂且将陇东地区发现的北方系青铜器墓葬划定为一个东周西戎文化草原支系的地方类型，以发现较早，且考古工作相对较清楚的甘肃宁县袁家墓葬为代表，命名为"袁家类型"。

1. 甘肃宁县袁家墓葬

袁家墓葬位于甘肃宁县平子乡袁家村，1984 年袁家村村民在村西靠近沟畔处挖出 1 座古墓葬和 1 座葬马坑，庆阳博物馆派人赴现场调查清理，虽有所破坏，但现场残存情况基本清楚。墓葬、葬马坑共出土器物 43 件（图 3-23），其中墓葬内出土器物 22 件[1]。

墓葬系竖穴土坑墓，墓向 8°，内有棺木痕，无二层台和腰坑。墓主仰身直肢葬。头骨右侧置铁矛 1 件，左右耳部出土银耳坠 1 对，近左手处置铜戈、铜短剑、铜镞，腰间置铜带饰。

最具特色的是在墓葬之西有一独立葬马坑，二者相距 1 米，已破坏。据调查，坑是不规则长方形竖坑。马骨架完整，头向同墓主一致，放置整齐，可能是殉殉。在马骨周围出土器物 21 件。

根据墓葬中出土的铜质凸管形马面饰（图 3-23，9）、腹中空动物形饰（图

---

[1] 刘得祯、许俊臣：《甘肃庆阳春秋战国墓葬的清理》，《考古》1988 年第 5 期。

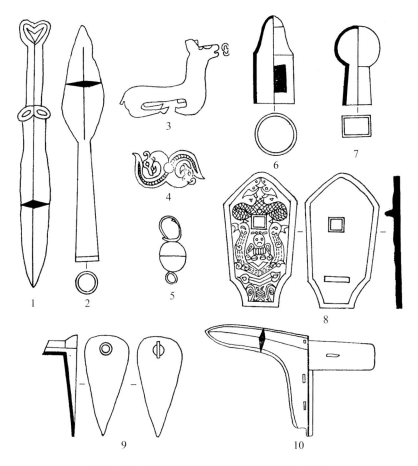

图 3-23　甘肃宁县袁家墓葬及葬马坑出土器物

1. 铜剑　2. 铜矛　3. 铜动物形饰　4. 铜牌饰　5. 银耳环　6. 铜车軎
7. 铜竿头饰　8. 铜带饰　9. 铜马面饰　10. 铜戈

3-23，3）及戈（图 3-23，10）判断，袁家墓葬及葬马坑年代为战国中期。

2. 甘肃宁县石家墓地直线式洞室墓遗存

石家墓地位于甘肃省宁县早胜镇西头村，墓地内包含有两类遗存：一类遗存年代贯穿整个春秋时期，墓葬以竖穴土坑墓为主，以周文化为主体，包含秦文化、北方文化等诸多因素[1]。前文在对寺洼支系论述时，已涉及该类遗存；另一类遗存为一处位于石家墓地南部的战国秦汉墓地，墓地整体分布于古峪沟以北、遇村南沟西侧梁峁之上，与石家春秋时期贵族墓地尚未重合，应是一处独立的墓地。墓葬以直线式洞室墓为主[2]。这处以直线式洞室墓为特征的独立墓地应属于东周西戎文化草原支系。

该墓地已发现墓葬 200 余座。墓葬分布呈现出"大分散、小聚集"的特点，个别之间存在打破关系。墓葬多为东西向，墓室朝东。墓葬形制为直线式洞室墓（图3-24，1），流行殉牲及二次葬习俗，随葬器物主要以铁鹤嘴斧、铜泡、金属环首刀、铜带钩、陶铲足鬲、陶戎式罐为主（图3-24，2—5）。墓葬年代大致可分为三段，早段年代为战国晚期，中段年代为秦至汉初，晚段年代为西汉早期。

3. 甘肃正宁后庄墓葬

后庄墓葬位于甘肃省正宁县城东北 2.5 公里的后庄村，1982 年农民在后庄村"狼牙坟"修竖穴庄基时，挖出 1 座古墓和 1 处葬马坑，出土 32 件青铜器[3]（图3-25）。随后庆阳博物馆工作人员将出土器物收回。因墓葬早被破坏，详情不明，据发掘者回忆，基本与袁家墓葬情况相似。

根据出土铜凸管形马面饰（图3-25，6）、铜腹中空动物形饰（图3-25，5）、铁剑柄（图3-25，2）以及铜戈（图3-25，1）判断，墓葬年代应为战国中期。

4. 甘肃镇原庙渠墓葬

庙渠墓葬位于甘肃省镇原县庙渠村。1983 年庙渠村村民修庄基时，从 1 座墓

[1] 王永安：《甘肃宁县西头村石家墓群发现春秋秦墓》，《中国文物报》2016 年 8 月 26 日；王永安：《甘肃宁县石家墓群发掘 5 座春秋高等级墓葬》，《中国文物报》2017 年 11 月 16 日；王永安：《交流、变迁与融合——甘肃宁县石家及遇村遗址考古新发现》，《中国文物报》2020 年 9 月 4 日。
[2] 王永安：《甘肃宁县石家及遇村遗址新发现一处西戎墓地》，《中国文物报》2022 年 8 月 1 日。
[3] 刘得祯、许俊臣：《甘肃庆阳春秋战国墓葬的清理》，《考古》1988 年第 5 期。

1

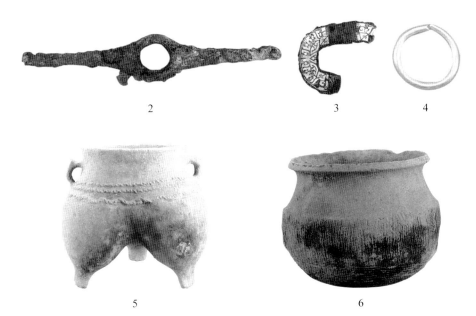

2   3   4

5   6

图3-24 甘肃宁县石家墓地直线式洞室墓遗存

1. M261墓葬形制　2. 铁鹤嘴斧（M261）　3. 铁环形贴金银饰件（M261）
4. 金环（M262）　5. 陶铲足鬲（M263）　6. 陶釜（M261）

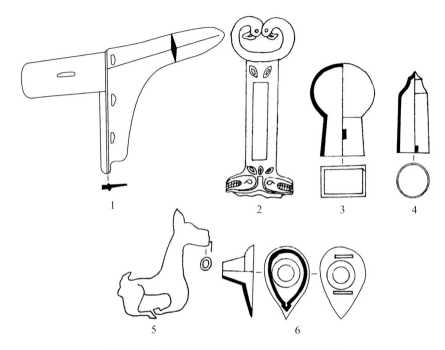

图 3-25　甘肃正宁后庄墓葬及葬马坑出土器物

1.铜戈　2.铁剑柄　3.铜竿头饰　4.铜车軎　5.铜动物形饰　6.铜马面饰

葬中挖出一批铜器，墓已破坏，葬式不明，出土物略有散失[1]（图 3-26）。

墓葬中出土兽首和花瓣结合饰件（图 3-26，7），鹤嘴斧上具有写实动物纹样（图 3-26，6），依此判断，年代应为战国早期。

5.甘肃镇原红岩墓葬

红岩墓葬位于甘肃省镇原县红岩村。1984 年红岩村村民在修半竖穴式庄基时，挖出 1 座墓葬和 1 座葬马坑，出土器物 39 件[2]（图 3-27，1、3—7）。

墓葬出土铜花瓣与兽首形带饰（图 3-27，6）、铜戈（图 3-27，3）等，年代应为战国早期。

---

[1] 刘得祯、许俊臣:《甘肃庆阳春秋战国墓葬的清理》,《考古》1988 年第 5 期。
[2] 刘得祯、许俊臣:《甘肃庆阳春秋战国墓葬的清理》,《考古》1988 年第 5 期。

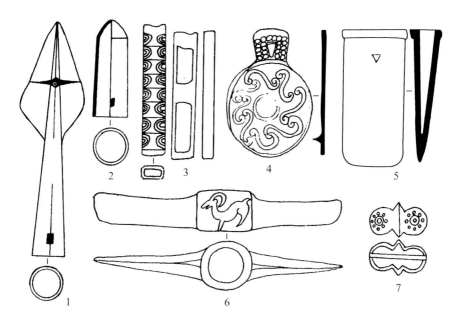

图 3-26 甘肃镇原庙渠墓葬出土器物

1. 铜矛 2. 铜车軎 3. 铜管状饰 4. 铜带扣 5. 铜锛 6. 铜鹤嘴斧 7. 铜饰件

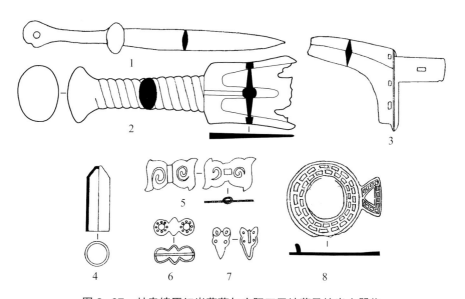

图 3-27 甘肃镇原红岩墓葬与庆阳五里坡葬马坑出土器物

1. 铜短剑（红岩） 2. 铜柄铁剑（五里坡） 3. 铜戈（红岩） 4. 铜车軎（红岩）
5. 铜饰件（红岩） 6. 铜带饰（红岩） 7. 铜饰件（红岩） 8. 铜带扣（五里坡）

6. 甘肃庆城五里坡葬马坑

五里坡葬马坑位于甘肃省庆城县（原庆阳县）。1987 年庆阳县城北五里坡居住区挖出许多长条薄铜片，后庆阳博物馆对现场进行了清理。出土铜片处为一座古代葬马坑。马坑挖成不规则状，东南向，出土小件文物 73 件[1]（图 3-27，2、8）。

葬马坑中出土铜柄铁剑（图 3-27，2），结合其他出土器物，年代应为战国早期。

此外，1984 年甘肃庆阳地区博物馆从地区废旧金属公司的废铜中回收 1 件铜铲足鬲。鬲颈部有对称的环状耳，器身装饰有"蛇纹"[2]，年代应为战国时期。

由于"袁家类型"遗存数量不多，且大多未经过科学考古发掘，因此对其文化内涵认识尚待深入。但总体来看，这类遗存集中分布于甘肃东部的泾河流域，年代多为战国时期。"袁家类型"遗存流行竖穴土坑墓，且墓葬旁常见独立葬马坑，葬马多为完整马匹，颇具特色。同时，遗存中具有一定数量的直线式洞室墓，与同处陇山东麓的"杨郎类型"具有较强相似性。对于"袁家类型"的确认、命名及深入研究，还有赖于今后更多的考古发现。

总之，东周西戎文化草原支系墓葬多为洞室墓，墓内大量殉牲，随葬品以北方系青铜器为大宗，墓葬朝向以东为主，这些特征将其与交错分布的东周西戎文化寺注支系遗存、秦文化遗存显著区分开来，显示出其与北方系青铜文化间紧密的亲缘关系。然而，"杨郎类型""马家塬类型""狼窝子坑类型"与"袁家类型"在分布地域、年代、墓葬形制、殉牲习俗等方面存在一定差异，也预示着草原支系诸类型间的族属、文化渊源亦有不同。东周西戎文化草原支系各类型之间并非完全独立。以偏洞室墓为主的马家塬墓地包含少量直线式洞室墓、竖穴土坑墓，而以竖穴土坑墓为特色的狼窝子坑墓地也可能存在直线式洞室墓。最新的考古发现表明，"杨郎类型"与"袁家类型"有着十分密切的文化联系，随着考古工作的增多，二者甚至

---

[1] 庆阳地区博物馆、庆阳县博物馆：《甘肃庆阳城北发现战国时期葬马坑》，《考古》1988 年第 9 期。
[2] 许俊臣、刘得祯：《介绍一件春秋战国铲足铜鬲》，《考古》1988 年第 3 期。

可能被合并为一类遗存。此外，东周西戎文化草原支系与寺洼支系戎人交往颇深，铲足鬲、带耳罐、戎式罐等寺洼支系代表性器物是草原支系遗存中为数不多的陶器的主要器类，尤其是铲足鬲这种东周西戎文化特色器物，对草原支系遗存西戎文化属性的确认，亦具有标识作用。这些考古实例表明，不同西戎部族间存在深度的文化交流，大规模的人群迁徙与通婚应为西戎部族间交往的主要形式。

第二节　北方草原民族的南下

虽然，东周西戎文化草原支系"杨郎类型""马家塬类型""狼窝子坑类型"和"袁家类型"在分布地域、墓葬形制等方面存在不同，但总体来看，共性是远远大于差异的。北方系青铜器、独具特色的人体及车马饰件，以及数量巨大的牛、马、羊的头蹄殉葬，均将草原支系遗存与寺洼支系遗存鲜明地区分开来。这些草原文化特征源于东周时期北方系青铜文化，显示着草原支系戎人与北方长城地带游牧人群之间密切的文化渊源。

一、文化面貌的相似性

东周时期，中国北方地区逐渐形成了一个与中原地区截然不同的文化带，活动在这里的人群以草原牧民为主，他们留下了大量不同于农耕民族的牧业文化遗存，这一文化带常被称作"中国北方长城地带"或"北方文化带"，林沄[1]、乌恩岳斯图[2]、杨建华[3]、单月英[4]对其发展演变进行了大量创建性的研究。

---

[1] 林沄：《中国北方长城地带游牧文化带的形成过程》，《燕京学报》（新14期），北京大学出版社，2003年。
[2] 乌恩岳斯图：《北方草原考古学文化研究——青铜时代至早期铁器时代》，科学出版社，2007年；乌恩岳斯图：《北方草原考古学文化比较研究——青铜时代至早期匈奴时期》，科学出版社，2008年。
[3] 杨建华：《春秋战国时期中国北方文化带的形成》，文物出版社，2004年。
[4] 单月英：《东周秦代中国北方地区考古学文化格局——兼论戎、狄、胡与华夏之间的互动》，《考古学报》2015年第3期。

春秋战国时期的北方长城地带是不同人群活动的舞台，这里既是秦、晋、赵、燕等中原国家扩展疆土的主要方向，同时也是戎、狄、胡、匈奴等人群的家园。

> 所谓"中国北方长城地带"，并非指历代所筑长城经由的全部地域，而是指古代中原农业居民与北方游牧人互相接触的地带。这个地区东起西辽河流域，经燕山、阴山、贺兰山，到达湟水流域和河西走廊。大体上包括了今天的内蒙古东南部、河北北部、山西北部、陕西北部、内蒙古中南部、宁夏、甘肃和青海的东北部。[1]

这个地带的自然环境、经济类型、生活方式和价值观念都具有自身的特点。

东周时期，北方长城地带常见一类被称作"北方系青铜器"的遗存，东周西戎文化草原支系亦属其中。这些北方系青铜文化遗存面貌高度一致，墓葬均出土北方系青铜器，盛行殉牲，应为春秋战国时期北方人群的遗留。"广布于我国北方并对中原文化产生重大影响的北方系青铜器，是多源而多分支的一个复杂的综合体。""北方系"的名称，旨在突出它们在器类、器形、纹饰和艺术风格等方面有别于中原起源的青铜器，同时也强调它们与欧亚草原其他地区青铜器的联系[2]。

除东周西戎文化草原支系遗存外，北方系青铜文化遗存还包括内蒙古杭锦旗桃红巴拉墓地、公苏壕 M1[3]、阿鲁柴登墓地[4]，伊金霍洛旗明安木独墓[5]、

---

[1] 林沄:《中国北方长城地带游牧文化带的形成过程》,《燕京学报》(新 14 期),北京大学出版社，2003 年。

[2] 林沄:《早期北方系青铜的几个年代问题》,《林沄学术文集》,中国大百科全书出版社,1998 年。

[3] 田广金:《桃红巴拉的匈奴墓》,《考古学报》1976 年第 1 期;田广金:《桃红巴拉墓群》,《鄂尔多斯式青铜器》,文物出版社,1986 年。

[4] 田广金、郭素新:《内蒙古阿鲁柴登发现的匈奴遗物》,《考古》1980 年第 4 期;田广金、郭素新:《阿鲁柴登发现的金银器》,《鄂尔多斯式青铜器》,文物出版社,1986 年。

[5] 伊克昭盟文物工作站、伊金霍洛旗文物保护管理所:《内蒙古伊金霍洛旗匈奴墓》,《文物》1992 年第 5 期。

石灰沟墓[1]，鄂尔多斯碾房渠窖藏[2]，准格尔旗西沟畔墓地[3]，包头西园墓地[4]、范家窑子墓[5]、水涧沟门墓[6]、玉隆太墓[7]、速机沟窖藏[8]、瓦尔吐沟墓[9]、清水河县阳畔墓地[10]、西咀墓地[11]，和林格尔县新店子墓地[12]，凉城崞县窑子墓地[13]、忻州窑子墓地[14]、小双古城墓地[15]、毛庆沟墓地东西向墓[16]、饮牛沟东西向墓[17]、乌拉特中后旗呼鲁斯太墓地[18]；陕西神木李家畔墓、中沟墓、纳林高兔墓[19]、店塔墓，府谷新民镇石条焉墓[20]；山西浑源李峪墓地[21]；

---

[1] 伊克昭盟文物工作站：《伊金霍洛旗石灰沟发现的鄂尔多斯式文物》，《内蒙古文物考古》1992年第1、2期。

[2] 伊克昭盟文物工作站：《内蒙古东胜市碾房渠发现金银器窖藏》，《考古》1991年第5期。

[3] 伊克昭盟文物工作站、内蒙古文物工作队：《西沟畔匈奴墓》，《文物》1980年第7期。

[4] 内蒙古文物考古研究所、包头市文物管理处：《包头西园春秋墓地》，《内蒙古文物考古》1991年第1期。

[5] 李逸友：《内蒙古和林格尔县出土的铜器》，《文物》1959年第6期；李逸友：《和林格尔县范家窑子出土的铜器》，《鄂尔多斯式青铜器》，文物出版社，1986年。

[6] 郑隆：《大青山下发现一批铜器》，《文物》1965年第2期；郑隆：《水涧沟门墓》，《鄂尔多斯式青铜器》，文物出版社，1986年。

[7] 内蒙古博物馆、内蒙古文物工作队：《内蒙古准格尔旗玉隆太的匈奴墓》，《考古》1977年第2期；内蒙古博物馆、内蒙古文物工作队：《玉隆太战国墓》，《鄂尔多斯式青铜器》，文物出版社，1986年。

[8] 盖山林：《内蒙古自治区准格尔旗速机沟出土一批铜器》，《文物》1965年第2期；盖山林：《准格尔旗速机沟出土的铜器》，《鄂尔多斯式青铜器》，文物出版社，1986年。

[9] 内蒙古自治区文物工作队：《内蒙古出土文物选集》，文物出版社，1963年，图80—83。

[10] 曹建恩：《内蒙古中南部商周考古研究的新进展》，《内蒙古文物考古》2006年第2期；内蒙古师范大学科学技术史研究院、内蒙古文物考古研究所：《内蒙古清水河县阳畔东周墓地发掘简报》，《考古与文物》2018年第1期。

[11] 内蒙古师范大学科学技术史研究所、内蒙古文物考古研究所：《内蒙古清水河县西咀墓地发掘简报》，《考古与文物》2018年第1期。

[12] 内蒙古文物考古研究所、乌兰察布市博物馆：《内蒙古和林格尔县新店子墓地发掘简报》，《考古》2009年第3期。

[13] 内蒙古文物考古研究所：《凉城崞县窑子墓地》，《考古学报》1989年第1期。

[14] 内蒙古文物考古研究所：《内蒙古凉城县忻州窑子墓地发掘简报》，《考古》2009年第3期。

[15] 内蒙古文物考古研究所：《内蒙古凉城县小双古城墓地发掘简报》，《考古》2009年第3期。

[16] 内蒙古文物工作队：《毛庆沟墓地》，《鄂尔多斯式青铜器》，文物出版社，1986年。

[17] 内蒙古自治区文物工作队：《凉城饮牛沟墓葬清理简报》，《内蒙古文物考古》1984年第3期；内蒙古文物考古研究所、日本京都中国考古学研究会岱海地区考察队：《饮牛沟墓地1997年发掘报告》，《岱海考古》（二），科学出版社，2001年。

[18] 塔拉、梁京明：《呼鲁斯太匈奴墓》，《文物》1980年第7期；塔拉、梁京明：《呼鲁斯太青铜器墓葬》，《鄂尔多斯式青铜器》，文物出版社，1986年。

[19] 戴应新、孙嘉祥：《陕西神木县出土匈奴文物》，《文物》1983年第12期。

[20] 曹玮：《陕北出土青铜器》，巴蜀书社，2009年。

[21] 山西省考古研究所：《山西浑源县李峪村东周墓》，《考古》1983年第8期。

河北张家口涿鹿倒拉嘴墓[1]、小白阳墓地[2]、白庙遗址第三类遗存第二/三组和第四/五类遗存[3]，怀来甘子堡[4]、北辛堡[5]，滦平梨树沟门墓地[6]、苘子沟墓地[7]、虎什哈炮台山墓地[8]，北京延庆军都山葫芦沟墓地、西梁垙墓地、玉皇庙墓地[9]、龙庆峡别墅工程墓地[10]等，位于甘肃河西走廊东端的沙井文化较晚阶段的三角城遗址[11]也可划归于此类遗存。这些遗存从春秋中期开始出现，遍布宁夏中南部、甘肃中东部、陕西北部、山西北部、内蒙古中南部、燕山地区，年代下限可达战国末至秦代，可划分为早、中、晚三期，学界对于每期的年代范围存在分歧[12]。

这些北方系青铜文化墓葬共性明显，主要表现在墓葬随葬的青铜武器、车马器和人体装饰上。这些物品由死者携带或装饰在车马上，可携带的特征反映了游动性的社会生活方式和生业经济模式，它们表现出与中原青铜器截然不同的文化属性。东周西戎文化草原支系与在内蒙古、陕西、山西、北京、河北等地发现的同类遗存高度相似，其中青

[1] 陈信：《河北涿鹿县发现春秋晚期墓葬》，《文物春秋》1999年第6期。
[2] 张家口市文物事业管理所、宣化县文化馆：《河北宣化县小白阳墓地发掘报告》，《文物》1987年第5期。
[3] 张家口市文物事业管理所：《张家口市白庙遗址清理简报》，《文物》1985年第10期。
[4] 贺勇、刘建中：《河北怀来甘子堡发现的春秋墓群》，《文物春秋》1993年第2期。
[5] 河北省文化局文物工作队：《河北怀来北辛堡战国墓》，《考古》1966年第5期。
[6] 承德地区文物保护管理所、滦平县文物保护管理所：《河北省滦平县梨树沟门墓群清理发掘简报》，《文物春秋》1994年第2期；滦平县博物馆：《河北省滦平县梨树沟门山戎墓地清理简报》，《考古与文物》1995年第5期。
[7] 郑绍宗：《中国北方青铜短剑的分期及形制研究》，《文物》1984年第2期。
[8] 河北省文物研究所、承德地区文化局、滦平县文物管理所：《滦平县虎什哈炮台山山戎墓地的发现》，《文物资料丛刊》（第7辑），文物出版社，1983年。
[9] 北京市文物研究所山戎文化考古队：《北京延庆军都山东周山戎部落墓地发掘纪略》，《文物》1989年第8期；北京市文物研究所：《军都山墓地：玉皇庙》，文物出版社，2007年。
[10] 北京市文物研究所：《龙庆峡别墅工程中发现的春秋时期墓葬》，《北京文物与考古》（第4辑），北京燕山出版社，1994年。
[11] 甘肃省博物馆文物工作队、武威地区展览馆：《甘肃永昌三角城沙井文化遗址调查》，《考古》1984年第7期；甘肃省文物考古研究所：《永昌三角城与蛤蟆墩沙井文化遗存》，《考古学报》1990年第2期；甘肃省文物考古研究所：《永昌西岗柴湾岗：沙井文化墓葬发掘报告》，甘肃人民出版社，2001年。
[12] 杨建华：《中国北方东周时期两种文化遗存辨析——兼论戎狄与胡的关系》，《考古学报》2009年第2期；乌恩岳斯图：《北方草原考古学文化研究——青铜时代至早期铁器时代》，科学出版社，2007年；单月英：《东周秦代中国北方地区考古学文化格局——兼论戎、狄、胡与华夏之间的互动》，《考古学报》2015年第3期。

北方草原地带。黄维指出北方地区青铜文化的金制品、动物咬斗题材与草原文化有着密切的联系，器物结构和图案上的相似关系正是文化交流的主要物质表现形式，这种"交流"的本质，则是群体之间意识形态和价值取向的认同，制造器物的历史工匠，作为独立的个体，又有自己的思维方式和文化认知，因此，制造的器物在差异中体现共性[1]。林怡娴指出东周西戎文化草原支系的费昂斯珠饰及铜器表面添加有锡，这不单纯是技术选择的结果或仅出于使用考虑，应具有宗教信仰的寓意[2]。表面镀锡制品的大量出现，不仅从艺术上，而且从制作技术上来说，无疑是一种进步。在公元前6—前4世纪，中国西北和内蒙古西南地区的游牧民族部落，用镀锡的青铜制品代表着墓主人的身份，镀锡铜器可以认为是中国古代北方草原文化的又一个重要特征[3]。

东周西戎文化草原支系蕴含着强大的北方草原游牧文化基因，具有独特的文化渊源。它不仅是北方系青铜文化的组成部分，更是公元前1千纪欧亚草原众多游牧文化中的一员。然而，东周西戎文化草原支系与周邻北方系青铜文化之间的差异也是显而易见的。学者在对北方文化带进行研究时，多将位于甘宁地区的草原支系遗存视为北方系青铜文化的一个独立区域类型[4]，这种划分方法既考虑到地理单元的

[1] 黄维：《北方地区青铜文化金制品的生产与流动——基于技术与艺术风格的分析》，《古代文明》（第13卷），上海古籍出版社，2019年。
[2] 宁夏文物考古研究所、彭阳县文物管理所：《王大户与九龙山：北方青铜文化墓地》，文物出版社，2016年，第730—733页。
[3] 韩汝玢、埃玛·邦克：《表面富锡的鄂尔多斯青铜饰品的研究》，《文物》1993年第9期。
[4] 林沄把北方系青铜文化划分为河北北部桑干河河谷围绕燕然山的地区、宁夏南部的清水河流域、甘肃东部的庆阳地区、内蒙古阴山东段的山前地区、内蒙古河套内的东北部地区和内蒙古阴山西段等六个区（林沄：《关于中国对匈奴族源的考古学研究》，《内蒙古文物考古》1993年第1、2期）；林嘉琳将其划分为甘肃东部及宁夏南部地区、内蒙古西南部鄂尔多斯及邻近地区、陕北榆林地区及宁夏部分地区、内蒙古阴山以南与黄河以北地区、燕山地区四个区（Katheryn M. Linduff, Emma C. Bunker and Wu En, *Archaeological Overview in Ancient Bronze of the Eastern Eurasian Steppes from the Arthur M. Sackler Collections*, Arthur M. Sackler Foundation, 1997）；杨建华把北方系青铜文化划分为甘宁地区、内蒙古地区和冀北地区三大区（杨建华：《春秋战国时期中国北方文化带的形成》，文物出版社，2004年）；乌恩岳斯图把它们划分为三个文化，分别为玉皇庙文化、杨郎文化、桃红巴拉文化和毛庆沟文化（乌恩岳斯图：《北方草原考古学文化研究——青铜时代至早期铁器时代》，科学出版社，2007年）；单月英将其划分为以陇山为中心的甘肃东南部和宁夏南部地区、鄂尔多斯高原地带、阴山以南土默川平原和浑河流域丘陵地带、蛮汗山南北及岱海盆地四个区域（单月英：《东周秦代中国北方地区考古学文化格局——兼论戎、狄、胡与华夏之间的互动》，《考古学报》2015年第3期）。

铜触角式短剑、环首短剑、刀、鹤嘴斧、马衔、各种带扣、牌饰、管形饰、连珠形饰、铃形饰、镜形饰等器物的造型和纹饰基本一致。同时，与蒙古、外贝加尔、阿尔泰、图瓦等地同时期文化之间也具有很多相似之处[1]（图3-28）。可见，东周西戎文化草原支系戎人与北方草原人群有着十分紧密的亲缘关系，它已具备了"兵器、马具、动物纹艺术"的斯基泰三要素，成为公元前1千纪欧亚草原游牧文化的重要组成部分。

死者头向及殉牲习俗也反映出北方系青铜文化内部紧密的联系。北方系青铜文化墓葬的墓主一般采用仰身直肢葬式，多数情况下头向东。罗丰指出墓葬东向与北方民族崇敬太阳的丧葬信仰有关[2]。东周西戎文化草原支系墓葬多以东向为主，南北方向似不占主流。墓葬的方向，尤其是墓主头向，是信仰的具体表现。草原支系戎人东向埋葬的习俗反映了其作为北方游牧人群一员，所共享的崇尚太阳初升方向的丧葬习俗。值得注意的是，东周西戎文化寺洼支系的部分类型也盛行东向的墓葬，这可能也是受到北方游牧文化影响的结果。同时，北方系青铜文化墓葬普遍大量殉牲，殉牲和墓主人头向一样，以东向为主。大型殉牲马、牛深受重视，头骨吻部朝向与墓主头向大体一致，而山羊、绵羊、狗等小型动物在数量上占据主导地位，随葬时不一定与墓主头向相同。在整个殉牲系统中，成年男性殉葬有马、牛、羊等，女性则以牛、羊居多，个别殉葬马。使用动物头、蹄殉葬的做法比较普遍，是普通人群的一种替代策略，而高等级墓葬会用完整的动物，尤其是马匹殉葬[3]。北方系青铜文化的殉牲特征深刻烙印于东周西戎文化草原支系之中，表明草原支系戎人与北方草原人群生业模式的相似性。

此外，奢侈品的制作工艺显现出东周西戎文化草原支系是北方草原文化的重要一员。东周西戎文化草原支系遗存盛行金制品，尤其如马家塬墓地这类西戎高等级贵族墓葬中，崇尚黄金的审美倾向具有明显的身份标识作用。而对黄金的崇拜广泛流行于

---

[1] 乌恩：《欧亚大陆草原早期游牧文化的几点思考》，《考古学报》2002年第4期；杨建华、邵会秋、潘玲：《欧亚草原东部的金属之路：丝绸之路与匈奴联盟的孕育过程》，上海古籍出版社，2016年，第402—444页。
[2] 罗丰：《北方系青铜文化墓的殉牲习俗》，《考古学报》2018年第2期。
[3] 罗丰：《北方系青铜文化墓的殉牲习俗》，《考古学报》2018年第2期。

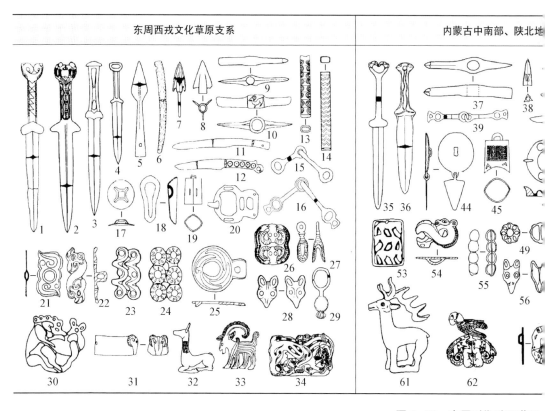

| 东周西戎文化草原支系 | 内蒙古中南部、陕北地 |

图 3-28 东周时期欧亚草原

1—4、35、36、65—68.铜短剑 5.铜矛 6.骨弓弭 7、8、38、69—71.铜镞 9、10、37、72.铜
18.铜当卢 19、45.铜铃 20、25、46、47、49、50、52、81、82、84.铜带扣 21—24、26—28、30
34.金腰牌饰 43.铜刷柄 44.铜马面饰 48、51.铜环 53、63.铜牌饰 62.金冠顶饰 73.
　　（1.李家沟 2.撒门M3 3、7、18.苋麻 4、8、15—17、20、21、26、29、
10、13.庙渠M2 11.山王家 12.莲花公社 13.阳洼 33、34.马家塬 35、58.公苏壕M
40、45、47、51、59.明安木独 61.速机沟 62.阿鲁柴登 63.小双古城 64.
67、68、72、73、75、78、81、82、85、86、92、95.图瓦地区乌尤克文
71.蒙古西部地区的乌兰固文化

[1] 本图改制自单月英：《东周秦代中国北方地区考古学文化格局——兼论戎、狄、胡与华夏之间的互动》，《考古学报

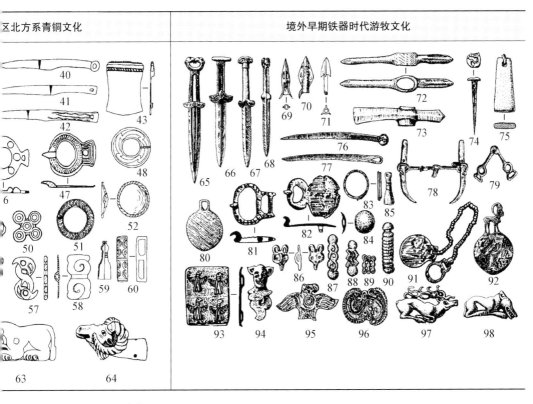

| 区北方系青铜文化 | 境外早期铁器时代游牧文化 |

中东部游牧文化器物比较[1]

鹤嘴斧　11、12、40—42、76、77.铜刀　13、14.铜管具　15、16、39、79.铜马衔　17.铜节约
54—60、85—91、93、94、96—98.铜饰　29.铜耳饰　31—32、61、64.铜车饰　33.银大角羊车饰
斧　74.铜锥　75.砺石　78.带角马镳铜马衔　80.铜镜形饰　84.铜耳环　92.铜镜　95.金饰
1、32.杨郎　5.白草洼　6.撒门 M3　9、14、22—25、27、28、30.于家庄
1　36、38、42.西沟畔 M3　37、39、41、43、44、46、48—50、52—57、60.桃红巴拉
沟　65、66、69、70、74、76、77、94、97、98.米努辛斯克盆地塔加尔文化
化　69、83、84、87—91、93、96.蒙古和外贝加尔地区的石板墓文化
0.阿尔泰地区的巴泽雷克文化）

2015 年第 3 期，图八、九、十二。

独立性，又兼顾文化面貌的差异性。毕竟，东周西戎文化草原支系盛行的各类洞室墓在整个北方草原地带是极具特色的，同时，草原支系遗存在中外文化交流、游牧化程度等方面也展现出不同的风貌。这些独特之处为在众多北方系青铜文化遗存中辨识出西戎的遗留提供了重要线索。

由于先秦时期北方长城地带生活着戎、狄、胡、匈奴等多支华夏边缘族群，其间关系一直是困扰学界的难题。《史记·匈奴列传》所载"匈奴，其先祖夏后氏之苗裔也，曰淳维"[1]，即认为北方长城地带的居民是与中原的夏人有血缘关系的同一族群。王国维进一步指出："见于商、周间者曰鬼方、曰混夷、曰獯鬻。其在宗周之季，则曰猃狁。入春秋后则始谓之戎，继号曰狄。战国以降，又称之曰胡、曰匈奴。"[2] 这一论断即认为先秦至秦汉时期活动于中国北方地区的族群实则是一支，只是在不同时代，称谓不同罢了。王国维的观点在历史学界和考古学界影响不可谓不大。20 世纪末，随着考古材料的增多，林沄结合文献记载和体质人类学研究结果，指出中国北方地区先秦时期的戎狄和胡没有关系，"从新石器时代到春秋战国之际生活在北方长城地带的均属高颅的古华北类型、古东北类型和古西北类型的居民，和均以低颅为特征的汉代匈奴和鲜卑显属不同的种系。北亚蒙古人种特征较为明显的遗骸在战国时期才出现于北方长城地带，和文献中'胡'的出现年代大体一致"[3]。杨建华对中国北方地区东周时期的遗存进行了辨析，把这些遗存划分为两类，第一类遗存被认为与戎狄有关，而第二类遗存是胡的遗留。两种遗存的划分揭示了中国北方戎狄与胡先后出现的过程与原因，同时展现了游牧人是何时、以何种方式出现在华夏世界北部边缘的。

体质人类学鉴定结果显示，从春秋时期开始北方地区逐渐有南下的北亚

[1] 司马迁：《史记·匈奴列传》，中华书局，1982 年，第 2879 页。

[2] 王国维：《鬼方昆夷猃狁考》，《观堂集林》，中华书局，2004 年。

[3] 林沄：《戎狄非胡论》，《金景芳九五诞辰纪念文集》，吉林文史出版社，1996 年；林沄：《中国北方长城地带游牧文化带的形成过程》，《燕京学报》（新 14 期），北京大学出版社，2003 年。

人混入。从春秋中期开始，出现了最早的双鸟回首剑等草原器物。到了春秋晚期，欧亚草原游牧文化中的双鸟回首剑、鹤嘴斧、有柄镜等普遍出现在中国北方地区，成为第二种遗存中最具代表性的遗物。[1]

单月英将东周至秦代中国北方地区的考古遗存划分为南、北两条文化带，二者在分布地域、文化特征与内涵、存在年代、主要人群的体质特征等方面存在显著差异。其中北文化带主要分布在以陇山为中心的今甘肃秦安、张家川、庆阳地区和宁夏固原地区，鄂尔多斯高原和阴山以南的内蒙古中南部地区及陕北北部。北文化带遗存盛行殉牲，随葬品流行短剑、鹤嘴斧、马衔、带扣及各种饰物，其年代始于春秋中晚期，消失于战国末至秦代。人种以北亚类型为主[2]。

东周西戎文化草原支系即为林沄所论之"胡"、杨建华所提"第二类遗存"、单月英划分的"北文化带"的重要组成部分，东周西戎文化寺洼支系与草原支系的分野，即是"戎狄与胡""第一类遗存与第二类遗存""南、北两条文化带"差异的个案写照。草原支系遗存于春秋晚期出现在宁夏中南部地区，战国时期遍布陇山东西两侧，其并非源自甘肃东部的土著文化。它的突然出现，应与南下的草原游牧人群有关。

虽然，东周西戎文化草原支系遗存与陕北、晋北、内蒙古中南部、燕山地区等地发现的北方系青铜文化遗存高度相似，似乎表明它们具有相同的族属，学者们也直接将这类遗存的使用者统一论定为"胡"。但是，由于历史文献明确将战国时期活动于陇山东西两侧的异族称为"西戎"，加之，各区域北方系青铜文化遗存的差异也暗示了族属的不同，因此，即便东周西戎文化草原支系与其他北方系青铜文化遗存面貌相似，草原支系人群可能具有胡人族源，我们还是应当将二者区别开来，将东周西戎文化草原支系视为战国时期西戎族群的遗留。

---

[1] 杨建华：《中国北方东周时期两种文化遗存辨析——兼论戎狄与胡的关系》，《考古学报》2009年第2期。
[2] 单月英：《东周秦代中国北方地区考古学文化格局——兼论戎、狄、胡与华夏之间的互动》，《考古学报》2015年第3期。

二、人种的一致性

学者对东周西戎文化"杨郎类型"部分墓地出土人骨材料进行了研究。于家庄墓地保存颅骨标本 8 例，形态特征"很接近现代北亚蒙古人种，甚至与蒙古族类型头骨十分接近"[1]。对张街墓地 1 男 1 女两例人骨颅骨进行了鉴定，其中男性颅骨接近于现代蒙古人种东亚类型，而女性颅骨近似于现代蒙古人种北亚类型[2]。张街墓地发现的 1 例呈东亚类型的人骨，学者指出其可能受到颅型偏低的北亚蒙古人种的影响[3]，当然也可能是东周西戎文化草原支系与寺洼支系人群交往的体质人类学证据。从头骨的脑颅和面颅各项特征进行判断，王大户墓地的死者在种族形态学上与蒙古人种的北亚类型更接近[4]。中庄墓地与九龙山墓地出土颅骨的基本形态特征与现代北亚蒙古人种十分一致[5]。王大户和中庄墓地出土 6 例人骨的古DNA 分析也显示，这些人群与北亚人群遗传关系密切，很可能是南下的北方游牧民族[6]。"马家塬类型"的代表性遗址，如马家塬墓地、王洼墓地的主人也均以蒙古人种北亚类型为主[7]。墩坪墓地稍显特殊。墓地中男性的颅骨特征接近现代蒙古人种的东亚类型，但其较大的面宽绝对值、面部扁平度却具有北亚类型的特征。墓地女性与男性的颅型差异较大，女性个体的圆颅和阔颅特征更加接近北亚类型蒙古人种的颅型特征[8]。墩坪墓地靠近洮河流域，这里是寺洼戎人及其后裔的大本

---

[1] 韩康信:《宁夏彭堡于家庄墓地人骨种系特点之研究》,《考古学报》1995 年第 1 期。

[2] 韩康信:《彭阳张街村春秋战国墓两具人骨》,《宁夏古人类学研究报告集》,科学出版社,2009 年。

[3] 韩涛、朱存世、王晓阳、张全超:《宁夏地区古代居民的体质类型研究》,《文博》2019 年第4 期。

[4] 韩康信:《彭阳古城王大户村春秋战国墓人骨的鉴定与种系》,《宁夏古人类学研究报告集》,科学出版社,2009 年;宁夏文物考古研究所、彭阳县文物管理所:《王大户与九龙山:北方青铜文化墓地》,文物出版社,2016 年,第 228 页。

[5] 宁夏文物考古研究所、彭阳县文物管理所:《王大户与九龙山:北方青铜文化墓地》,文物出版社,2016 年,第 465、622 页。

[6] 宁夏文物考古研究所、彭阳县文物管理所:《王大户与九龙山:北方青铜文化墓地》,文物出版社,2016 年,第 678 页。

[7] 甘肃省文物考古研究所原所长王辉先生见告。

[8] 杨诗雨:《甘肃漳县墩坪墓地东周时期人骨研究》,吉林大学博士学位论文,2023 年,第 216 页。

营。在春秋晚期北方草原民族南下的大趋势下，这些土著戎人与南下游牧戎人深度融合，不仅体质特征呈现出一定北亚人种的因素，而且在生业模式、审美情趣方面全面游牧化，多北方系青铜器，少陶器，引入洞室墓的文化面貌即是明证。可见，东周西戎文化草原支系多属蒙古人种北亚类型，与寺洼支系多为古中原类型人种不同，二者分属两个族群，无渊源关系。

东周西戎文化草原支系与同时代北方长城地带的北方系青铜文化人种一致。内蒙古包头西园墓地、杭锦旗桃红巴拉墓地、和林格尔新店子墓地、清水河阳畔墓地、清水河西咀墓地，以及甘肃沙井文化三角城墓地等北方系青铜文化遗存的人种类型均为蒙古人种北亚类型。而内蒙古凉城县崞县窑子墓地、忻州窑子墓地、小双古城墓地为蒙古人种北亚类型、古华北类型、古中原类型并存的现象，这反映了北方游牧人群与中原人群的融合[1]。若按古人种类型体系划分，现代蒙古人种北亚类型属于"古蒙古高原类型"。"古蒙古高原类型"的颅骨特征为圆颅型、正颅型和阔颅型相结合、颧宽较大、上面部扁平度中等偏大，主要分布在今蒙古国以及中国内蒙古地区，向北最远可到达外贝加尔地区，向南遍及我国整个北方长城地带，其来源应该与蒙古高原以及外贝加尔石板墓的古代居民有关，后裔是后来匈奴联盟中人种构成的重要组成部分，亦构成更晚时期的鲜卑、契丹、蒙古等少数民族[2]。

有学者注意到宁夏地区从新石器时代至东周时期，人群的主要体质类型由东亚类型变为北亚类型的现象[3]，这一转变就是由于北方草原南下的西戎分支到达宁夏所致的。较早生活于宁夏、甘肃一带的寺洼支系戎人是以东亚类型为主的人群。约当春秋晚期，以北亚类型为主的草原支系戎人出现在陇山东西两侧，为西戎注入了

---

[1] 各北方系青铜文化遗存使用者的体质类型研究主要参见韩康信：《甘肃永昌沙井文化人骨种属研究》，《永昌西岗柴湾岗：沙井文化墓葬发掘报告》，甘肃人民出版社，2001 年；张全超：《内蒙古和林格尔县新店子墓地人骨研究》，科学出版社，2010 年。
[2] 张全超：《内蒙古和林格尔县新店子墓地人骨研究》，科学出版社，2010 年，第 94—95 页。
[3] 韩康信：《宁夏彭堡于家庄墓地人骨种系特点之研究》，《考古学报》1995 年第 1 期；韩涛、朱存世、王晓阳、张全超：《宁夏地区古代居民的体质类型研究》，《文博》2019 年第 4 期。

新的人群来源，成为战国时期西戎的主体。东周时期西戎人群构成的转变就是先秦时期北方长城地带人群更迭的一个缩影。

三、生业经济的趋同性

东周西戎文化草原支系的使用者与北方草原地带人群一样，过着以游牧为主的生活，相似的生业经济模式预示了共同的文化渊源。

游牧民族均是带畜群逐水草迁徙的，并不定居。为了便于迁徙，庐帐是游牧民的基本住宅样式，很难留下遗迹现象。但在某些季节，尤其是冬季，游牧民可能会暂时定居下来，使用地穴式、土洞室、石结构或木结构的房屋，但其共同特点是比较简易。

东周西戎文化草原支系遗存均为墓地。近年来虽然在甘肃东部地区的渭河流域及西汉水上游地区开展了多次大规模考古调查，但也罕见与草原支系戎人有关的居址存在。与之相似的是，在同时代的内蒙古中南部、陕北地区的北方系青铜文化中，遗址类型也多以墓葬为主，反映出游牧生活的特色。虽然个别墓地，如毛庆沟墓地附近发现建筑遗迹、灰坑和窑址等居住址，但规模有限，应是与中原农业民族融合的表现。

在游牧性质的遗存中往往出土大量动物骨骼，以殉牲最为常见。这些动物骨骼多为复合畜种，其中马匹是游牧的主要畜种，绵羊是牧民最重要的生产生活资料，马和绵羊的组合可以构成游牧生活的最基本要素。牛可以提供肉、奶、毛、皮等畜产品，更重要的是可以为牧民提供强劲畜力，因此也是牧民的重要畜种。

春秋战国时期北方民族文化的一致性及生业形态的相似性，致使他们在葬俗方面均流行殉牲。以大量牛、马、羊的头和蹄骨殉葬，是东周西戎文化草原支系最为普遍的现象。于家庄墓地共发掘墓葬 28 座，除 4 座墓葬未发现殉牲外，其余墓葬普遍殉牲。殉牲的种类有牛、马、羊的完整头骨或颌骨、蹄骨。墓地共殉完整的牛头骨 54 具、马头骨 42 具、羊头骨 166 具，此外，还有大量的马、牛、羊的颌骨

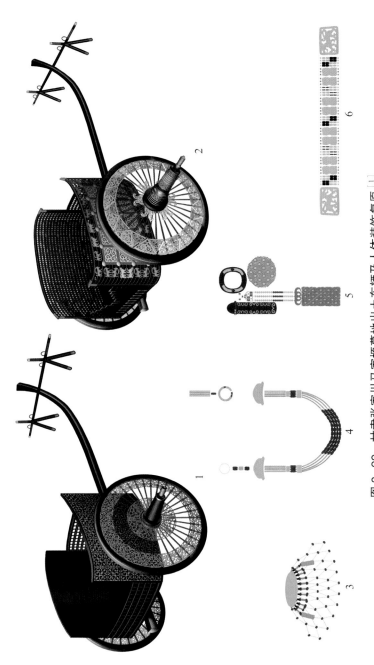

图 3-29　甘肃张家川马家塬墓地出土车辆及人体装饰复原[1]

1. M3-2 号车　2. M16-1 号车　3. 头部装饰复原图　4. 项链装饰件复原图　5. 腰带坠饰复原图　6. 腰带复原图

[1]　复原图引用自赵吴成，马玉华：《战国戎人造车》，文物出版社，2020 年；黄晓娟、韦清、赵西晨，严静：《甘肃马家塬战国墓地 M4 出土身体装饰件的保护修复及复原研究》，《中国国家博物馆馆刊》2016 年第 6 期。

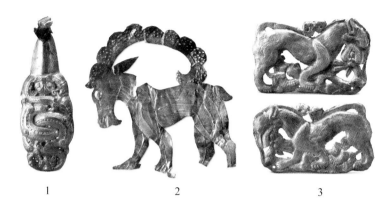

图 3-30　甘肃张家川马家塬墓地出土动物纹器物

1. 金带钩（M14：15）　2. 银大角羊饰（M7：25）　3. 金腰饰（M14：5）

和蹄骨。各墓殉牲的数量多寡不一，多者包括羊头骨 53 具、牛头骨 2 具、羊颌骨 130 具；少的仅有牛、马头骨各 1 具，羊头骨 2 具。王大户和中庄两处墓地出土人体骨骼的食谱分析显示先民食物结构以食草类动物为主[1]。墩坪墓地人群的牙齿磨耗显示其所摄入的植物类食物相对较少，在肢骨特征和行为模式上也与农业人群差别明显，反映了牧业经济的特点[2]。草原支系墓地中大量的牛、马、羊殉牲以及科技考古分析显示，这群戎人过着"逐水草迁徙"，无"耕田之业"的生活，类似的情况在北方系青铜文化墓葬中亦十分常见。随着游牧经济在内蒙古中南部地区的推行，殉牲已成为东周时期该地墓葬的主要特征[3]。墓葬中大量出现的马、牛、羊骨骼，都是牧业经济形态的直接证据。

游牧性质的遗物主要包括车具、马具、兵器和具有草原艺术风格的各种服饰装饰器。车马是游牧民族交通运输的重要工具，用于狩猎的武器可以补充生活来源和保护畜群的安全，繁复的身体装饰则是游牧民族独特的审美情趣。无论在东

[1] 宁夏文物考古研究所、彭阳县文物管理所：《王大户与九龙山：北方青铜文化墓地》，文物出版社，2016 年，第 702 页。
[2] 杨诗雨：《甘肃漳县墩坪墓地东周时期人骨研究》，吉林大学博士学位论文，2023 年，第 106—107、162—164 页。
[3] 包曙光：《中国北方地区夏至战国时期的殉牲研究》，科学出版社，2021 年。

周西戎文化草原支系（图3-29），还是河西走廊东端、内蒙古中南部及陕北的北方系青铜文化中，均可见到极其发达的车马具、兵器及人体装饰。这些极具特色的北方系青铜器，显示着墓主人不同于中原农业民族的身份认同。游牧民族的制陶业不如农业民族发达，陶器数量少且种类简单。为了防止陶器在迁徙中破碎，游牧民常使用便于绳索捆绑的环耳器皿、穿孔器皿、大口束颈器皿等，这种现象在北方系青铜文化遗存中也得到验证，草原支系中陶器极少，且类型多为单、双耳罐即为明证。

家畜是游牧民的生产生活资料，野牲是游牧民的狩猎对象，二者是游牧遗存中最常见的艺术主题，而这种特征在定居农业民族中并不存在。包括东周西戎文化草原支系在内的北方系青铜文化墓葬中，猛兽、猛禽、家畜是最为常见的艺术形象，虎、蛇、羊、鹿、犬、鹰等动物大量出现于牌饰、泡饰、剑等器物表面，以猛兽与食草动物搏斗的画面最具有代表性，这应是对游牧生活场景的生动描绘（图3-30）。

可见，包括东周西戎文化草原支系戎人在内的北方地带人群游牧化程度很高，过着非定居生活，农业在生产中的比重很小。

综上所述，东周西戎文化草原支系戎人与同时代北方长城地带游牧人群有着密切的亲缘关系，二者在文化特征、人种及生业模式上具有极强的相似性。春秋、战国之际，气候趋于干冷，生活在高纬度地区的游牧人群在应对生态变化时更为敏感，生业经济模式变得极为脆弱。迫于生态压力，原先生活于蒙古高原一带的游牧人群迅速南下，到达中国北方长城地带，其中就包括东周西戎文化草原支系的使用者。春秋中期，秦穆公称霸西戎，原本生活于甘肃东部、使用寺洼文化的西戎人群大量溃散。东周西戎文化寺洼支系戎人的归附及外迁，使得陇山东西两侧出现大片空白地带。春秋晚期，自北方而来的游牧人群迅速占据了这片水草丰美、极其适宜牧业发展的优良场地，遗留下大量东周西戎文化草原支系遗存。他们继承了"西戎"称谓，成为战国之时西戎族群的主体，而寺洼支系戎人也逐渐沦为其附庸。

第三节　草原支系的族属

秦穆公霸西戎后，西戎一度消失于华夏民族历史记载之中，这应与寺洼支系戎人臣服于秦人的统治有关。作为秦国的新成员，这些戎人不再被视为异族，他们与秦人和谐相处，自然不会再出现于史书之中。然而，从战国开始，文献中关于西戎的记述再次趋于频繁。只是此时与秦人交往的西戎部族已不再是之前的犬戎或猃狁、邽冀之戎、秦晋所迁之戎，而是以绵诸、义渠、獂戎为代表的一批新的西戎部族。他们时归时叛，与秦人战事不断，成为秦国的心腹之患。至战国晚期，"宣太后诈而杀义渠戎王于甘泉，遂起兵伐残义渠。于是秦有陇西、北地、上郡，筑长城以拒胡"[1]，西戎才终被征服，自此鲜见西戎踪迹。

《史记·匈奴列传》曰：

> 秦穆公得由余，西戎八国服于秦，故自陇以西有绵诸、绲戎、翟、獂之戎，岐、梁山、泾、漆之北有义渠、大荔、乌氏、朐衍之戎。[2]

以往学者多认为这段记载是对秦穆公所征服的西戎国家分布地域的说明，但事实上，这些西戎部族此前大多未见于史籍，绵诸、獂戎、义渠等戎族更是活跃于战国时代，显然，司马迁所述西戎八国应为春秋中晚期之后，尤其是战国时期的西戎部族。

陇山是司马迁记述这些西戎部族地理分布时的重要界标。它呈西北—东南走向，主脉位于宁夏西南部、甘肃东部，向西北延伸至宁夏中卫境内，向东南进入陕西西端宝鸡以北。陇山东麓为甘肃平凉、庆阳一带，向北进入宁夏中南部地区，属泾河流域。陇山西麓主要指甘肃中部及东南部的渭河中上游地区，包括定西、天水

---

[1] 司马迁：《史记·匈奴列传》，中华书局，1982年，第2885页。
[2] 司马迁：《史记·匈奴列传》，中华书局，1982年，第2883页。

等地，葫芦河自北向南流经此地，注入渭河。

依据《匈奴列传》的记载，陇之西有绵诸、绲戎、翟戎、㹎戎，陇以东为义渠、大荔、乌氏、朐衍居地。绲戎、翟戎、大荔与东周西戎文化寺洼支系有关，其前已述，而余下西戎部族则为东周西戎文化草原支系的使用者。战国之时，除寺洼支系遗存依然分布于陇山两翼外，东周西戎文化草原支系成为这里的主流。草原支系各类型恰以陇山为界，排布两侧，泾渭分明（图3-31）。陇山西侧分布着"马家塬类型"，陇山东侧自北向南依次分布着"狼窝子坑类型""杨郎类型""袁家类型"，这种空间分布与文献中所述西戎部族活动地域相印证。草原支系四个类型均

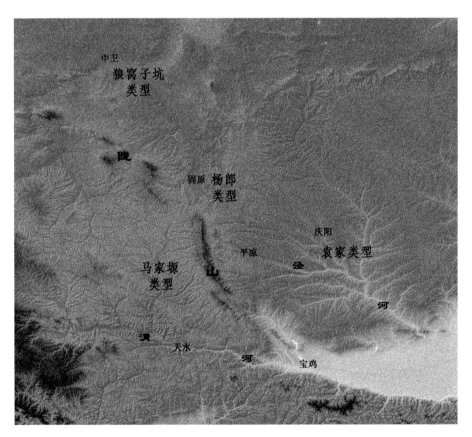

图3-31　东周西戎文化草原支系各类型分布图

为北方草原部族南下而形成的，那么南下的过程应当不是一批次、一部族的南下，而是多批次、多部族的南下，各类型文化面貌的差异应是不同部族造成的，这使得我们可以将文献中的西戎部族与草原支系各类型对应起来。

一、"马家塬类型"的族属

绵诸，因字形相近，又常被写作繇诸、绵繇、诸繇[1]。文献记载绵诸戎是西戎部族中实力较强的一支。战国时期，绵诸不仅与义渠戎作战，同时也与秦人不断征伐[2]。绵诸故城，《史记·匈奴列传》正义引《括地志》云："秦州秦岭县北五十六里，汉绵诸道，属天水郡。"[3]《汉书·地理志》天水郡有绵诸道[4]。《十三州志》曰："今州东四十五里之邦山下有古城遗址，即绵诸城。"[5]近现代学者们大都认为绵诸的活动范围在甘肃天水一带[6]。

关于绵诸的族源，学界看法不一[7]。徐日辉认为其为西方东迁入陇之族。《山海

[1] 马非百：《秦集史》，中华书局，1982年，第259页；吕思勉：《吕思勉读史札记》，上海古籍出版社，1982年，第402页；林剑鸣：《秦史稿》，上海人民出版社，1981年，第45—46页；何光岳：《炎黄源流史》，江西教育出版社，1992年，第186页。

[2] 秦厉共公六年"义渠来赂，绵诸乞援。""公将师与绵诸战。"司马迁：《史记·六国年表》，中华书局，1982年，第689—690、693页。

[3] 司马迁：《史记·匈奴列传》，中华书局，1982年，第2884页。

[4] 班固：《汉书·地理志》，中华书局，1962年，第1612页。

[5] 转引自辛迪：《两周戎狄考》，北京大学博士学位论文，第69页。

[6] 童书业：《春秋史》，中华书局，2006年，第129页；林剑鸣：《秦史稿》，上海人民出版社，1981年，第45页；史念海：《西周与春秋时期华族与非华族的杂居及其地理分布》（下），《中国历史地理论丛》1990年第2期；钟侃、陈明猷：《宁夏通史》（古代卷），宁夏人民出版社，1993年，第19—22页；杨建新：《中国西北少数民族史》，民族出版社，2003年，第24页；徐卫民：《秦汉历史地理研究》，三秦出版社，2005年，第521、523页；李亚农：《西周与东周》，上海人民出版社，1956年，第20页；黄烈：《中国古代民族史研究》，人民出版社，1987年，第73页；刘光华：《西北通史》（第1卷），兰州大学出版社，2005年，第218页；王宗维：《西戎八国考述》，《西北历史研究》（1986年号），三秦出版社，1987年；丘菊贤、杨东晨：《西戎简论》，《西北民族学院学报（哲学社会科学版）》1989年第4期；舒大刚：《春秋少数民族分布研究》，文津出版社，1994年，第152、154页；辛迪：《两周戎狄考》，北京大学博士学位论文，第69页。

[7] 舒大刚认为绵诸属羌人（舒大刚：《春秋少数民族分布研究》，文津出版社，1994年，第152页）。刘光华认为绵诸属氐（刘光华：《西北通史》（第1卷），兰州大学出版社，2005年，第221页）。何光岳认为绵诸为西蛮（何光岳：《炎黄源流史》，江西教育出版社，1992年，第184页）。

经·海内东经》详细记载了绵诸的故地，他与大夏、竖沙、月氏等国共处流沙之西，应在中亚一带[1]。赵俪生也指出绵诸原本生活于楚河流域[2]。绵诸族源位于中亚地区，当是接近历史真实的。东周西戎文化"马家塬类型"的时代及分布地域与文献中描述的绵诸戎时空分布一致，其文化面貌带有强烈欧亚草原游牧文化特征，深受西方文化影响，正反映了这支西戎部族与域外人群之间的密切联系。

马家塬墓地出土墓葬等级之高、随葬品之奢华、葬俗之独特，在众多东周西戎遗存中是独一无二的。极其豪华的墓葬正与绵诸戎强大的实力相吻合。墓地中 M6 特殊的葬制及巨大的规模，表明马家塬墓地的主人以绵诸戎王及高等级绵诸贵族为主。而在天水周边发现的其他"马家塬类型"遗存，如王洼墓地、刘坪墓地，以及葫芦河上游的陈阳川墓地，也应与绵诸戎有关。

依据文献记载，东周时期活动于天水地区的西戎部族不止绵诸一支，邽戎、冀戎、绲戎都曾居住于此，他们之间是何关系？如何明确"马家塬类型"的族属？历史学者曾论述绵诸戎所居之天水一带，原为邽戎之地。邽戎地区被秦设县后，很可能又为绵诸戎所据，并成为秦国西部新的威胁[3]。考古研究证实了这一观点。秦武公十年（前 688），秦伐邽、冀之戎取胜，在其居地设县，这是秦人发展壮大过程中的大事件。邽戎、冀戎活动于春秋早期及更早的时代，后被秦征服，他们的遗留只能在东周西戎文化寺洼支系之中去寻找，应与"毛家坪 B 组类型"有关。绲戎作为犬戎的分支，文化延续寺洼文化而来，与"马家塬类型"有巨大不同。而绵诸戎活跃于战国时期，此前未见于历史记载。他们与秦人不断攻伐，成为秦国西北的重要威胁，其必与邽戎、冀戎、绲戎不属于同一人群。依据时间关系以及文化来源判断，绵诸只能与春秋、战国之际新出现于陇山西侧的，源自北方草原地带的游牧文化有关。因此，东周西戎文化草原支系"马家塬类型"的

---

[1] 徐日辉：《古代西北民族"绵诸"考》，《西北民族学院学报（哲学社会科学版）》1984 年第 1 期。

[2] 赵俪生：《寄陇居论文集》，齐鲁书社，1981 年，第 212 页。

[3] 蒙文通：《周秦少数民族研究》，龙门联合书局，1958 年；杨建新：《中国西北少数民族史》，民族出版社，2003 年，第 24 页。

使用者应包括绵诸戎。

　　獂戎，又作貆戎。《史记·匈奴列传》集解引徐广曰"獂音丸"，应劭与颜师古或以"獂音桓"[1]。文献中对獂戎的记载见于战国时期。以往学界认为其属狄族[2]、姜媛[3]、氐[4]。

　　《括地志》云："獂道故城在渭州襄武县东南三十七里。古之獂戎邑。汉獂道，属天水郡。"[5]《汉书·地理志》载天水郡有獂道，应劭以为"獂，戎邑也，音完"[6]。《后汉书·西羌传》言渭首有獂之戎，章怀太子注曰："獂即獂道。"[7]《水经注·渭水》："渭水又东南，迳獂道县故城西，昔秦孝公西斩戎之獂王。"[8]《读史方舆纪要》巩昌府陇西县有獂道城。唐之渭州、明之巩昌府均治陇西县，实为一地。《大清一统志》云獂道故城"在陇西县东北，渭水北"[9]。王宗维认为："獂戎居于渭水、漳水之间。"[10]钟侃、陈明猷认为："獂戎在今甘肃陇西。"[11]刘光华认为："獂戎居地在今陇西县东南。"[12]辛迪也赞同獂戎生活在甘肃陇西[13]。

　　墩坪墓地位于甘肃漳县，该地北接陇西，东通武山，属汉代獂道范围之内，是该区域仅见的较为明确的西戎遗存。墓地年代自春秋晚期延续至战国中期，墓葬分为竖穴土坑墓及偏洞室墓两类，遗存中北方草原文化因素凸显，属东周西戎文化"马家塬类型"。依据时空分布及文化特征判断，墩坪墓地的主人应为獂戎。人骨研究表明墩坪人群的体质特征虽然表现出一些"古蒙古高原类型"的因素，但主体上

[1] 司马迁：《史记·匈奴列传》，中华书局，1982年，第2884页。
[2] 王宗维：《西戎八国考述》，《西北历史研究》（1986年号），三秦出版社，1987年。
[3] 何光岳：《〈山海经〉所载戎族的来源与分布》，《〈山海经〉与中华文化》，湖北人民出版社，1999年，第186页。
[4] 刘光华：《西北通史》（第1卷），兰州大学出版社，2005年，第221页。
[5] 司马迁：《史记·匈奴列传》，中华书局，1982年，第2884页。
[6] 班固：《汉书·地理志》，中华书局，1962年，第1612页。
[7] 范晔：《后汉书·西羌传》，中华书局，1965年，第2872—2873页。
[8] 郦道元：《水经注校证》，中华书局，2007年，第423—424页。
[9] 转引自辛迪：《两周戎狄考》，北京大学博士学位论文，第69页。
[10] 王宗维：《西戎八国考述》，《西北历史研究》（1986年号），三秦出版社，1987年。
[11] 钟侃、陈明猷：《宁夏通史》（古代卷），宁夏人民出版社，1993年，第22页。
[12] 刘光华：《西北通史》（第1卷），兰州大学出版社，2005年，第219页。
[13] 辛迪：《两周戎狄考》，北京大学博士学位论文，第69页。

仍然保持了当地土著戎人"古西北类型"的特点。这使我们看到一个北方草原南下"新西戎"与土著"旧西戎"融合的范例。墩坪墓地东周墓葬中竖穴土坑墓数量约占总数的 60%，且大型墓多为竖穴土坑墓，这表明寺洼文化竖穴土坑葬俗传统的延续，更不论遗址内发现有数量不少的寺洼文化居址及墓葬，更加暗示东周墓葬的主人是寺洼戎人的后裔。但与其他寺洼支系戎人不同，在北方草原游牧文化南侵的历史格局之下，这支土著戎人放弃了原先的生活方式，转向游牧。数量不少的偏洞室墓显然并非寺洼传统，是外来文化介入的直观反映。墓葬中大量出土的各类材质车马器及饰件、人体装饰，极少的陶器，以及盛行的牛、马、羊头蹄殉葬，都使其在物质文化表象上呈现出浓厚的草原支系特征。墩坪墓地的实例展现出战国时代西戎人群构成的复杂性，当北方草原南下"戎人"占据陇山两侧，成为"西戎"主流之时，部分土著戎人迅速"北方草原化"，加入其中。

那么，"马家塬类型"的使用者至少包括绵诸、獂戎两支不同西戎部族，其间是否有差别？实际上，以马家塬墓地为代表的绵诸遗存，与以墩坪墓地为代表的獂戎遗存，虽然均流行偏洞室墓，但其洞室形态并不相同，可构成"马家塬类型"的两个亚型。墩坪墓地的偏洞室墓为平行线式，这种样式的偏洞室墓最为常见，是偏洞室墓的典型形态。而马家塬墓地的偏洞室墓是洞室轴线与墓道轴线垂直的样貌，是偏洞室墓的特殊形态。两种不同形态的偏洞室墓是否反映了偏洞室墓时代早晚的演变规律，或是墓葬等级的差异，尚不得而知。但可以推断，族属的不同或是造成偏洞室墓不同形态的重要原因之一。随着考古发现的增多，将来从"马家塬类型"中分离出一支"墩坪类型"，也不无可能。无论如何，绵诸与獂戎均大量使用偏洞室墓，这是将其从众多东周西戎遗存中区分出来的重要标志。偏洞室墓也成为陇山西侧东周西戎文化草原支系的显著特征，与陇山以东流行的直线式洞室墓相区别。从文化面貌看，绵诸与獂戎具有相比于其他戎族部落更亲近的文化渊源，也难怪有些历史学者将獂戎与绵诸视为有着共同族源的部落了[1]。

---

[1] 刘光华认为獂戎与绵诸均为氏族。虽然对于獂戎、绵诸属氏的看法存在偏差，但二者同源的观点强调了其间紧密联系。参见刘光华：《西北通史》（第 1 卷），兰州大学出版社，2005 年，第 221 页。

二、"狼窝子坑类型"的族属

胸衍，又作昫衍。《史记》集解引徐广曰"在北地"，正义引《括地志》云："盐州，古戎狄居之，即胸衍戎之地，秦北地郡也。"[1]《汉书·地理志》北地有昫衍县[2]，《大清一统志》胸衍废县在灵州东南花马池境，即今宁夏盐池[3]。大多数学者认为胸衍戎地望在今宁夏中部的灵武、盐池一带[4]。

战国时期，分布于宁夏中部的西戎遗存仅有"狼窝子坑类型"，其应为胸衍戎的遗留。何光岳认为胸衍戎是位于陇山西侧的绵诸戎的一个分支，其部族甚至还远迁至中亚吹河流域[5]。此说虽属推测，但却有与考古研究相吻合之处。绵诸戎所遗留的"马家塬类型"虽与"狼窝子坑类型"并不完全相同，但二者都具有强烈的北方草原文化基因，并且均受到包括中亚地区游牧文化在内的欧亚草原文化的影响。

三、"杨郎类型"的族属

乌氏，氏音支，又被称为乌支、乌枝[6]、焉氏[7]。《史记》徐广注曰："在

---

[1] 司马迁：《史记·匈奴列传》，中华书局，1982年，第2884—2885页。

[2] 班固：《汉书·地理志》，中华书局，1962年，第1616页。

[3] 辛迪：《两周戎狄考》，北京大学博士学位论文，第71页。

[4] 蒙文通：《周秦少数民族研究》，龙门联合书局，1958年，第105页；何光岳：《炎黄源流史》，江西教育出版社，1992年，第188页；舒大刚：《春秋少数民族分布研究》，文津出版社，1994年，第174页；史念海：《西周与春秋时期华族与非华族的杂居及其地理分布》（下），《中国历史地理论丛》1990年第2期；钟侃、陈明猷：《宁夏通史》（古代卷），宁夏人民出版社，1993年，第22页；王宗维：《西戎八国考述》，《西北历史研究》（1986年号），三秦出版社，1987年；丘菊贤、杨东晨：《西戎简论》，《西北民族学院学报（哲学社会科学版）》1989年第4期；刘光华：《西北通史》（第1卷），兰州大学出版社，2005年，第221页。

[5] 何光岳：《炎黄源流史》，江西教育出版社，1992年，第186—187页。

[6] 《晋书·地理志上》凉州条下有乌支县，《后汉书·郡国志五》安定条下有乌枝县，其均为乌氏的异写。（辛迪：《两周戎狄考》，北京大学博士学位论文，2006年，第70页。）

[7] 《吕氏春秋·当赏篇》："秦公子连去，入翟，从焉氏塞。"王念孙认为焉氏即乌氏。《史记·郦商传》破雍将军乌氏，索引本作焉氏，《史记·郦商传会注考证》："焉氏，各本及《汉书》作乌氏。今从《索隐》单本、《枫》《三》本。"高诱注《吕览》云：焉氏"塞在安定"，正与乌氏地望相合。（陈槃：《不见于春秋大事表之春秋方国稿》，"中研院"历史语言研究所，1970年，第79—80页）

安定。"《括地志》云："乌氏故城在泾州安定县东三十里。周之故地，后入戎，秦惠王取之，置乌氏县也。"[1]《汉书·地理志下》安定郡，有乌氏，"乌水出西，北入河。都卢山在西。莽曰乌亭"[2]。唐安定县即今甘肃泾川。现代学者对乌氏戎的活动地域认识较为一致，认为乌氏戎大致活动于甘肃、宁夏交界地带，即宁夏固原、甘肃平凉一带[3]，又可分为"甘肃平凉说"[4]和"宁夏固原说"[5]。

东周西戎文化"杨郎类型"分布于宁夏南部地区，集中于陇山东侧的固原、彭阳一带，陇山西侧十分少见，时代为春秋晚期至秦代。从时代、地域及文化面貌特征来看，"杨郎类型"是唯一一支能与乌氏戎相吻合的考古遗存。加之，宁夏回族自治区彭阳县新集乡潇河湾新发现一处秦汉时期遗址，在遗址中采集到铲足鬲及大量羊、马的头、蹄骨，付建指出这里应为秦惠文王时设置的，乌氏戎所居住的乌氏县治[6]，这更加证明乌氏居地应以宁夏固原为中心。

对于乌氏戎的族属，历史学界具有"与周人同族"[7]"为《穆天子传》所载赤乌氏之裔"[8]"属于羌类"[9]等不同判断。"杨郎类型"源自北方草原地带，外来文化因素凸显，显然与周文化、西北地区土著羌戎文化不具备亲缘关系。《穆天子传》载：

[1] 司马迁：《史记·匈奴列传》，中华书局，1982年，第2884页。
[2] 班固：《汉书·地理志》，中华书局，1962年，第1615页。
[3] 丘菊贤、杨东晨：《西戎简论》，《西北民族学院学报（哲学社会科学版）》1989年第4期；钟侃、陈明猷：《宁夏通史》（古代卷），宁夏人民出版社，1993年，第22页；杨建新：《中国西北少数民族史》，民族出版社，2003年，第25页。
[4] 蒙文通：《周秦少数民族研究》，龙门联合书局，1958年，第105页；史念海：《西周与春秋时期华族与非华族的杂居及其地理分布》（下），《中国历史地理论丛》1990年第2期；何光岳：《〈山海经〉与中华文化》，湖北人民出版社，1999年，第186页。
[5] 王宗维：《西戎八国考述》，《西北历史研究》（1986年号），三秦出版社，1987年；刘光华：《西北通史》（第1卷），兰州大学出版社，2005年，第221页。
[6] 付建：《乌氏戎略考》，《宁夏师范学院学报》2020年第6期；付建：《朝那鼎与乌氏、朝那》，《考古与文物》2020年第3期。
[7] 小川琢治：《中国古代民族的研究》，《微音月刊》1931年第1卷第5期。
[8] 陈逢衡：《穆天子传补正》，转引自郭璞注、王贻樑、陈建敏校释：《穆天子传汇校集释》，中华书局，2019年，第109页；蒙文通：《周秦少数民族研究》，龙门联合书局，1958年，第105页；赵俪生：《寄陇居论文集》，齐鲁书社，1981年，第208页。
[9] 龙显昭：《汉代西域的族属及其与周秦"西戎"之关系》，《西南民族学院学报》1984年第1期。

"壬申，天子西征。甲戌，至于赤乌。赤乌之人其献酒千斛于天子，食马九百、羊牛三千，稷麦百载。"[1]赤乌氏位于春山以西三百里[2]，当在昆仑区内，即今祁连山脉区域，也有学者认为赤乌生活在阿富汗一带[3]。无论是祁连山脉还是阿富汗，均位于欧亚草原亚洲部分及其邻近区域，这里是东西方文化交汇之地。公元前1千纪以来，这些地方都处于欧亚草原游牧文化的强烈影响之下，《穆天子传》中记载赤乌人用大量的马、牛、羊献给周天子，也应是其发达牧业生活的写照。考古研究表明，"杨郎类型"中的北方草原文化因素应与欧亚草原亚洲部分的游牧文化有着紧密的联系，尤其是与天山、阿尔泰山和萨彦岭地区游牧人群交往频繁，因此，乌氏之戎源自生活在欧亚草原亚洲部分的赤乌氏，为赤乌氏东迁后的后裔，是存在一定合理性的。至于周天子所言"赤乌氏先出自周宗"[4]，大概率是一种政治拉拢行为，远非历史真相。此外，杨郎墓地已表现出社会复杂化的特征，具有既拥有军事权力，也具备经济实力的高等级贵族，财富高度集中[5]，表明乌氏戎应为一支源自北方草原，具有很强实力的西戎部族。

四、"袁家类型"的族属

义渠戎是战国时期众多西戎部族中实力较强的一支，与此时西戎族群多处于部落阶段不同，义渠人可能已建立国家。他们与秦人不断发生征战，一度左右秦国政治。

关于义渠戎的地望，古今学者多有研究。《史记·匈奴列传》记载义渠分布于"岐、梁山、泾、漆之北"[6]，且秦灭义渠后，"有陇西、北地、上郡，筑长城以拒

[1] 郭璞注、王贻樑、陈建敏校释：《穆天子传汇校集释》，中华书局，2019年，第107页。
[2] "自春山以西，至于赤乌氏、春山，三百里。"郭璞注、王贻樑、陈建敏校释：《穆天子传汇校集释》，中华书局，2019年，第204页。
[3] 郭璞注、王贻樑、陈建敏校释：《穆天子传汇校集释》，中华书局，2019年，第109页。
[4] 郭璞注、王贻樑、陈建敏校释：《穆天子传汇校集释》，中华书局，2019年，第107页。
[5] 王安琪：《春秋战国时期西戎文化墓葬研究》，山东大学硕士学位论文，2020年。
[6] 司马迁：《史记·匈奴列传》，中华书局，1982年，第2883页。

胡"[1]。《史记》集解引应劭曰："义渠，北地也。"《匈奴列传》正义引《括地志》云："宁州、庆州，西戎，即刘拘邑城，时为义渠戎国，秦为北地郡也。"《后汉书·西羌传》亦言："泾北有义渠之戎。"注云："义渠，县，属北地郡也。"[2]可见，义渠地域包括了今陕西、甘肃、宁夏等地，但活动中心应在北地郡一带。《大清一统志》庆阳府条："禹贡雍州之域，春秋战国义渠戎地，秦置北地郡，汉因之。"北地郡在汉长安所在司隶部正北，与《逸周书·王会篇》所述"正北方义渠"，即周都的正北方相合。汉代班彪《北征赋》曰："登赤须之长坂，入义渠之旧城。"李善注曰："赤须坂在北地郡，义渠城名，在北地，王莽改为义沟。"《大清一统志》云："义渠故城，在宁州西北。"张琦《战国策释地》："今甘肃宁州西北有义渠古城。"[3]近现代学者对义渠戎的地望具有较为统一的意见，均认为其活动中心位于陇山东侧泾河流域的甘肃宁县、庆阳一带[4]。

东周西戎文化"袁家类型"是以甘肃庆阳为中心的一类独特的遗存，其年代为战国时期。从时代、地望来看，"袁家类型"应与义渠戎有关。只是限于考古发现不多，且多非科学发掘所得，尚未找到高等级、大规模的墓地、城址，这使得我们很难通过"袁家类型"一窥义渠戎的全貌。

[1] 司马迁：《史记·匈奴列传》，中华书局，1982年，第2885页。
[2] 范晔：《后汉书·西羌传》，中华书局，1965年，第2872—2873页。
[3] 转引自辛迪：《两周戎狄考》，北京大学博士学位论文，第70页。
[4] 童书业：《春秋史》，中华书局，2006年，第129页；赵俪生：《日知录导读》，巴蜀书社，1992年，第214页；陈槃：《春秋时代之穉、孤竹、厹由、义渠》，《"中研院"历史语言研究所集刊论文类编·历史编（先秦卷）》，中华书局，2009年；杨建新：《中国西北少数民族史》，民族出版社，2003年，第25—26页；丘菊贤、杨东晨：《西戎简论》，《西北民族学院学报（哲学社会科学版）》1989年第4期；钟侃、陈明猷：《宁夏通史》（古代卷），宁夏人民出版社，1993年，第19—22页；甘肃省文物考古研究所：《甘肃省文物考古工作十年》，《文物考古工作十年（1979—1989）》，文物出版社，1991年，第337页；李祥石、朱存世：《贺兰山与北山岩画》，宁夏人民出版社，1993年，第224页；任乃强：《任乃强民族研究文集》，民族出版社，1990年，第391页；江应梁：《中国民族史》，民族出版社，1990年，第87页；王宗维：《西戎八国考述》，《西北历史研究》（1986年号），三秦出版社，1987年；何光岳：《东夷源流史》，江西教育出版社，1990年，第520页；辛迪：《两周戎狄考》，北京大学博士学位论文，第70页。

关于义渠戎的族属，历史学界存在义渠为羌[1]、义渠为戎[2]、义渠为狄[3]、义渠为氏[4]的争论。义渠作为战国时期一支重要的西戎部族，其族属必为戎人。但是，"袁家类型"遗存具有强烈的北方草原文化因素，表明其与之前分布于甘青地区的土著文化并无太多联系。可见，义渠戎当是一支来源于北方草原地带的游牧人群，与春秋时期分布于甘肃东部一带的寺洼支系戎族，抑或更早时期的羌、氏族没有亲缘关系。狄为春秋时期活动于内蒙古中南部、晋陕高原一带的人群，其文化源自较早时期的本土文化，与带有明确欧亚草原游牧文化特征的"袁家类型"亦无联系。实际上，一些历史学家早已指出义渠为胡种[5]，这是接近历史真实的，"袁家类型"中的游牧文化属性及北亚类型人种均支持此说。可惜学者进一步论证"义渠即匈奴"，显然将匈奴族群的构成简单化了。至于有学者指出义渠为吐火罗族的一支[6]，需要更多考古学证据去验证。

综上所述，春秋晚期起，由北方草原地带南下的游牧人群汇聚于陇山两侧，从北向南、从西向东各遗址点年代逐渐由早至晚的分布态势显现出北方人群南下的过

---

[1] 冉光荣、李绍明、周锡银：《羌族史》，四川民族出版社，1985年，第43页；黄烈：《中国古代民族史研究》，人民出版社，1987年，第124页；舒大刚：《春秋少数民族分布研究》，文津出版社，1994年，第166—167页。

[2] 辰伯：《西王母与西戎》，《清华周刊》1931年第6期（第36卷）；吕思勉：《吕思勉读史札记》，上海古籍出版社，1982年，第403页；金景芳：《中国奴隶社会史》，上海人民出版社，1983年，第414页；赵俪生：《日知录导读》，巴蜀书社，1992年，第214页；杨建新：《中国西北少数民族史》，民族出版社，2003年，第25—26页；周伟洲：《陕西通史（民族卷）》，陕西师范大学出版社，1997年，第39页；钟侃、陈明猷：《宁夏通史》（古代卷），宁夏人民出版社，1993年，第19页；刘光华：《西北通史》（第1卷），兰州大学出版社，2005年，第220页；安介生：《历史民族地理》，山东教育出版社，2007年，第82页；辛迪：《义渠考》，《内蒙古师范大学学报（哲学社会科学版）》2004年第6期。

[3] 李白凤：《东夷杂考》，河南大学出版社，2008年，第169页；王宗维：《西北历史八国考述》，《西北历史研究》（1986年号），三秦出版社，1987年；薛方昱：《义渠戎国新考》，《西北民族学院学报（哲学社会科学版）》1988年第2期；杨铭：《义渠族属辨》，《陕西历史博物馆馆刊》（第4辑），西北大学出版社，1997年，第155页。

[4] 黄树先：《汉缅语比较研究》，华中科技大学出版社，2003年，第17页。

[5] 黄文弼：《古代匈奴民族之研究》，《边政公论》1943年第2卷第3—5期；蒙文通：《周秦少数民族研究》，龙门联合书局，1958年，第107页。

[6] 岑仲勉：《两周文史论丛》，中华书局，2004年，第179页。

程，也使得东周西戎文化的分布范围扩展至宁夏中南部及甘肃中部一带。这些草原支系西戎部族大多盛行洞室墓，并形成以陇山为界，西侧以偏洞室墓为主，东侧以直线式洞室墓为主的格局。墓葬中众多的北方系青铜器及更为大量的马、牛、羊殉牲表明他们过着游动性极强的生活，跨文化间的交流更为频繁。南下草原部族凭借强大的军事实力，兼并土著戎人，与秦作战，在文献记载与考古发现中留下了深刻的历史印记，成为战国时期西戎族群的主体。

第四章

东周西戎文化与中外文化交流

东周西戎文化主要分布于陇山两翼，这里是农业与牧业的交错地带，故东周西戎文化在形成过程中受到来自北方牧业文明与南方农业文明的双重影响。同时，游牧经济给西戎带来极强的移动性，这促使其成为沟通中原地区与欧亚草原地带不同文明的重要媒介。对于东周西戎文化所反映的文化交流问题进行研究，不仅对明确东周西戎文化的形成有着至关重要的意义，而且对确认西戎族群在中外文化交流中发挥的作用，进而复原东周时期中原农业文明与欧亚草原牧业文明的交流，亦是十分重要的。

文化交往是传播者与接受者之间的一种互动，通常存在三个不同的层次：第一层次是相似的金属器。金属器的传播可能是远距离人群点与点之间的联系，或是通过某种中间人群辗转获得的联系，也就是说拥有个别相似金属器的文化之间可能没有大规模的人群接触。第二层次是相似的陶器。陶器属于易碎品，不适宜长途运输，因此陶器的相似则表明两个文化人群之间直接的联系，双方联系的密切程度也大大加深。第三层次是相似的埋葬方式，包括墓葬形制和葬式等内容。这是一个人群最不容易改变的特征，它往往是人群间更紧密关系的反映[1]。这三个层次正是探明东周西戎文化与周边文化互动图景的绝佳切入点。

第一节　金属器所反映的文化交流

东周西戎文化中的金属器以青铜器为主，另有一定数量的金、银、铁及锡器。特殊的游牧生活方式与审美趣味使得草原支系戎人十分喜爱金属制品，青铜器存

---

[1] 杨建华、邵会秋、潘玲：《欧亚草原东部的金属之路：丝绸之路与匈奴联盟的孕育过程》，上海古籍出版社，2016年，第120—121页。

在于近乎所有墓葬之中，无关等级。高等级贵族墓葬出土金属器不仅材质多样，器类、造型也异常丰富；而反观寺洼支系遗存，金属器只在少数高等级墓葬中大量出现，材质以青铜为主，有少量金器，器类、造型相对简单。

一、寺洼支系金属器的来源

在"毛家坪B组类型"的个别墓葬中，少量青铜兵器、工具与陶铲足鬲、双耳罐共存，这些小件铜器与东周时期中小型秦墓中出土的铜器别无二致。仅在甘肃甘谷毛家坪M1011出土1组青铜马形饰件[1]，应源自北方系青铜文化。

"关中类型"遗存也罕见铜器，这与目前发现"关中类型"墓葬普遍等级不高有关。在部分墓葬中，偶尔会出土镟、带钩、鏊、铃、镜、鼎、钫、甗、盘、杯等中原文化青铜器。此外，在陕西铜川枣庙[2]、西安半坡[3]等极少数墓葬中出土少量北方系青铜器。枣庙M25出土1件青铜牌饰，其造型为一只猛虎衔住一只羊，另有一只雄鹰站立羊背与猛虎搏斗（图4-1，12）。半坡M24出土1件铜权杖头。权杖顶端卧有一只立体虎形动物，器身装饰有格里芬纹样（图4-1，13）。"关中类型"墓葬中也出土铁器，数量不多，且以小型工具、带钩为主，当是受到中原文化影响所致。

"寨头河类型"被认为是较为纯粹的戎人遗留。陕西黄陵寨头河墓地中出土鼎、罐、杯、栀等铜容器，带钩、环、镯、泡、扣、管、镜等铜佩饰，剑、戈、镞等铜兵器，马衔、铃、车軎、盖弓帽等铜车马器以及钱币[4]。其中鼎（图4-1，4）、剑、戈、镞、带钩（图4-1，1）、车辖、车軎、马衔、马镳等铜器与战国时期三晋一带常见的器物类同，应是受到三晋文化影响的产物。同时，墓葬中也包含一些北方系

［1］考古发掘报告正在编写中。
［2］陕西省考古研究所：《陕西铜川枣庙秦墓发掘简报》，《考古与文物》1986年第2期。
［3］金学山：《西安半坡的战国墓葬》，《考古学报》1957年第3期。
［4］陕西省考古研究院、延安市文物研究所、黄陵县旅游文物局：《寨头河：陕西黄陵战国戎人墓地考古发掘报告》，上海古籍出版社，2018年；陕西省考古研究院、延安市文物研究所、黄陵县旅游文物局：《陕西黄陵寨头河战国戎人墓地发掘简报》，《考古与文物》2012年第6期。

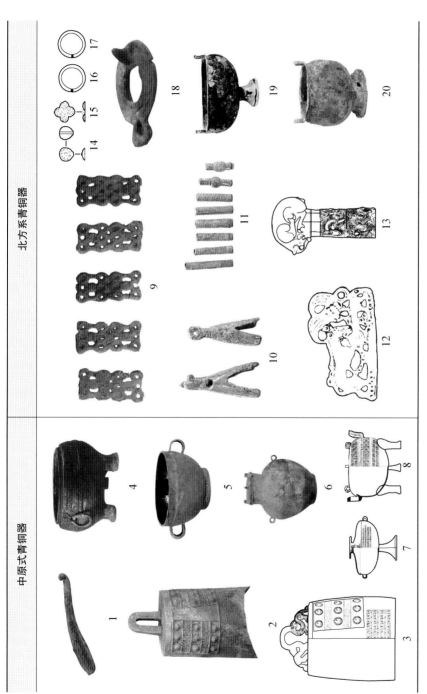

图 4-1 东周西戎文化寺洼支系青铜器

1. 铜带钩（寨头河 M76：11） 2. 铜舟（徐阳 M2：13） 3. 铜钮钟（徐阳 M2：2） 4. 铜鼎（寨头河 M7：12） 5. 铜舟（徐阳 M2：31） 6. 铜簋（徐阳 M6：11） 7. 铜豆（徐阳 M6：43） 8. 铜鼎（徐阳 M12：1） 9. 铜牌饰（寨头河 M72：3a-e） 10. 铜铃形饰（史家河 M16：32、33） 11. 铜管饰（史家河 M16：7-14） 12. 铜牌饰（枣庙 M25） 13. 铜权杖头（半坡 M24：1） 14、15. 铜扣饰（史家河 H16：18、M16：16） 16、17. 铜环（史家河 M12：19-20） 18. 铜带扣（寨头河 M78：4） 19. 铜镳（史家河 M14：2） 20. 铜镂（徐阳 M20：13）

青铜文化因素，包括铜牌饰（图4-1，9）、铜带扣（图4-1，18）、小件铜饰件等。冶金考古研究从制作工艺角度证实寨头河墓地铜器受到来自中原、西北和北方两大不同冶金系统的共同影响[1]。两支冶金传统融合密切，部分器物形制、风格与合金成分特征相异，表现为：形制、风格上属于中原特征的器物，其锡、铅含量相较于中原地区却明显偏低；形制、风格上属于西北、北方特征的器物，其锡、铅含量相较于西北、北方地区却明显偏高。此外，墓地出土铜器上采用的镀锡工艺为春秋战国时期北方、西北地区常见装饰工艺，错金银工艺则显示出与中原地区三晋文化的密切联系。寨头河墓地出土铁器多为带钩、环。"铁带钩基本可以认定为中原地区的直接输入品，铁环则不常见于其他地区，在制作技术上或与西北、北方地区块炼铁体系有着一定的联系。"[2]史家河墓地与寨头河墓地类似，墓葬中出土的铜戈、铜带钩等是陕西、山西等地东周时期中原文化墓葬中常见器物，无明显区别。而墓葬中出土的铜鍑（图4-1，19）、马面饰、铃形饰（图4-1，10）、扣饰、管饰（图4-1，11）、双环首马衔及镂空铜铃则带有明显的北方系青铜器特征[3]。

"徐阳类型"中河南伊川徐阳墓地大型墓葬的随葬品以青铜器为主，有鼎（图4-1，8）、豆（图4-1，7）、罍（图4-1，6）、壶、甗、缶、盘、匜、舟（图4-1，5）、扁、车器、编钟（图4-1，2）、编镈（图4-1，3）等器类。中型墓铜器数量也很可观，有鼎、簋、鍑、粉盒、勺、环、斧、铲等日常生活用具，也有矛、戈、镞等兵器[4]。徐阳墓地出土绝大部分铜器的组合、形制及纹饰特征与洛阳中州路春秋中晚期铜器墓相同，带有强烈的中原文化特色。但部分中型墓中出土的铜鍑（图4-1，20）等器物却具有北方草原文化因素。

[1] 陕西省考古研究院、延安市文物研究所、黄陵县旅游文物局：《寨头河：陕西黄陵战国戎人墓地考古发掘报告》，上海古籍出版社，2018年，第363页。
[2] 陕西省考古研究院、延安市文物研究所、黄陵县旅游文物局：《寨头河：陕西黄陵战国戎人墓地考古发掘报告》，上海古籍出版社，2018年，第363页。
[3] 陕西省考古研究院、延安市文物研究院、黄陵县旅游文物局：《陕西黄陵县史家河墓地发掘简报》，《考古与文物》2015年第3期；陕西省考古研究院、延安市文物研究院、榆林市文物保护研究所、黄陵县文化和旅游局、清涧县文化和旅游局：《戎与狄：陕北史家河与辛庄战国墓地考古报告》，文物出版社，2021年，第120页。
[4] 吴业恒：《河南伊川徐阳墓地初步研究》，《青铜器与金文》（第2辑），上海古籍出版社，2018年。

益门二号墓等墓葬作为寺洼支系等级较高的戎人遗留，金属器相对较多，器类多为镤、短剑、刀、马衔、马饰及人体饰件等，尤其是黄金的大量使用，显现出强烈的北方草原文化特色。陕西宝鸡益门二号墓出土金器80件，均为装饰品，分带扣、泡饰、金环、络饰四类。青铜器19件，包括带钩、带扣、环、转子、马衔、镞等。此外还有24件金铁、金铜合成器，器类为金柄铁剑、金首铁刀、金环首铜刀等兵器[1]。益门二号墓的金属制品均为兵器、马具、人体饰件，器类、造型源于北方草原文化，但部分器物装饰饕餮纹等纹样，显示出对中原文化的融合与吸收。此外，部分青铜带钩也源于中原文化。甘肃宁县宇村墓葬除大量出土权杖头、短剑、虎形饰等北方系青铜器外，还包含铜鬲、铜簋、铜尊等典型周文化器物[2]。

总之，东周西戎文化寺洼支系出土的金属器主要有两个源头：

其一，与北方系青铜文化有关。这类金属器应是寺洼支系戎人身份认同的重要标志。由于畜牧在寺洼支系戎人的生业经济模式中占有很大比重，因此，他们使用的金属器器类与中原农业人群有显著差别，各种适应牧业生活的工具、饰件自然成为寺洼支系戎人的主要生产、生活、装饰用具。同时，这些北方系青铜器也是寺洼支系戎人身份等级的象征，这解释了为何史家河墓地等级越高的墓葬出土北方系青铜器数量越多。此外，寺洼支系上层戎人对黄金制品的喜爱也是北方草原文化的普遍审美倾向，与中原文化崇尚青铜、玉的文化品位相异，标志着寺洼支系戎人接受了黄金蕴含的独特文化、精神内涵，民族心理上更加接近北方草原人群。

在寺洼支系戎人的祖先——寺洼人的遗留中也曾见到类似的青铜器构成。寺洼文化出土的青铜器有镬、戈、矛、短剑、钏、镞、刀、耳饰、铃、管状饰、镂空牌饰、泡饰等（图4-2）。这些器物器类、形制、组合关系与东周西戎文化寺洼支系墓葬相一致，反映了二者源于一脉的文化传承。寺洼文化以兵器、马具、装饰品为主的青铜器特色，与周、秦民族盛行青铜礼器的文化传统截然不同。这些构建起民族自我认同

［1］宝鸡市考古工作队：《宝鸡市益门村二号春秋墓发掘简报》，《文物》1993年第10期；宝鸡市考古研究所：《秦墓遗珍：宝鸡益门二号春秋墓》，科学出版社，2016年。
［2］许俊臣、刘得祯：《甘肃宁县宇村出土西周青铜器》，《考古》1985年第4期。

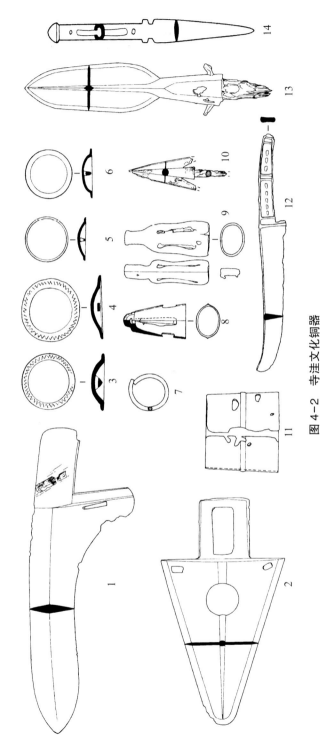

图 4-2 寺洼文化铜器

1. 铜戈（徐家碾 M70：7） 2. 铜钺（徐家碾 M95：41） 3—6. 铜泡（徐家碾 M70：2、M69：17、M69：16、M70：1）
7. 铜耳环（徐家碾 M49：10） 8、9. 铜铃（徐家碾 M65：1、M71 下：20） 10. 铜镞（徐家碾 M70：4） 11. 铜钏（徐家碾 M71 下：21）
12. 铜刀（徐家碾 M16：20） 13. 铜矛（徐家碾 M70：3） 14. 铜短剑（九站 M24：8）

的物质符号，自然传递给寺洼文化的继承者——东周西戎文化寺洼支系戎人。

其二，与中原文化相关。这些中原文化青铜器的出现多是华夏国家称霸西戎的结果。寺洼支系西戎大多处于中原国家的管制之下，表现在铜器来源上，不同地区的戎人或使用秦文化铜器，或使用三晋两周文化的铜器。其中徐阳墓地高等级墓葬出土的高度中原礼仪化的铜器组合，深刻反映了这支西戎强烈的华夏化倾向。而更多分布于华夏边缘的寺洼支系戎人墓葬中却很少出土中原文化青铜礼器，零星偶见者，使用也不合规范，显然大多数西戎更多是将这些中原青铜器当作奢侈品珍藏，而忽略了其蕴含的文化属性。

二、草原支系金属器的来源

寺洼支系上层戎人虽然也使用北方系青铜器，但多为人体饰件，反映的更多是一种审美情趣及身份认同，而草原支系戎人所使用的北方系青铜兵器、车马具、人体饰件数量更多，类型、造型愈加多样化，金、银、锡等金属材质的运用更为广泛，金属制品具有更加强烈的欧亚草原游牧文化风格，反映出另一种生业模式及文化渊源。

欧亚草原是世界上最宽广的草原地带。随着游动性生活方式的发展，自公元前2千纪下半叶起，欧亚草原逐渐进入游牧社会，欧亚草原地区人群在技术、社会结构和意识形态等方面发生重大改变。草原支系戎人作为欧亚草原游牧民中的一员，他们与早期铁器时代欧亚草原中部众多游牧人群有着紧密的文化交流，考古学文化面貌具有游牧社会的典型特征。

公元前1千纪，生活于欧亚草原中部自乌拉尔山东麓至阿尔泰地区的不同人群创造了大量辉煌灿烂的游牧文化。位于俄罗斯米努辛斯克盆地的塔加尔文化是南西伯利亚地区一支著名的早期铁器时代文化，其可分为早晚两期，早期年代为公元前10世纪末至前6世纪，晚期为公元前6—前3世纪[1]。图瓦地区位于西

---

[1] 杨建华、邵会秋、潘玲：《欧亚草原东部的金属之路：丝绸之路与匈奴联盟的孕育过程》，上海古籍出版社，2016年，第318—319页。

伯利亚南部叶尼塞河上游，发现了以图瓦阿尔然王冢为代表的一批早期游牧文化遗存。依据文化特征，这一地区早期游牧文化遗存可分为三期，早期为公元前9—前8世纪，中期为公元前7—前6世纪，晚期为公元前5—前3世纪[1]。阿尔泰地区的早期游牧文化可分为三期，早期为公元前8—前6世纪，中期为公元前5—前3世纪，晚期为公元前2—前1世纪。巴泽雷克墓地是此地最具代表性的遗址[2]。在里海东岸的中亚草原地区生活着多支游牧部落，他们就是塞人，又被称作"塞克"，《汉书》称之为"塞种"，其活动地域广大，几乎遍布整个中亚草原，包括哈萨克斯坦中东部、天山七河和费尔干纳及帕米尔地区，学界一般将其遗留的考古学文化称为萨卡文化，其繁荣期约为公元前750—前100年之间[3]。

伴随着大规模的人群移动，东周西戎文化草原支系受到欧亚草原中部各游牧文化的深刻影响，各考古学文化间显现出较为一致的文化特征，主要表现在广泛流行的马具、兵器及野兽纹三个方面。

（一）马具

相较于寺洼支系遗存，草原支系有着异常发达的马具系统。与同时期中原地区马具仅从属于具有一定等级身份人群的情况不同[4]，草原支系的马具出土于各等级的墓葬之中，表明马的使用具有社会普遍性。马在草原支系戎人的社会中具有极其重要的地位。无论草原支系墓葬规模大与小，均殉葬有数量众多的牲畜，马是十分重要的殉牲来源之一，其数量之多，表明马是日常生产、生活的重要组成部分，预示着草原支系戎人已具备游牧生活的能力。通常认为马匹是游牧社会必不可少的生

[1] 杨建华、邵会秋、潘玲:《欧亚草原东部的金属之路：丝绸之路与匈奴联盟的孕育过程》，上海古籍出版社，2016年，第335页。
[2] The Trustees of the British Museum, *Frozen Tombs: The Culture and Art of the Ancient Tribes of Siberia*, British Museum Publications Limited, 1978.
[3] Mark E. Hall, Towards an Absolute Chronology for the Iron Age of Inner Asia, *Antiquity*, 71 (1997): 863-874.
[4] 曹军:《三晋两周地区东周车马器研究》，吉林大学硕士学位论文，2014年，第61页。

产要素，因为游牧生活需要在各个草场间迁徙，人们必须具备极强的游动性，而马匹使得大范围且高速的人群流动成为可能。有学者指出游牧化的关键就是马的训练[1]，拥有合适的马具成为驭马的关键。

马衔与马镳作为马具系统中最早出现的驭马工具，是草原支系戎人最为喜爱的随葬品之一。

马衔，俗称"马嚼子"，勒于马嘴中以驭马。草原支系发现的马衔，以青铜质为主，也有铁质，依其形制的差异，主要可以分为单节马衔和双节马衔两类。

单节马衔形制较为简单，由一个两端各带一环的铜条构成。这类马衔出土数量不多，仅在宁夏固原杨郎墓地[2]、于家庄墓地[3]（图4-3，1）少量发现，年代约为春秋晚期至战国中期。由于造型原始简单，单节马衔可能代表着马衔的早期形态。

双节马衔一般由两根铜条组成，两根铜条内侧各有一个圆环，两环以一侧、一平的方式套接。根据外侧环数量差异，可分为两型：A型为双节单环马衔，即马衔的两端各置一环，两环通常为圆形。这类马衔是最常见的马衔样式，在宁夏彭阳王大户墓地[4]、店洼[5]、固原杨郎墓地[6]、固原[7]、于家庄墓地[8]（图4-3,4）、阳洼墓葬[9]、

---

[1] 杜正胜：《欧亚草原动物纹饰与中国古代北方民族之考察》，《"中研院"历史语言研究所集刊》（第64本第2分），"中研院"历史语言研究所，1993年。

[2] 宁夏文物考古研究所、宁夏固原博物馆：《宁夏固原杨郎青铜文化墓地》，《考古学报》1993年第1期。

[3] 宁夏文物考古研究所：《宁夏彭堡于家庄墓地》，《考古学报》1995年第1期。

[4] 宁夏文物考古研究所、彭阳县文物管理所：《王大户与九龙山：北方青铜文化墓地》，文物出版社，2016年。

[5] 杨守国、祁悦章：《宁夏彭阳县近年出土的北方系青铜器》，《考古》1999年第12期。

[6] 宁夏文物考古研究所、宁夏固原博物馆：《宁夏固原杨郎青铜文化墓地》，《考古学报》1993年第1期。

[7] 罗丰、韩孔乐：《宁夏固原近年发现的北方系青铜器》，《考古》1990年第5期。

[8] 宁夏文物考古研究所：《宁夏彭堡于家庄墓地》，《考古学报》1995年第1期。

[9] 钟侃、韩孔乐：《宁夏南部春秋战国时期的青铜文化》，《中国考古学会第四次年会论文集》，文物出版社，1985年。

以及甘肃张家川马家塬墓地[1]均有发现，数量近 30 件。这类马衔主要流行于战国时期，尤其以战国中晚期更为常见。B 型为双节双环马衔，即每节衔杆有两个外环。依据外环形态差异，又可分为两个亚型：Ba 型为一圆一方的外环，是指外环内侧为一圆环，外环外侧为一方环，但方环并不规整，往往呈马镫形，更有甚者近似三角形。此类马衔在宁夏固原杨郎墓地[2]、中宁倪丁墓地[3]、中卫狼窝子坑墓地[4]（图 4-3，3）、彭阳米塬墓葬[5]均有发现，出现年代可早至春秋晚期，流行至战国中晚期。Bb 型外环呈两个圆形，即外环内侧为一圆环，外环外侧也为圆环，但外侧圆环大多呈半圆形。此类马衔在甘肃漳县墩坪墓地[6]、宁夏中卫狼窝子坑墓地[7]（图 4-3，2）、固原石喇墓葬[8]均有发现，年代大多偏早，为春秋晚期至战国中期。

马镳，成对使用，分穿于马衔外侧两环，夹于马嘴两侧，并联结于马络头上。草原支系中发现青铜、铁、骨等不同材质马镳，依形制的差异，主要可以分为角形镳和 S 形马镳两类。

角形镳，均为骨质，表面多修割痕迹，整体呈锥形，有弧度。一端呈近圆形，较粗，一端呈尖状，较细。镳体有若干穿孔，可分为一孔、双孔和三孔。这类马镳数量极多，发现近 70 件，是草原支系西戎最常使用的马镳形态。在宁夏彭阳王

---

[1] 甘肃省文物考古研究所：《西戎遗珍：马家塬战国墓地出土文物》，文物出版社，2014 年；甘肃省文物考古研究所、张家川回族自治县博物馆：《2006 年度甘肃张家川回族自治县马家塬战国墓地发掘简报》，《文物》2008 年第 9 期；早期秦文化联合考古队、张家川回族自治县博物馆：《张家川马家塬战国墓地 2007—2008 年发掘简报》，《文物》2009 年第 10 期；早期秦文化联合考古队、张家川回族自治县博物馆：《张家川马家塬战国墓地 2008—2009 年发掘简报》，《文物》2010 年第 10 期；早期秦文化联合考古队、张家川回族自治县博物馆：《张家川马家塬战国墓地 2010—2011 年发掘简报》，《文物》2012 年第 8 期；早期秦文化联合考古队、张家川回族自治县博物馆：《甘肃张家川马家塬战国墓地 2012—2014 年发掘简报》，《文物》2018 年第 3 期。
[2] 宁夏文物考古研究所、宁夏固原博物馆：《宁夏固原杨郎青铜文化墓地》，《考古学报》1993 年第 1 期。
[3] 宁夏回族自治区博物馆考古队：《宁夏中宁县青铜短剑墓清理简报》，《考古》1987 年第 9 期。
[4] 周兴华：《宁夏中卫县狼窝子坑的青铜短剑墓群》，《考古》1989 年第 11 期。
[5] 杨守国、祁悦章：《宁夏彭阳县近年出土的北方系青铜器》，《考古》1999 年第 12 期。
[6] 甘肃省文物考古研究所：《甘肃漳县墩坪墓地 2014 年发掘简报》，《考古》2017 年第 8 期。
[7] 周兴华：《宁夏中卫县狼窝子坑的青铜短剑墓群》，《考古》1989 年第 11 期。
[8] 罗丰：《宁夏固原石喇村发现一座战国墓》，《考古学集刊》(3)，中国社会科学出版社，1983 年。

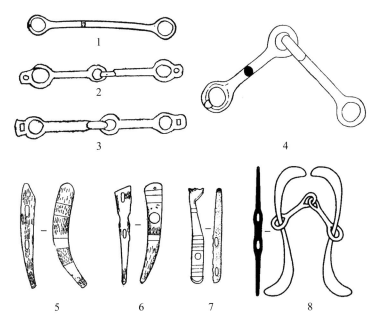

图 4-3　东周西戎文化草原支系马衔与马镳

1. 铜单节马衔（于家庄 SM5：9：1）　2. 铜双节马衔（狼窝子坑 M5：60）
3. 铜双节马衔（狼窝子坑 M5：60）　4. 铜双节马衔（于家庄 SM2：8）
5. 骨质角形马镳（撒门 M2）　6. 骨质角形马镳（撒门 M2）
7. 骨质角形马镳（于家庄 NM2：9：1）　8. 铁 S 形马镳（马家塬 M1：94）

大户墓地[1]、张街墓地[2]、官台墓葬[3]，固原撒门墓地[4]（图4-3，5、6）、于家庄墓地[5]、杨郎墓地[6]、石喇墓葬[7]，以及甘肃漳县墩坪墓地[8]均发现此类马镳，尤其是在于家庄墓地出土一件一端装饰有兽头的角形马镳（图4-3，7），造型十分精美。这类马镳流行时间较长，从春秋晚期持续至战国晚期。

［1］宁夏文物考古研究所、彭阳县文物管理所：《王大户与九龙山：北方青铜文化墓地》，文物出版社，2016 年。
［2］罗丰、延世忠：《1988 年固原出土的北方系青铜器》，《考古与文物》1993 年第 4 期。
［3］罗丰、延世忠：《1988 年固原出土的北方系青铜器》，《考古与文物》1993 年第 4 期。
［4］罗丰、韩孔乐：《宁夏固原近年发现的北方系青铜器》，《考古》1990 年第 5 期。
［5］宁夏文物考古研究所：《宁夏彭堡于家庄墓地》，《考古学报》1995 年第 1 期。
［6］宁夏文物考古研究所、宁夏固原博物馆：《宁夏固原杨郎青铜文化墓地》，《考古学报》1993 年第 1 期。
［7］罗丰：《宁夏固原石喇村发现一座战国墓》，《考古学集刊》（3），中国社会科学出版社，1983 年。
［8］甘肃省文物考古研究所：《甘肃漳县墩坪墓地 2014 年发掘简报》，《考古》2017 年第 8 期。

S 形镳，从正面或侧面看，整体呈 S 形。这类马镳为青铜质或铁质，在甘肃张家川马家塬墓地[1]、宁夏彭阳苋麻墓葬[2]都有发现，尤其是在马家塬墓地出土的铁质 S 形镳，表面带有错金银痕迹（图 4-3，8），十分精美。这类马镳年代多为战国时期。

东周西戎文化草原支系马衔与马镳受到南西伯利亚地区早期游牧文化的强烈影响。

俄罗斯南西伯利亚地区主要包括米努辛斯克盆地、图瓦和阿尔泰等地，这里的早期游牧文化遗存非常丰富。在这些早期游牧文化中，马衔与马镳异常发达，不仅数量多，形制多样，而且年代早，发展演变自成序列，该地区应是欧亚草原地带早期马具发展的一个中心。位于俄罗斯米努辛斯克盆地的塔加尔文化中的马具制作十分精美，早期流行青铜三孔马镳（图 4-4，9），马衔大多为双节双环形制（图 4-4，1、2）。到了晚期，马衔和马镳的形制非常单一，双外环的马衔被双节单环马衔取代（图 4-4，3），而这些单环形马衔插入的是双孔马镳，多为骨质[3]。图瓦地区早期游牧文化的早期青铜马衔形制多样，双节单环马衔数量最多，外环既有马镫形（图 4-4，5），也有圆形和椭圆形（图 4-4，4），还有少量双节双环马衔。马镳多为骨质三孔马镳。中期马衔以马镫形为主，外环分为单环（图 4-4，7）和双环（图 4-4，6），马镳均为青铜质地，分为直棍式（图 4-4，12）和弯棍式（图 4-4，11）两种，也多为三孔。晚期马具形制比较简单，马衔均为双节单圆环形，

[1] 甘肃省文物考古研究所：《西戎遗珍：马家塬战国墓地出土文物》，文物出版社，2014 年；甘肃省文物考古研究所、张家川回族自治县博物馆：《2006 年度甘肃张家川回族自治县马家塬战国墓地发掘简报》，《文物》2008 年第 9 期；早期秦文化联合考古队、张家川回族自治县博物馆：《张家川马家塬战国墓地 2007—2008 年发掘简报》，《文物》2009 年第 10 期；早期秦文化联合考古队、张家川回族自治县博物馆：《张家川马家塬战国墓地 2008—2009 年发掘简报》，《文物》2010 年第 10 期；早期秦文化联合考古队、张家川回族自治县博物馆：《张家川马家塬战国墓地 2010—2011 年发掘简报》，《文物》2012 年第 8 期；早期秦文化联合考古队、张家川回族自治县博物馆：《甘肃张家川马家塬战国墓地 2012—2014 年发掘简报》，《文物》2018 年第 3 期。
[2] 杨守国、祁悦章：《宁夏彭阳县近年出土的北方系青铜器》，《考古》1999 年第 12 期。
[3] 杨建华、邵会秋、潘玲：《欧亚草原东部的金属之路：丝绸之路与匈奴联盟的孕育过程》，上海古籍出版社，2016 年，第 319、325—327 页。

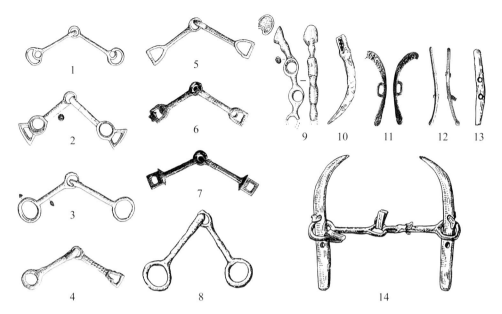

图 4-4　南西伯利亚地区早期游牧文化马衔与马镳

1—3、9.塔加尔文化　4—7、11、12、14.图瓦地区早期游牧文化

8、10、13.阿尔泰地区早期游牧文化

上面插有双孔马镳[1]（图 4-4，14）。阿尔泰地区早期游牧文化早期发现的马衔和马镳数量非常多，马衔均为青铜质，多为双节单环形制，外环为马镫形。马镳既有骨质，也有青铜质，最早的为骨质三孔马镳，青铜马镳的形制较为复杂。中期马衔形制较为统一，主要是双节单圆环马衔（图 4-4，8），马镳多为双孔（图 4-4，13），已基本不见前一时期的三孔马镳。有的马镳上还雕刻有动物形象（图 4-4，10），此外还有一定数量的 S 形铜马镳[2]。

　　南西伯利亚地区早期游牧文化中的马衔与马镳以公元前 6 世纪为界，分为早晚两大发展阶段。早期马衔形式多样，既有双节单环马衔，外环或圆形，或马

---

［1］杨建华、邵会秋、潘玲：《欧亚草原东部的金属之路：丝绸之路与匈奴联盟的孕育过程》，上海古籍出版社，2016 年，第 229、335、340 页。

［2］杨建华、邵会秋、潘玲：《欧亚草原东部的金属之路：丝绸之路与匈奴联盟的孕育过程》，上海古籍出版社，2016 年，第 344、348、350—352 页。

镫形；也有双节双环马衔。晚期主要流行双节单环马衔，外环均为圆形。早期马镳既有骨质，也有青铜质；形态多样，既有角形，也有直棍形、弯棍形，镳上多为三孔，具有很强的不稳定性。晚期马镳主要以骨镳为主，多为角形，镳上多为两孔。

南西伯利亚地区马镳与马衔的演变规律影响了东周西戎文化草原支系驭马工具的发展。在东周西戎文化中发现的双节双环马衔年代普遍偏早，可早至公元前6世纪前后，而双节单圆环马衔出现年代较晚，数量众多，且具有取代双节双环马衔的趋势。而草原支系中发现的青铜单节马衔，数量并不多，有学者认为亦是受到欧亚草原西部文化影响的产物[1]；目前所见草原支系的马镳多为骨质角形镳，三孔与两孔均有，由于经过科学发掘的材料有限，尚难看出二者是否具有年代早晚关系。但骨质角形镳主要流行于公元前5—前3世纪的战国时期，这与南西伯利亚地区马镳的发展规律是一致的。尤其是于家庄墓地发现的装饰有动物纹样的角形马镳（图4-3，7）与阿尔泰地区巴泽雷克墓地中发现的角形马镳（图4-4，10）在装饰风格上极为相似，表明二者之间密切的文化交流。至于草原支系出土的S形马镳，年代普遍偏晚，多为战国晚期，应与秦汉时期的中原地区流行的S形马镳为同一系统。

总体看来，除S形马镳源于中原文化以外，东周时期草原支系戎人所使用的马衔、马镳均与南西伯利亚地区早期游牧文化中的马具具有极强的相似性，后者时代较早，且发展有序，对草原支系驭马工具的形成与发展有着重要影响。

(二) 兵器

与寺洼支系流行铜戈、铜镞等兵器不同，草原支系具有多样化的武器系统，尤其是以双鸟回首剑、鹤嘴斧为代表的北方系青铜兵器，不仅展现着游牧人群军事贵族的特殊身份，也反映了与欧亚草原中部各游牧文化间的交流。

---

[1] 李刚：《中国北方青铜器的欧亚草原文化因素》，文物出版社，2011年，第203—204页。

1. 双鸟回首剑

双鸟回首剑，又称"斯基泰式剑"。古希腊人把波斯人和斯基泰人的短剑称为 akinakes，其剑格为倒置的心形，柄与首呈"T"字形，也有剑首作对鸟造型的。双鸟回首剑在东周西戎文化草原支系各类型中均有发现。属"狼窝子坑类型"的宁夏中宁倪丁 M1 发现的双鸟回首剑[1]（图4-5，6），鸟头较写实，年代特征明显，约为春秋晚期。中卫狼窝子坑 M5 也出土 1 件双鸟回首剑[2]，年代略晚，为战国早中期。在"杨郎类型"中，宁夏固原杨郎墓地[3]（图4-5，1）、于家庄墓地[4]、撒门墓地[5]、阳洼墓葬[6]、彭阳王大户墓地[7]（图4-5，4）、苋麻墓葬[8]（图4-5，5）均发现双鸟回首剑，年代多为战国早中期。而属"马家塬类型"的甘肃庄浪邵坪墓葬[9]（图4-5，3），"袁家类型"的甘肃宁县袁家墓葬（图4-5，2）、正宁后庄墓葬[10]、庆阳李沟[11]也有类似发现，其年代多为战国中期。总体看来，东周西戎文化草原支系中的双鸟回首剑有着明显的阶段性特征，早期的铜剑鸟首形象高度写实，细节刻画突出，而晚期的铜剑鸟首形象迅速简单化、抽象化，有些铜剑仅保留鸟的眼部来象征鸟的整体形象。这一变化趋势，与欧亚草原发现的双鸟回首剑是完全一致的。

双鸟回首剑广泛流行于欧亚草原地带，其形制变化可分为早晚两个阶段：早段鸟首的形象比较清晰，晚段则变得简约[12]。考古发现表明，这种铜剑在欧洲与西伯

[1] 宁夏回族自治区博物馆考古队：《宁夏中宁县青铜短剑墓清理简报》，《考古》1987年第9期。
[2] 周兴华：《宁夏中卫县狼窝子坑的青铜短剑墓群》，《考古》1989年第11期。
[3] 宁夏文物考古研究所、宁夏固原博物馆：《宁夏固原杨郎青铜文化墓地》，《考古学报》1993年第1期。
[4] 延世忠：《宁夏固原出土战国青铜器》，《文物》1994年第9期。
[5] 罗丰、韩孔乐：《宁夏固原近年发现的北方系青铜器》，《考古》1990年第5期。
[6] 钟侃、韩孔乐：《宁夏南部春秋战国时期的青铜文化》，《中国考古学会第四次年会论文集》，文物出版社，1985年。
[7] 宁夏文物考古研究所、彭阳县文物管理所：《王大户与九龙山：北方青铜文化墓地》，文物出版社，2016年。
[8] 杨守国、祁悦章：《宁夏彭阳县近年出土的北方系青铜器》，《考古》1999年第12期。
[9] 庄浪县博物馆：《庄浪县邵坪村出土一批青铜器》，《文物》2005年第3期。
[10] 刘得祯、许俊臣：《甘肃庆阳春秋战国墓葬的清理》，《考古》1988年第5期。
[11] 刘得祯、许俊臣：《甘肃庆阳春秋战国墓葬的清理》，《考古》1988年第5期。
[12] 李刚：《中国北方青铜器的欧亚草原文化因素》，文物出版社，2011年，第51页。

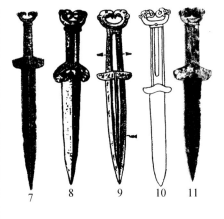

| 东周西戎文化草原支系双鸟回首剑 | 境外草原出土双鸟回首剑 |

图 4-5　东周西戎文化草原支系与境外草原出土双鸟回首剑比较[1]

1. 杨郎 I M4：11　2. 袁家　3. 邵坪 ZS5082：334　4. 王大户 PWM1：38　5. 苋麻 XM：1
6. 倪丁 M1：3　7、11. 哈萨克斯坦　8. 南西伯利亚　9. 塔加尔文化　10. 乌兰固木

利亚交界的乌拉尔地区、南西伯利亚及米努辛斯克盆地、北部的克拉斯诺亚尔斯克和蒙古都有发现（图 4-5，7—11），而且数量从西向东呈递减之势[2]。在哈萨克斯坦和南西伯利亚发现的双鸟回首剑最精致，在剑柄和剑格上都有精美的纹饰，是这种剑最发达的状态。如哈萨克斯坦出土的一把双鸟回首剑，其剑首的双鸟有喙部、眼部和耳部的清晰描写，柄部也装饰有华丽的纹饰，剑格饰两个头部向外伸出的动物（图 4-5，11）。与之相比，在东周西戎文化草原支系中发现的此类铜剑，明显造型更为简化，其剑柄和剑格均少有装饰。这种特征更接近蒙古高原出土的双鸟回首剑，其剑格也不具有装饰（图 4-5，10）。双鸟回首剑的形制演变及空间分布表明，东周西戎族群所使用的双鸟回首剑源自欧亚草原中部各游牧文化。

---

[1] 境外草原出土双鸟回首剑图片转引自杨建华、邵会秋、潘玲：《欧亚草原东部的金属之路：丝绸之路与匈奴联盟的孕育过程》，上海古籍出版社，2016 年，图 5-3-4。
[2] 杨建华、邵会秋、潘玲：《欧亚草原东部的金属之路：丝绸之路与匈奴联盟的孕育过程》，上海古籍出版社，2016 年，第 410 页。

同时，双鸟回首剑在自西向东传播的过程中，西戎族群发挥了重要的作用。双鸟回首剑在东周西戎文化草原支系中出现的年代远远早于中国北方草原地带内其他文化，这说明西戎人群是将这种精美的短剑引入中国的重要媒介。当进入战国晚期，这种短剑在东周西戎文化中忽然消失不见。在等级极高的马家塬西戎贵族墓地中，不再见到这种带有身份标识作用的青铜短剑。有学者已注意到，由于马家塬墓地整体年代偏晚，因此高等级墓葬中虽然有显示戎王身份地位的一些器物，但是和独立于农牧区之外的游牧首领墓葬相比，缺少短剑、管銎啄戈一类的武器，可能显示秦国对其军事装备和武装力量的控制和对首领的羁縻[1]。

2. 鹤嘴斧

鹤嘴斧是一种有銎战斧，在欧亚草原上十分流行，其分为两端，扁刃一端具有斧的功能，稍尖一端与鹤嘴相仿[2]。东周西戎文化草原支系中发现的鹤嘴斧约20件，见于宁夏中宁倪丁墓地[3]、中卫狼窝子坑墓地[4]、固原杨郎墓地[5]、于家庄墓地[6]、芦子沟墓葬[7]、鸦儿沟墓地[8]、彭阳王大户墓地[9]、古城[10]、张街墓地[11]，以及甘肃清水刘坪[12]，镇原庙渠墓葬、红岩墓葬[13]，遍及草原支系

[1] 郭物：《马家塬墓地所见秦霸西戎的文化表象及其内因》，《四川文物》2019年第4期。
[2] 于建华：《鹤嘴铜斧初论》，《北方文物》1996年第4期。
[3] 宁夏回族自治区博物馆考古队：《宁夏中宁县青铜短剑墓清理简报》，《考古》1987年第9期。
[4] 周兴华：《宁夏中卫县狼窝子坑的青铜短剑墓群》，《考古》1989年第11期。
[5] 宁夏文物考古研究所、宁夏固原博物馆：《宁夏固原杨郎青铜文化墓地》，《考古学报》1993年第1期。
[6] 宁夏文物考古研究所：《宁夏彭堡于家庄墓地》，《考古学报》1995年第1期。
[7] 罗丰、韩孔乐：《宁夏固原近年发现的北方系青铜器》，《考古》1990年第5期。
[8] 钟侃、韩孔乐：《宁夏南部春秋战国时期的青铜文化》，《中国考古学会第四次年会论文集》，文物出版社，1985年；钟侃：《宁夏固原县出土文物》，《文物》1978年第12期。
[9] 宁夏文物考古研究所、彭阳县文物管理所：《王大户与九龙山：北方青铜文化墓地》，文物出版社，2016年。
[10] 罗丰、韩孔乐：《宁夏固原近年发现的北方系青铜器》，《考古》1990年第5期。
[11] 杨守国、祁悦章：《宁夏彭阳县近年出土的北方系青铜器》，《考古》1999年第12期。
[12] 李晓青、南宝生：《甘肃清水县刘坪近年发现的北方系青铜器及金饰片》，《文物》2003年第7期；甘肃省文物考古研究所、清水县博物馆：《清水刘坪》，文物出版社，2014年。
[13] 刘得祯、许俊臣：《甘肃庆阳春秋战国墓葬的清理》，《考古》1988年第5期。

各类型。依据形态特征，可分为三型：

A 型：一端为斧状，一端呈鹤嘴状。这是最为典型的鹤嘴斧的形态。杨郎
ⅠM2（图 4-6，1）、狼窝子坑 M5、于家庄 M19（图 4-6，2）、芦子沟、古城、张
街、红岩、刘坪、王大户 PWM5（图 4-6，3）出土的鹤嘴斧均属此类。

B 型：两端均为扁平斧状，包括杨郎 ⅡM18（图 4-6，5）、ⅠM14（图 4-6，6），
于家庄 SM5（图 4-6，7），古城，庙渠，王大户 PWM6（图 4-6，4）出土的鹤嘴斧。

C 型：刃部一侧呈菱形截面，另一侧有较短的突出，如倪丁 M2（图 4-6，
8），狼窝子坑 M3（图 4-6，9）、M5（图 4-6，10）、M2 出土的鹤嘴斧。

A 型鹤嘴斧数量最多，且出现的年代最早，约为春秋晚期至战国中期。杨建华
对这类鹤嘴斧进行了系统研究，她指出大约从公元前 8 世纪开始，欧亚草原普遍进
入早期游牧时代，这种新型战斧的出现预示着部落间战争的频繁。这类战斧最早出
现于南西伯利亚、图瓦和阿尔泰等地，然后向南和向东传播，影响到中国北方地区。
依照其形态，大致可分为两大阶段，较早阶段的鹤嘴斧流行于公元前 8—前 6 世纪
（图 4-6，11、12），较晚阶段的鹤嘴斧流行于公元前 5—前 3 世纪（图 4-6，13—
16）[1]。从形制来看，草原支系中出现的 A 型鹤嘴斧大多属于鹤嘴斧的较晚样式，表
明西戎所用鹤嘴斧并非自创。依时间早晚关系，草原支系鹤嘴斧具有从北向南分布
的态势，靠近欧亚草原地带的鹤嘴斧普遍较早，而靠近中原地区的通常较晚。可
见，东周西戎文化草原支系 A 型鹤嘴斧应当源自欧亚草原中各游牧文化。

C 型鹤嘴斧数量较少，且仅见于"狼窝子坑类型"之中。这类战斧出现年代
约与 A 型鹤嘴斧同时，为春秋晚期至战国早期，属于草原支系鹤嘴斧中较早的一
批。有学者指出这种样貌独特的鹤嘴斧是本地形成的，其可能是由管銎戈发展而来
的[2]。有趣的是，在狼窝子坑墓地发现 A 型和 C 型两种不同的鹤嘴斧共存于同一墓

---

[1] 杨建华、邵会秋、潘玲：《欧亚草原东部的金属之路：丝绸之路与匈奴联盟的孕育过程》，上
    海古籍出版社，2016 年，第 414 页。
[2] 张文立：《"鹤嘴斧"的类型、年代与起源》，《边疆考古研究》（第 2 辑），科学出版社，2004
    年；杨建华：《春秋战国时期中国北方文化带的形成》，文物出版社，2004 年，第 148 页。

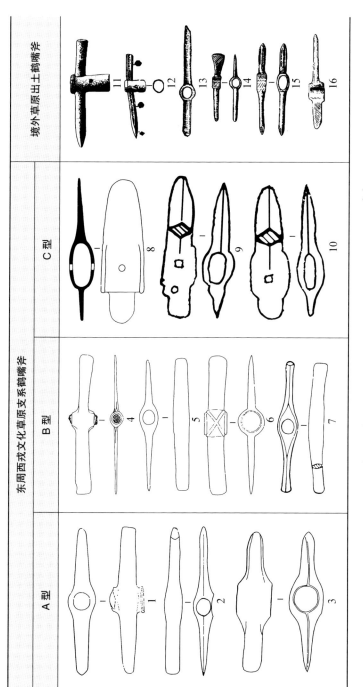

图 4-6　东周西戎文化草原支系与境外草原出土鹤嘴斧比较[1]

1. 杨郎 I M2：40　2. 千家庄 M19：4　3. 王大户 PWM5：6　4. 王大户 PWM6：4　5. 杨郎 II M18：8
6. 杨郎 I M14：12　7. 千家庄 SM5：43　8. 倪丁 M2：17　9. 狼窝子坑 M3：5　10. 图瓦乌尤克文化　11. 阿尔然一号墓
12、16. 塔加尔文化　13. 阿尔泰巴泽雷克文化　14、15. 阿尔泰乌科克文化

[1] 境外草原出土鹤嘴斧图片转引自杨建华、邵会秋、潘玲：《欧亚草原东部的金属之路：丝绸之路与匈奴联盟的孕育过程》，上海古籍出版社，2016 年，图 5-3-6。

葬的现象，这或许说明 C 型鹤嘴斧是受到 A 型鹤嘴斧的启发而产生的。这些分布于最北区域的草原支系戎人在见到欧亚草原盛行的鹤嘴斧后，对本地已有相似器物——管銎戈进行改造，进而产生一种本土化的新型战斧，只不过这种本地仿制的鹤嘴斧并未传播至其他西戎部族，很快就消失不见了。

B 型鹤嘴斧的年代约为战国早、中期，祖型尚不清楚，有学者推测其可能起源于中国西北地区[1]。然而，从形制、年代及分布地域来看，无论 B 型鹤嘴斧是否源自本地传统，它的出现一定受到了 A 型鹤嘴斧的影响。

鹤嘴斧作为一种欧亚草原地带的代表性武器，于公元前 6 世纪前后，随着草原支系戎人的南下，被带入陇山东西两侧。在这种外来战斧的刺激下，西戎族群利用原有本地器物仿制、改制出一批具有相似样貌的新型鹤嘴斧。这些不同样式的鹤嘴斧成为东周西戎文化一种很重要的武器类型，与双鸟回首剑一样，当进入战国晚期，随着戎人式微，鹤嘴斧也消失于东周西戎文化之中。

（三）野兽纹

虽然欧亚草原上众多游牧文化各具特色，但各式各样的动物纹装饰艺术是它们共同特征之一。东周西戎文化草原支系作为欧亚草原游牧文化的重要组成部分，各式动物纹是遗存中最常见的艺术主题，羊、鹿、虎噬羊、鸟等纹样是最常见的题材。

1. 羊形纹样

羊作为游牧人群最为重要的生产资料之一，自然成为东周时期中国北方地带金属器上一种常见的装饰纹样，其形象可分为绵羊、山羊两类。乌恩[2]、杜正胜[3]在对欧亚草原动物纹饰进行研究时都涉及了这类动物形象。

---

[1] 张文立：《"鹤嘴斧"的类型、年代与起源》，《边疆考古研究》（第 2 辑），科学出版社，2004 年。
[2] 乌恩：《我国北方古代动物纹饰》，《考古学报》1981 年第 1 期。
[3] 杜正胜：《欧亚草原动物纹饰与中国古代北方民族之考察》，《"中研院"历史语言研究所集刊》（第 64 本第 2 分），"中研院"历史语言研究所，1993 年。

草原支系西戎对羊形象十分喜爱，将其大量装饰于兵器、车马器、人体饰件之上。依据羊纹造型不同，可分为圆雕羊形纹样和透雕羊形纹样两类。

圆雕手法通常运用于铜器之上，其采用铸造法塑造出羊的立体形象，完整呈现了羊的各个侧面，是最为常见的一种羊形纹样。依据形象不同，可分为两型：A 型为盘角羊头形铜饰。在草原支系遗存中具有一种造型独特的青铜管状车饰，在饰件的一端为盘角羊头形，另一端为圆形或方形銎孔，有学者将其认作竿头饰，也有学者指出其为车辕饰。这类青铜车饰在宁夏固原杨郎墓地[1]（图 4-7，1、2）、彭阳店洼墓葬[2]（图 4-7，3）均有发现，年代集中于战国中晚期至秦代。B 型为单纯的立体羊形雕饰。在宁夏固原杨郎墓地[3]（图 4-7，4）、撒门墓地[4]（图 4-7，5），甘肃张家川马家塬墓地[5]（图 4-7，6）均发现独立的立体羊形雕饰，具有金、青铜、锡、铅等多种质地，形象包括大角羊、盘角羊、无角羊等，年代均为战国中晚期至秦代。

在许多金属饰件上往往有运用平面透雕（间亦有浮雕）手法塑造的羊形象。这种透雕单体羊形饰件在东周西戎文化草原支系中多有发现，以站立的大角羊形象为主，材质有青铜、金、银等。这类饰件与其他动物牌饰相比，其厚度明显更薄，整体呈现出剪纸化特色，在宁夏固原杨郎墓地[6]（图 4-7，8）、彭阳张街墓地[7]（图

[1] 宁夏文物考古研究所、宁夏固原博物馆：《宁夏固原杨郎青铜文化墓地》，《考古学报》1993 年第 1 期。

[2] 杨守国、祁悦章：《宁夏彭阳县近年出土的北方系青铜器》，《考古》1999 年第 12 期。

[3] 宁夏文物考古研究所、宁夏固原博物馆：《宁夏固原杨郎青铜文化墓地》，《考古学报》1993 年第 1 期。

[4] 罗丰、韩孔乐：《宁夏固原近年发现的北方系青铜器》，《考古》1990 年第 5 期。

[5] 甘肃省文物考古研究所、张家川回族自治县博物馆：《2006 年度甘肃张家川回族自治县马家塬战国墓地发掘简报》，《文物》2008 年第 9 期；早期秦文化联合考古队、张家川回族自治县博物馆：《张家川马家塬战国墓地 2007—2008 年发掘简报》，《文物》2009 年第 10 期；早期秦文化联合考古队、张家川回族自治县博物馆：《张家川马家塬战国墓地 2008—2009 年发掘简报》，《文物》2010 年第 10 期；早期秦文化联合考古队、张家川回族自治县博物馆：《张家川马家塬战国墓地 2010—2011 年发掘简报》，《文物》2012 年第 8 期；早期秦文化联合考古队、张家川回族自治县博物馆：《甘肃张家川马家塬战国墓地 2012—2014 年发掘简报》，《文物》2018 年第 3 期。

[6] 宁夏文物考古研究所、宁夏固原博物馆：《宁夏固原杨郎青铜文化墓地》，《考古学报》1993 年第 1 期。

[7] 杨守国、祁悦章：《宁夏彭阳县近年出土的北方系青铜器》，《考古》1999 年第 12 期。

图 4-7 东周西戎文化草原支系羊形纹样

1. 铜羊形车饰（杨郎 ⅢM4：3） 2. 铜羊形车饰（杨郎 ⅢM4：1）
3. 铜羊形车饰（店洼 DW：02） 4. 铜羊形饰（杨郎 ⅢM4：65）
5. 铜羊形饰（撒门 M1） 6. 铜羊形饰（马家塬 M2：8） 7. 铜羊形饰（张街 ZHJ：21）
8. 铜羊形饰（杨郎 ⅢM4：77） 9. 金羊形饰（马家塬 M3：49）

4-7，7），甘肃张家川马家塬墓地[1]（图 4-7，9）均有发现，年代为战国中晚期，
其中马家塬墓地发现此类饰件数量最多，风格特征最为典型。

---

[1] 甘肃省文物考古研究所、张家川回族自治县博物馆：《2006 年度甘肃张家川回族自治县马家塬
战国墓地发掘简报》，《文物》2008 年第 9 期；早期秦文化联合考古队、张家川回族自治县博
物馆：《张家川马家塬战国墓地 2007—2008 年发掘简报》，《文物》2009 年第 10 期；早期秦
文化联合考古队、张家川回族自治县博物馆：《张家川马家塬战国墓地 2008—2009 年发掘简
报》，《文物》2010 年第 10 期；早期秦文化联合考古队、张家川回族自治县博物馆：《张家川
马家塬战国墓地 2010—2011 年发掘简报》，《文物》2012 年第 8 期；早期秦文化联合考古队、
张家川回族自治县博物馆：《甘肃张家川马家塬战国墓地 2012—2014 年发掘简报》，《文物》
2018 年第 3 期。

东周西戎文化草原支系戎人的金属器上十分流行羊形纹样，而分布在欧亚草原中部地区的早期游牧人群也十分喜爱运用羊形纹样装饰金属器。两地流行的羊形纹样反映着西戎人群与欧亚草原中部游牧人群的交往。

俄罗斯南西伯利亚地区是欧亚草原中部主要的早期游牧族群活动地域之一，与欧亚草原西部地区流行鹿形纹样不同，南西伯利亚地区发现最多的是以山羊为题材的动物形象，它们装饰在铜扣、短剑、牌饰和镜子等各类器物上，圆雕羊形纹样十分发达。

将圆雕盘角羊头装饰于管状铜饰件一端的艺术风格起源于南西伯利亚地区。阿尔泰布布尔嘎兹Ⅰ墓地 18 号冢出土了两件盘角羊头饰件[1]（图4-8，1、2），阿尔泰巴泽雷克 2 号墓地发现有盘角羊首装饰的马衔[2]（图4-8，3、4），这些器物年代均为公元前 5—前 3 世纪。阿尔泰地区发现的盘角羊头器物与公元前 4—前 3 世纪西戎文化中的盘角羊头管状车饰的装饰风格完全一致，后者应是受到前者影响而产生的。需要关注的是，在内蒙古中南部地区也发现了大量的盘角羊头形象（图4-8，5—7），其与阿尔泰地区发现的盘角羊头形象更为相似，造型刻划形象、生动。与之相比，东周西戎文化草原支系发现的盘角羊头形象趋于程式化，造型呆板（图4-8，8—10），与阿尔泰地区盘角羊头形象差异较大。羊形纹样的地区差异表明，盘角羊头形铜饰的传播路径应是先由阿尔泰地区向东南方向传播至内蒙古中南部，再向西传播，影响至宁夏中南部地区，其在向西传播的过程中，形象更为简化。

东周西戎文化草原支系中的单纯立体羊形雕饰也应来源于南西伯利亚地区。图瓦阿尔然 2 号王冢年代约为公元前 7—前 6 世纪，其中出土有圆雕卧式大角羊雕饰（图4-9，1）。图瓦地区还发现有圆雕立体大角羊形象（图4-9，2），其年代为公

---

[1] 转引自侯知军：《新疆地区商周时期出土动物装饰器物研究》，吉林大学硕士学位论文，2014年，第18页。

[2] The Trustees of the British Museum, *Frozen Tombs: The Culture and Art of the Ancient Tribes of Siberia*, British Museum Publications Limited, 1978, fig. 93, E, 94, A.

元前5—前3世纪。这些羊形雕饰年代均早于西戎文化发现的同类器物，因此，图瓦地区可能是圆雕独立羊形雕饰的起源地。与宁夏南部、甘肃东部发现的立体羊形雕饰（图4-7，4—6）相比，内蒙古地区发现的羊形雕饰造型更加多样化（图4-9，3、4），艺术风格与图瓦地区更为接近，这与盘角羊头形象的分布特征一致，表明圆雕独立羊形雕饰也是先由南西伯利亚地区传播至内蒙古中南部地区，进而影响至甘宁地区的。

总之，从公元前9世纪起，圆雕羊形纹样出现于南西伯利亚地区各游牧文化之中，约公元前4—前3世纪影响至中国北方地区。其首先影响到分布于内蒙古中南部地区的胡文化，该地发现的圆雕羊形纹样不仅数量多、种类齐全，且与南西伯利亚地区发现的同类器物具有很强的相似性。这一装饰风格通过胡族向西影响至西戎族群，分布于甘肃东部和宁夏中南部的东周西戎文化草原支系中也发现有类似器物，但其影响力已明显下降。

透雕单体羊形饰件集中分布于甘肃东部及宁夏中南部地区的东周西戎文化草原支系之中，在内蒙古中南部地区的诸胡文化中十分少见。从分布地域来看，似乎指明这类羊形纹样应具有与圆雕羊形纹样不同的来源。杨建华曾经指出，马家塬墓地出土的透雕大角羊饰件应来源于天山七河地区的伊塞克墓地[1]。公元前1千纪，在中亚草原地带生活着多支被称为"塞克"的游牧民族，考古学上将其遗留下来的文化命名为萨卡文化。萨卡文化几乎遍布整个中亚草原地带，根据分布地域的差异，至少可以划分为哈萨克斯坦中部、哈萨克斯坦东部、天山七河和费尔干纳及帕米尔等地区类型。其中，天山七河地区位于中亚的东部，与我国新疆接壤，在这里发现了著名的大墓——伊塞克古墓，其年代为公元前3—前2世纪[2]。伊塞克墓群大约有40座古墓，其中一座墓中出土了大量金银锤揲和铸造的牌饰，装饰在墓主的尖顶帽与衣服上，人们把这座墓称为"金武士墓"。尖顶帽上装饰的牌饰质地多

---

[1] 杨建华：《张家川墓葬草原因素寻踪——天山通道的开启》，《西域研究》2010年第4期。
[2] 杨建华、邵会秋、潘玲：《欧亚草原东部的金属之路：丝绸之路与匈奴联盟的孕育过程》，上海古籍出版社，2016年，第310页。

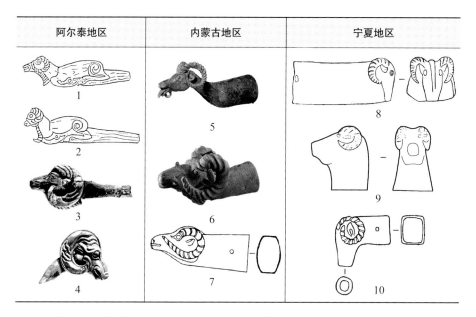

阿尔泰地区	内蒙古地区	宁夏地区

图 4-8　欧亚草原中东部出土公元前 5—前 3 世纪圆雕盘角羊头形象比较

1—2. 巴布布尔嘎兹Ⅰ墓地　3—4. 巴泽雷克 2 号墓　5. 内蒙古
6. 玉隆太　7. 石灰沟　8—9. 杨郎　10. 店洼

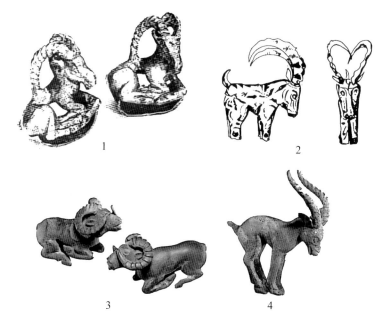

图 4-9　图瓦与内蒙古出土圆雕独立羊形雕饰

1. 阿尔然 2 号王冢　2. 图瓦　3—4. 内蒙古

样，包括金、银、青铜等，大角羊是其中较为主要的动物纹样之一（图4-10，1）。这些大角羊饰件与南西伯利亚地区流行的立体圆雕羊形纹样不同，均以二维平面透雕的手法表现，饰件极薄，呈现出剪纸化的艺术效果（图4-10，2），这一特点与东周西戎文化草原支系中发现的透雕单体羊形饰件完全一致，二者具有源流关系。

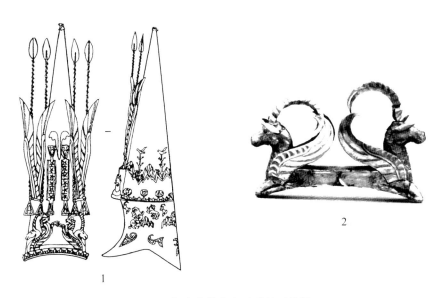

图 4-10 伊塞克墓出土透雕羊形纹样

1. 帽饰　2. 金饰件

2. 鹿形纹样

对于欧亚草原地带的游牧民来说，鹿是一种非同寻常的动物，其往往出现于政治、宗教、文化生活之中。公元前2千纪下半叶至公元前3世纪，欧亚草原的各个区域均发现大量与鹿有关的考古遗存，依据载体不同，主要包括岩画、鹿石、金属器上的鹿纹样等三大类，此外还包括少量木雕、骨雕等。相较于其他类型的鹿形象，金属器上装饰的鹿形纹样分布地域最广、数量众多，且艺术形象独具特色，包含着丰富的文化内涵。许多学者在讨论中国古代动物纹饰发展[1]、早期中外文化交流[2]等相关问题时都涉及金属器上鹿形纹样的研究。

依据欧亚草原地带各区域所发现早期金属器上鹿形纹样的特征，可将早期鹿形纹样划分为三支文化传统[3]。鹿形纹样的欧亚草原东部传统出现于公元前14—前9世纪的中国北方地带，并影响至蒙古高原以及南西伯利亚地区。公元前8—前6世纪，鹿形纹样的欧亚草原中部传统诞生于阿尔泰和图瓦地区，向东影响到中国北方地区的夏家店上层文化。由于这两支传统流行年代较早，它们对东周西戎文化草原支系并未产生影响。鹿形纹样的欧亚草原西部传统出现年代较晚，其深刻影响着整个欧亚草原地带，这类具有特色的鹿形纹样的广泛流行，说明公元前7—前3世纪欧亚草原地带各族群间文化交流异常紧密，东周西戎文化草原支系牵涉其中。

欧亚草原西部地区也被称为草原的欧洲部分，西起喀尔巴阡山东麓，东至乌拉尔山南部的草原地带。这一地区是鹿形纹样最为发达的区域之一，这些鹿形象主要见于斯基泰文化及萨夫罗马泰文化的金属器之上，其中以写实性极强的卧鹿形象及鹿形格里芬形象最具特色，二者代表了鹿形纹样的欧亚草原西部传统。

斯基泰人是欧亚草原上著名的早期游牧人群之一，依据希腊历史学家希罗多德在《历史》中的记载，其主要活动于黑海北岸地区和库班河流域[4]。斯基泰文化的动物装饰艺术非常发达，这些动物艺术风格随着时代变迁而发生变化，根据不同特点可以大致划分为早期（前7—前6世纪）、中期（前6—前5世纪）、晚期（前4—前3世纪）三个阶段[5]。鹿形象是斯基泰文化动物装饰艺术中最为常见的题材之一。

---

[1] 乌恩：《我国北方古代动物纹饰》，《考古学报》1981年第1期。
[2] 马健：《黄金制品所见中亚草原与中国早期文化交流》，《西域研究》2009年第3期。
[3] 张寅：《欧亚草原地带早期金属器上的鹿形纹样研究》，《中国美术研究》（第23辑），东南大学出版社，2017年。
[4] 希罗多德：《历史》，中国社会科学出版社，1999年，第242—310页。
[5] E. Jacobson, *The Art of the Scythians: The Interpenetration of Culture at the Edge of the Hellenic World*, New York, 1995.

在早期斯基泰艺术中，鹿的地位很高，因为斯基泰人随身佩戴的尺寸较大的牌饰中，很多都是用这种动物装饰的[1]。这一时期平卧的鹿形象具有斯基泰艺术自身特色（图4-11，1、2、4），有较高的写实性，但也加入了夸张化和程式化的表现手法。此外，这一时期还出现了一些装饰有鹿形象的竿头饰（图4-11，3）。

与早期相比，斯基泰文化中期的动物装饰艺术发生了很大的变化。虽然鹿依然是广泛的装饰题材（图4-12，1、5），但是形制发生了变化，很多鹿角或身上长出鸟头（图4-12，2、6、7），有学者将这种形象称为鹿形格里芬[2]。格里芬本是源于

图4-11　斯基泰文化早期金属器上的鹿形纹样

1. 金鹿形护身符（Kostromskaya）　2. 金鹿形牌饰（kelermes）
3. 铜竿头饰（makhoshevsky）　4. 金牌饰（kelermes）

<hr />

[1] 文中所引境外出土早期金属器上的鹿形纹样资料，除有特殊注释外，均转引自杨建华、邵会秋、潘玲：《欧亚草原东部的金属之路：丝绸之路与匈奴联盟的孕育过程》，上海古籍出版社，2016年。
[2] 马健：《黄金制品所见中亚草原与中国早期文化交流》，《西域研究》2009年第3期。

西亚的一种鹰、狮混合的神兽，其形象在斯基泰文化中较为常见，应是波斯艺术影响斯基泰文化的结果。而斯基泰人很可能将格里芬形象融入本土的鹿崇拜之中，创造出一种鹰、鹿混合的神兽。这一阶段还出现了很多描绘有豹、鸟或格里芬捕食鹿场景的金属饰件（图4-12，3、4）。

斯基泰文化晚期达到巅峰状态，与周邻文化的交流也更加密切，希腊文化对这一时期动物装饰艺术产生了极大影响。虽然希腊因素在斯基泰晚期文化动物装饰艺术中具有重要地位，但斯基泰人还是保留了部分具有自身特色的装饰艺术，例如蹲伏的鹿形象，整体造型与之前斯基泰文化常见的鹿形象非常一致，不同的是鹿身上多了格里芬和狮子等动物的图案（图4-13，1）。鹿的形象还见于一件竿头饰（图4-13，2）。还有一件金柄铜镜，柄部装饰有鹿和格里芬的形象，但是线条非常粗

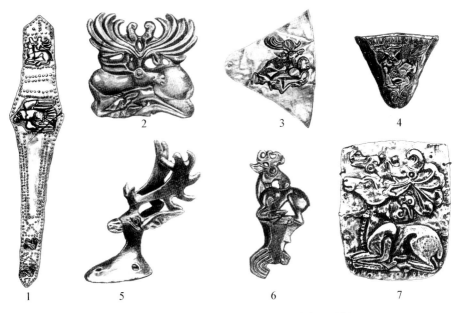

图4-12　斯基泰文化中期金属器上的鹿形纹样

1. 铜当卢（Zhurovka 401）　2. 铜马牌饰（Seven Brothers 4）
3. 角杯上金饰件（Seven Brothers 4）　4. 角杯上金饰件（Seven Brothers 4）
5. 铜马面饰（Seven Brothers 2）　6. 铜马牌饰（Zhurovka G）　7. 金木碗装饰（AK-mechet）

图4-13　斯基泰文化晚期金属器上的鹿形纹样

1. 金护身符（kul Oba）　2. 铜竿头饰（Chmyreva Mogila）
3. 金柄铜镜（Kul Oba）　4. 银容器（kul Oba）

糙（图4-13，3）。此外，这一时期依然存在狮子或格里芬捕食鹿的艺术题材（图4-13，4）。

　　萨夫罗马泰文化大约与黑海北岸的斯基泰文化同时，希罗多德《历史》一书中记载斯基泰的东部邻居萨夫罗马泰部落分布在顿河以东地区。萨夫罗马泰文化的动物纹虽然没有斯基泰文化发达，但是在等级较高的菲利波夫卡墓地中也有大量发现。该墓地整体年代大约在公元前5世纪末到公元前4世纪初，墓葬出土的随葬品上有大量动物纹装饰艺术，其中鹿是最为重要的一种动物题材[1]。鹿的形象多种多

[1] Joan Aruz etc, *The Golden Deer of Eurasia: Scythian and Sarmatian Treasures from the Russian Steppes*, The metropolitan Museum of Art, 2000.

样（图4-14，2—5），有透雕立鹿，也有透雕卧鹿，还有猛兽噬鹿。在M1出土了26件站立的公鹿形象器物，木质，外面包裹金或银箔（图4-14，1）。

公元前7世纪起，鹿形象开始出现于斯基泰人使用的金属器之上，成为斯基泰文化中最重要的动物纹饰，这反映了斯基泰人对于鹿的崇拜，写实性极强的卧鹿牌饰是其代表器物之一。公元前6—前3世纪，斯基泰人创造出一种鹰、鹿混合的神兽，即鹿形格里芬。同时，还将猛兽噬鹿这一艺术题材运用于金属器装饰之中。与之相邻的萨夫罗马泰文化中的鹿形纹样明显受到斯基泰文化的影响。写实性卧鹿和鹿形格里芬形象极大丰富了欧亚草原地带金属器上的鹿形纹样，开创了鹿形纹样的欧亚草原西部传统。

欧亚草原中部地区早期游牧文化的金属器上也见到一些鹿形纹样。

阿尔泰地区早期游牧文化的早期动物装饰艺术比较简单，多表现在装饰品上。这一时期鹿形象并不多见，其中在阿尔泰地区曾采集到一件铜镜，上饰五只鹿和一只羊（图4-15，1）。中期最具有代表性的遗址即为巴泽雷克墓地[1]。墓地中动物纹艺术非常发达，主要包括羊、猫科动物形象及格里芬等。但由于大墓中的珍贵器物多被盗掘一空，因此动物纹多发现于木头、皮革、丝绸、毛毡等文物之上。在这些文物中，写实的鹿形象并不多见，其中发现了皮革制作的鹿形装饰（图4-15，2）及虎噬鹿装饰（图4-15，3），以及木质立鹿装饰（图4-15，4）。鹿形格里芬形象十分发达，发现有人体鹿形格里芬文身（图4-15，5）、格里芬马面饰（图4-15，6）、木质鹿形格里芬雕像（图4-15，7）等。

在图瓦地区早期游牧文化的较早阶段，动物纹装饰虽然数量不多，但造型优美，其中出土了多件站立在竿头饰上的山羊造型。这一时期鹿形象多见于鹿石上，金属器上未见鹿形纹饰。中期时，动物纹种类大增，主要表现在金器上，包括站立的金鹿等单体动物饰件（图4-16，1、2）。此外在图瓦地区还出土了一件铜刀，刀柄上浮雕成排的鹿纹，柄首则是卧兽的形象（图4-16，3）。晚期动物纹艺术非常

---

[1] The Trustees of the British Museum, *Frozen Tombs: The Culture and Art of the Ancient Tribes of Siberia*, British Museum Publications Limited, 1978.

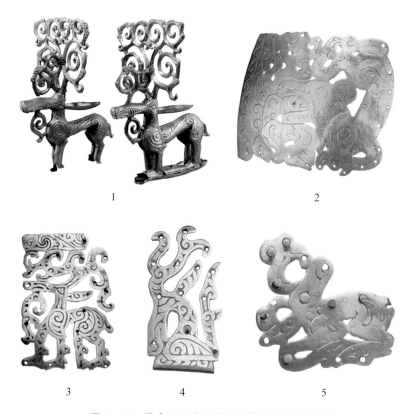

图 4-14 萨夫罗马泰文化金属器上的鹿形纹样

1.金立鹿　2.金虎噬鹿牌饰　3—5.金鹿牌饰

发达，动物形象以站立的单体山羊为主。鹿在木盒上装饰比较多，金属器上鹿形纹饰并不多见。在图瓦地区早期游牧文化的众多动物纹中，多是实际生活中能够见到的动物，很少见到格里芬或怪兽形象。

塔加尔文化中动物装饰艺术十分显著，数量最多的为山羊形象。鹿形纹样主要装饰于牌饰之上（图 4-17），而猛兽噬鹿的题材非常少见。

在萨卡文化中，除费尔干纳地区不甚流行动物纹外，其余地区均具有较发达的动物纹装饰艺术，且动物纹集中流行于公元前 7—前 3 世纪的较早阶段。与斯基泰文化中鹿形象的重要地位不同，萨卡文化中似乎猫科动物与大角山羊形象更

图 4-15　阿尔泰地区早期游牧文化中的鹿形纹样

1. 铜镜（阿尔泰地区）　2. 皮质鹿形饰（巴泽雷克）
3. 皮质虎噬鹿形饰（巴泽雷克）　4. 木质鹿形饰（巴泽雷克）
5. 鹿形格里芬文身（巴泽雷克）6. 金马面饰（巴泽雷克）7. 木质格里芬（巴泽雷克）

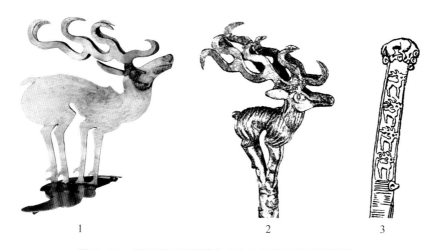

图 4-16　图瓦地区早期游牧文化金属器上的鹿形纹样

1. 金鹿形饰（阿尔然 2 号王冢）2. 金鹿形饰（阿尔然 2 号王冢）3. 铜刀（图瓦）

图 4-17　塔加尔文化金属器上的鹿形纹样

1—3. 铜鹿牌饰

为流行，但也发现有一些鹿形牌饰（图 4-18，1、3—6）和鹿形格里芬形象（图 4-18，2）。

可见，鹿形纹样在欧亚草原中部地区的各支考古学文化中并不是最为主要的动物纹样，这一地区主要流行的动物形象为山羊和猫科动物。除阿尔泰地区早期游牧文化中流行着鹿形格里芬纹样外，其余各文化中很少见到鹿形格里芬形象。此外，猛兽噬鹿的艺术题材在这一地区也不常见到。

总的来说，公元前 7—前 3 世纪，鹿形纹样在欧亚草原西部兴起，鹿形格里芬、写实性卧鹿是该地区最具特色的装饰题材。这些鹿形象诞生于黑海北岸的斯基泰文化之中，其向东不断传播，在欧亚草原中部及东部地区都有类似的发现。

将鹰、鹿形象混合而成的鹿形格里芬形象很可能是斯基泰人的发明，在公元前 6—前 3 世纪的斯基泰文化中经常能够看到这种神兽图像（图 4-19，1—3）。欧亚草原中部地区的各游牧文化中，鹿形格里芬纹样并不常见，但阿尔泰地区的早期游牧文化却是一个例外。在公元前 5—前 3 世纪的巴泽雷克墓葬中，我们见到了许多鹿形格里芬形象（图 4-19，4—6），这些形象很可能来源于黑海北岸的斯基泰文化。在战国晚期内蒙古西沟畔墓地出土金饰片[1]（图 4-19，

---

[1]　伊克昭盟文物工作站、内蒙古文物工作队：《西沟畔匈奴墓》，《文物》1980 年第 7 期。

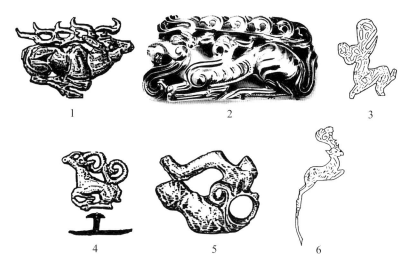

图 4-18 萨卡文化金属器上的鹿形纹样

1. 金牌饰（哈萨克斯坦东部）　2. 金牌饰（天山七河地区）　3. 铜牌饰（费尔干纳地区）
4. 铜牌饰（帕米尔地区）　5. 铜牌饰（哈萨克斯坦中部）　6. 金牌饰（哈萨克斯坦东部）

9、10）、陕北神木纳林高兔墓出土金冠饰[1]（图 4-19，8）、新疆巴里坤东黑
沟遗址出土金饰片和银扣饰[2]（图 4-19，12）上都发现有类似的鹿形格里芬形
象，其年代多在战国晚期，晚于阿尔泰地区，应是鹿形格里芬纹样经由巴泽雷
克文化向东传播的结果。此外，在阿尔泰地区还发现过一件公元前 5 世纪的皮
革装饰，上面饰有一只虎和鹿角相结合的神兽形象（图 4-19，7），这种形象
应当是鹿形格里芬的一种变体。无独有偶，在内蒙古阿鲁柴登墓葬中出土的战
国晚期的黄金牌饰上装饰有类似的形象[3]（图 4-19，11），其显然来自阿尔泰
地区。

---

[1] 戴应新、孙嘉祥：《陕西神木县出土匈奴文物》，《文物》1983 年第 12 期。
[2] 新疆文物考古研究所、西北大学文化遗产与考古学研究中心：《新疆巴里坤县东黑沟遗址
　　2006—2007 年发掘简报》，《考古》2009 年第 1 期。
[3] 田广金、郭素新：《内蒙古阿鲁柴登发现的匈奴遗物》，《考古》1980 年第 4 期。

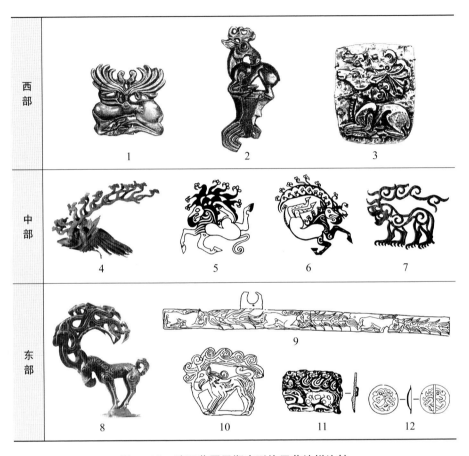

图 4-19　欧亚草原早期鹿形格里芬纹样比较

1—3. 斯基泰文化　　4—7. 阿尔泰地区早期游牧文化　　8—12. 中国北方草原诸文化

　　独具特色的写实卧鹿纹样最早出现于公元前 7 世纪的斯基泰文化之中。这种鹿形象作为欧亚草原西部传统的代表性纹样，直到公元前 3 世纪依然能在斯基泰文化及萨夫罗马泰文化中见到（图 4-20，1—6）。在欧亚草原中部地区与斯基泰文化基本同时的塔加尔文化和萨卡文化中，我们都发现了类似的卧鹿纹饰（图 4-20，7—10），虽然数量不多，但其卧鹿形象明显来源于斯基泰文化。公元前 4—前 3 世纪，这一鹿形纹样传播至欧亚草原东部地区。新疆石门子墓地 M6 出土的青铜卧鹿

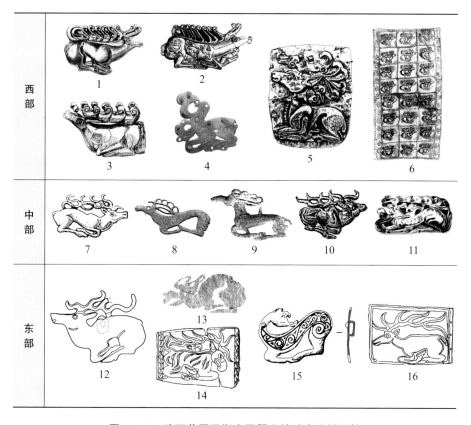

图4-20 欧亚草原早期金属器上的卧鹿纹样比较

1—3.斯基泰文化 4.萨夫罗马泰文化 5—6.斯基泰文化 7—9.塔加尔文化
10—11.萨卡文化 12—13.新疆地区早期铁器时代文化
14、16.内蒙古地区胡文化 15.宁夏地区西戎文化

牌饰[1]（图4-20，12）与斯基泰文化中的卧鹿牌饰基本一致。新疆哈巴河东塔勒德墓地ⅡM6[2]（图4-20，13）和内蒙古西沟畔墓地发现的金饰片[3]上（图4-20，14、16）也有类似的卧鹿纹样。另外萨卡文化中发现了将鹿形格里芬与写实卧鹿纹样相结合的卧式鹿形格里芬形象（图4-20，11），在内蒙古西沟畔墓地中也发现一件饰

---

[1] 新疆文物考古研究所：《新疆呼图壁县石门子墓地考古发掘简报》，《文物》2014年第12期。
[2] 新疆文物考古研究所：《新疆哈巴河东塔勒德墓地发掘简报》，《文物》2013年第3期。
[3] 伊克昭盟文物工作站、内蒙古文物工作队：《西沟畔匈奴墓》，《文物》1980年第7期。

有类似形象的金饰片[1]（图4-20，14）。

在中国北方地区发现的写实卧鹿、鹿形格里芬等形象，均属于鹿形纹样的欧亚草原西部传统。这些鹿形纹样经由欧亚草原中部各文化，传播至中国北方地区。战国中晚期时，中国北方地区与中亚地区的交流达到前所未有的深度与广度。然而，中国北方地带又可细分为三个相对独立的区域，即以燕山南北为中心的东区、以内蒙古中南部和晋陕高原为主的中区和以甘宁地区为中心的西区，各区域发现金属器上的鹿形纹样存在差异，这种差异反映了各区域与欧亚草原中西部地区联系的密切程度：中国北方地带东区发现的东周时期鹿形纹样极少，仅在河北宣化小白阳墓葬[2]和怀来甘子堡墓葬[3]中出土了两件青铜鹿形牌饰。这里不见欧亚草原上流行的写实卧鹿、鹿形格里芬等形象，表明此区域与欧亚草原西区的联系极其微弱。中国北方地带中区是鹿形纹样最为流行的区域，写实卧鹿及鹿形格里芬形象在此都有大量的发现。其中，鹿形格里芬纹样在西伯利亚地区主要在巴泽雷克墓葬中流行，反映出中国北方地带中区与阿尔泰地区的密切联系。同时，阿尔赞墓中出土的金鹿形饰（图4-16，1）及巴泽雷克墓中出土的金马面饰（图4-15，6）说明鹿形象在阿尔泰和图瓦地区早期游牧人群的文化中有着崇高的地位。而在陕西神木纳林高兔墓中出土的鹿形格里芬金冠饰（图4-19，8），则反映出阿尔泰、图瓦地区鹿崇拜文化影响到了中国北方地带中区。然而，主要生活着西戎居民的中国北方地带西区与欧亚草原西部的联系十分有限。依目前考古发现情况来看，在甘宁地区发现的鹿形纹样并不多，具有代表性的鹿形格里芬形象不见，仅在宁夏彭阳王大户墓地PWM1中出土一件十分程式化的卧鹿形牌饰（图4-20，15），反映着"杨郎类型"遗存与欧亚草原西部文化间零星的交流。

此外，还有一个值得关注的现象。公元前4世纪前后，在欧亚草原西部的萨

---

[1] 伊克昭盟文物工作站、内蒙古文物工作队：《西沟畔匈奴墓》，《文物》1980年第7期。
[2] 张家口市文物事业管理所、宣化县文化馆：《河北宣化县小白阳墓地发掘报告》，《文物》1987年第5期。
[3] 贺勇、刘建中：《河北怀来甘子堡发现的春秋墓群》，《文物春秋》1993年第2期。

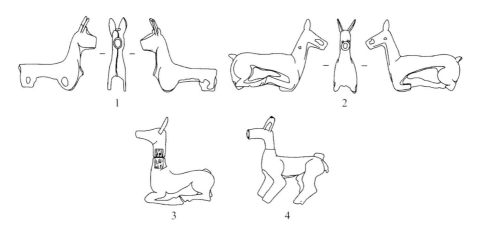

图 4-21　东周西戎文化草原支系中的金属圆雕鹿像

1. 王大户 PWM7∶4　2. 中庄 PZM1∶29　3. 杨郎 Ⅰ M1∶33　4. 杨郎 Ⅰ M7∶2

夫罗马泰文化中发现了一批金银片包裹木芯的圆雕鹿形象，这些鹿全为有角公鹿（图 4-14，1）。几乎同时，在东周西戎文化草原支系中也开始流行一种腹中空的圆雕鹿形象，在宁夏固原杨郎墓地[1]（图 4-21，3、4）、于家庄墓地[2]、撒门墓地[3]，彭阳王大户墓地（图 4-21，1）、中庄墓地（图 4-21，2）[4]，以及甘肃清水刘坪墓地[5]均有发现，其有银质，也有青铜质，有带角公鹿，也有无角母鹿，多为卧鹿形象。由于两地分隔较远，我们目前很难确指二者是否存在源流关系。但这一现象说明，在公元前 4 世纪前后，欧亚草原上的金属鹿纹样摆脱了以透雕牌饰为主的艺术形式，流行起圆雕风格，并且可能受到欧亚草原西部卧鹿形牌饰的启发，产生了新的圆雕鹿形装饰。

在战国中晚期的草原支系遗存中还发现了一些其他鹿形象，如甘肃张家川马家

---

[1] 宁夏文物考古研究所、宁夏固原博物馆：《宁夏固原杨郎青铜文化墓地》，《考古学报》1993 年第 1 期。

[2] 宁夏文物考古研究所：《宁夏彭堡于家庄墓地》，《考古学报》1995 年第 1 期。

[3] 罗丰、韩孔乐：《宁夏固原近年发现的北方系青铜器》，《考古》1990 年第 5 期。

[4] 宁夏文物考古研究所、彭阳县文物管理所：《王大户与九龙山：北方青铜文化墓地》，文物出版社，2016 年。

[5] 李晓青、南宝生：《甘肃清水县刘坪近年发现的北方系青铜器及金饰片》，《文物》2003 年第 7 期。

塬墓地出土的立鹿银牌饰[1]、宁夏固原于家庄墓地出土的双鹿交配铜牌饰[2]等。这些鹿形纹样数量较少，其来源尚不十分清楚，但各类鹿形纹样的存在表明，这一时期西戎族群或多或少接触到了欧亚草原西部的鹿崇拜信仰。

综上所述，东周时期的西戎族群并不十分喜爱鹿形纹样，取而代之的则是羊形纹样的大量使用。一般认为，一种频繁出现于游牧人群器物之上的动物纹样蕴含着深刻的宗教涵义，它通常是原始萨满信仰中最为重要的助灵[3]。斯基泰文化作为鹿形纹样欧亚草原西部传统的开创者，鹿形象崇拜是十分发达的。东周西戎文化草原支系戎人与斯基泰人在动物助神的选择上相背离，说明其受斯基泰文化的影响十分有限。西戎族群对欧亚草原中部地区更为传统的羊形纹样的认同，不仅说明东周西戎文化草原支系与阿尔泰地区早期游牧文化、图瓦地区早期游牧文化、塔加尔文化、萨卡文化等欧亚草原中部游牧文化有着更加紧密的联系，也蕴含着更深层次的精神信仰选择问题。

3. 虎噬羊形象

猛兽捕获食草类动物是欧亚草原动物纹中一种常见的题材。这一纹样在欧亚草原各个地区都有发现，尤其是在欧亚草原西部的斯基泰文化和中国北方地带的北方系青铜文化中最为常见，但是二者的艺术形象具有较大区别。

斯基泰文化中的猛兽噬鹿形象具有动感，图像多样化，既有狮噬鹿形象，也有格里芬与鹿搏斗的场面，有极强的艺术特色（图4-22，1、2、6）。斯基泰文化中的猛兽噬鹿形象出现于公元前6世纪前后，深受希腊艺术的影响，图像灵动，富于变化，自出现后很快成为斯基泰艺术的重要装饰母题。这一形象具有向东传播的趋势，在欧亚草原西、中部地区的萨夫罗马泰文化（图4-22，3）、巴泽雷克墓地

---

[1] 早期秦文化联合考古队、张家川回族自治县博物馆：《张家川马家塬战国墓地 2008—2009 年发掘简报》，《文物》2010 年第 10 期。

[2] 宁夏文物考古研究所：《宁夏彭堡于家庄墓地》，《考古学报》1995 年第 1 期。

[3] 米尔恰·伊利亚德：《萨满教：古老的入迷术》，社会科学文献出版社，2018 年。

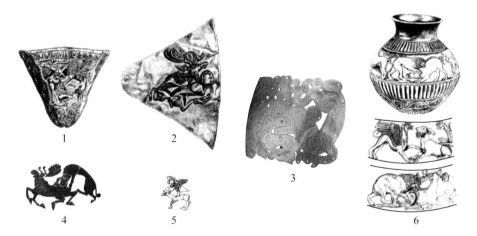

图4-22　欧亚草原中西部出土猛兽噬鹿纹样

1—2、6.斯基泰文化　3.萨夫罗马泰文化
4.阿尔泰地区早期游牧文化　5.新疆地区早期游牧文化

（图4-22，4）和新疆阿合奇县的库兰萨日克墓地[1]（图4-22，5）都发现有类似的动物纹样。

　　中国北方地带虽也具有类似的艺术主题，但相搏的动物却以虎与羊为主。公元前5世纪起，透雕虎噬羊牌饰已经流行于内蒙古中南部地区（图4-23，1、2、9），成为胡人十分喜爱的人体装饰。公元前4—前3世纪，这类牌饰传播至甘肃东部及宁夏中南部地区（图4-23，3—8、10），逐渐被西戎族群接受。同时，这种形象还具有向外传播的趋势，在南西伯利亚地区的塔加尔文化中就发现有类似的青铜牌饰[2]。战国中晚期中国北方地区流行的虎噬羊纹样高度程式化，且与斯基泰艺术中将猛兽噬鹿题材装饰于各类金属器上不同，中国北方系青铜文化中的虎噬羊形象集中出现于青铜牌饰之上。这些虎噬羊牌饰个体通常较大，多装饰于人体腰部，很有可能是带饰或带扣。这些带饰流行于东周西戎文化草原支系之中，在宁夏

[1] 新疆文物考古研究所：《阿合奇县库兰萨日克墓地发掘简报》，《新疆文物》1995年第2期。
[2] 乌恩岳斯图：《北方草原考古学文化研究——青铜时代至早期铁器时代》，科学出版社，2006年，第345—351页。

图 4-23　中国北方地带出土透雕虎噬羊铜牌饰

1. 崞县窑子 M12：2-2　2. 小双古城 M11：2　3. 杨郎 I M12：5
4. 杨郎 III M3：65　5. 吴家沟圈　6. 马家塬 M14：15-1　7. 白杨林
8. 陈阳川　9. 石灰沟　10. 张街 M2：17

固原杨郎墓地[1]、彭阳白杨林墓葬[2]、彭阳张街墓地[3]、西吉陈阳川墓地[4]，

---

［1］宁夏文物考古研究所、宁夏固原博物馆：《宁夏固原杨郎青铜文化墓地》，《考古学报》1993 年第 1 期。
［2］罗丰、韩孔乐：《宁夏固原近年发现的北方系青铜器》，《考古》1990 年第 5 期。
［3］宁夏回族自治区文物考古研究所、彭阳县文物站：《宁夏彭阳县张街村春秋战国墓地》，《考古》2002 年第 8 期。
［4］延世忠、李怀仁：《宁夏西吉发现一座青铜时代墓葬》，《考古》1992 年第 6 期；罗丰、韩孔乐：《宁夏固原近年发现的北方系青铜器》，《考古》1990 年第 5 期。

甘肃庆阳吴家沟圈墓葬[1]、张家川马家塬墓地[2]均有出土，年代集中于战国中晚期至秦代，可能是西戎族群较高等级人群的重要身份标识。

老虎作为东亚特有的动物，明确了草原支系中的虎噬羊牌饰的文化源头应来自中国北方地带。有学者指出虎形动物牌饰在夏家店上层文化中就已经十分多见。这一时期的老虎多饰于青铜牌饰，呈单体蹲踞状[3]。这种牌饰在发展过程中逐渐向西传播，到了内蒙古、甘肃、宁夏地区后，与斯基泰艺术中所流行的猛兽捕食食草动物的形象格套相结合，以虎取代了狮、鹰、格里芬等在西亚流行的猛兽形象，以羊取代了欧亚草原西部盛行的鹿形象，创造出虎噬羊这一新的艺术形象。部分虎形象还保留了格里芬的形象特征，如马家塬墓地出土的虎噬羊牌饰，其鬃毛与尾部都融入了鸟首的形象（图 4-23，6）。这种复合型玄幻动物纹样，显然受到斯基泰文化的影响。

4. 鸟形纹样

除去双鸟回首剑上的鸟首形象外，在东周西戎文化草原支系的许多金属饰件上也常见到鸟形纹样，它们反映着西戎与周边人群的互动。

东周西戎文化草原支系中常见一种双鸟首金属牌饰，分为青铜质和铁质两种。牌饰个体不大，背面有钮，应为人体饰件，是各类鸟形饰件中数量最多的一种。这类牌饰大多由双鸟头反向联结呈 S 形，鸟眼、喙、耳均清晰可见（图 4-24，7—12）。同时，这类双鸟首牌饰也存在着变体，在甘肃、宁夏等地大量发现一种云形

[1] 刘得祯、许俊臣：《甘肃庆阳春秋战国墓葬的清理》，《考古》1988 年第 5 期。
[2] 甘肃省文物考古研究所、张家川回族自治县博物馆：《2006 年度甘肃张家川回族自治县马家塬战国墓地发掘简报》，《文物》2008 年第 9 期；早期秦文化联合考古队、张家川回族自治县博物馆：《张家川马家塬战国墓地 2007—2008 年发掘简报》，《文物》2009 年第 10 期；早期秦文化联合考古队、张家川回族自治县博物馆：《张家川马家塬战国墓地 2008—2009 年发掘简报》，《文物》2010 年第 10 期；早期秦文化联合考古队、张家川回族自治县博物馆：《张家川马家塬战国墓地 2010—2011 年发掘简报》，《文物》2012 年第 8 期；早期秦文化联合考古队、张家川回族自治县博物馆：《甘肃张家川马家塬战国墓地 2012—2014 年发掘简报》，《文物》2018 年第 3 期。
[3] 杨建华、邵会秋、潘玲：《欧亚草原东部的金属之路：丝绸之路与匈奴联盟的孕育过程》，上海古籍出版社，2016 年，第 402 页。

牌饰，表面具有高度抽象的鸟首形象，鸟喙、眼已失真（图4-24，6、13）。这类牌饰通常与S形双鸟首牌饰共存，二者并无明显年代差异。在甘肃张家川马家塬墓地[1]、宁县袁家墓地[2]，宁夏彭阳张街墓地[3]、固原杨郎墓地[4]、固原于家庄墓地[5]、固原撒门墓地[6]均发现有此类饰件，既有写实的S形，也有抽象的云形，年代多为战国中晚期。

其实，东周西戎文化草原支系出土的双鸟首牌饰中的鸟形象，许多都带有立耳，显然是将鸟首与狮了的立耳相融合的结果，其并非对自然界中鸟类形象的描摹，而是一种以鸟为主体创造出的玄幻动物形象，即鸟形格里芬。此外，这些鸟形格里芬形象多夸张地描绘出巨型鸟喙，颈背部具有狮子状鬃毛，也都是不同于一般鸟类的特征（图4-24，3—5、7—11）。格里芬作为一种源于波斯文化的鹰、狮混合神兽，其形象传播至斯基泰艺术之中（图4-25，1—4）。随着斯基泰艺术的东传，这类造型广布于欧亚草原中、东部游牧文化的金属器之上，萨夫罗马泰文化（图4-25，5—7）、塔加尔文化（图4-25，10—11、13、14）、萨卡文化（图4-25，8—9）、阿尔泰地区早期游牧文化（图4-25，12）中都发现有鸟形格里芬形象。可见，东周西戎文化草原支系中双鸟首牌饰上所装饰的格里芬形象当有着斯基泰文化的基因。

然而，双鸟首牌饰利用鸟首构成的S形轮廓却独具特色。在与中国北方地带相邻的蒙古高原、南西伯利亚地区、中亚地区并不常见S形人体饰件。仅在内蒙古

---

［1］甘肃省文物考古研究所、张家川回族自治县博物馆：《2006年度甘肃张家川回族自治县马家塬战国墓地发掘简报》，《文物》2008年第9期；早期秦文化联合考古队、张家川回族自治县博物馆：《张家川马家塬战国墓地2007—2008年发掘简报》，《文物》2009年第10期；早期秦文化联合考古队、张家川回族自治县博物馆：《张家川马家塬战国墓地2008—2009年发掘简报》，《文物》2010年第10期；早期秦文化联合考古队、张家川回族自治县博物馆：《张家川马家塬战国墓地2010—2011年发掘简报》，《文物》2012年第8期；早期秦文化联合考古队、张家川回族自治县博物馆：《甘肃张家川马家塬战国墓地2012—2014年发掘简报》，《文物》2018年第3期。
［2］刘得祯、许俊臣：《甘肃庆阳春秋战国墓葬的清理》，《考古》1988年第5期。
［3］杨守国、祁悦章：《宁夏彭阳县近年出土的北方系青铜器》，《考古》1999年第12期。
［4］宁夏文物考古研究所、宁夏固原博物馆：《宁夏固原杨郎青铜文化墓地》，《考古学报》1993年第1期。
［5］宁夏文物考古研究所：《宁夏彭堡于家庄墓地》，《考古学报》1995年第1期。
［6］罗丰、韩孔乐：《宁夏固原近年发现的北方系青铜器》，《考古》1990年第5期。

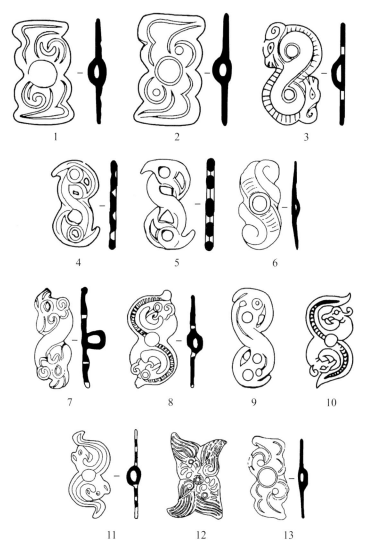

图 4-24　中国北方草原地区出土东周时期双鸟首金属牌饰

1. 毛庆沟 M71∶4·③　　2. 毛庆沟 M43∶1·⑤　　3. 毛庆沟 M71∶7·②
4. 毛庆沟 M7∶2·⑥　　5. 桃红巴拉 M1∶31　　6. 于家庄 M17∶9　　7. 于家庄 M11∶4∶4
8. 张街 ZJC∶16　　9. 于家庄 M14∶19　　10. 袁家　　11. 撒门 M1
12. 马家塬 M14∶15-8　　13. 于家庄 M14∶10

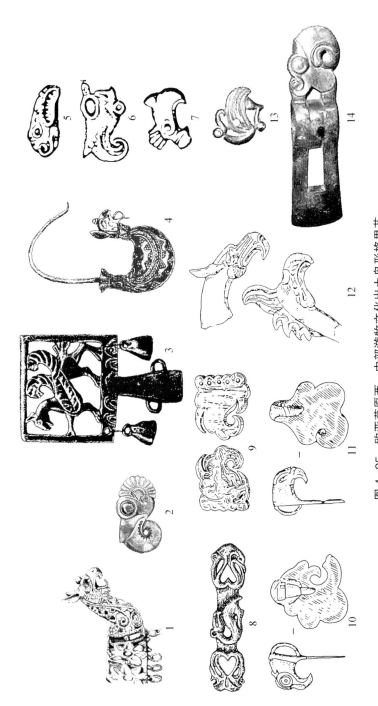

图4-25 欧亚草原西、中部游牧文化出土鸟形格里芬

1—4. 斯基泰文化　5—7. 萨夫罗马泰文化　8—9. 萨卡文化　10—11、13、14. 塔加尔文化　12. 阿尔泰地区早期游牧文化

蛮汗山南北及岱海盆地发现有这类牌饰，且年代偏早，可至春秋晚期，加之数量巨大（图4-24，1—5），因此，双鸟首牌饰可能是在欧亚草原格里芬形象的启发下，由生活在内蒙古中南部的北方游牧人群所创造的。这类牌饰西传至宁夏、甘肃一带，盛行于东周西戎文化草原支系之中，并逐渐简化为云形牌饰，反映着北方系青铜文化内部各人群间的频繁交流。

东周西戎文化草原支系中还发现一种造型独特的青铜管状车饰件，饰件的一端为立体鸟首形象，另一端为圆形或方形銎孔，学者将其认作"竿头饰"。甘肃镇原吴家沟圈出土2件竿头饰，首作鸟头，体为圆管状，造型较为简单[1]。宁夏固原于家庄墓地SM4出土2件鸟首竿头饰[2]（图4-26，1）。杨郎墓地ⅡM17、ⅢM1各出土1件鸟首竿头饰[3]（图4-26，3、4）。中卫狼窝子坑墓葬出土4件此类竿头饰，简报将其认作卷角羊形象[4]，但从尖喙特征辨认，其更似鸟首（图4-26，2）。彭阳

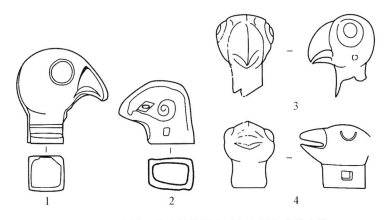

图4-26 东周西戎文化草原支系出土铜鸟首竿头饰

1. 于家庄SM4：15　2. 狼窝子坑M1：19　3. 杨郎ⅢM1：51　4. 杨郎ⅡM17：26

---

[1] 刘得祯、许俊臣：《甘肃庆阳春秋战国墓葬的清理》，《考古》1988年第5期。

[2] 宁夏文物考古研究所：《宁夏彭堡于家庄墓地》，《考古学报》1995年第1期。

[3] 宁夏文物考古研究所、宁夏固原博物馆：《宁夏固原杨郎青铜文化墓地》，《考古学报》1993年第1期。

[4] 周兴华：《宁夏中卫县狼窝子坑的青铜短剑墓群》，《考古》1989年第11期。

王大户 PWM1 也发现类似的器物[1]。这些鸟首竿头饰年代较为一致，均为战国中晚期，其最突出的特征就是器物上装饰的鸟呈现立体化形象。

实际上，将立体动物形象装饰于车马器之上，是南西伯利亚地区早期游牧文化的传统。图瓦地区发现的阿尔然 1 号王冢的年代为公元前 9—前 8 世纪，墓葬中出土了多件站立在竿头饰上的立兽，为立体的山羊造型（图 4-27，1）。年代约为公元前 10 世纪末至公元前 3 世纪，分布于米努辛斯克盆地的塔加尔文化中也发现有类似的立羊竿头饰（图 4-27，2），此外该文化还流行着将立体山羊装饰于铜剑（图 4-27，3）、铜刀、铜镐、铜镜顶端（图 4-27，4）的做法。阿尔泰巴布布尔嘎兹 I 墓地 18

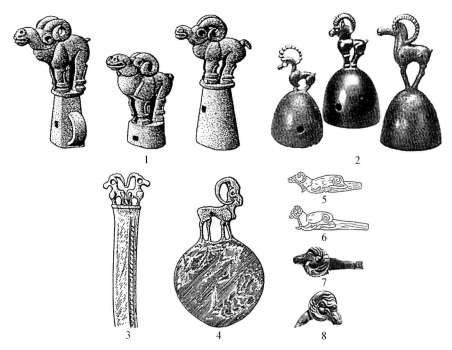

图 4-27　南西伯利亚地区早期游牧文化中的立体动物装饰

1. 阿尔然 1 号王冢　2—4.塔加尔文化　5—6.巴布布尔嘎兹 I 墓地
7—8.巴泽雷克 2 号墓

---

[1] 宁夏文物考古研究所、彭阳县文物管理所：《王大户与九龙山：北方青铜文化墓地》，文物出版社，2016 年。

号冢出上了2件盘角羊头饰件[1]（图4-27，5、6），巴泽雷克2号墓地还发现有盘角羊首装饰的马衔[2]（图4-27，7、8），其年代为公元前5—前3世纪。公元前4—前3世纪，在内蒙古、河北、宁夏中南部地区均发现有类似的立体羊形竿头饰，证明这种立体动物装饰风格已传入中国北方草原地区的北方系青铜文化之中。虽然，在南西伯利亚地区流行的立体动物纹样多为羊形象，少见立体鸟形金属饰件，但从艺术风格来讲，战国中晚期流行于西戎文化草原支系中的鸟首竿头饰，应是在南西伯利亚地区早期游牧文化所流行的立体动物装饰风格的影响下于本地产生的。

甘肃张家川马家塬墓地还发现一类呈现出剪纸风格的金属鸟饰件（图4-28），它们均呈片状，材质多为金、银，鸟形象平面化，装饰于车上，应为车饰[3]，年代为

1   2

图4-28　东周西戎文化草原支系出土剪纸风格金属鸟饰件

1. 马家塬 M1：13　2. 马家塬 M5：22

[1] 转引自侯知军：《新疆地区商周时期出土动物装饰器物研究》，吉林大学硕士学位论文，2014年，第18页。

[2] The Trustees of the British Museum, *Frozen Tombs: The Culture and Art of the Ancient Tribes of Siberia*, British Museum Publications Limited, 1978, fig. 93, E; fig. 94, A.

[3] 甘肃省文物考古研究所、张家川回族自治县博物馆：《2006年度甘肃张家川回族自治县马家塬战国墓地发掘简报》，《文物》2008年第9期；早期秦文化联合考古队、张家川回族自治县博物馆：《张家川马家塬战国墓地2007—2008年发掘简报》，《文物》2009年第10期；早期秦文化联合考古队、张家川回族自治县博物馆：《张家川马家塬战国墓地2008—2009年发掘简报》，《文物》2010年第10期；早期秦文化联合考古队、张家川回族自治县博物馆：《张家川马家塬战国墓地2010—2011年发掘简报》，《文物》2012年第8期；早期秦文化联合考古队、张家川回族自治县博物馆：《甘肃张家川马家塬战国墓地2012—2014年发掘简报》，《文物》2018年第3期。

战国晚期至秦代。虽然这类鸟饰件数量不多，但极具特色。天山七河地区的"金武士墓"中出土的饰物大多是金银锤揲和塑造的牌饰，厚度极薄，运用二维浮雕的艺术风格，呈现出剪纸化特色（图4-29）。这些金银饰件大多流行动物纹装饰，以虎、大角羊为主。虽然伊塞克墓地发现的鸟形饰件不多，但从艺术风格来看，马家塬墓地出土的剪纸化鸟饰件明显受到伊塞克墓地金银饰件的影响。

图4-29　伊塞克墓出土金属饰片

　　无论从马具、武器，还是野兽纹考察，东周西戎文化草原支系都带有强烈的欧亚草原游牧文化风格，与欧亚草原中部地区各游牧文化具有极高的相似性，其间存在着广泛的文化交流。特别是草原支系戎人与天山七河地区的游牧人群在羊形纹样、剪纸化艺术风格方面的高度一致性，暗示着人群间的直接流动。而双鸟回首剑在北方草原地带自西向东的传播趋势表明，西戎族群一度处于北方草原地带与南西伯利亚地区早期游牧文化交往的最前沿。然而，我们也注意到，草原支系遗存中的一部分欧亚草原中部游牧文化因素，多是经由内蒙古中南部地区的北方系青铜文化间接传播而来的。生活在内蒙古一带的胡人处于欧亚草原大通道之上，位于文化交流的前沿地带，很多来自西方的器物、纹样先经由他们消化、吸收、融合、改造，然后影响至西戎族群，可以说胡文化也是东周西戎文化草原支系的塑造者之一。此外，草原支系西戎族群在外来文化的刺激下，对甘宁地区一些本土文化器物进行改造，大大丰富了东周西戎文化金属制品的种类和样式，为欧亚草原游牧文化的形成与发展贡献着力量。

与草原支系金属器中强烈的欧亚草原文化因素不同，中原文化对其金属制品的影响甚微。戈作为传统的中原式兵器，很早就被草原支系戎人使用。在宁夏固原于家庄、撒门，甘肃漳县墩坪等春秋晚期的草原支系墓葬中就已随葬此类器物。直至战国晚期，戈依然是草原支系戎人最常使用的青铜武器之一。随着战国晚期秦人对西戎族群的征服，草原支系遗存出土中原青铜器的比例明显升高。除戎人多选用中原式兵器作为随葬器外，马具等游牧生活必备工具也开始吸纳一定的中原文化因素。更有甚者，这一时期西戎贵族墓葬中出现了青铜礼器。马家塬墓地大中型墓葬出土有鼎、壶、甗、茧形壶、敦、釜、匜、盆、卮等中原文化青铜容器，意味着这些铜礼器所包含的中原礼仪思想已逐渐被西戎族群所接受。此外，在陕西西安北郊 34 号战国秦工匠墓中出土的带有动物纹的牌饰陶模具显示，有相当一部分深受北方民族喜爱的动物纹牌饰是中原定居民族生产制造的，并且采用传统的泥范工艺[1]，这也可视作中原文化对东周西戎文化草原支系金属器的一点影响。

第二节　陶器所反映的文化交流

由于生业模式的差异，东周西戎文化的陶器主要出自寺洼支系。寺洼支系戎人所使用的陶质铲足鬲、双耳罐、单耳罐、戎式罐，是辨认西戎文化属性的重要依据。这些独具特色的陶器也发现于草原支系戎人的墓葬之中，预示着两大支系戎人之间的交流与融合。双耳罐、单耳罐、戎式罐常见于中国北方长城地带，是北方地区众多非华夏族群共同使用的陶器类型，应是适应牧业生活的产物。而铲足鬲作为东周时期西戎族群的特有器物，不见于其他北方系青铜文化遗存之中，它不仅是考古学史上首次识别出东周西戎文化的重要标准器，也是西戎身份认同最为重要的标志。探索铲足鬲的渊源，对厘清东周西戎文化的形成至关重要。

---

[1] 罗丰：《中原制造——关于北方动物纹金属牌饰》，《文物》2010 年第 3 期。

双耳罐、单耳罐、戎式罐均能在寺洼文化之中找到与之器形高度相似的同类器物，具有明确的寺洼文化渊源。然而铲足鬲则不同，它是一种独具特色的器物，其最显著的特征为分裆，且足跟呈铲形，类似的分裆特征多见于寺洼文化陶鬲之上，但铲状的足跟却是这类陶鬲所特有的。由于现阶段的研究无法确认从寺洼文化陶鬲向铲足鬲演变的过程，学界对铲足鬲的来源形成了不同的认识。

除在东周西戎文化中发现有大量铲足鬲外，在河西走廊东端的沙井文化也发现有此类器物。在甘肃永昌三角城遗址中出土有 3 件袋足陶鬲，其中 1 件为铲足，肩部有两周细泥条突棱纹，两边有半月形的錾，袋足上各有一条竖向的蛇纹。遗址中还出土 40 个鬲足，均为夹砂红陶。其中铲形足跟 34 个、乳钉状足跟 4 个、三棱形足跟 1 个。出土半月形鬲錾 31 个[1]。这些鬲足和鬲錾大多应属于破损的铲足鬲（图 4-30）。关于沙井文化年代，目前学界普遍认为其自西周时期延续至战国时期。但三角城遗址属沙井文化较晚阶段遗存，在遗址中，与铲足鬲同出有中原地区战国时期的绳纹灰陶片，可见沙井文化中铲足鬲的年代应晚至战国时期。

随着马家塬墓地、王洼墓地等一批草原支系西戎高等级贵族墓地的发掘，部分遗物反映出强烈的西方文化因素，有学者以此为线索，提出铲足鬲的渊源也应向西方寻找，认为位于河西走廊东端的沙井文化年代较早，且出土与铲足鬲相似的陶

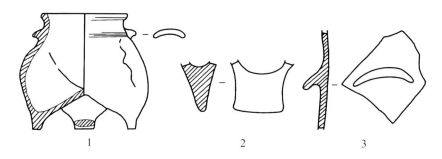

图 4-30　沙井文化三角城遗址出土陶铲足鬲

1. 三角城 F1：1　2. 三角城 YSS　3. 三角城 T1：②

---

[1]　甘肃省文物考古研究所：《永昌三角城与蛤蟆墩沙井文化遗存》，《考古学报》1990 年第 2 期。

鬲，故其可能是东周西戎文化铲足鬲的源头[1]。实则不然。首先，铲足鬲是东周西戎文化寺洼支系的代表性器物之一，其出现于草原支系遗存之中，表明二者间的文化交流。但需明确的是，铲足鬲在寺洼支系中的数量远多于草原支系，寺洼支系是铲足鬲的源，草原支系是流。我们不应因草原支系出土的很多器物可以在欧亚草原中部游牧文化中找到源头，就认为其内部的一切文化因素都来源于西方，这显然是不正确的。其次，通观沙井文化中出土的袋足鬲，从类型学上似乎有早晚演变规律，从无实足跟发展至有实足跟，最终演变为铲足跟。但需注意的是，沙井文化中无实足跟的袋足鬲数量极少，且为采集品，年代无法判断，尚不能确定其是否是铲足鬲的较早形态。统计沙井文化中所出陶鬲，铲足鬲占到95%以上，这种高比例似乎也说明铲足鬲并非从本地原有陶鬲演变而来，应是突然出现于沙井文化之中的。加之，沙井文化中的铲足鬲年代并不比东周西戎文化早，这也否定了铲足鬲源于沙井文化的看法。由此可见，沙井文化中出土的铲足鬲应是沙井人群与西戎交流的产物，铲足鬲并非沙井人群的发明。

同时，在内蒙古中南部地区也零星出土一些铲足鬲。内蒙古准格尔旗黑麻介墓地，董家圪旦、四道柳等遗址均采集有铲足鬲（图4-31），有研究者认为其年代应为西周晚期至战国时期[2]。但我们曾在内蒙古文物考古研究所凉城工作站仔细观察过黑麻介墓地所出的铲足鬲，其年代应为战国晚期。通过对内蒙古中南部地区考察所知，该地区所见铲足鬲极少，仅在伊金霍洛旗文物工作站见到一件当地征集来的铲足鬲，依其形态判断，年代应为战国时期，出土地点在蒙陕交界处。内蒙古中南部地区，东周时期的铲足鬲发现很少，且其年代也不早于东周西戎文化寺洼支系，可见，铲足鬲的源头不在那里应该是清晰的。

以往有学者指出铲足鬲可能与内蒙古地区的朱开沟文化流行的蛇纹鬲有着渊源关系。吕智荣认为甘肃毛家坪、庆阳地区出土的蛇纹鬲可以反映朱开沟文化的

---

[1] 付建:《乌氏戎略考》,《宁夏师范学院学报》2020年第6期。
[2] 曹建恩:《内蒙古中南部商周考古研究的新进展》,《内蒙古文物考古》2006年第2期。

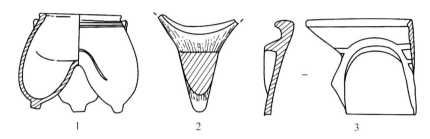

图 4-31　内蒙古中南部地区出土陶铲足鬲

1. 黑麻介　2—3. 董家圪旦

去向[1]。水涛也认为："鄂尔多斯地区朱开沟遗址各阶段所出的花边鬲、蛇纹鬲在形态上与铲足鬲有许多共同之处，通过进一步的发现和研究，或者可以建立起两个地区夏商时期远古文化的相互联系。"[2]李晓青指出甘肃出土的铲足鬲与朱开沟遗址各阶段所出的花边鬲、蛇纹鬲在形态上有许多共同之处，说明朱开沟文化与甘肃夏商时期远古文化之间存在交往关系[3]。学者们多将蛇纹这一装饰纹样作为铲足鬲来源于朱开沟文化的证据，可是蛇纹作为一种装饰手法可以运用于任何器物之上，很难将其作为判定器物源流的单一证据。况且，东周西戎文化中发现的铲足鬲具有蛇纹装饰者极少，大量的铲足鬲都为素面，因此将蛇纹作为判断铲足鬲来源的依据似乎不妥。此外，朱开沟文化的蛇纹鬲、折颈、无实足跟，与铲足鬲弧领或直领、有实足跟的差异较大。显然，铲足鬲来源自朱开沟文化的观点并没有太多证据支持。

目前，关于铲足鬲来源最为流行的观点为以下两说：

一种观点认为铲足鬲来源自寺洼文化。苏秉琦在铲足鬲首次发现时就曾指出"恐怕只能向西北去找它的渊源线索了"[4]。王占奎指出铲足鬲流行的地域正好在寺

[1]　吕智荣：《朱开沟文化相关问题研究》，《华夏考古》2002 年第 1 期。
[2]　水涛：《甘青地区青铜时代的文化结构和经济形态研究》，《中国西北地区青铜时代考古论集》，科学出版社，2001 年。
[3]　李晓青：《甘肃地区先秦时期的文化交流与融合》，《文博》2010 年第 3 期。
[4]　苏秉琦：《瓦鬲的研究》，《苏秉琦考古学论述选集》，文物出版社，1984 年。

洼文化的分布地域之内且晚于已知的寺洼文化，其与典型的寺洼文化安国类型的鬲在陶质陶色方面一样，铲足鬲与已知的寺洼文化已没有时间上的空缺了。故铲足鬲与已知的寺洼文化关系是密切的，前者是从后者发展而来的[1]。赵化成也认为铲足鬲与寺洼文化陶鬲在分布地域、陶质陶色、器形等方面有相近之处，其可能与寺洼文化有某种承继关系[2]。南玉泉、郭晨辉在《寺洼—安国系统陶鬲的序列》一文中排列出寺洼文化陶鬲至铲足鬲的演变序列，认为"通过对寺洼—安国系统陶鬲的排比研究，对铲形袋足鬲可进一步断定，无论从鬲本身的制法结构，还是从形态风格上分析，它均应归属于寺洼—安国文化系统"[3]。

甘肃甘谷毛家坪 B 组遗存出土了东周西戎文化中已知最早的铲足鬲，它是探讨铲足鬲渊源的重要线索。实际上，在毛家坪 B 组遗存发现了柱足和铲足两种袋足鬲，柱足鬲的年代略早，可至春秋中期。两种陶鬲整体形态相似且年代前后相继，因此，毛家坪发现的袋足柱足鬲应是铲足鬲的直接来源。寺洼文化有着发达的袋足鬲传统，其陶质、陶色也与铲足鬲相类似。从年代上来看，毛家坪 B 组遗存出土的柱足鬲与寺洼文化袋足鬲的年代相衔接，并且二者分布地域一致。加之，与铲足鬲同出的戎式罐、双耳罐等器物均源于寺洼文化，已是学界共识。因此，铲足鬲来源于寺洼文化是有着较为坚实的考古学证据支持的。但不可否认的是，由于相关考古发现较少，我们尚不能清晰勾勒出寺洼文化陶鬲到毛家坪 B 组柱足鬲、铲足鬲的演变序列。毛家坪 B 组遗存的柱足鬲出现于春秋中期，正是秦霸西戎之时，这并非巧合。秦穆公所霸之西戎为寺洼文化的使用者，已确认无疑。在这个时间节点上，寺洼文化消失，袋足柱足鬲和铲足鬲相继出现。可见，两种陶鬲的出现必然与寺洼文化的消亡有着直接关系。

另一种观点认为铲足鬲与李家崖文化陶鬲有承袭关系。许伟认为山西柳林高

---

[1] 王古奎：《试论九站寺洼文化遗址——兼论甘肃东部地区寺洼文化》，北京大学硕士学位论文，1985 年。

[2] 赵化成：《甘肃东部秦和羌戎文化的考古学探索》，《考古类型学的理论与实践》，文物出版社，1989 年。

[3] 南玉泉、郭晨辉：《寺洼——安国系统陶鬲的序列》，《文物》1987 年第 2 期。

红，陕西绥德薛家渠、清涧李家崖与甘肃甘谷毛家坪 B 组陶鬲为同一系统，这类遗存有逐渐向西移动的趋势[1]。杨建华认同铲足鬲与柳林高红、李家崖、薛家渠出土的高领鬲有承袭关系，"当属南流黄河两岸商末至西周时期的北方文化的延续"[2]。梁云、路国权等认为铲足鬲源于内蒙古中南部地区，该地区具有双鋬、高分裆袋足、柱状实足跟陶鬲的传统，与铲足鬲具有很大的相似性，其有可能来源于西岔文化[3]，而西岔文化即是李家崖文化的一个类型[4]。孙战伟指出毛家坪 B 组遗存中的铲足鬲来源于李家崖文化，而双耳罐、单耳罐等器物源自寺洼文化，毛家坪 B 组遗存是两种文化不断融合的产物[5]。虽然李家崖文化陶鬲高弧领、大袋足、高分裆的特点（图 4-32）与毛家坪 B 组遗存的柱足鬲、铲足鬲有着很高的相似性，但是，李家崖文化为晚商至西周时期的考古学文化，主要分布于南流黄河两岸，其与铲足鬲流行的时代及地域有着巨大的时空间隔。李家崖文化的使用者是如何进入甘肃东部，并成为东周西戎族群的主体之一的，考古学与历史学研究均不能提供有力的证据。

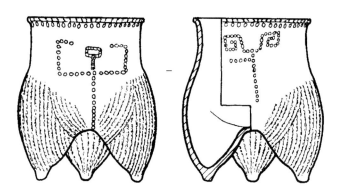

图 4-32　李家崖文化出土陶鬲

李家崖 A1T18 ⑤ a：13

［1］许伟：《晋中地区西周以前古遗存的编年与谱系》，《文物》1989 年第 4 期。
［2］杨建华：《陕西清涧李家崖东周墓与"河西白狄"》，《考古与文物》2008 年第 5 期。
［3］早期秦文化联合考古队：《戎狄之旅——内蒙、陕北、宁夏、陇东考古考察笔谈》，《考古与文物》2012 年第 1 期。
［4］吕智荣、孙战伟：《内蒙古西岔三期遗存性质考察》，《考古与文物》2015 年第 4 期。
［5］孙战伟：《毛家坪 B 组遗存再认识》，《考古与文物》2019 年第 2 期。

透过器物传播来考察人群流动本就是一个极其复杂的问题。以现有的考古发现来看，铲足鬲源自寺洼文化似乎具有更为可靠的证据支持。然而，我们也确实注意到，在东周西戎文化寺洼支系遗存中，铲足鬲几乎不与双耳罐、单耳罐等源自寺洼文化的其他器物同出于一座墓葬之中，这是否暗示二者具有不同的来源，抑或是反映了墓主性别、年龄、社会地位等差别，尚待进一步探索。

第三节 埋葬方式所反映的文化交流

埋葬方式是一个族群最为稳定的文化符号，不同文化间相似的葬俗往往预示着人群的迁徙。除东周西戎文化"袁家类型"因考古发现过少，尚难以明确其埋葬方式外，东周西戎文化各类型所使用的墓葬形制、墓向、葬式等信息，是我们厘清西戎人群来源的重要线索。

一、寺洼支系埋葬方式的来源

东周西戎文化寺洼支系众多遗存之中，"寨头河类型"是为数不多的、文化面貌相对纯粹的戎人遗存。依据墓葬的埋葬方式，我们可以推断寺洼支系的文化渊源。

属于"寨头河类型"的陕西黄陵寨头河墓地发现的 90 座墓均为竖穴土坑墓，东西向墓占绝对多数，比例达 84%，其中又以头朝东的墓占绝对多数。南北向墓较少，其中以头朝北的墓居多。可辨葬式的墓葬中，仰身直肢葬 36 座，占到 75%；屈肢葬 6 座，占 12.5%；此外，还有少量二次葬、肢解葬及侧身葬[1]。史家

---

[1] 陕西省考古研究院、延安市文物研究所、黄陵县旅游文物局：《寨头河：陕西黄陵战国戎人墓地考古发掘报告》，上海古籍出版社，2018 年；陕西省考古研究院、延安市文物研究所、黄陵县旅游文物局：《陕西黄陵寨头河战国戎人墓地发掘简报》，《考古与文物》2012 年第 6 期。

河墓地揭露的 37 座墓葬中，文化面貌较为纯正的西戎族群墓葬共 27 座[1]。这批墓葬均为竖穴土坑墓，绝大多数为东西向，头向东向与头向西向墓数量相当，个别墓葬为南北向，墓主人头向北。墓主葬式以仰身直肢葬为主，仅有 1 例屈肢葬[2]。壁龛是两处墓地的共同特色。寨头河墓地共有 12 座墓葬具有壁龛，大多数墓葬有 1 个壁龛，所有壁龛均靠近墓主头向位置。其中以小型壁龛最为流行，均位于长墓边，绝大多数位于墓主人左侧，均放置陶器。大、中型壁龛较少，位于长、短墓边的均有，在墓主人右侧、头顶位置，以放置殉牲为主。史家河墓地也有类似的情况。另外，益门二号墓等寺洼支系戎人贵族墓葬也多使用竖穴土坑墓，墓主头向有东向，亦有北向，以东向居多。

众所周知，寺洼文化流行竖穴土坑墓，死者头向有东、有北，盛行壁龛，这些特征指明其与东周西戎文化寺洼支系的文化渊源关系。甘肃临潭磨沟墓地属于寺洼文化较早阶段的遗存，这里发现寺洼文化墓葬 21 座，其中竖穴土坑墓 19 座，竖穴偏室墓 2 座。由于资料并未完全公布，以现有材料看，部分墓葬带有壁龛[3]。甘肃岷县占旗遗址是另一处寺洼文化较早阶段的遗存。这里发现寺洼文化墓葬 66 座。墓葬均为竖穴土坑墓，大多东西向，少数南北向。葬式以仰身直肢葬为主，肢解葬较普遍。墓葬中带壁龛者共 4 座[4]。在寺洼文化较晚阶段，使用壁龛成为一种普遍现象。甘肃合水九站寺洼文化墓地共清理墓葬 80 座，除 1 座为洞室墓外，其余 79 座均为竖穴土坑墓。南北向墓葬 75 座，占 93.8%，其余为东西向墓。葬式以仰身直肢葬和乱骨葬为主，还有零星的俯身直肢葬、屈肢葬。80 座墓中，带壁龛者 61 座，壁龛有的位于头端，有的位于脚端，壁龛内放置随葬品[5]。甘肃庄

[1] 其余 10 座墓葬为洞室墓，年代较晚，使用者为深受秦文化影响的西戎人群墓葬。
[2] 陕西省考古研究院、延安市文物研究所、黄陵县旅游文物局：《陕西黄陵县史家河墓地发掘简报》，《考古与文物》2015 年第 3 期；陕西省考古研究院、延安市文物研究院、榆林市文物保护研究所、黄陵县文化和旅游局、清涧县文化和旅游局：《戎与狄：陕北史家河与辛庄战国墓地考古报告》，文物出版社，2021 年。
[3] 甘肃省文物考古研究所、西北大学丝绸之路文化遗产保护与考古学研究中心：《甘肃临潭磨沟墓地寺洼文化墓葬 2009 年发掘简报》，《文物》2014 年第 6 期。
[4] 甘肃省文物考古研究所：《甘肃岷县占旗寺洼文化遗址发掘简报》，《考古与文物》2012 年第 4 期。
[5] 王占奎、水涛：《甘肃合水九站遗址发掘报告》，《考古学研究》（三），科学出版社，1997 年。

浪徐家碾墓地发现寺洼文化墓葬 102 座，均为竖穴土坑墓。墓主均头部朝向西北方的高山，葬式多见仰身直肢葬与二次葬，偶见俯身直肢葬。102 座墓葬中共有 6 座带有壁龛，壁龛内放置殉人，不见任何随葬品[1]。虽然，各寺洼文化墓地中壁龛的比例有较大不同，但可以肯定壁龛是寺洼文化墓葬的代表性特征之一。加之，寺洼文化与东周西戎文化寺洼支系墓葬在竖穴土坑墓、墓向、葬式等方面具有较强的相似性，结合文献记载及其他考古学证据显示出的寺洼文化与东周西戎文化寺洼支系之间的亲缘关系，我们有理由确认寺洼支系戎人墓葬中所盛行的竖穴土坑墓、壁龛等葬俗源自寺洼文化。

还需注意的是，同属东周西戎文化寺洼支系的"毛家坪 B 组类型""关中类型""寨头河类型"中都存在一定数量的洞室墓，这些洞室墓既有直线式洞室墓，也有偏洞室墓。那么，寺洼支系的洞室墓从何而来？以"关中类型"为例，目前在关中地区发现的与东周西戎移民有关的墓葬中，墓葬形制清晰者近百座，其中竖穴土坑墓约占六成以上，洞室墓不足四成。竖穴土坑墓不仅数量多，且年代早，从战国早期沿用至秦代，而洞室墓年代不超过战国中期。显然，洞室墓绝非寺洼支系戎人的传统葬俗，其必是于寺洼支系较晚阶段受到外来文化影响而产生的新葬俗。环视同时期周边地区考古学文化，仅有两个群体使用洞室墓：其一为东周西戎文化草原支系人群，另一为战国时期的秦人。而寺洼支系的洞室墓应与秦文化有关。洞室墓作为较晚阶段秦文化的特征之一，出现于战国中期晚段[2]，并迅速成为中小型秦墓的主要墓葬形制。无论"毛家坪 B 组类型""关中类型"，或是部分"寨头河类型"遗存，多为西戎与秦人共居一处的遗留。在与秦人的交往中，这些戎人接受了秦人兴起的洞室墓风尚，随即寺洼支系遗存中就出现了采用洞室墓形制的戎人墓葬。至于秦人的洞室墓是模仿自东周西戎文化草原支系，抑或是

---

[1] 中国社会科学院考古研究所：《徐家碾寺洼文化墓地：1980 年甘肃庄浪徐家碾考古发掘报告》，科学出版社，2006 年。
[2] 滕铭予：《论关中秦墓中洞室墓的年代》，《华夏考古》1993 年第 2 期。

受到关东地区洞室墓的影响，这是另一个话题了[1]。同时，在这些寺洼支系洞室墓中，丝毫未见北方系青铜器等具有东周西戎文化草原支系特征的随葬品，殉牲数量极少，这也从另一个侧面说明，寺洼支系戎人所使用的洞室墓应与草原支系洞室墓无关。

二、草原支系埋葬方式的来源

草原民族南下不是一时一族的南下，而是多部族、多批次的迁徙。东周西戎文化草原支系埋葬方式的多样性证明了这些草原游牧人群的不同来源。

（一）"杨郎类型"埋葬方式的来源

直线式洞室墓作为"杨郎类型"中最具特色的墓葬形制（图3-1），其来源一直是学者研究的重点。曾有学者通过宁夏固原于家庄墓地的洞室墓形态总结出直线式洞室墓的发展过程，指出于家庄的洞室墓分竖穴土洞墓（图3-1，1）、凸字形土洞墓（图3-1，2）和刀形土洞墓（图3-1，3）三种。还有极少量的凹字形双室墓。单室洞室墓中的竖穴土洞、凸字形土洞和刀形偏洞这三种形式似乎反映了洞室墓的发展过程[2]。并且通过比较马庄（杨郎）墓地洞室墓与于家庄墓地洞室墓认为："马庄的洞室墓中缺少于家庄的竖穴土洞墓。这种墓的洞室只有一半延伸至墓道以外。墓道与洞室同宽，两壁相连。人骨上半身在洞室里，下半身在墓道里，从形式

---

［1］ 支持秦文化洞室墓西来说的学者，多认为关中地区秦文化洞室墓的出现是受到秦之西北的羌戎考古学文化影响的结果。参见俞伟超：《古代"西戎"和"羌"、"胡"考古学文化归属问题的探讨》，《先秦两汉考古学论集》，文物出版社，1985年；韩伟：《关于秦人族属及文化渊源管见》，《文物》1986年第4期；李如森：《略论关中东周秦墓葬制与关东诸国的差异》，《北方文物》1993年第4期；高滨侑子著、韩钊译：《中国古代洞室墓》，《文博》1994年第1期；韩建业：《中国先秦洞室墓谱系初探》，《中国历史文物》2007年第4期；陈洪：《关中、陇山两地区洞室墓之比较研究》，《秦始皇帝陵博物院》（第3辑），三秦出版社，2013年。支持关中地区秦文化洞室墓东来说的学者，认为秦文化洞室墓的产生受到关东地区洞室墓的影响。参见滕铭予：《关中秦墓研究》，《考古学报》1992年第3期；胡进驻：《东周郑韩墓葬研究》，郑州大学硕士学位论文，2003年；张寅、耿庆刚、侯红伟：《关中地区东周时期"戎式陶罐"及相关问题研究》，《文博》2017年第5期。
［2］ 杨建华：《春秋战国时期中国北方文化带的形成》，文物出版社，2004年，第12—13页。

上看很可能是竖穴土坑墓与洞室墓的过渡形态。"[1]基本得出了"杨郎类型"直线式洞室墓是由竖穴土坑墓演变而来的结论。

然而，"杨郎类型"中竖穴土坑墓的出现应与墓主身份等级有关，与时间早晚无关。在于家庄墓地发现的6座竖穴土坑墓中有3座墓主为儿童，且竖穴土坑墓的殉牲数量远远少于洞室墓。并且于家庄墓地的竖穴土坑墓中出土有铜质鹰首竿头饰、腹中空动物饰等于家庄晚期墓葬的典型器物，其时代并不早于直线式洞室墓。简报中也指出，"某种迹象似乎表明，土洞墓的时代可能要早于竖穴土坑墓"[2]。可见，"杨郎类型"直线式洞室墓并非来源于竖穴土坑墓。

"杨郎类型"的直线式洞室墓亦非来源于更早时期陇山东西两侧的土著文化。西周至春秋时代分布于陇山东西两侧的考古学文化主要有三支，分别为周文化、早期秦文化和寺洼文化。这三支考古学文化虽然在分布地域上与"杨郎类型"重合，年代上也具有承接关系，但文化面貌差异巨大。周文化、早期秦文化和寺洼文化均流行竖穴土坑墓，殉牲不普遍，随葬品中亦罕见北方系青铜器，陶器发达，这与"杨郎类型"盛行直线式洞室墓、普遍殉牲、随葬品以北方系青铜器为主的文化面貌迥异，说明二者并无文化渊源关系。

那么，"杨郎类型"直线式洞室墓的来源只能向周边地区寻找线索。东周西戎文化草原支系中直线式洞室墓大多分布于陇山东侧，陇山以西罕见。这种分布态势似乎预示着使用直线式洞室墓的游牧人群来自东方，陇山阻挡住他们西进的步伐。目前，我们在内蒙古中南部地区发现了一批文化面貌与其相似的遗存。

1. 内蒙古和林格尔新店子墓地

新店子墓地共发掘墓葬56座，其中直线式洞室墓20座。所有墓葬均未发现葬具，葬式以仰身直肢葬为主。墓地流行殉牲。随葬品以铜质装饰品为主，陶器极

---

[1] 杨建华：《春秋战国时期中国北方文化带的形成》，文物出版社，2004年，第17页。
[2] 宁夏文物考古研究所：《宁夏彭堡于家庄墓地》，《考古学报》1995年第1期。

少。墓葬年代主要为春秋晚期，下限可至战国早期[1]。

2. 内蒙古清水河阳畔墓地

阳畔墓地共发掘墓葬 8 座，其中直线式洞室墓 5 座，竖穴土坑墓 2 座，1 座墓葬形制不明。葬式为仰身直肢。墓葬殉牲普遍。随葬品以北方系青铜器为大宗。墓地年代主要为春秋晚期，年代下限可晚至战国早期[2]。

3. 内蒙古清水河西咀墓地

西咀墓地共发掘墓葬 3 座，均为直线式洞室墓，墓葬因破坏严重，殉牲情况不明。墓葬中随葬有铜工具及各种质地的装饰品。墓葬年代介于春秋晚期至战国早期之间[3]。

新店子墓地、阳畔墓地及西咀墓地所发现的直线式洞室墓在墓葬形制、殉牲、随葬品等方面与"杨郎类型"中直线式洞室墓十分相似。以往有学者指出新店子墓地、阳畔墓地所发现的洞室墓当来源于陇山地区，进而推断这两处墓地在形成过程中，曾与西北地区发生过密切的联系[4]。不可否认，内蒙古中南部发现的直线式洞室墓与"杨郎类型"直线式洞室墓有着直接的联系，但是这一联系很有可能是内蒙古中南部地区影响陇山地区的。首先，在"杨郎类型"发现的直线式洞室墓数量虽多，但其并非本土发展而来。殉牲多、流行北方系青铜器、墓主为北亚人种等特征，都指明其来源于北方草原地带。其次，"杨郎类型"直线式洞室墓的年代虽能

[1] 内蒙古文物考古研究所、乌兰察布市博物馆：《内蒙古和林格尔县新店子墓地发掘简报》，《考古》2009 年第 3 期。
[2] 曹建恩：《内蒙古中南部商周考古研究的新进展》，《内蒙古文物考古》2006 年第 2 期；内蒙古师范大学科学技术史研究院、内蒙古文物考古研究所：《内蒙古清水河县阳畔东周墓地发掘简报》，《考古与文物》2018 年第 1 期。
[3] 内蒙古师范大学科学技术史研究所、内蒙古文物考古研究所：《内蒙古清水河县西咀墓地发掘简报》，《考古与文物》2018 年第 1 期。
[4] 曹建恩、孙金松：《中国北方东周西汉时期偏洞室墓葬研究》，《中国史研究》（第 53 辑）[韩国]，2008 年。

够进入春秋晚期，但墓葬以战国时期为主，而内蒙古中南部地区所发现的同类墓葬的年代可早至春秋晚期，且不见较晚阶段的墓葬，是这类墓葬年代最早的发现之一，这也从年代关系上印证了东周西戎文化"杨郎类型"中的直线式洞室墓有可能来源于内蒙古中南部地区。再次，"杨郎类型"中流行的多种羊形、鸟形、虎噬羊形纹饰均与内蒙古中南部地区的北方系青铜文化有着密切的关系，且多是由内蒙古中南部向西传播至陇山一带的，这些文化交流的物证暗示着东周时期可能存在内蒙古中南部地区向陇山地区的人群流动。而在内蒙古中部地区零星出土的铲足鬲，则是由甘宁地区传入的，表明西戎文化亦影响至内蒙古中南部地区，更加证实了两地间的深入交往。最后，新店子墓地、阳畔墓地、西咀墓地的人种均为蒙古人种北亚类型[1]，这与"杨郎类型"体质人类学特征一致，强化了二者间亲缘关系的可能性。虽然内蒙古中南部地区洞室墓遗存的族属被定义为"胡"，"杨郎类型"则为"西戎"，但这些称谓都是中原国家对边缘族裔的定义，并不一定真实反映了"异族"的身份认同，实际上，这些共同使用直线式洞室墓的人群都是源于北方草原地带的游牧民，其流动、交往的复杂性远超中原民族的想象。

　　总之，东周西戎文化"杨郎类型"与内蒙古中南部地区的直线式洞室墓遗存有着密切的亲缘关系。春秋晚期之时，一支来自内蒙古中南部的游牧人群，西迁至陇山以东地区，在此不断发展壮大，遗留下众多"杨郎类型"遗存，成为东周时期西戎考古学文化的重要组成部分。但是，内蒙古一带绝非直线式洞室墓的原生地，其源头需向更北的欧亚草原中、东部地区寻找，内蒙古发现的直线式洞室墓遗存也仅是游牧人群南下途中的中转站而已。

（二）"马家塬类型"埋葬方式的来源

　　"马家塬类型"以偏洞室墓为特征，随葬品中具有大量各种材质的车、马及人体饰件，其文化面貌包含有多种文化因素。"马家塬类型"的来源是学界关注的重

---

[1] 张全超、朱泓：《内蒙古和林格尔县新店子墓地人骨研究》，《考古》2009 年第 3 期；张全超：《内蒙古和林格尔县新店子墓地人骨研究》，科学出版社，2010 年。

点问题。通过比较研究，我们认为"马家塬类型"与"杨郎类型"一样，并非来源于陇山东西两侧的土著文化，其与周文化、早期秦文化和寺洼文化面貌差异较大，其间并无文化渊源关系。加之，偏洞室墓仅见于陇山西侧，且越靠西年代越早，可见"马家塬类型"的源头只能为自西方而来的外部文化了。

目前，考古学家在河西走廊东端的沙井文化三角城遗址发现了一批文化面貌与"马家塬类型"相近的遗存。甘肃永昌三角城遗址包括城址、房址、窖穴、墓葬等多种类型遗迹，墓地见于城外西面蛤蟆墩，东北方向西岗、柴湾岗、上土沟岗[1]，共清理墓葬590座、祭祀坑4座。墓葬以洞室轴线与墓道轴线平行的偏洞室墓居多，约占明确墓葬形制特征总数的58.1%；竖穴土坑墓次之，约占明确墓葬形制特征总数的39.3%；少量竖井过洞墓。另外还有上竖井下偏洞室墓葬。墓葬北向者占大多数。墓葬主要为单人葬，绝大多数为仰身直肢葬。每个墓葬几乎无一例外在人骨架下铺芨芨草，草下铺白灰，有的还盖上芨芨草或蒲草编席。殉牲情况各墓地间存在差异，蛤蟆墩墓地殉牲比例最高，达到70%，而西岗墓地和柴湾岗墓地殉牲数量偏低。随葬品以青铜器为主，具有强烈的北方草原风格，陶器数量较少。三角城遗址的年代约在公元前9—前5世纪之间，即西周中晚期至春秋晚期或战国时代[2]。

三角城遗址流行洞室轴线与墓道轴线平行的偏洞室墓，葬式以仰身直肢葬为主，墓中多殉牲，随葬品多见北方系青铜器，陶器数量较少，其与"马家塬类型"文化面貌相一致。三角城遗址年代为西周中晚期至春秋晚期或战国时期，与"马家塬类型"年代相衔接，其间并无缺环，因此，东周西戎文化"马家塬类型"应来源于以三角城遗址为代表的沙井文化。

就目前材料看，沙井文化主要分布在民勤附近的腾格里沙漠边缘，向东到兰

---

[1] 甘肃省文物考古研究所：《永昌西岗柴湾岗：沙井文化墓葬发掘报告》，甘肃人民出版社，2001年；甘肃省博物馆文物工作队、武威地区展览馆：《甘肃永昌三角城沙井文化遗址调查》，《考古》1984年第7期；甘肃省文物考古研究所：《永昌三角城与蛤蟆墩沙井文化遗存》，《考古学报》1990年第2期。
[2] 水涛：《甘青地区青铜时代的文化结构和经济形态研究问题》，《中国西北地区青铜时代考古论集》，科学出版社，2001年。

州、景泰一线，向北深入到现在的沙漠腹地，向南不过祁连山，向西不到张掖一带，年代为西周早期至春秋晚期或战国时代[1]。沙井文化可分为早晚两期：早期以民勤沙井子为代表，墓葬全为竖穴土坑墓，殉牲习惯不明显，随葬陶器占墓葬总数的1/3强，彩陶比例高；晚期以三角城为代表，墓葬主要为竖穴偏洞室墓，盛行殉牲，陶器占墓葬总数仅1/4—1/6或更少，彩陶衰退，出现铁器[2]。鉴于沙井文化早晚两期文化面貌差异较大，已有学者指出三角城遗址作为沙井文化典型遗址，可以考虑将其定性为三角城类型，或称为三角城文化[3]。需要指出的是，本文所指"马家塬类型"的来源，准确来说是指沙井文化"三角城类型"。

沙井文化"三角城类型"与东周西戎文化"马家塬类型"的相似性，除表现在墓葬形制、葬式、殉牲习俗、随葬品等方面外，其文化面貌构成的多样性也大致相同。已有学者指出马家塬墓地具有多种文化因素，包括土著文化、西方文化、北方草原文化和中原文化[4]。而这种多元文化结构在三角城遗址中也可以看到，三角城遗址不仅包含有甘青地区的土著文化，同时具有北方草原文化因素，还受到来自东面中原文化和西北方向焉不拉克文化的影响[5]。

然而，二者之间也存在着差异。沙井文化"三角城类型"中流行洞室轴线与墓道轴线平行的偏洞室墓（图4-33，3），而东周西戎文化"马家塬类型"中既具有沙井文化"三角城类型"样式的偏洞室墓（图4-33，4），还有洞室轴线与墓道轴线垂直的偏洞室墓（图4-33，5）；沙井文化"三角城类型"各墓地间殉牲比例存在高低差异，而东周西戎文化"马家塬类型"则普遍殉牲；沙井文化"三角城类型"墓葬多北向，无木质葬具，而东周西戎文化"马家塬类型"墓葬多东向，部分墓葬具有木质葬具。此外，沙井文化"三角城类型"随葬品相较于东周西戎文化"马家塬类型"陶器比例高，北方系青铜器种类较少，制作较粗糙。虽然二者文化

---

[1] 水涛：《甘青地区青铜时代的文化结构和经济形态研究问题》，《中国西北地区青铜时代考古论集》，科学出版社，2001年；李水城：《沙井文化研究》，《国学研究》（二），北京大学出版社，1994年。
[2] 李水城：《沙井文化研究》，《国学研究》（二），北京大学出版社，1994年。
[3] 李维明：《三角城遗址文化内涵与社会现象管窥》，《考古与文物》2015年第5期。
[4] 王辉：《张家川马家塬墓地相关问题初探》，《文物》2009年第10期。
[5] 李维明：《三角城遗址文化内涵与社会现象管窥》，《考古与文物》2015年第5期。

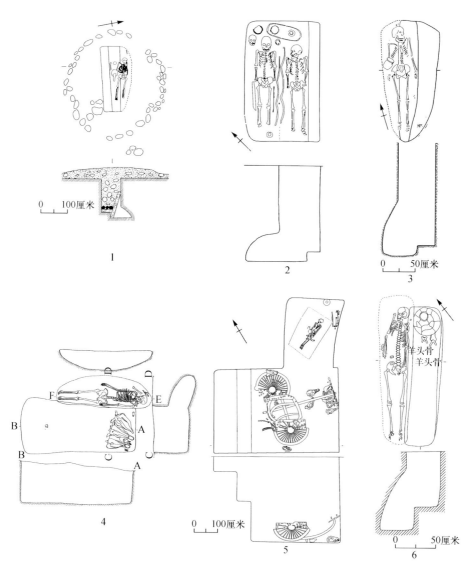

图 4-33　公元前 1 千纪 "西方传统" 偏洞室墓

1. 索墩布拉克 M6　2. 洋海三号 M316　3. 蛤蟆墩 M16
4. 陈阳川 M1　5. 王洼 M2　6. 小双古城 M13

面貌有异，但这并不能否认二者之间存在强烈文化渊源关系，这些差异应是时间早晚或等级差异造成的。

依据沙井文化"三角城类型"和东周西戎文化"马家塬类型"各遗址的时间早晚关系及地理分布位置，我们可以复原出一条古代从河西走廊东端至陇山地区的交通道路。其中，属于沙井文化的甘肃金昌三角城遗址年代最早，为西周晚期至春秋晚期或战国时代，其地理位置最靠西，位于河西走廊的东端；属于东周西戎文化"马家塬类型"的甘肃漳县墩坪墓地年代稍晚，为春秋晚期至战国中期，其位置已东进至渭河上游；而宁夏西吉陈阳川墓地、甘肃张家川马家塬墓地和秦安王洼墓地年代最晚，为战国中晚期，且地理位置最靠东，已到达陇山西麓。同时，一些偏洞室墓的使用者可能越过陇山，来到更靠东的内蒙古中南部地区（图4-33，6），留下了一些考古学线索[1]。这些遗址年代相互衔接，分布脉络清晰，印证了东周西戎文化"马家塬类型"确应源自沙井文化"三角城类型"。三角城遗址中发现有少量陶质铲足鬲[2]，也证实了使用沙井文化的人群与生活在陇山东西两侧的东周西戎间有着直接的交往，其往来很可能就是以"马家塬类型"戎人为媒介的。

最后，关于沙井文化的来源，有人认为它是在本地史前文化的基础上发展起来的[3]，也有人持相反意见，认为它是从别处迁徙过来的[4]。无论如何，不可否认的

---

[1] 内蒙古包头西园墓地发掘7座偏洞室墓，年代为春秋晚期至战国早期。内蒙古凉城小双古城墓地发掘12座偏洞室墓，年代为春秋晚期至战国早期。内蒙古和林格尔新店子墓地发掘偏洞室墓11座，年代为春秋晚期至战国早期。有学者指出内蒙古发现的这些偏洞室墓来源于沙井文化。参见内蒙古文物考古研究所、包头市文物管理处：《包头西园春秋墓地》，《内蒙古文物考古》1991年第1期；内蒙古文物考古研究所：《内蒙古凉城县小双古城墓地发掘简报》，《考古》2009年第3期；内蒙古文物考古研究所、乌兰察布市博物馆：《内蒙古和林格尔县新店子墓地发掘简报》，《考古》2009年第3期；曹建恩、孙金松：《内蒙古地区青铜时代至早期铁器时代墓制的初步研究——以内蒙古中南部和东南部的墓葬资料为中心》，《内蒙古师范大学学报（哲学社会科学版）》2010年第5期；曹建恩、孙金松：《中国北方东周西汉时期偏洞室墓遗存及相关问题》，《边疆考古研究》（第27辑），科学出版社，2020年。
[2] 甘肃省文物考古研究所：《永昌三角城与蛤蟆墩沙井文化遗存》，《考古学报》1990年第2期。
[3] 裴文中：《中国西北甘肃走廊和青海地区的考古调查》，《裴文中史前考古学论文集》，文物出版社，1987年；甘肃省博物馆：《甘肃古文化遗存》，《考古学报》1960年第2期；李水城：《沙井文化研究》，《国学研究》（二），北京大学出版社，1994年。
[4] 戴春阳：《月氏文化族属、族源刍议》，《西北史地》1991年第1期；李维明：《三角城遗址文化内涵与社会现象管窥》，《考古与文物》2015年第5期。

是，沙井文化，尤其是沙井文化"三角城类型"是受到来自更西边的考古学文化的强烈影响的。已有学者指出三角城遗址在墓葬基本特征和殉牲习俗等方面与天山地区洞室墓相似，是天山地区洞室墓向东传播的产物，并将这类洞室墓称为先秦时期洞室墓的"西方传统"[1]。

公元前1千纪新疆地区的偏洞室墓主要见于以下考古学文化之中：

1. 索墩布拉克文化

索墩布拉克文化，又称"伊犁河流域文化"[2]，是新疆重要的早期铁器时代文化之一。其主要分布在伊犁河谷地区，另外在乌苏、石河子等地也有少量的分布。韩建业[3]、邵会秋[4]等学者曾将索墩布拉克文化划分为三期。依据类型学研究成果，索墩布拉克文化第一期以穷科克一号墓为代表[5]。墓地中绝大多数墓葬都有土石结构的封堆标志，墓室以单墓室为主，分竖穴土坑和竖穴偏洞室两种，也有少量的石棺墓室，尸体均为仰身直肢，头西脚东，缺失手指和脚趾的现象非常普遍。从墓地布局来看，不同形制的墓葬都有相对集中的分布，数量最多的竖穴偏洞室墓主要分布在墓地中部，年代为公元前9—前5世纪，其上限还可能会更早。第二期以巩留县山口墓地[6]和索墩布拉克墓地[7]为代表。这一时期墓葬形制继承了上一时期的特点，地表有封堆，墓室分为竖穴土坑和竖穴偏洞室（图4-33，1）两种，但在同一墓地中，两种墓葬交叉分布，无明显的规律，葬式多为单人仰身直肢葬，年代大约

［1］韩建业：《中国先秦洞室墓谱系初探》，《中国历史文物》2007年第4期。
［2］陈戈：《新疆伊犁河流域文化初论》，《欧亚学刊》（第2辑），中华书局，2000年。
［3］韩建业：《新疆青铜时代——早期铁器时代文化的分期和谱系》，《新疆文物》2005年第3期。
［4］邵会秋：《新疆史前时期文化格局的演进及其与周邻地区文化的关系》，吉林大学博士学位论文，2007年，第91—101页。
［5］新疆文物考古研究所：《尼勒克县穷科克一号墓地考古发掘报告》，《新疆文物》2002年第3、4期。
［6］新疆文物考古研究所：《2005年度伊犁州巩留县山口水库墓地考古发掘报告》，《新疆文物》2006年第1期。
［7］黄文弼：《新疆考古发掘报告（1957—1958）》，文物出版社，1983年，19—20页；新疆文物考古研究所：《察布查尔县索墩布拉克古墓葬发掘简报》，《新疆文物》1988年第2期；新疆文物考古研究所：《察布查尔县索墩布拉克古墓群》，《新疆文物》1995年第2期；新疆文物考古研究所：《新疆察布查尔县索墩布拉克古墓群》，《考古》1999年第8期。

在公元前 5—前 3 世纪之间。第三期以昭苏萨尔霍布[1]和尼勒克哈拉图拜墓地[2]为代表。这一时期墓葬封堆石圈和石堆比较少见,多是大型的土堆墓,一般墓室中使用木椁,偏洞室墓已不如原来规整,年代应为公元前 3 世纪至公元前后。

如上所述,偏洞室墓出现于索墩布拉克文化早期阶段,一直延续至该文化消亡,其往往与竖穴土坑墓共存于同一墓地之中,二者成为索墩布拉克文化中最为重要的两种墓葬形制。早期阶段,两种墓葬形制在同一墓地中分区分布,至中晚期,这种现象消失,象征着不同形制墓葬所代表的人群的融合。

2. 苏贝希文化

苏贝希文化的命名是由陈戈提出的[3],其主要分布于博格达山南北两侧山前地带或山谷间。韩建业[4]、郭物[5]、邵会秋[6]等学者对其进行了分期研究。依据邵会秋的分期结果,苏贝希文化第一期以洋海一号墓地[7]和二号墓地[8]绝大部分墓葬为代表,流行椭圆形竖穴墓和长方形竖穴土坑墓,多单人屈肢葬,也有少量双人和多人合葬,基本不见仰身直肢葬,其年代大约在公元前 10—前 7 世纪。第二期以喀格恰克墓地[9]为代表,这一时期主要流行竖穴土坑墓,晚期可能出现少量的偏洞室墓。既有单人葬,也有双人或多人合葬,出现了数量较多的仰身直肢葬。墓葬年代

[1] 中国科学院新疆分院民族研究所考古组:《昭苏县古代墓葬试掘简报》,《文物》1962 年第 7—8 期。
[2] 新疆维吾尔自治区博物馆:《尼勒克县哈拉图拜乌孙墓的发掘》,《新疆文物》1988 年第 2 期。
[3] 陈戈:《新疆史前时期又一种考古学文化——苏贝希文化试析》,《苏秉琦与当代中国考古学》,科学出版社,2001 年,第 153—171 页。
[4] 韩建业:《新疆青铜时代——早期铁器时代文化的分期和谱系》,《新疆文物》2005 年第 3 期。
[5] 郭物:《新疆天山地区公元前一千纪的考古学文化研究》,中国社会科学院研究生院博士学位论文,2005 年,第 65—77 页。
[6] 邵会秋:《新疆史前时期文化格局的演进及其与周邻地区文化的关系》,吉林大学博士学位论文,2007 年,第 74—75 页。
[7] 新疆文物考古研究所、吐鲁番地区文物局:《鄯善县洋海一号墓地发掘简报》,《新疆文物》2004 年第 1 期。
[8] 新疆文物考古研究所、吐鲁番地区文物局:《鄯善县洋海二号墓地发掘简报》,《新疆文物》2004 年第 1 期。
[9] 吐鲁番地区文物保管所:《新疆托克逊县喀格恰克古墓群》,《考古》1987 年第 7 期。

大约为公元前 7—前 5 世纪。第三期以洋海三号墓地[1]为代表，整个文化发生巨大改变，长方形竖穴土坑墓和竖穴偏洞室墓是主要的两种墓葬形制，其中竖穴偏洞室墓（图 4-33，2）的比例较大，流行双人或多人合葬，单人屈肢葬非常少见。墓葬年代大约为公元前 5 世纪至公元前后。

大约在公元前 6 世纪，偏洞室墓出现在苏贝希文化之中，之后迅速取代原先苏贝希文化中流行的竖穴土坑墓，成为该文化晚期阶段最为重要的墓葬形制。与偏洞室墓的流行同时，仰身直肢的葬式也开始大量出现于苏贝希文化之中。至苏贝希文化晚期，原先流行的单人屈肢葬已基本消失不见。

那么，新疆发现的偏洞室墓如何与沙井文化的偏洞室墓发生联系呢？

公元前 9 世纪，"西方传统"的偏洞室墓同时出现于新疆索墩布拉克文化及甘肃沙井文化之中，以往有学者指出两种文化中的偏洞室墓并无互相影响的关系[2]。但是，也有学者指出索墩布拉克文化的偏洞室墓可能受到沙井文化的影响[3]。首先需要肯定的是，索墩布拉克文化和沙井文化中的偏洞室墓具有较多相似性，属于同一系统，二者之间应具有源流关系；其次，沙井文化存在着早晚两个发展阶段，偏洞室墓出现于沙井文化晚期阶段，而其早期阶段主要流行竖穴土坑墓。可见，偏洞室墓并非沙井文化的传统文化因素，应是受到外来文化作用的结果。相反，偏洞室墓在索墩布拉克文化中从最早阶段出现，一直延续至最晚阶段，是其自身文化中相对稳定的因素。因此，伊犁河谷地区的索墩布拉克文化中的偏洞室墓应是"西方传统"偏洞室墓的主要来源，其向东影响到河西走廊东端的沙井文化，使得沙井文化一改之前流行竖穴土坑墓的文化传统，转以偏洞室墓作为最主要的墓葬形制。

但地处新疆西部的索墩布拉克文化与甘肃中部的沙井文化地理相隔较远，文化

[1] 新疆文物考古研究所、吐鲁番地区文物局：《鄯善县洋海三号墓地发掘简报》，《新疆文物》2004 年第 1 期。
[2] 邵会秋：《新疆史前时期文化格局的演进及其与周邻地区文化的关系》，吉林大学博士学位论文，2007 年，第 288—289 页。
[3] 陈戈：《新疆伊犁河流域文化初论》，《欧亚学刊》（第 2 辑），中华书局，2000 年，第 15—16 页。

间的交流需要中转站。考古发现也证实，索墩布拉克文化与沙井文化除去在偏洞室墓形制上的相似外，仅在单耳直筒杯等个别器物上表现出共性，两个文化之间几乎没有更多的相似之处。那么，在索墩布拉克文化与沙井文化之间充当媒介的就应当是位于博格达山两侧的苏贝希文化。苏贝希文化中的偏洞室墓出现于公元前 6 世纪左右，与沙井文化类似，偏洞室墓出现后迅速取代了原先苏贝希文化中流行的竖穴土坑墓，成为该文化晚期阶段中最为重要的墓葬形制，可见偏洞室墓因素也应为外来文化作用的结果。与偏洞室墓一同流行起来的是仰身直肢的葬式。至苏贝希文化晚期，原先流行的单人屈肢葬已基本消失不见，完全被仰身直肢葬所取代。有趣的是，在公元前 1 千纪新疆地区的众多考古学文化中，仅有索墩布拉克文化与晚期的苏贝希文化盛行仰身直肢葬，这无疑再次证明二者之间密切的联系。除墓葬形制与葬式外，在随葬品方面，二者也有着强烈的相似性。邵会秋就指出索墩布拉克文化中的单耳杯及网格纹、三角纹等部分彩陶纹饰在苏贝希文化早期就已经流行，而且从文化分布看，苏贝希文化与索墩布拉克文化在乌鲁木齐地区可能存在着接触，因此索墩布拉克文化中的彩陶和单耳器可能是由苏贝希文化传入的[1]。当然也有学者指出，如果对比偏洞室的位置，苏贝希文化的偏洞室墓更接近甘青地区的沙井文化[2]。我们认为苏贝希文化中的偏洞室墓来源于索墩布拉克文化或沙井文化的观点并不矛盾，苏贝希文化作为偏洞室墓从伊犁河谷向河西走廊东端传播的中介，其兼具索墩布拉克文化和沙井文化的特点，是自然而然的。

　　相同的埋葬方式代表着人群之间极其密切的关系。公元前 1 千纪，自新疆西部地区，经新疆东部、甘肃中部，至甘肃东部陇山西侧的偏洞室墓，就应是人群间紧密交往的证据。然而，这一特殊墓葬形制在不同地区人群中是以何种方式传播的，却是一个极其复杂的问题。沙井文化、东周西戎文化"马家塬类型"联系较为紧密，它们年代相当，分布地域相邻，均盛行殉牲，随葬品都以北方系青铜器为大

---

[1] 邵会秋：《新疆史前时期文化格局的演进及其与周邻地区文化的关系》，吉林大学博士学位论文，2007 年，第 289—290 页。
[2] 郭物：《新疆天山地区公元前一千纪的考古学文化研究》，中国社会科学院博士学位论文，2005 年，第 173 页。

宗，陶铲足鬲在两个文化间的传播也说明二者确实存在着密切的往来。加之，体质人类学研究指出，沙井文化、东周西戎文化中偏洞室墓的使用者大多为北亚人种[1]。这说明偏洞室墓形制在这两支考古学文化中的传播多是以人群直接迁徙的方式完成的。同时，偏洞室墓葬形制所蕴含的精神信仰、身份认同等文化要素，也是造成其东传的重要原因。比如，索墩布拉克文化在文化面貌上与上述两支文化差异较大，这一方面是由于索墩布拉克文化年代较早造成的，同时也应与三者间较大的地理间隔有关。从体质人类学来看，索墩布拉克文化的使用者属于欧洲人种的中亚两河类型和古欧洲人类型[2]，这表明新疆西部的偏洞室墓使用者与沙井文化的使用者之间并不是人群迁徙的关系，而是沙井人群接受了来自索墩布拉克文化偏洞室墓所蕴含的文化内涵所致。并且，苏贝希文化的人群为高加索人种与蒙古利亚人种的混合类型[3]，正暗合了其作为偏洞室墓葬形制东传媒介的身份。再如，东周西戎文化"马家塬类型"的使用者中也包含一批人种上属于"古西北类型"的土著戎人，他们与早期苏贝希人和沙井人一样，逐步抛弃了原本单一的竖穴土坑丧葬习俗，转而接受偏洞室墓葬形制，这一方面与新的丧葬信仰及身份认同观念的传播与接受有关，另一方面应与外来者以通婚等极其密切方式快速与土著融合有关。

需要注意的是，公元前1900—前800年，分布于甘肃河西走廊、青海地区的四坝文化、卡约文化中均有大量的偏洞室墓。在青海地区的辛店文化、陕西地区的先周文化和周文化中也零星发现有偏洞室墓。这些偏洞室墓应是源自甘青地区的本地文化传统。此外，战国中晚期至秦代，分布于甘肃东部及陕西地区的秦文化中也十分流行偏洞室墓，其当源自三晋两周地区，自成一系。虽然，这些偏洞室墓与"马家塬类型"的偏洞室墓年代相近、地理分布相邻，但他们在偏洞室墓形态、葬式、随葬品、殉牲习惯等方面有显著不同，之间并无渊源关系，它们分

---

［1］韩康信：《甘肃永昌沙井文化人骨种属研究》，《永昌西岗柴湾岗：沙井文化墓葬发掘报告》，甘肃人民出版社，2001年。
［2］陈靓：《索墩布拉克墓地人骨人类学的特征》，《新疆文物》2000年第1—2期。
［3］李肖：《丝绸之路前传——汉通西域之前吐鲁番绿洲与东西方文明的交流》，"北京大学人文社会科学研究院"网站，2021年4月2日。

属于不同的偏洞室墓系统，这也验证了草原支系戎人主体并非源于甘陕一带土著人群的结论。

许多学者指出"西方传统"偏洞室墓的源头可以向更西的中亚地区追溯。韩建业就指出索墩布拉克文化的偏洞室墓与中亚地区的萨帕利文化和瓦克什文化的联系[1]。公元前2千纪中叶，在阿姆河中游的乌兹别克斯坦、塔吉克斯坦及阿富汗地区分布的萨帕利文化中发现有偏洞室墓[2]。至公元前2千纪的最后一个世纪，在阿姆河流域出现了一支带有明显畜牧经济特征的人群，他们创造出独具特色的瓦克什文化。瓦克什文化的墓葬遗址都露出在地面上，上覆高0.1—1.1米的封堆，呈圆形或微椭圆形，用黄土堆成，有时则加上一些砾石或石块。大部分封堆的底部在同一平面上排着一至四圈石块，有时石块圈则排到封堆的斜坡上。一些墓的底部以外9.5—30米处，还有一圈外围石块。除了少数例外情况，墓室通常为壁龛式或洞室式。按照中亚考古学界对较晚历史时期类似墓室所广泛使用的专业术语，一般将在墓道长壁上挖出的凹形墓室称为"耳室"，而在短壁上挖出者称为"洞室"。这两类墓葬均为瓦克什文化最为典型的墓葬形制，分别占总数的30%和43%左右，其中"耳室"墓即为偏洞室墓[3]。阿姆河流域的瓦克什文化年代稍早于伊犁河流域的索墩布拉克文化，二者均表现出牧业经济特征，均为欧罗巴人种。两支考古学文化中偏洞室墓形制具有极高的相似性，或可表明索墩布拉克文化中的偏洞室墓来源于瓦克什文化。但是，瓦克什文化墓葬中流行屈肢葬，而索墩布拉克文化则盛行直肢葬，说明索墩布拉克文化中的独特葬式应具有其他来源。除偏洞室墓葬形制来源于中亚地区外，邵会秋曾指出索墩布拉克文化中的无耳器、带流嘴壶、祭台等器物应来源于中亚地区[4]。实际上，考古发现表明，先秦时期从中亚七河地区，经天山山脉、河西走

---

[1] 韩建业：《新疆青铜时代——早期铁器时代文化的分期和谱系》，《新疆文物》2005年第3期。

[2] A. H. 丹尼、V. M. 马松：《中亚文明史》（第1卷：文明的曙光），中国对外翻译出版公司，2002年，第254页。

[3] A. H. 丹尼、V. M. 马松：《中亚文明史》（第1卷：文明的曙光），中国对外翻译出版公司，2002年，第287—291页。

[4] 邵会秋：《新疆史前时期文化格局的演进及其与周邻地区文化的关系》，吉林大学博士学位论文，2007年，第289页。

廊，至甘肃东部地区确有一条沟通东西的通道。杨建华曾从装饰母题、装饰手法角度，指出马家塬墓葬的草原文化因素与中亚七河地区文化有许多相似性，天山山脉成为联结这两个地区的通道，并指出草原文化因素是以直接的方式传入甘肃东部地区的，即人群的直接流动[1]。

综上所述，春秋中晚期，位于河西走廊东端，使用沙井文化"三角城类型"的人群，向东南方向迁徙，到达渭河上游地区的甘肃漳县，与当地土著戎人深度交流与融合，成为东周时期"马家塬类型"一员，墩坪墓葬就是新、旧西戎交融的物证。而后，"三角城类型"人群继续东进，至战国中晚期，其活动地域已遍及陇山西侧，成为战国时期西戎族群的重要分支。同样，"三角城类型"应非"马家塬类型"的最初源头，这支戎人的族源或可向更西方去寻找。

（三）"狼窝子坑类型"埋葬方式的来源

"狼窝子坑类型"位于宁夏中部，墓葬多为竖穴土坑墓，除1座为东西向外，均为南北向。墓中出土大量北方系青铜器，并有殉牲。竖穴土坑的墓葬形制与东周西戎草原支系"杨郎类型""马家塬类型"所流行的洞室墓不同，这暗示着"狼窝子坑类型"有着不同的来源。

"狼窝子坑类型"遗存年代普遍较早，且地理位置位于东周西戎文化的最北端，与欧亚草原文化最为接近。有学者已经指出，宁夏中部的墓葬与北方草原的联系十分紧密，同时也受到西边文化的影响，是中国东周时期北方系青铜文化与欧亚草原文化联系的一个前沿地带[2]。值得注意的是，在内蒙古杭锦旗桃红巴拉墓地[3]、伊金霍洛旗公苏壕墓葬[4]、准格尔旗西沟畔墓地[5]、凉城县毛庆沟墓地[6]、崞县

[1] 杨建华：《张家川墓葬草原因素寻踪——天山通道的开启》，《西域研究》2010年第4期。
[2] 杨建华：《春秋战国时期中国北方文化带的形成》，文物出版社，2004年，第42页。
[3] 田广金：《桃红巴拉的匈奴墓》，《考古学报》1976年第1期。
[4] 田广金：《桃红巴拉的匈奴墓》，《考古学报》1976年第1期。
[5] 伊克昭盟文物工作站、内蒙古文物工作队：《西沟畔匈奴墓》，《文物》1980年第7期。
[6] 内蒙古文物工作队：《毛庆沟墓地》，《鄂尔多斯式青铜器》，文物出版社，1986年。

窑子墓地[1]、忻州窑子墓地[2]、和林格尔新店子墓地[3]均发现有大量北方系青铜文化墓葬，其年代从春秋晚期至战国晚期。这些墓葬在墓葬形制、殉牲习惯、随葬品等方面与东周西戎文化"狼窝子坑类型"有极大的相似性，或为寻找该类遗存的来源提供了一些线索。

事实上，林嘉琳在对北方文化带进行分区研究时，就认为内蒙古西南部鄂尔多斯及邻近地区、陕北榆林地区及宁夏中部地区文化面貌相近，属于同一文化区[4]。我们注意到，"狼窝子坑类型"墓葬中出土一种勺，陶质或石质（图4-34，1—3）。这种器物在东周西戎文化其他类型中不见，但在内蒙古杭锦旗桃红巴拉墓地中却发现有同样的器物（图4-34，4—5）。此外，春秋晚期至战国早期盛行于内蒙古蛮汗山南北及岱海盆地的单鸟首铜牌饰（图4-35），其造型应源自欧亚草原的鸟首格里芬形象。这种牌饰在东周西戎文化中罕见，仅在宁夏中卫狼窝子坑M5

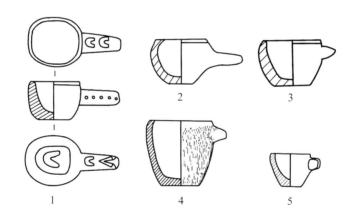

图4-34 "狼窝子坑类型"与内蒙古杭锦旗桃红巴拉墓地出土陶勺

1. 倪丁 M2：2　2. 狼窝子坑 M5：70　3. 狼窝子坑 M5：72
4. 桃红巴拉 M2：1　5. 桃红巴拉

[1] 内蒙古文物考古研究所：《凉城崞县窑子墓地》，《考古学报》1989年第1期。
[2] 内蒙古文物考古研究所：《内蒙古凉城县忻州窑子墓地发掘简报》，《考古》2009年第3期。
[3] 内蒙古文物考古研究所、乌兰察布市博物馆：《内蒙古和林格尔县新店子墓地发掘简报》，《考古》2009年第3期。
[4] Katheryn M. Linduff, Emma C. Bunker and Wu En, *Archaeological Overview in Ancient Bronze of the Eastern Eurasian Steppes from the Arthur M. Sackler Collections*, Arthur M. Sackler Foundation, 1997.

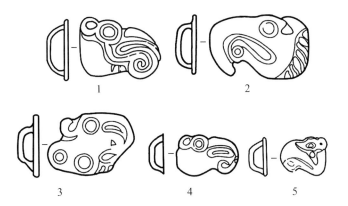

图4-35　内蒙古中南部北方系青铜文化墓葬出土单鸟首铜牌饰

1. 忻州窑子 M27：2　2. 忻州窑子 M28：9　3. 忻州窑子 M20：4
4. 崞县窑子 M12：4-5　5. 崞县窑子 M8：3

发现有 1 件类似铜牌饰[1]。杨建华也曾指出宁夏中部地区的早期墓中不见固原地区早期墓的大环首刀，而是出土北方系青铜文化中流行的不规则小孔刀，"这种差别只有在与北方草原的联系中才会显现出它的意义"[2]。

　　综上所述，西戎活动于半月形文化带上，深受来自欧亚草原游牧文化与中原农耕文化的双重影响，加之其本身是由两支不同来源的人群构成的，这决定了东周西戎文化具有丰富多彩的文化基因。首先，早期铁器时代欧亚草原中东部地区各游牧文化与秦、三晋文化共同塑造了西戎族群金属器组合。北方系青铜器是符合西戎生业经济、身份认同、审美情趣的选择，而对中原铜礼器的吸收则是臣服于中原国家的历史写照。同时，西戎族群从未丢弃甘宁地区本地悠久的文化传统，他们对较早时期土著文化铜器的改造，凸显了本土深厚的历史文化传统。金属器交流的时空界限之广泛是其他器类无法比拟的，映射出东周西戎族群作为中外文化交流的重要媒介所发挥的作用。其次，东周西戎文化的陶器主要继承自西北地区土著文化——寺

［1］周兴华：《宁夏中卫县狼窝子坑的青铜短剑墓群》，《考古》1989 年第 11 期。
［2］杨建华：《春秋战国时期中国北方文化带的形成》，文物出版社，2004 年，第 42 页。

洼文化，尤其是铲足鬲的出现，成为辨识东周西戎文化属性的最佳标准器。这些源于寺洼文化的陶器不仅为其后裔使用，也被草原支系戎人所接受，象征着两大支系戎人的融合。再次，多样化的埋葬方式则是北方草原文化、寺洼文化及秦文化共同作用的结果。墓葬形制作为文化因素中最稳定的部分，展现了人群的流动与迁徙。不同种类的洞室墓及源于北方系青铜文化的竖穴土坑墓，肯定了草原支系戎人为南下的北方草原游牧人群的论断。而寺洼支系戎人继承了祖先的埋葬习俗，展现了远古西戎族群的延续。随着秦人的征服，秦文化特色的洞室墓改变了以往的西戎葬俗，这预示着东周西戎文化的消亡。可以说，有着 500 多年历史传统的东周西戎人群，在北方牧业文明与南方农业文明的交融中，不断吸取养分，保持着源源不断的活力，这使得西戎在众多民族中变得格外璀璨、耀眼。

第五章

东周西戎文化的消亡

公元前 272 年，秦昭襄王灭义渠[1]。自此，煊赫一时的西戎族群退出历史舞台。学界十分关注西戎族群的去向问题，形成了"与秦融合""归属匈奴""延续至西汉""四散开来"等多种观点。

一、寺洼支系戎人的去向

大体看来，使用东周西戎文化寺洼支系遗存的西戎部族大多融入中原国家之中。

原本生活于甘肃东部地区的邽戎、冀戎与翟戎大部被秦吞并，臣服于秦国统治。《史记·秦本纪》："伐邽、冀戎，初县之。"[2] 何光岳认为春秋时，邽、冀之戎被秦国所灭[3]。关于翟戎的去向，虽然有学者认为其于春秋后演变为狄族[4]，但这种利用相近读音的族名来推测西戎去向的观点，并未得到考古学研究的支持。翟戎大概率也并入秦之版图之中了[5]。

在甘肃东部渭河流域的一些秦汉时期墓葬中，东周西戎文化因素与秦汉文化因素共存。两种文化的融合，为我们勾勒出寺洼支系西戎逐步融入华夏文明的历史进程。

甘肃武山东旱坪 M43 为一座秦至汉初的墓葬。墓葬形制为直线式洞室墓，墓向 276°（图 5-2，1）。葬具为一椁一棺，人骨保存较好，仰身直肢。随葬陶器 11件，均置于棺椁之间，墓主人头顶放有 1 件残骨饰[6]。墓葬中出土的陶双耳罐（图

[1] "及昭王立，义渠王朝秦。遂与昭王母宣太后通，生二子。至王赧四十三年，宣太后诱杀义渠王于甘泉宫，因起兵灭之。始置陇西、北地、上郡焉。"范晔：《后汉书·西羌传》，中华书局，1965 年，第 2874 页。
[2] 司马迁：《史记·秦本纪》，中华书局，1982 年，第 182 页。
[3] 何光岳：《桂人、邽戎的来源和迁徙》，《长沙水电师院学报（社会科学版）》1989 年第 1 期。
[4] 何光岳：《〈山海经〉所载戎族的来源与分布》，《〈山海经〉与中华文化》，湖北人民出版社，1999 年，第 186 页。
[5] 舒大刚：《春秋少数民族分布研究》，文津出版社，1994 年，第 165 页。
[6] 甘肃省文物考古研究所：《甘肃武山县东旱坪战国秦汉墓葬》，《考古》2003 年第 6 期。

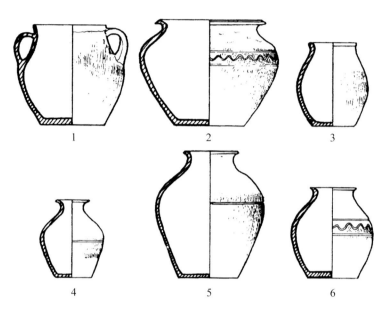

图 5-1　甘肃武山东旱坪 M43 出土器物

1. 陶双耳罐（M43：11）　2. 陶盆（M43：2）　3. 陶戎式罐（M43：8）
4. 陶罐（M43：6）　5. 陶罐（M43：10）　6. 陶戎式罐（M43：4）

5-1，1）、戎式罐（图 5-1，3、6）等器物明显来自东周西戎文化寺洼支系，而西首葬、洞室墓等特征又是秦文化的产物。秦与西戎文化融合于一座墓葬之中，墓主显然是一位深受秦文化影响的寺洼支系戎人。

甘肃天水西山坪遗址发现 4 座秦至汉初时期墓葬。依据墓主头向西及出土的铜匜、陶蒜头壶等器物判断，墓葬应属秦文化遗存。然而，墓葬也表现出了一些西戎文化特性。4 座墓各出土 1 件夹砂红陶双耳罐。双耳罐作为典型的西戎文化寺洼支系器物，与秦文化铜礼器共存于墓葬之中，这种现象在此前的东周时代西戎墓葬中是罕见的。西山坪墓葬充分反映了西戎文化与秦文化的深度融合，墓主应出身戎族，但已成为"新秦人"，且具有一定的社会地位。需要注意的是，M1 为一座偏洞室墓，在其竖穴墓道一侧有阶梯（图 5-2，2），这种做法在马家塬、王洼等西戎墓地十分普遍，也暗示其或许融入了一些东周西戎文化草原支系因素。

图 5-2　甘肃武山东旱坪 M43、天水西山坪 M1、秦安上袁家 M6 和 M7 平剖面图

1. 东旱坪 M43　2. 西山坪 M1　3. 上袁家 M6　4. 上袁家 M7

舒大刚认为："秦于邽戎故地置上邽县，将邽县人民从渭水上游迁于渭水下游今渭南境内，建邑下邽。邽戎迁此，渐次融于秦人之中。"[1] 显然，也有一些寺洼支系戎人迁居陕西关中平原。秦都咸阳出土的陶器中有 20 余件带有"戎"字陶文。4 件带有"戎里"字样，其中 1 件有"咸戎里旗"，出自长陵车站手工业作坊区[2]。另外 3 件"咸亭戎里□"器，出自西安北郊秦墓[3]。"戎里"应是制陶工匠的籍贯地的里名，并不是制陶作坊所在地的里名[4]。里是秦时基层政权中最低的一级行政单位，"戎里"的名称说明这些制陶工匠来源于西戎的聚集区，很可能是西戎集团的一员。另有一些带有"戎"字样的陶器，如"咸卜里戎""左戎""戎"[5]等，多戳印于宫殿区的一些瓦片之上，应是人名。有学者认为"戎"字反映出这些工匠应是西戎的后裔[6]。戎国灭亡后，这些制作陶器的戎人或因自身有陶器生产技能，逃至秦时国都咸阳，以制作陶器谋生。制陶并非草原支系所长，这些戎人工匠应源自寺洼支系。

对于大荔戎的去向，王宗维认为秦孝公二十四年以后，史书再不见大荔戎，有的被秦统治，有的融入义渠戎之中[7]。何光岳则认为大荔戎被迁至宁州，此后便融入汉族[8]。陕西黄陵史家河墓地与大荔戎有关。史家河墓地存在竖穴土坑墓和洞室墓两类不同的墓葬[9]，其中竖穴土坑墓是源于寺洼文化的传统西戎特色。而当进入战国晚期，墓地中竖穴土坑墓消失，洞室墓取而代之，随葬品以缶、瓦楞纹罐、釜等陶器居多，表现出强烈的秦文化特色。但是，与秦人流行西首葬、屈肢葬不同，

[1] 舒大刚：《春秋少数民族分布研究》，文津出版社，1994 年，第 183 页。
[2] 袁仲一、刘钰：《秦陶文新编》，文物出版社，2009 年。
[3] 陕西省考古研究所：《西安北郊秦墓》，三秦出版社，2006 年。
[4] 袁仲一、刘钰：《秦陶文新编》，文物出版社，2009 年。
[5] 袁仲一、刘钰：《秦陶文新编》，文物出版社，2009 年；张俊辉：《咸阳出土三枚"戎"字陶文》，《秦陵秦俑研究动态》2000 年第 1 期。
[6] 谢高文：《从秦咸阳发现带"戎"字陶文试析秦戎关系》，《秦始皇帝陵博物院》（第 7 辑），三秦出版社，2017 年。
[7] 王宗维：《西戎八国考述》，《西北历史研究》（1986 年号），三秦出版社，1987 年。
[8] 何光岳：《南蛮源流史》，江西教育出版社，1988 年，第 354 页。
[9] 陕西省考古研究院、延安市文物研究所、黄陵县旅游文物局：《陕西黄陵县史家河墓地发掘简报》，《考古与文物》2015 年第 3 期。

这些洞室墓的墓主头向东，葬式以仰身直肢葬为主，个别俯身葬，依然保留着西戎文化的传统。这些墓葬反映了秦人对大荔戎的征服。随着秦人的东进，原本由于地缘关系受魏国文化影响颇深的大荔戎，现处于秦国的统治之下，秦文化葬俗彻底颠覆了原本戎式墓葬特色，仅保留少许西戎文化因素。

公元前 525 年，晋国大将荀吴挥师攻灭陆浑戎，陆子奔楚，余众逃甘鹿，周俘获所奔之众[1]。对于活动于伊洛一带的戎族，学界多认为其融入中原人群。史念海认为："扬拒、泉皋、伊洛之戎于春秋中叶即不复再见于《左传》记载，他们的故地当入于周。"[2] 舒大刚认为："伊洛之戎则迟至前 461 年以后方被韩魏所灭，其族人融合于华夏族中。"[3]"徐阳类型"位于华夏腹地，中原国家环立，是东周西戎文化之中华夏化程度最高的一支地方类型，其最终融入华夏文化之中是不可避免的。

当然，一定也有少量寺洼支系戎人加入匈奴军事联盟之中。在论及绲戎的去向时，王宗维认为："秦始皇统一六国，使蒙恬将兵三十万经营塞北，在河套南北地区屯戍防守，也不见有绲夷之名出现，这大概是秦开地广境、北却戎狄的政策，把绲夷驱逐到河套以北去了。冒顿单于即位后，才使绲夷并入匈奴国家，成为了匈奴的一部分。"[4]

甘肃永昌水泉子汉墓共发掘墓葬 16 座。这些墓葬大多可见丘形封土，方向各异。墓葬形制单一，皆为竖穴土坑木椁墓，分为有斜坡墓道和无斜坡墓道两类。墓葬可分单人葬、异穴合葬和同穴合葬三类。葬式多为仰身直肢葬，另有部分二次扰乱葬。随葬品以陶器为主，陶器组合多见各式罐。此外，还发现有漆案、盘、耳杯、碗等物。墓葬年代多在西汉晚期，少部分延续至东汉时期[5]。水泉子汉墓群有

[1]《左传·昭公十七年》："九月丁卯，晋荀吴帅师涉自棘津，使祭史先用牲于洛。陆浑人弗知，师从之。庚午，遂灭陆浑，数之以其贰于楚也。陆浑子奔楚，其众奔甘鹿。周大获。"杨伯峻：《春秋左传注》，中华书局，2017 年，第 430 页。
[2] 史念海：《西周与春秋时期华族与非华族的杂居及其地理分布》（下），《中国历史地理论丛》1990 年第 2 期。
[3] 舒大刚：《春秋少数民族分布研究》，文津出版社，1994 年，第 162 页。
[4] 王宗维：《西戎八国考述》，《西北历史研究》（1986 年号），三秦出版社，1987 年。
[5] 甘肃省文物考古研究所：《甘肃永昌县水泉子汉墓群 2012 年发掘简报》，《考古》2017 年第 12 期；甘肃省文物考古研究所：《甘肃永昌水泉子汉墓发掘简报》，《文物》2009 年第 10 期。

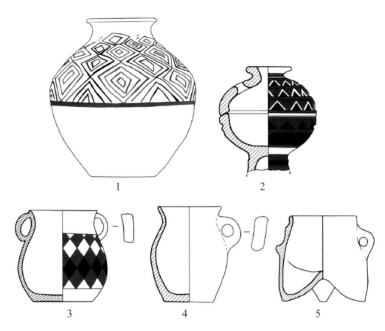

图 5-3　甘肃永昌水泉子汉墓出土陶器

1. 无耳罐（M14：5） 2. 熏炉（M1：5、6）
3. 双耳罐（M9：4） 4. 单耳罐（M10：4） 5. 鬲（M13：2）

着多种文化因素。木椁墓及大量的汉式漆器表明，汉文化对这些墓葬的影响是深远的。而部分女性墓主留有发辫，与匈奴妇女的发饰是完全一致的。随葬的木俑头戴高帽，陶罐底部有一个小孔，这确是来源于匈奴族群的做法。更为重要的是，在墓葬中发现的大量陶质双耳罐、单耳罐及双耳袋足鬲，显示了东周西戎文化寺洼支系对其的影响（图5-3，3—5）。部分陶器表面饰有彩绘纹样，更是对甘肃地区更久远以前文化传统的延续（图5-3，1—3）。这些位于河西走廊东端的汉代墓葬的主人大多是归依中原王朝的匈奴部族，其包含的西戎文化因素表明，部分寺洼支系戎人本是匈奴联盟中的重要成员。

二、草原支系的去向

《史记·货殖列传》："乌氏倮，畜牧，及众，斥卖求奇缯物，间献遗戎王。戎王什倍其偿，与之畜，畜至用谷量马牛。秦始皇帝令倮比封君，以时与列臣朝请。"[1]学者们通常认为这段记载中的"乌氏"即为乌氏戎，"戎王"是乌氏戎的君长。王宗维认为："此处的乌氏恐怕不是县名，而是族名，即乌氏戎。倮，人名，实以乌氏氏族为姓，名倮之人。从这段资料可知，秦始皇统一六国时，乌氏之戎还存在，族有戎王。该族人乌氏倮，从事畜牧，出卖后，求购奇物，贡献其王，王以畜赏赐，倮畜群越来越多，后至用谷量马牛。"[2]吕思勉认为："此所谓戎王，盖即乌氏戎之君长也。"[3]刘光华认为：《货殖列传》记秦有乌氏倮，此乌氏为族名，倮乃乌氏戎之名倮者。"[4]舒大刚强调乌氏为西戎之一种，无任何疑义[5]。可见，乌氏戎为秦吞并后，为秦地，置乌氏县，有乌氏旧城[6]。他们具有独立的社会组织，戎王保留有一定的自治权，依然从事游牧业，蓄养大量马、牛、羊，最终被汉化了。

对于义渠的去向，黄烈则认为："义渠人究竟哪里去了，史籍中没有记载，但从种种迹象看来，义渠人并没有'遗脱逃走，西逾洴陇'，而是走上了与秦人融合的道路。义渠戎已有了定居的生活，也没有外逃的记载，他们的唯一出路是成为秦民，与华夏族融为一体。他们在史籍上消失了，只能是融合，而不是逃离。"[7]王宗维认为："义渠部落，西汉时仍然存在，其中的一部还有相当势力。西汉初年，一部分义渠人归属汉朝，为汉守边，北防匈奴，另一部分西迁，进入河西走廊之张掖地区，归张掖属国都尉管辖。西汉后期，义渠戎基本汉化，以后再不见义渠戎部落的活动了。"[8]何光岳认为："后被秦所灭，他们大多数人成为秦朝的臣民，到汉代

［1］司马迁：《史记·货殖列传》，中华书局，1982年，第3260页。
［2］王宗维：《西戎八国考述》，《西北历史研究》（1986年号），三秦出版社，1987年。
［3］吕思勉：《吕思勉读史札记》，上海古籍出版社，1982年，第404页。
［4］刘光华：《西北通史》（第1卷），兰州大学出版社，2005年，第221页。
［5］舒大刚：《春秋少数民族分布研究》，文津出版社，1994年，第173页。
［6］王宗维：《西戎八国考述》，《西北历史研究》（1986年号），三秦出版社，1987年；杨建新：《中国西北少数民族史》，民族出版社，2003年，第25页。
［7］黄烈：《中国古代民族史研究》，人民出版社，1987年，第77页。
［8］王宗维：《西戎八国考述》，《西北历史研究》（1986年号），三秦出版社，1987年。

融入汉族并以义渠为氏。"[1]

对于绵诸戎的去向，舒大刚认为："《六国年表》记载秦惠公五年，秦伐绵诸，时值战国中期，自后不见绵诸的记载，当为秦所并。"[2] 王宗维也指出："秦昭襄王设立陇西郡，后于绵诸戎居地置绵诸道，属之，从此行政管辖统一，部落组织犹存。绵诸戎的部落、氏族组织，西汉时依然存在。"[3]

对于獂戎的去向，有学者认为，西汉初年设獂道，说明獂戎部落还活动于此。但到东汉时期，獂道仍在，不见獂戎部落的活动了。这里不断有羌人往来，说明其或汉化、羌化，或迁居他处。汉代天水郡成纪县之隗姓者，为獂戎后代[4]。

舒大刚认为胸衍也被秦同化，"胸衍是秦国附庸，后并于秦，成为秦之一邑"[5]。

由此可见，大部分为秦所破的草原支系西戎部族依然留居于陇山两侧，其活动地域并入秦国版图。秦国在少数民族聚居的地区设立"道"，故"有蛮夷曰道"[6]。在设置道的行政区里，民族基本特征是保留着氏族、部落、部落联盟这些以血缘、婚姻为纽带的原始组织，民族的管理权一般是由民族酋长代行的[7]。文献中见有义渠道、獂道、绵诸道等，出土的秦封泥中还有"胸衍道丞"[8]"獂道丞印"[9]。这些草原支系戎人在成为秦国臣民之后，虽保留有一定的自治权利，但最终均被汉化。考古学研究也证实了这一论断。

甘肃漳县墩坪墓地是展示草原支系戎人融入秦汉文明之中的绝佳范例。墩坪墓地的使用者为獂戎。春秋晚期至战国中期，他们使用偏洞室墓和竖穴土坑墓，墓葬中随葬大量的北方系青铜器及殉牲。至战国晚期，此地的葬俗突然发生变化。墓地

[1] 何光岳：《东夷源流史》，江西教育出版社，1990年，第520—537页。
[2] 舒大刚：《春秋少数民族分布研究》，文津出版社，1994年，第152、154页。
[3] 王宗维：《西戎八国考述》，《西北历史研究》（1986年号），三秦出版社，1987年。
[4] 王宗维：《西戎八国考述》，《西北历史研究》（1986年号），三秦出版社，1987年；刘光华：《西北通史》，兰州大学出版社，2005年，第219—220页。
[5] 舒大刚：《春秋少数民族分布研究》，文津出版社，1994年，第174页。
[6] 班固：《汉书·百官公卿表》，中华书局，1962年，第742页。
[7] 邓俊生：《秦国与西戎民族关系研究》，兰州大学硕士学位论文，2011年，第34—35页。
[8] 傅嘉仪：《秦封泥汇考》，上海书店，2007年。
[9] 周晓陆、陈晓捷、汤超、李凯：《于京新见秦封泥中的地理内容》，《西北大学学报（哲学社会科学版）》2005年第4期。

出现了带斜坡墓道的甲字形墓和直线式洞室墓，随葬品也变为以陶器为主[1]。这些新变化应该都与西戎被秦人征服、秦文化进入当地有着密不可分的关系。可是，在墓葬中依然保留有一些东周西戎文化草原支系的因素，如墓主头向东、墓葬放置殉牲等，这显然有别于秦人西首葬、不大殉牲的葬俗。而至西汉早期，墓地中汉文化的因素持续加强，但殉葬马、牛、羊的头骨与蹄骨的草原支系文化传统依然延续，只是殉牲的数量越来越少。西汉中晚期至东汉时期，模型明器的出现以及砖室墓的盛行，表明汉文化已彻底取代原有的西戎文化，以马、牛、羊的头骨和蹄骨殉葬的习俗彻底消失了。

甘肃宁县石家墓地直线式洞室墓遗存的族属应与义渠戎有关，墓葬大致可分为三段。早段年代为战国晚期，墓葬中西戎文化因素浓厚。中、晚段墓葬为秦至西汉早期，随葬品组合发生了较大变化。北方系青铜器几近消失，铲足鬲被秦釜替代，盂、缶等典型秦式陶器出现，墓室内发现大量秦汉时期"半两"铜钱。但直线式洞室墓未发生本质变化，部分墓葬仍见殉牲[2]。石家墓地直线式洞室墓遗存的时代变化，可被视为草原支系戎人逐渐被"秦化""汉化"的例证。

甘肃秦安上袁家M6、M7，为两座秦代墓葬[3]。两墓相距3米，M6为女性，M7为男性，死者可能是夫妇。M6为凸字形的竖穴土坑墓。墓葬南北向，北端放置棺椁，死者葬式为仰身直肢，南端附葬车马（图5-2，3）。M7为长方形带墓道的竖穴土坑墓，由前、后室和墓道组成。前室附葬车马，后室放置棺椁。墓主头朝北，仰身直肢葬（图5-2，4）。两座墓的葬俗与秦墓东西向、屈肢葬的特征有别，车马随葬很容易使人联想到马家塬墓地的戎人葬俗。墓葬随葬器物为典型的中原式铜带钩、铁剑、铜灯、铜钺、钱币、铜镜、玉璜、陶器等。但值得注意的是，墓中均有大量殉牲。M6的竖穴部分除放置车外，殉葬有狗1只、牛头2只、马头

[1] 甘肃省文物考古研究所：《甘肃重要考古发现（2000—2019）》，文物出版社，2020年，第262—275页。
[2] 王永安：《甘肃宁县石家及遇村遗址新发现一处西戎墓地》，《中国文物报》2016年8月1日。
[3] 甘肃省文物考古研究所：《甘肃秦安上袁家秦汉墓葬发掘》，《考古学报》1997年第1期。

1 只、羊头 18 只。M7 墓道内殉葬牛头 10 只、羊头 110 只，前室的车下还有羊 2
只、狗 3 只。虽然秦文化墓葬中也常见殉牲，但多是一些猪、狗等动物，以如此之
多食草类动物的头骨殉葬，显然不是秦人的葬俗。以大量动物头、蹄骨殉葬，是东
周西戎文化草原支系墓葬的典型特征之一。在墓室的前室放置车并竖立壁柱架棚的
做法，显然也源自"马家塬类型"。上袁家 M7 的墓主身旁随葬 1 件秦式铁质长剑，
说明其在秦国社会内具有一定的官职，可见他虽为草原支系戎人的后裔，但已成为
一名在秦朝任职的武官。而 M6 墓主作为其配偶，亦出自戎族。

甘肃庄浪寺角洼 M4、M6 为两座直线式洞室墓，墓葬年代为汉代[1]。M4 在墓
门前右侧放置有马头 2 只、牛头 2 只、羊头 3 只，头均向东。M6 亦在墓室门前放
置马头 1 只、羊头 3 只。大量殉牲的习俗与东周西戎文化草原支系相似。此外，墓
中出土的铜饰件、铁马衔、铁马镳、骨管、陶壶等物，也都显现出浓厚的北方草原
文化因素。庄浪县本就是两周时期西戎人群活动的中心区域之一，这里分布着大量
寺洼文化、东周西戎文化遗存，西戎文化传统深厚。从寺角洼 M4、M6 所蕴含的
西戎文化因素来看，这两座墓的墓主很可能为西戎族群的后裔。

宁夏海原石砚子墓地是一处反映汉文化与游牧文化深度融合的墓地，其年代
为西汉中晚期至东汉初年[2]。葬俗及大量的中原钱币，陶质罐、壶、灶等器物，反
映了中原文化对此地深刻的影响。墓葬除极少量具有北方草原文化特色的陶单耳三
足罐反映着墓主特殊的身份之外，几乎与中原人群墓葬无异。体质人类学的研究表
明，墓葬的主人并非中原移民人群，而与东周时期此地活动的游牧人群体质特征更
为接近[3]。东周时期，宁夏中部是"狼窝子坑类型"戎人的居地，石砚子墓地很可
能是这支戎人汉化后裔的遗留。

然而，还有一部分草原支系戎人迫于秦人的军事压力，北遁草原地带，融入

---

[1] 甘肃省文物考古研究所：《甘肃庄浪寺角洼汉墓发掘简报》，《文物》2017 年第 9 期。
[2] 宁夏文物考古研究所：《宁夏海原石砚子汉墓发掘简报》，《文博》2018 年第 4 期。
[3] 韩涛、张群、赵惠杰、张雯欣、张全超：《宁夏海原石砚子墓地人骨研究》，《文博》2018 年第
 4 期。

匈奴之中。蒙文通认为："盖义渠既灭，余众北走，于后为匈奴，居河套南北。"[1]
何光岳认为："一部分义渠人成为匈奴的臣民，受到匈奴歧视归附汉朝。"[2]有学者
认为胸衍戎族或西迁于河西走廊之北，居延即是胸衍[3]，或为匈奴一部，"胸衍又作
呼衍或呼延。当秦汉初年匈奴强大时，呼衍戎已并入匈奴国，其贵族任左、右日逐
王，世为辅相，又称呼衍王。呼衍氏在唐以后全融入汉族，以后有改复姓呼延为呼
氏者，至今呼延氏虽有，但很少了"[4]。

马健曾指出匈奴墓葬中的日字形偏洞室墓与早期铁器时代河西走廊的羌戎土著
文化有渊源关系。这些偏洞室墓在匈奴边疆区西、南部发现较多，应是羌戎部落在
匈奴兴起之初融入了匈奴右部，其中一部分在楚汉之际跟随匈奴右贤王西征北伐而
迁驻图瓦、西域，另有一些迁入匈奴中心区域，而宁夏同心倒墩子的归义北匈奴的
墓葬，应来自匈奴右部的原羌戎系部落[5]。实则，不仅河西走廊的沙井文化盛行偏
洞室墓，陇山西侧的东周西戎文化"马家塬类型"也是羌戎系统中偏洞室墓的主要
使用者之一，匈奴联盟使用偏洞室墓的人群中必有其身影。

总之，随着义渠戎被灭，西戎已经不再对中原国家构成任何威胁。历史文献中
虽再难觅戎人踪迹，但具有众多部族的西戎并非真的就此凭空消失。他们或被秦人
吞并，处于秦人的统治之下，最终湮灭于秦汉文化的洪流之中；或迫于秦人的军事
威胁，北遁草原，成为新兴起的匈奴联盟的一员。自此，活跃于周秦民族西北边疆
近千年的西戎族群真正告别了历史舞台。

---

[1] 蒙文通：《周秦少数民族研究》，龙门联合书局，1958年，第107页。
[2] 何光岳：《东夷源流史》，江西教育出版社，1990年，第520—537页。
[3] 王宗维：《西戎八国考述》，《西北历史研究》（1986年号），三秦出版社，1987年；刘光华：
    《西北通史》，兰州大学出版社，2005年，第221页；朱学渊：《新版中国北方诸族的源流》，
    华东师范大学出版社，2010年，第94页。
[4] 何光岳：《炎黄源流史》，江西教育出版社，1992年，第188—189页。
[5] 马健：《匈奴葬仪的考古学探索：兼论欧亚草原东部文化交流》，兰州大学出版社，2011年，
    第251页。

结　语

　　本书旨在从文化交流视角对东周西戎考古学文化进行系统研究，明确东周西戎文化的多元性，厘清东周西戎文化形成、发展与消亡的全过程，勾勒出东周时期西戎族群活动的历史轨迹，肯定其在沟通中原农业文明与欧亚草原牧业文明中所发挥的作用，为理解中国统一的多民族国家的形成提供一点帮助。

一、东周西戎族群的构成

　　自商周时期起，陇山东西两侧地区一直是秦与西戎杂处之地。最初，秦人"在西戎，保西垂"[1]，至西周中期以后，戎人势力不断壮大，秦与西戎发生一系列战争。春秋中期偏早，秦穆公伐西戎大胜，"益国十二，开地千里，遂霸西戎"[2]。随着秦国西北边疆的稳固，西戎多处在秦人的统治之下，与秦人共存。自春秋晚期至战国晚期，分布于甘肃东部一带的东周西戎文化"毛家坪B组类型"就是臣服于秦国的邽、冀等西戎部族的遗留；而东周西戎文化"寨头河类型"的确认，不仅将东周西戎族群活动范围的东界推进至子午岭以东的陕北南部地区，扩展了东周西戎文化的集中连片分布区，并且遗存中西戎文化因素、魏文化因素、秦文化因素的此消彼长，显示了大荔戎在战国时代大国博弈中的浮沉；陕西关中地区作为周、秦的统治中心，本非西戎部族的势力范围，分布于此的东周西戎文化"关中类型"的使用者是伴随秦国东扩，被秦人裹挟至关中的西戎移民，而益门二号墓这类墓葬则为秦统治下的戎人贵族遗留，显然这些戎人已经成为秦国臣民的一员；出于中原国家

---

[1] 司马迁：《史记·秦本纪》，中华书局，1982年，第174页。
[2] 司马迁：《史记·秦本纪》，中华书局，1982年，第194页。

的统治需要，一些西戎被迫迁居至中原腹地看管起来，包括陆浑戎在内的东周西戎文化"徐阳类型"展示了在中原文化包围下，西戎族群迅速华夏化的历史进程。

"毛家坪B组类型""关中类型""寨头河类型"及"徐阳类型"被归入东周西戎文化寺洼支系，它们大多以陶质铲足鬲、双耳罐、单耳罐、戎式罐为典型特征，这些独具特色的陶器显示出其与西周至春秋早期分布在甘肃东部地区的寺洼文化之间的传承关系，壁龛等特殊葬俗及体质人类学蒙古人种东亚、南亚类型的特征也证实了这一论断。寺洼文化的使用者本是生活于甘肃东部地区的土著，他们即为商周时期活跃于周疆的犬戎、猃狁。东周时期寺洼支系戎人与更早时期的西戎一脉相连，是西北本土羌戎文化传统的继承者。长久以来，他们过着以畜牧为主，兼营农业、采集、狩猎的定居生活。

战国早期，秦国政局动荡，秦文化进入一段衰弱期，秦人失去对陇山东西两侧地区的有效控制，以义渠、绵诸为代表的西戎部族突然强大起来，成为秦国西部边疆的重大威胁，东周西戎文化草原支系登上历史舞台。

春秋晚期至战国末期，一批从北方草原地带南下的游牧人群进驻陇山东西两侧，留下了丰富的东周西戎文化草原支系遗存。乌氏戎使用的"杨郎类型"分布于陇山东麓的宁夏固原一带。绵诸、𤞤戎使用的"马家塬类型"分布于陇山西侧的渭河中上游地区。朐衍戎使用的"狼窝子坑类型"年代普遍偏早，且地理位置位于东周西戎文化分布区的北界，预示着人群由北向南迁徙的态势。义渠戎使用的"袁家类型"则分布于甘肃庆阳地区。草原支系墓葬中随葬的大量北方系青铜器及马、牛、羊殉牲，显示出其与欧亚草原游牧文化间的强烈共性。草原支系戎人多属蒙古人种北亚类型，体制特征与之前存在于甘宁地区的土著居民有明显区别，更加确认了这支戎人与北方游牧人群之间的亲缘关系。他们将高速移动化的游牧生活方式引入陇山两翼。

随着北方游牧人群的到来，战国时代西戎族群的构成变得极其复杂。此时至少有两支不同族源的西戎人群，一支是自北方草原地带南下的游牧人群，一支是西北地区土著寺洼居民的后裔，二者一道构成了全新的西戎族群共同体。在中原国家看来，他们都是生活于秦国西北的野蛮部落，同属"西戎"，并无太大差别。由于共享同一片自然资源，且共同面临秦人的政治、军事威胁，加之在他者眼中一致的族群属性，使得两支原本具有不同文化渊源、不同人种的人群，在发展过程中不断交流、融合，造就了你中有我、我中有你的文化现象。

在草原支系戎人到达陇山两侧之后，他们迅速接受了以铲足鬲为代表的寺洼支系标志性陶器。这类造型独特的陶器散见于东周西戎文化草原支系各类型之中，预示着不少寺洼支系戎人加入草原支系西戎的阵营之中。马家塬西戎高等级贵族墓葬中出土了精美的青铜质铲足鬲，显然，铜铲足鬲已经不单单是生活中的实用炊器，其已作为礼器，具有了精神文化内涵，这强化了两支不同来源的人群对"西戎"身份的共识。无独有偶，寺洼支系各遗存中也存在不少北方系青铜器，虽然类型、数量不及草原支系丰富，但也是文化密切交流的明证。另外，马家塬墓地很多墓葬洞室内带有壁龛，并在壁龛内放置随葬品的做法，也应是受到寺洼支系墓葬盛行壁龛的影响。而在以草原支系文化面貌为主的墩坪墓地之中，墓主的人种却显示出更多与西北土著戎人的联系，表明寺洼支系戎人在游牧生活盛行的历史大势之下，摒弃原有生业模式与文化传统，转而融入草原支系戎人的勇气和决心。

总之，东周西戎文化寺洼支系与草原支系是一种独特的对立、统一关系，二者共同构成了东周西戎考古学文化的全貌。

二、东周西戎族群在中外文化交流中所发挥的作用

与中原各国文化多以一支主流族群文化为特征不同，东周西戎文化是由两支不同来源的文化共同组成的。同时，西戎族群活动于半月形文化传播带之中，东周西戎文化的形成过程就是不断吸收、借鉴外部农业、牧业文明的过程，多元性是东周西戎文化的重要特质。东周西戎文化作为文化交流的产物，因不同时空环境下各种文化因素的更替变动而呈现出不同的文化特质和结构面貌，说明其是一个多元、开放、动态的兼容混合系统。

东周西戎文化至少包含四种文化因素：第一，西北土著文化因素。由于东周

时代的一部分戎人源自更早时期甘肃东部的土著，加之东周西戎文化所在的陇山一带是古代西北地区文化最为深厚、丰富的区域，因此，东周西戎文化受到甘肃、青海、宁夏地区本土文化的强烈熏陶，各类戎式陶器、壁龛葬俗都源于该地更早时期的羌戎文化系统，尤其是铲足鬲，更是东周西戎文化最为重要的标志物。第二，欧亚草原中部游牧文化因素。草原支系戎人所使用的马具、兵器及各类野兽纹饰件是最能标志其文化渊源及属性的遗物，它们多源于欧亚草原中部的阿尔泰地区早期游牧文化、图瓦地区早期游牧文化、塔加尔文化、萨卡文化，反映着东周西戎族群与欧亚草原游牧人之间密切的文化往来。东周西戎文化与欧亚草原游牧文化的交往通道是多样化的。自中亚东部的天山七河地区，经新疆北部，穿河西走廊，进入陇山西侧，是一条连接西戎与中亚草原游牧人的重要通道。而自南西伯利亚地区，南下内蒙古中南部一带，西进陇山东侧的路线，将西戎与南西伯利亚各游牧族群联系起来。当然，考古学研究也表明西戎族群与南西伯利亚地区的早期游牧人群间有着一条更直接的交流孔道。第三，中国北方系青铜文化因素。东周西戎文化自始至终深受北方草原文化的影响。实际上，自寺洼文化起，作为中国半月形文化传播带中的一员，西戎就与中国北方地带各族群产生了密切的联系。虎形纹样、铜鍑等器物，头向东、食草类动物殉牲、不同样式的洞室墓等葬俗，均源自北方系青铜文化，表明西戎与中原人群截然不同的审美意趣及宗教信仰。第四，中原文化因素。自秦穆公时起，直至秦昭襄王时期，以秦为主的中原国家不断对西戎采取军事征伐，越来越多的西戎部族臣服于中原国家的统治，部分西戎上层贵族展现出强烈的华夏化倾向，中原文化的青铜礼器进入他们的丧葬系统之中。而对于中下层戎人来说，其作为秦国民众的重要组成部分，他们逐渐接受秦文化的丧葬陶器、铁带钩等物品，埋葬方式也具有向秦式西首葬、屈肢葬、洞室墓靠拢的趋势。此外，东周西戎文化遗存中见到的用金习俗、蜻蜓眼玻璃珠、格里芬形象，与欧亚草原西部的斯基泰文明、西亚的波斯文明及更靠西的地中海文明也有着千丝万缕的联系，这些器物及纹饰虽然通过欧亚草原中、东部的游牧族群间接传入西戎之中，并非戎人与西方的直接往来，但也使得东周西戎文化带有了一些西方文化基因。

同时，东周西戎族群对沟通中原农业文明与欧亚草原牧业文明也发挥着十分重要的作用。

秦人作为西戎的近邻，二者交往颇多。秦文化中的许多外来文化因素就源自西戎文化，或经由西戎文化中转传播而来。上溯至西周时期，早期秦文化中就包含不少西戎文化因素[1]，屈肢葬[2]、壁龛殉人[3]的文化源头或都与寺洼文化有关。秦文化中花格剑的广泛流行开始于西周至春秋前期，反映了秦文化与北方文化的密切联系[4]，寺洼支系戎人很可能在这类剑的传播中发挥作用。与秦文化有关的铜镞，流行时间仅限于两周之际到春秋前期，缘起于两周之际秦文化与北方文化的交往，而这支北方文化很可能与文献记载中的"戎"有关[5]；及至东周时代，随着草原支系戎人的加入，又为秦文化注入更多北方草原文化因素。中小型秦墓中流行的洞室墓葬形制的来源，学界虽尚未形成统一意见，但不少学者认为其与东周西戎文化草原支系中的洞室墓有关[6]。秦式短剑亦非秦文化所特有，应是从北方戎狄文化中流入的[7]。三叉护手剑是东周时期流行的一种剑，这种剑最早集中分布于甘肃庆阳、宁夏中南部地区的东周西戎文化草原支系之中。秦文化中的这类剑出现于春秋晚期[8]，是秦文化接受草原支系特色器物的反映。关中秦墓中所见的欧

[1] 韩伟：《关于秦人族属及文化渊源管见》，《文物》1986 年第 4 期；赵化成：《寻找秦文化渊源的新线索》，《文博》1987 年第 1 期；滕铭予：《论东周时期秦文化的发展与扩展》，《中国考古学的跨世纪反思》，商务印书馆，1999 年；田亚岐：《东周时期关中秦墓所见"戎狄"文化因素探讨》，《文博》2003 年第 3 期；史党社：《秦关北望：秦与"戎狄"文化的关系研究》，复旦大学博士学位论文，2008 年；梁云：《从秦墓葬俗看秦文化的形成》，《考古与文物》2008 年第 1 期；梁云：《论早期秦文化的来源与形成》，《考古学报》2017 年第 2 期。

[2] 戴春阳：《秦墓屈肢葬管窥》，《考古》1992 年第 8 期；韩建业：《中国古代屈肢葬谱系梳理》，《文物》2006 年第 1 期；陈洪、李宇、武丽娜、李斌：《再谈秦墓屈肢葬渊源及其相关问题》，《文博》2014 年第 1 期。

[3] 张天恩、煜珧：《秦墓的壁龛殉人葬俗初论》，《秦始皇帝陵博物院》（第 6 辑），陕西师范大学出版社，2016 年。

[4] 杨建华：《略论秦文化与北方文化的关系》，《考古与文物》2013 年第 1 期。

[5] 滕铭予：《中国北方地区两周时期铜镞的再探讨——兼论秦文化中所见铜镞》，《边疆考古研究》（第 1 辑），科学出版社，2002 年。

[6] 韩建业：《中国先秦洞室墓谱系初探》，《中国历史文物》2007 年第 4 期；陈洪：《关中、陇山两地区洞室墓之比较研究》，《秦始皇帝陵博物院》（第 3 辑），三秦出版社，2013 年。

[7] 陈平：《试论宝鸡益门二号墓短剑及有关问题》，《考古》1995 年第 4 期。

[8] 杨建华：《略论秦文化与北方文化的关系》，《考古与文物》2013 年第 1 期。

亚草原动物纹饰应是通过鄂尔多斯、宁夏和甘肃东部等地的少数民族传入的[1]。无轫的车舆与泡状竿头饰[2]、S形饰[3]也当从西戎借鉴而来。此外，秦文化与域外文化之间有往来[4]。秦文化中的黄金制品受到中亚草原的用金习俗和黄金艺术影响[5]。秦墓中出土的蜻蜓眼玻璃珠与西方产品具有密切关系[6]。而秦文化中的大型陶塑艺术、石刻石雕艺术、高台建筑、小型条砖、铜车马和青铜水禽制造技术、茧形壶、槽型板瓦等具有明显的波斯文明和地中海文明的特征，表明从公元前5世纪左右开始，东西方文化就有了深入的交流[7]。这些西方域外文化因素传入中原，草原支系戎人当为重要媒介。

童恩正曾指出在我国东北到西南存在一条半月形地带，这条文化带上传播的不仅是具体的器物，还包括技术、观念和习俗[8]。东周时期西戎所居的陇山一带，正是半月形文化带从西北向西南转折的关键节点，许多源于欧亚草原的文化特色正是经由西戎传播至西南地区的。在川西地区石棺墓中流行一种三叉格铜柄铁剑，其年代约为春秋晚期至汉代，而在以陇山为中心的东周西戎文化中发现很多此类铜柄铁剑，其年代稍早，二者之间联系紧密。许多学者认为川西地区的三叉格铜柄铁剑应是从东周西戎文化中传播而来的[9]。这类剑作为四川地区甚至西南地区最早的铁器之一，暗示铁器的传入与中原文化或汉文化在西南地区的扩张无关，应是从半月形

[1] 杜正胜：《周秦民族文化"戎狄性"的考察》，《周秦文化研究》，陕西人民出版社，1998年。
[2] 梁云：《考古学上所见秦与西戎的关系》，《西部考古》（第11辑），科学出版社，2016年。
[3] 李娟、郭妍利：《东周S形饰辨析》，《文博》2021年第2期。
[4] 王志友：《早期秦文化与域外文化、北方草原文化的交流》，《西安电子科技大学学报（社会科学版）》2013年第6期；李宇：《秦金银制品的考古发现及相关问题初论》，《文博》2016年第4期。
[5] 马健：《黄金制品所见中亚草原与中国早期文化交流》，《西域研究》2009年第3期。
[6] 赵德云：《中国出土的蜻蜓眼式玻璃珠研究》，《考古学报》2012年第2期。
[7] 段清波：《从秦始皇陵考古看中西文化交流》（一）（二）（三），《西北大学学报（哲学社会科学版）》，2015年第1—3期。
[8] 童恩正：《试论我国从东北至西南的边地半月形文化传播带》，《文物与考古论集》，文物出版社，1986年。
[9] 林沄：《关于中国的对匈奴族源的考古学研究》，《内蒙古文物考古》1993年第1、2期；宋治民：《三叉格铜柄铁剑及相关问题的探讨》，《考古》1997年第12期；杨建华：《春秋战国时期中国北方文化带的形成》，文物出版社，2004年，第43页。

地带传入的[1]。显然，西戎人群在铁器的西南传播中也发挥着至关重要的作用。同时，在岷江上游的石棺墓中常出土侈口深腹罐、双耳罐、单耳罐等陶器，年代为西周晚期至战国早期，并且部分文化因素一直延续到战国末期至西汉早期，有学者认为其与西北地区寺洼文化联系紧密[2]。这些带有寺洼文化因素的遗存在川西地区的出现是疾风骤雨式的，并非长期文化影响所致，应是短时间内人群迁徙的结果。显然，随着春秋时期秦人对寺洼及寺洼支系戎人军事打击的增强，许多西戎选择向自然环境恶劣的西南山地迁徙，并定居于此，最终发展成为当地土著居民。

总之，东周西戎文化带有强烈的多元性特征，它是牧业文化与农耕文化的杂糅。西戎族群凭借区位优势，成为东周时期文明间交往的重要媒介，他们不仅是华夏文明西进的桥头堡，许多域外文化因素亦通过他们向中原及西南地区传播，是推动东西方文明交流互鉴的一支主力。

三、东周西戎族群的去向

在秦统一后的一段时间内，大部分西戎留居陇山一带，处于秦汉王朝的统治之下。在汉化的过程中，西戎文化特色逐渐消亡，至东汉以后，西戎已彻底融入秦汉大一统文明之中了。

在融入中原国家的过程中，不同支系戎人对华夏文明的接受程度似乎存在差异。徐阳墓地与马家塬墓地分别为东周西戎文化寺洼支系与草原支系中最高等级墓葬的代表，并且均表现出处于中原国家统治之下的文化特征。但与徐阳墓地大量使用青铜礼器、中原式葬俗的特征不同，马家塬墓地的戎人对中原文化的接受是有所保留。虽然，在马家塬墓地中也出土了一批中原礼器，但相较于墓葬表现出的浓厚欧亚草原文化因素，来自中原文化的影响要少得多。寺洼支系戎人汉化的速率明显强于草原支系，应是两支戎人与周、秦民族亲疏关系、生业模式异同的反映。

---

[1] 施劲松：《川西石棺墓中的铁器》，《南方民族考古》（第10辑），科学出版社，2014年。
[2] 陈苇：《甘青地区与西南山地先秦时期考古学文化及互动关系》，吉林大学博士学位论文，2009年，第139页；张寅：《两周时期陇山东西两侧考古学文化研究》，北京大学博士学位论文，2014年，第94—100页。

寺洼支系戎人及他们的祖先与周、秦民族有着深远的交往史。从商代晚期起，寺洼文化的使用者就与周、秦民族比邻而居，二者或通婚，或战争，往来密切。在甘肃合水九站寺洼文化遗址中，除发现有寺洼文化遗物外，还出土了大量周文化陶器。尤其至西周晚期，周文化陶器甚至达到遗址中所出陶器数量的近一半[1]。在寺洼文化被征服后，寺洼支系戎人作为其继承者，依然维持着与周、秦民族的密切往来，"毛家坪 B 组类型""关中类型"中均可见到西戎文化与秦文化深度融合的现象。同时，寺洼支系戎人及其先祖过着农牧兼营的定居生活。虽然秦人是以农业为主的定居民族，但也有着发达的畜牧业，善于驯养马匹是秦人的特长，秦人的崛起与之密不可分。食谱分析也展现出早期秦人农牧兼营的经济模式[2]。历史传统及相近的生业模式，使得秦与寺洼支系戎人间的交流与融合变得尤为顺畅。

与此相反，草原支系戎人是春秋晚期才进驻陇山两翼的，他们此前与秦人相隔甚远，几无往来。而且，草原支系戎人过着逐水草而居的游牧生活，高速移动化的生活方式与农业定居有着巨大差异，草原支系戎人与秦人的经济形态、审美、信仰几乎不相通，这使得草原支系戎人很难全面接受秦人所使用的工具、武器、青铜礼器、装饰品、陶器及埋葬方式，也是草原支系戎人汉化速度较慢的原因。

历史上秦人对于两支戎人采取不同的控制方式，也影响了他们融入秦汉文明的速率。《史记》记载：武公"十年，伐邽、冀戎，初县之"[3]。邽、冀之戎作为寺洼支系戎人，他们与秦人生业经济相似，历史渊源颇深。秦在军事征服这些戎人后，以"初县"之法，对他们进行直接管辖。"初县"是国君的直属地，是秦的本土，也是重要的军事基地，秦君委任贵族大夫以管理之。"初县"的人众，也与嬴姓宗室一样，属于广义的"秦人"[4]。而秦在商鞅变法之后开始设置道，汉代因之。这些

---

[1] 王占奎：《试论九站寺洼文化遗址——兼论甘肃东部地区寺洼文化》，北京大学硕士学位论文，1985 年，第 36—37 页。
[2] 凌雪：《秦人食谱研究》，西北大学博士学位论文，2010 年。
[3] 司马迁：《史记·秦本纪》，中华书局，1982 年，第 182 页。
[4] 史党社：《同样的人群、不同的道路——秦对"西戎"的两种控制方式及历史意义》，《秦与北方民族历史文化论集》，科学出版社，2018 年。

道多针对草原支系戎人设置，如朐衍道、义渠道、獂道、绵诸道等。道整体保留着土著的行政管理及生活方式。县与道的差别，不但体现在行政制度上，还有重要的人群分类意义。秦的精英、统治阶层对于道内民众的族群属性多视为"蛮夷"。由于生业模式不同且历史交往较少，秦人只能对这些草原支系戎人进行宽松的羁縻统治。"初县"与"道"两种不同民族策略，势必影响不同支系戎人华夏化的进程。

秦昭襄王时，攻灭义渠，"于是秦有陇西、北地、上郡，筑长城以拒胡"[1]。战国晚期秦国修筑的长城，自甘肃临洮起，经渭源、陇西、通渭、静宁，入宁夏西吉、固原、彭阳，向东至甘肃镇原、环县、华池等地，转入陕西北部，沿线发现众多烽燧、城障遗迹[2]。秦昭襄王长城修筑于东周西戎文化分布区内，横穿"杨郎类型"与"马家塬类型"，"狼窝子坑类型"则完全位于长城以北。属于"杨郎类型"的宁夏固原杨郎、蒋河，彭阳张街、米沟等墓地，以及"马家塬类型"的宁夏西吉陈阳川墓地的年代可达战国晚期，乃至秦代，这些遗存均处于秦长城以北，表明当长城修建之时，部分西戎已被拒于长城之外。众所周知，长城不仅是军事防御的屏障，它也是一道文化界线，以南为农耕的华夏文明，以北则为游牧人的天下。从战国晚期开始，匈奴在北方草原地区兴起，成为中原诸国最大的威胁。匈奴是一支融合了北方草原众多游牧族群而形成的民族，而这些长城以外的西戎人群的生业模式本就与匈奴相同，又处在匈奴统治之下，他们融入匈奴，成为匈奴军事联盟的一员，就是情理之中的事了。

总之，战国晚期之后，秦人彻底征服西戎，解决了西北边境的隐忧。西戎余众或臣服于秦汉王朝的统治，或北归匈奴，最终消失于历史长河之中。

最后需要说明的是，本书对东周西戎文化的研究还是初步的。对于东周西戎文化"类型"的划分，与传统意义上的考古学文化或类型也有一定差别。由于东周

---

[1] 司马迁：《史记·匈奴列传》，中华书局，1973年，2885页。
[2] 国家文物局：《中国文物地图集·宁夏回族自治区分册》，文物出版社，2010年；国家文物局：《中国文物地图集·甘肃分册》，测绘出版社，2011年。

西戎考古学文化的多元性，我们很难提出单一的西戎文化遗存辨识标准，即便如铲足鬲这类具有明确西戎文化属性的标志性器物，也并不是普遍存在于所有西戎遗存之中。虽然，考古类型学与体质人类学是探究西戎族群二元构成的重要切入点，但也需明确其间并无固化的对应关系，人群及其所使用的物质文化都极具流动性。此外，东周时期的西戎族群往往并非独立存在，有些戎人处于秦、三晋等国家的统治或羁縻之下，从而形成并非单独的文化或类型。如"毛家坪 B 组类型"实际上是与东周秦文化共存的情况下发现的，而所谓"关中类型"更是一种松散的，与战国秦墓共存的，具有西戎移民性质的文化遗留。有学者强调葬俗在考古学文化族属研究中具有最强的指示意义，陶器次之，铜礼器又次之，武器和工具最弱[1]。若依该标准看来，东周西戎文化"毛家坪 B 组类型""关中类型"显然并不成立，因为这类西戎遗存墓向、葬式、墓形、殉牲等"葬俗"特征上与典型秦文化墓葬无异，这些墓地只应为单一的秦人遗留。可是，我们往往忽略，物质文化是多义的，它的意义因时而变，取决于当下的社会背景和使用者的立场，并不一定能成为判断族群亲疏的证据，更何论对这些物质材料在判断族属时发挥作用的重要性排序。本书所提到的苏贝希文化、沙井文化在不同阶段都发生过葬俗的巨变，可见葬俗在考古学文化发展过程中亦是不稳定的。"毛家坪 B 组类型""关中类型"中具有西戎特色的陶器及器物组合是客观存在的，即便仅将其视为秦文化墓葬中的一种"西戎文化因素"，那么为何只有少数墓葬选用这一"非主流"因素，也是必须回答的问题。显然，这些墓主具有西戎亲缘，戎式特色陶器是其华夏化进程中仅存的"身份标识"，是最合理的解释。我们相信，随着考古工作的不断开展，将来对东周西戎文化类型的划分应当更加多样，关于文化因素的研究会更加细化，许多有关族属、去向的讨论必定更加翔实。但是，本书所阐释的东周西戎文化是由两大系统构成的，应是客观的论断，未来的考古发现也将继续验证这一观点。

---

[1] 梁云、安婷宇:《试论葬俗在考古学文化族属研究中的指示意义》,《江汉考古》2023 年第 6 期。

参考文献

一、古代文献

司马迁:《史记》,中华书局,1982 年。

班固:《汉书》,中华书局,1962 年。

刘向:《战国策》,上海古籍出版社,1985 年。

韦昭注、徐元诰集解:《国语集解》,中华书局,2019 年。

郭璞注,王贻樑、陈建敏校释:《穆天子传汇校集释》,中华书局,2019 年。

范晔:《后汉书》,中华书局,1965 年。

郦道元:《水经注校证》,中华书局,2007 年。

孔颖达:《毛诗正义》,上海古籍出版社,1990 年。

阮元:《十三经注疏》,中华书局,2009 年。

范祥雍:《古本竹书纪年辑校订补》,上海古籍出版社,2011 年。

王秀梅译注:《诗经》,中华书局,2015 年。

杨伯峻:《春秋左传注》(修订本),中华书局,1990 年。

张觉:《韩非子校注》,岳麓书社,2006 年。

希罗多德:《历史》,中信出版社,2013 年。

二、考古报告与图录

宝鸡市考古研究所:《秦墓遗珍:宝鸡益门二号春秋墓》,科学出版社,2016 年。

宝鸡市考古研究所:《宝鸡旭光墓地》,文物出版社,2023 年。

北京市文物研究所:《军都山墓地:玉皇庙》,文物出版社,2007 年。

曹玮:《陕北出土青铜器》,巴蜀书社,2009 年。

甘肃省文物考古研究所:《永昌西岗柴湾岗:沙井文化墓葬发掘报告》,甘肃人民出版社,2001 年。

甘肃省文物考古研究所:《民乐八卦营:汉代墓群考古发掘报告》,科学出版社,2014 年。

甘肃省文物考古研究所：《西戎遗珍：马家塬战国墓地出土文物》，文物出版社，2014 年。

甘肃省文物考古研究所：《甘肃重要考古发现（2000—2019）》，文物出版社，2020 年。

甘肃省文物考古研究所、北京大学考古文博学院、中国国家博物馆考古院、陕西省考古研究院、西北大学文化遗产学院、复旦大学文物与博物馆学系：《秦与戎：秦文化与西戎文化十年考古成果展》，文物出版社，2021 年。

甘肃省文物考古研究所、清水县博物馆：《清水刘坪》，文物出版社，2014 年。

甘肃省文物考古研究所、天水市文物保护和考古研究中心：《渭河上游天水段考古调查报告》，文物出版社，2022 年。

甘肃省文物考古研究所、中国国家博物馆、北京大学考古文博学院、陕西省考古研究院、西北大学文博学院：《西汉水上游考古调查报告》，文物出版社，2008 年。

国家文物局：《中国文物地图集·内蒙古自治区分册》（上、下），西安地图出版社，2003 年。

国家文物局：《2008 年第三次全国文物普查重要新发现》，科学出版社，2009 年。

国家文物局：《2009 年第三次全国文物普查重要新发现》，科学出版社，2010 年。

国家文物局：《中国文物地图集·宁夏回族自治区分册》，文物出版社，2010 年。

国家文物局：《第三次全国文物普查百大新发现》，文物出版社，2011 年。

国家文物局：《中国文物地图集·甘肃分册》，测绘出版社，2011 年。

黄文弼：《新疆考古发掘报告（1957—1958）》，文物出版社，1983 年。

李祥石、朱存世：《贺兰山与北山岩画》，宁夏人民出版社，1993 年。

内蒙古自治区第三次全国文物普查领导小组办公室：《内蒙古自治区第三次全国文物普查新发现》，文物出版社，2011 年。

内蒙古自治区文物工作队：《内蒙古出土文物选集》，文物出版社，1963 年。

内蒙古自治区文物考古研究所、内蒙古自治区文物保护中心：《岱海地区东周墓群发掘报告》，科学出版社，2016 年。

宁夏文物考古研究所、彭阳县文物管理所：《王大户与九龙山：北方青铜文化墓地》，文物出版社，2016 年。

山西省考古研究所：《上马墓地》，文物出版社，1994 年。

陕西省考古研究所：《陇县店子秦墓》，三秦出版社，1998 年。

陕西省考古研究所：《高陵张卜秦汉唐墓》，三秦出版社，2004 年。

陕西省考古研究所：《临潼零口村》，三秦出版社，2004 年

陕西省考古研究所：《宝鸡建河墓地》，陕西科学技术出版社，2006 年。

陕西省考古研究所：《西安北郊秦墓》，三秦出版社，2006 年。

陕西省考古研究所、秦始皇兵马俑博物馆：《华县东阳》，科学出版社，2006 年。

陕西省考古研究院：《西安尤家庄秦墓》，陕西科学技术出版社，2008 年。

陕西省考古研究院：《李家崖》，文物出版社，2013 年。

陕西省考古研究院:《临潼新丰:战国秦汉墓葬考古发掘报告》,科学出版社,2016年。

陕西省考古研究院:《西安张家堡秦墓发掘报告》,陕西科学技术出版社,2018年。

陕西省考古研究院:《咸阳东郊秦墓》,科学出版社,2018年。

陕西省考古研究院、宝鸡市考古研究所:《宝鸡郭家崖考古发掘报告》,科学出版社,2021年。

陕西省考古研究院、延安市文物研究所、黄陵县旅游文物局:《寨头河:陕西黄陵战国戎人墓地考古发掘报告》,上海古籍出版社,2018年。

陕西省考古研究院、延安市文物研究院、榆林市文物保护研究所、黄陵县文化和旅游局、清涧县文化和旅游局:《戎与狄:陕北史家河与辛庄战国墓地考古报告》,文物出版社,2021年。

苏秉琦:《斗鸡台沟东区墓葬》,北平研究院史学研究所,1948年。

西安市文物保护考古所:《西安南郊秦墓》,陕西人民出版社,2004年。

西安市文物保护考古所:《西安文物精华·青铜器》,世界图书出版公司,2005年。

咸阳市文物考古研究所:《塔儿坡秦墓》,三秦出版社,1998年。

咸阳市文物考古研究所:《任家咀秦墓》,科学出版社,2005年。

中国吉林大学考古学院、俄罗斯米努辛斯克博物馆:《米努辛斯克博物馆青铜器集萃》,文物出版社,2021年。

中国社会科学院考古研究所:《师赵村与西山坪》,中国大百科全书出版社,1999年。

中国社会科学院考古研究所:《徐家碾寺洼文化墓地:1980年甘肃庄浪徐家碾考古发掘报告》,科学出版社,2006年。

三、考古简报

宝鸡市博物馆:《陕西宝鸡市茹家庄东周墓葬》,《考古》1979年第5期。

宝鸡市博物馆、宝鸡县图博馆:《宝鸡县西高泉村春秋秦墓发掘记》,《文物》1980年第9期。

宝鸡市考古队、陇县博物馆:《陕西陇县韦家庄秦墓发掘简报》,《考古与文物》2001年第4期。

宝鸡市考古工作队:《宝鸡市谭家村春秋及唐代墓》,《考古》1991年第5期。

宝鸡市考古工作队:《宝鸡市益门村二号春秋墓发掘简报》,《文物》1993年第10期。

宝鸡市考古研究所:《陕西宝鸡旭光东周积石墓(M19)发掘简报》,《文物》2023年第3期。

北京大学考古系、甘肃考古所:《甘肃省葫芦河流域考古调查》,《考古》1992年第11期。

北京市文物研究所:《龙庆峡别墅工程中发现的春秋时期墓葬》,《北京文物与考古》(第4辑),北京燕山出版社,1994年。

北京市文物研究所山戎文化考古队：《北京延庆军都山东周山戎部落墓地发掘纪略》，《文物》1989年第8期。

曹发展：《陕西户县南关春秋秦墓清理记》，《文博》1989年第2期。

长江流域规划办公室考古队甘肃分队：《白龙江流域考古调查简报》，《文物资料丛刊》（第2辑），文物出版社，1978年。

陈信：《河北涿鹿县发现春秋晚期墓葬》，《文物春秋》1999年第6期。

承德地区文物保护管理所、滦平县文物保护管理所：《河北省滦平县梨树沟门墓群清理发掘简报》，《文物春秋》1994年第2期。

程晓钟：《甘肃省庄浪县出土的高领袋足鬲》，《华夏考古》1996年第2期。

程长新：《北京发现商龟鱼纹盘及春秋宋公差戈》，《文物》1981年第8期。

崔利明：《内蒙古兴和县沟里头匈奴墓》，《考古》1994年第5期。

戴应新、孙嘉祥：《陕西神木县出土匈奴文物》，《文物》1983年第12期。

丁广学：《甘肃庄浪县出土的寺洼陶器》，《考古与文物》1981年第2期。

冯汉骥、童恩正：《岷江上游的石棺葬》，《考古学报》1973年第2期。

凤翔县博物馆：《陕西凤翔县上郭店村出土的春秋时期文物》，《考古与文物》2005年第1期。

盖山林：《内蒙古自治区准格尔旗速机沟出土一批铜器》，《文物》1965年第2期。

盖山林：《准格尔旗速机沟出土的铜器》，《鄂尔多斯式青铜器》，文物出版社，1986年。

甘南藏族自治州博物馆：《甘肃卓尼苞儿遗址试掘简报》，《考古》1994年第1期。

甘肃省博物馆：《甘肃西汉水流域考古调查简报》，《考古》1959年第3期。

甘肃省博物馆：《甘肃渭河支流南河、榜沙河、漳河考古调查》，《考古》1959年第7期。

甘肃省博物馆：《甘肃古文化遗存》，《考古学报》1960年第2期。

甘肃省博物馆：《甘肃庄浪县柳家村寺洼墓葬》，《考古》1963年第1期。

甘肃省博物馆文物工作队、武威地区展览馆：《甘肃永昌三角城沙井文化遗址调查》，《考古》1984年第7期。

甘肃省文物工作队、北京大学考古学系：《甘肃甘谷毛家坪遗址发掘报告》，《考古学报》1987年第3期。

甘肃省文物工作队、北京大学考古学系、西和县文化馆：《甘肃西和栏桥寺洼文化墓葬》，《考古》1987年第8期。

甘肃省文物管理委员会：《渭河上游天水、甘谷两县考古调查简报》，《考古通讯》1958年第5期。

甘肃省文物管理委员会：《甘肃渭河上游渭源、陇西、武山三县考古调查》，《考古》1958年第7期。

甘肃省文物管理委员会：《甘肃临洮、临夏两县考古调查简报》，《考古》1958年第9期。

甘肃省文物考古研究所：《永昌三角城与蛤蟆墩沙井文化遗存》，《考古学报》1990年第2期。

甘肃省文物考古研究所：《甘肃省文物考古工作十年》，《文物考古工作十年（1979—1989）》，文物出版社，1991 年

甘肃省文物考古研究所：《甘肃秦安上袁家秦汉墓葬发掘》，《考古学报》1997 年第 1 期。

甘肃省文物考古研究所：《甘肃武山县东旱坪战国秦汉墓葬》，《考古》2003 年第 6 期。

甘肃省文物考古研究所：《甘肃永昌水泉子汉墓发掘简报》，《文物》2009 年第 10 期。

甘肃省文物考古研究所：《甘肃岷县占旗寺洼文化遗址发掘简报》，《考古与文物》2012 年第 4 期。

甘肃省文物考古研究所：《甘肃秦安王洼战国墓地 2009 年发掘简报》，《文物》2012 年第 8 期。

甘肃省文物考古研究所：《甘肃漳县墩坪墓地 2014 年发掘简报》，《考古》2017 年第 8 期。

甘肃省文物考古研究所：《甘肃庄浪寺角洼汉墓发掘简报》，《文物》2017 年第 9 期。

甘肃省文物考古研究所：《甘肃永昌县水泉子汉墓群 2012 年发掘简报》，《考古》2017 年第 12 期。

甘肃省文物考古研究所、礼县博物馆：《礼县圆顶山春秋秦墓》，《文物》2002 年第 2 期。

甘肃省文物考古研究所、礼县博物馆：《甘肃礼县圆顶山 98LDM2、2000LDM4 春秋秦墓》，《文物》2005 年第 2 期。

甘肃省文物考古研究所、秦安县博物馆：《甘肃秦安考古调查记略》，《文物》2014 年第 6 期。

甘肃省文物考古研究所、陕西省考古研究院：《甘肃张家川县马家塬战国墓地 M4 木棺实验室考古简报》，《考古》2013 年第 8 期。

甘肃省文物考古研究所、西北大学丝绸之路文化遗产保护与考古学研究中心：《甘肃临潭磨沟墓地寺洼文化墓葬 2009 年发掘简报》，《文物》2014 年第 6 期。

甘肃省文物考古研究所、张家川回族自治县博物馆《2006 年度甘肃张家川回族自治县马家塬战国墓地发掘简报》，《文物》2008 年第 9 期。

甘肃省文物考古研究所、漳县文物管理所：《甘肃漳县墩坪墓地 2015 年发掘简报》，《文物》2019 年第 3 期。

高次若、王桂枝：《宝鸡县甘峪发现一座春秋早期墓葬》，《文博》1988 年第 4 期。

固原博物馆：《宁夏固原吕坪村发现一座东周墓》，《考古》1992 年第 5 期。

何欣云：《宝鸡李家崖秦国墓葬清理简报》，《文博》1986 年第 4 期。

河北省文化局文物工作队：《河北怀来北辛堡战国墓》，《考古》1966 年第 5 期。

河北省文物研究所、承德地区文化局、滦平县文物管理所：《滦平县虎什哈炮台山山戎墓地的发现》，《文物资料丛刊》（第 7 辑），文物出版社，1983 年。

贺勇、刘建中：《河北怀来甘子堡发现的春秋墓群》，《文物春秋》1993 年第 2 期。

金学山：《西安半坡的战国墓葬》，《考古学报》1957 年第 3 期。

井增利：《富平新发现一座战国秦墓》，《考古与文物》2001 年第 1 期。

李晓斌：《甘肃庄浪县出土北方系青铜器》，《考古》2005 年第 5 期。

李晓青、南宝生：《甘肃清水县刘坪近年发现的北方系青铜器及金饰片》，《文物》2003 年第 7 期。

李逸友：《内蒙古和林格尔县出土的铜器》，《文物》1959 年第 6 期。

李逸友：《和林格尔县范家窑子出土的铜器》，《鄂尔多斯式青铜器》，文物出版社，1986 年。

李自智、尚志儒：《陕西凤翔西村战国秦墓发掘简报》，《考古与文物》1986 年第 1 期。

梁云：《2012 年甘谷毛家坪遗址发掘简报》，《中国文物信息网》2013 年 2 月 27 日。

刘得祯、许俊臣：《甘肃庆阳春秋战国墓葬的清理》，《考古》1988 年第 5 期。

刘得祯、朱建唐：《甘肃灵台县景家庄春秋墓》，《考古》1981 年第 4 期。

滦平县博物馆：《河北省滦平县梨树沟门山戎墓地清理简报》，《考古与文物》1995 年第 5 期。

罗丰：《宁夏固原石喇村发现一座战国墓》，《考古学集刊》（3），中国社会科学出版社，1983 年。

罗丰、韩孔乐：《宁夏固原近年发现的北方系青铜器》，《考古》1990 年第 5 期。

罗丰、延世忠：《1988 年固原出土的北方系青铜器》，《考古与文物》1993 年第 4 期。

洛阳市文物局：《河南：三门峡新发现 38 座戎人墓葬，佐证春秋时期"戎人内迁伊洛"》，《考古中的国》微信公众号，2021 年 3 月 24 日。

马建熙：《陕西耀县战国、西汉墓葬清理简报》，《考古》1959 年第 3 期。

母少娟：《宁夏博物馆近年征集的北方系青铜器》，《文物》2023 年第 7 期。

内蒙古博物馆、内蒙古文物工作队：《内蒙古准格尔旗玉隆太的匈奴墓》，《考古》1977 年第 2 期。

内蒙古博物馆、内蒙古文物工作队：《玉隆太战国墓》，《鄂尔多斯式青铜器》，文物出版社，1986 年。

内蒙古师范大学科学技术史研究院、内蒙古文物考古研究所：《内蒙古清水河县西咀墓地发掘简报》，《考古与文物》2018 年第 1 期。

内蒙古师范大学科学技术史研究院、内蒙古文物考古研究所：《内蒙古清水河县阳畔东周墓地发掘简报》，《考古与文物》2018 年第 1 期。

内蒙古文物工作队：《毛庆沟墓地》，《鄂尔多斯式青铜器》，文物出版社，1986 年。

内蒙古文物考古研究所：《凉城崞县窑子墓地》，《考古学报》1989 年第 1 期。

内蒙古文物考古研究所：《内蒙古凉城县小双古城墓地发掘简报》，《考古》2009 年第 3 期。

内蒙古文物考古研究所：《内蒙古凉城县忻州窑子墓地发掘简报》，《考古》2009 年第 3 期。

内蒙古文物考古研究所、包头市文物管理处：《包头西园春秋墓地》，《内蒙古文物考古》1991 年第 1 期。

内蒙古文物考古研究所、日本京都中国考古学研究会岱海地区考察队：《饮牛沟墓地

1997 年发掘报告》，《岱海考古》（二），科学出版社，2001 年。

内蒙古文物考古研究所、乌兰察布市博物馆：《内蒙古和林格尔县新店子墓地发掘简报》，《考古》2009 年第 3 期。

内蒙古自治区文物工作队：《凉城饮牛沟墓葬清理简报》，《内蒙古文物考古》1984 年第 3 期。

宁夏回族自治区博物馆考古队：《宁夏中宁县青铜短剑墓清理简报》，《考古》1987 年第 9 期。

宁夏回族自治区文物考古研究所、彭阳县文物站：《宁夏彭阳县张街村春秋战国墓地》，《考古》2002 年 8 期。

宁夏文物考古所、西吉县文管所：《西吉县陈阳川墓地发掘简报》，《宁夏考古文集》，宁夏人民出版社，1994 年。

宁夏文物考古研究所：《宁夏彭堡于家庄墓地》，《考古学报》1995 年第 1 期。

宁夏文物考古研究所：《宁夏海原石砚子汉墓发掘简报》，《文博》2018 年第 4 期。

宁夏文物考古研究所、宁夏固原博物馆：《宁夏固原杨郎青铜文化墓地》，《考古学报》1993 年第 1 期。

裴文中：《甘肃史前考古报告》，《裴文中史前考古学论文集》，文物出版社，1987 年。

裴文中：《中国西北甘肃走廊和青海地区的考古调查》，《裴文中史前考古学论文集》，文物出版社，1987 年。

秦都咸阳考古队：《咸阳市黄家沟战国墓发掘简报》，《考古与文物》1982 年第 6 期。

秦文化与西戎文化联合考古队：《甘肃礼县大堡子山秦墓及附葬车马坑发掘简报》，《文物》2018 年第 1 期。

庆阳地区博物馆：《甘肃庆阳地区出土的商周青铜器》，《考古与文物》1983 年第 3 期。

庆阳地区博物馆、庆阳县博物馆：《甘肃庆阳城北发现战国时期葬马坑》，《考古》1988 年第 9 期。

山西省考古研究所：《山西浑源县李峪村东周墓》，《考古》1983 年第 8 期。

山西省考古研究所：《山西侯马上马墓地发掘简报（1963—1986 年）》，《文物》1989 年第 6 期。

山西省文物管理委员会侯马工作站：《山西侯马上马村东周墓葬》，《考古》1963 年第 5 期。

陕西考古调查发掘队：《宝鸡和西安附近考古发掘简报》，《考古通讯》1955 年第 2 期。

陕西省考古研究所：《陕西长武上孟村秦国墓葬发掘简报》，《考古与文物》1984 年第 3 期。

陕西省考古研究所：《陕西铜川枣庙秦墓发掘简报》，《考古与文物》1986 年第 2 期。

陕西省考古研究所：《陕西临潼零口战国墓葬发掘简报》，《考古与文物》1998 年第 3 期。

陕西省考古研究所：《陕西高陵县益尔公司秦墓发掘简报》，《考古与文物》2003 年第 6 期。

陕西省考古研究所、临潼县文管会：《秦东陵第一号陵园勘查记》，《考古与文物》1987 年第 4 期。

陕西省考古研究所、临潼县文物管理委员会:《秦东陵第二号陵园调查钻探简报》,《考古与文物》1990 年第 4 期。

陕西省考古研究院:《陕西咸阳闫家寨战国秦遗址、墓葬发掘简报》,《考古与文物》2018 年第 4 期。

陕西省考古研究院:《陕西高陵米家崖秦墓发掘简报》,《考古与文物》2021 年第 4 期。

陕西省考古研究院、宝鸡市考古工作队、凤翔县博物馆:《陕西凤翔孙家南头春秋秦墓发掘简报》,《考古与文物》2013 年第 4 期。

陕西省考古研究院、宝鸡市考古研究所:《凤翔六道村战国秦墓发掘简报》,《文博》2013 年第 2 期。

陕西省考古研究院、宝鸡市考古研究所:《宝鸡郭家崖秦国墓地(北区)发掘简报》,《文博》2018 年第 6 期。

陕西省考古研究院、宝鸡市考古研究所:《宝鸡郭家崖秦国墓地(南区)发掘简报》,《文博》2019 年第 4 期。

陕西省考古研究院、渭南市考古研究所:《陕西渭南阳郭庙湾战国秦墓发掘简报》,《文博》2011 年第 5 期。

陕西省考古研究院、渭南市文物保护考古研究所:《陕西蒲城永丰战国秦汉墓发掘简报》,《考古与文物》2016 年第 5 期。

陕西省考古研究院、延安市文物研究所、黄陵县旅游文物局:《陕西黄陵寨头河战国戎人墓地发掘简报》,《考古与文物》2012 年第 6 期。

陕西省考古研究院、延安市文物研究所、黄陵县旅游文物局:《陕西黄陵县史家河墓地发掘简报》,《考古与文物》2015 年第 3 期。

陕西省文管会、大荔县文化馆:《朝邑战国墓葬发掘简报》,《文物资料丛刊》(第 2 辑),文物出版社,1978 年。

陕西省文物管理委员会:《陕西长安洪庆村秦汉墓第二次发掘简记》,《考古》1959 年第 12 期。

陕西省文物管理委员会:《陕西宝鸡阳平镇秦家沟村秦墓发掘记》,《考古》1965 年第 7 期。

陕西省雍城考古队:《陕西凤翔八旗屯秦国墓葬发掘简报》,《文物资料丛刊》(第 3 辑),文物出版社,1980 年。

陕西省雍城考古队:《一九八二年凤翔雍城秦汉遗址调查简报》,《考古与文物》1984 年第 2 期。

陕西省雍城考古队:《陕西凤翔八旗屯西沟道秦墓发掘简报》,《文博》1986 年第 3 期。

沈浩注、王宏:《甘肃省环县出土的北方系青铜器》,《草原文物》2019 年第 1 期。

塔拉、梁京明:《呼鲁斯太匈奴墓》,《文物》1980 年第 7 期。

塔拉、梁京明:《呼鲁斯太青铜器墓葬》,《鄂尔多斯式青铜器》,文物出版社,1986 年。

田广金:《桃红巴拉的匈奴墓》,《考古学报》1976 年第 1 期。

田广金:《桃红巴拉墓群》,《鄂尔多斯式青铜器》,文物出版社,1986 年。

田广金、郭素新:《内蒙古阿鲁柴登发现的匈奴遗物》,《考古》1980 年第 4 期。

田广金、郭素新:《阿鲁柴登发现的金银器》,《鄂尔多斯式青铜器》,文物出版社,1986 年。

吐鲁番地区文物保管所:《新疆托克逊县喀格恰克古墓群》,《考古》1987 年第 7 期。

王光永:《宝鸡市渭滨区姜城堡东周墓葬》,《考古》1979 年第 6 期。

王全甲:《隆德县出土的匈奴文物》,《考古与文物》1990 年第 2 期。

王文斌:《张家川历年来发现的北方系青铜器》,《与古为新:张家川县文化遗产研究》,中国文史出版社,2020 年。

王永安:《甘肃宁县西头村石家墓群发现春秋秦墓》,《中国文物报》2016 年 8 月 26 日。

王永安:《甘肃宁县石家墓群发掘 5 座春秋高等级墓葬》,《中国文物报》2017 年 11 月 16 日。

王永安:《交流、变迁与融合——甘肃宁县石家及遇村遗址考古新发现》,《中国文物报》2020 年 9 月 4 日。

王永安:《甘肃宁县石家及遇村遗址新发现一处西戎墓地》,《中国文物报》2022 年 8 月 1 日。

王占奎、水涛:《合水县九站先周遗址》,《中国考古学年鉴(1985)》,文物出版社,1985 年。

王占奎、水涛:《甘肃合水九站遗址发掘报告》,《考古学研究》(三),科学出版社,1997 年。

吴业恒:《河南伊川徐阳发现东周陆浑戎贵族墓地》,《中国文物报》2016 年 4 月 22 日第 8 版。

吴业恒、马占山:《河南徐阳墓地又现陆浑戎王级大墓》,《中国文物报》2021 年 2 月 19 日第 8 版。

吴镇烽、尚志儒:《陕西户县宋村春秋秦墓发掘简报》,《文物》1975 年第 10 期。

吴镇烽、尚志儒:《陕西凤翔高庄秦墓地发掘简报》,《考古与文物》1981 年第 1 期。

西安市文物保护考古研究院、南开大学考古学与博物馆学系:《陕西西咸新区空港新城岩村墓地发掘简报》,《文博》2022 年第 2 期。

西安市文物保护考古研究院、西安市长安博物馆、陕西文物保护专修学院:《陕西西安清凉山秦墓发掘简报》,《考古与文物》2022 年第 4 期。

夏鼐:《临洮寺洼山发掘记》,《考古学报》1949 年第 4 期。

咸阳市文管会:《西北林学院古墓清理简报》,《考古与文物》1992 年第 3 期。

咸阳市文物考古研究所:《咸阳石油钢管钢绳厂秦墓清理简报》,《考古与文物》1996 年第 5 期。

咸阳市文物考古研究所:《咸阳花杨战国秦墓群发掘简报》,《文博》2017 年第 1 期。

肖琦:《陇县出土的匈奴文物》,《文博》1991 年第 5 期。

新疆维吾尔自治区博物馆:《尼勒克县哈拉图拜乌孙墓的发掘》,《新疆文物》1988 年第 2 期。

新疆文物考古研究所:《察布查尔县索墩布拉克古墓葬发掘简报》,《新疆文物》1988 年第 2 期。

新疆文物考古研究所:《阿合奇县库兰萨日克墓地发掘简报》,《新疆文物》1995 年第 2 期。

新疆文物考古研究所:《察布查尔县索墩布拉克古墓群》,《新疆文物》1995 年第 2 期。

新疆文物考古研究所:《新疆察布查尔县索墩布拉克古墓群》,《考古》1999 年第 8 期。

新疆文物考古研究所:《尼勒克县穷科克一号墓地考古发掘报告》,《新疆文物》2002 年第 3、4 期。

新疆文物考古研究所:《2005 年度伊犁州巩留县山口水库墓地考古发掘报告》,《新疆文物》2006 年第 1 期。

新疆文物考古研究所:《新疆哈巴河东塔勒德墓地发掘简报》,《文物》2013 年第 3 期。

新疆文物考古研究所:《新疆呼图壁县石门子墓地考古发掘简报》,《文物》2014 年第 12 期。

新疆文物考古研究所、吐鲁番地区文物局:《鄯善县洋海一号墓地发掘简报》,《新疆文物》2004 年第 1 期。

新疆文物考古研究所、吐鲁番地区文物局:《鄯善县洋海二号墓地发掘简报》,《新疆文物》2004 年第 1 期。

新疆文物考古研究所、吐鲁番地区文物局:《鄯善县洋海三号墓地发掘简报》,《新疆文物》2004 年第 1 期。

新疆文物考古研究所、西北大学文化遗产与考古学研究中心:《新疆巴里坤县东黑沟遗址 2006—2007 年发掘简报》,《考古》2009 年第 1 期。

许俊臣:《甘肃庆阳地区出土的商周青铜器》,《考古与文物》1983 年第 3 期。

许俊臣、刘得祯:《甘肃宁县宇村出土西周青铜器》,《考古》1985 年第 4 期。

许俊臣、刘得祯:《介绍一件春秋战国铲足铜鬲》,《考古》1988 年第 3 期。

延世忠:《宁夏固原出土战国青铜器》,《文物》1994 年第 9 期。

延世忠、李怀仁:《宁夏西吉发现一座青铜时代墓葬》,《考古》1992 年 6 期。

杨守国、祁悦章:《宁夏彭阳县近年出土的北方系青铜器》,《考古》1999 年第 12 期。

杨益民:《甘肃岷县发现四处寺洼文化遗址》,《考古》1991 年第 1 期。

杨月光、毛瑞林:《甘肃漳县墩坪遗址发现春秋战国戎人墓地》,《中国文物报》2015 年 6 月 19 日第 8 版。

伊克昭盟文物工作站:《内蒙古东胜市碾房渠发现金银器窖藏》,《考古》1991 年第 5 期。

伊克昭盟文物工作站:《伊金霍洛旗石灰沟发现的鄂尔多斯式文物》,《内蒙古文物考古》1992 年第 1、2 期。

伊克昭盟文物工作站、内蒙古文物工作队:《西沟畔匈奴墓》,《文物》1980 年第 7 期。

伊克昭盟文物工作站、伊金霍洛旗文物保护管理所:《内蒙古伊金霍洛旗匈奴墓》,《文物》1992 年第 5 期。

雍城考古工作队:《凤翔县高庄战国秦墓发掘简报》,《文物》1981 年第 9 期。

早期秦文化联合考古队:《2006 年甘肃礼县大堡子山 21 号建筑基址发掘简报》,《文物》2008 年第 11 期。

早期秦文化联合考古队:《2006 年甘肃礼县大堡子山东周墓葬发掘简报》,《文物》2008 年第 11 期。

早期秦文化联合考古队:《甘肃礼县三座周代城址调查报告》,《古代文明》(第 7 卷),文物出版社,2008 年。

早期秦文化联合考古队:《牛头河流域考古调查》,《中国历史文物》2010 年第 3 期。

早期秦文化联合考古队:《2014 年甘谷毛家坪遗址发掘丰富了周代秦文化内涵》,《中国文物报》2014 年 11 月 14 日。

早期秦文化联合考古队:《甘肃甘谷毛家坪遗址 2013 年考古收获》,《2013 中国重要考古发现》,文物出版社,2014 年。

早期秦文化联合考古队:《甘肃甘谷毛家坪春秋秦墓（M2059）及车马坑（K201）发掘简报》,《文物》2022 年第 3 期。

早期秦文化联合考古队:《甘肃甘谷毛家坪遗址沟东墓地 2012—2014 年发掘简报》,《考古与文物》2022 年第 3 期。

早期秦文化联合考古队:《甘肃甘谷毛家坪遗址沟西墓地 2012—2014 年发掘简报》,《考古与文物》2022 年第 3 期。

早期秦文化联合考古队、张家川回族自治县博物馆:《张家川马家塬战国墓地 2007—2008 年发掘简报》,《文物》2009 年第 10 期。

早期秦文化联合考古队、张家川回族自治县博物馆:《张家川马家塬战国墓地 2008—2009 年发掘简报》,《文物》2010 年第 10 期。

早期秦文化联合考古队、张家川回族自治县博物馆:《张家川马家塬战国墓地 2010—2011 年发掘简报》,《文物》2012 年第 8 期。

早期秦文化联合考古队、张家川回族自治县博物馆:《甘肃张家川马家塬战国墓地 2012—2014 年发掘简报》,《文物》2018 年第 3 期。

张家口市文物事业管理所:《张家口市白庙遗址清理简报》,《文物》1985 年第 10 期。

张家口市文物事业管理所、宣化县文化馆:《河北宣化县小白阳墓地发掘报告》,《文物》1987 年第 5 期。

张俊辉:《咸阳出土三枚"戎"字陶文》,《秦陵秦俑研究动态》2000 年第 1 期。

张伟宁:《宁夏中卫出土的东周青铜器》,《文物》2010 年第 9 期。

张伟宁:《宁夏中卫出土的北方系青铜器》,《考古与文物》2011 年第 5 期。

赵丛苍、王志友、侯红伟:《甘肃礼县西山遗址发掘取得重要收获》,《中国文物报》

2008 年 4 月 4 日。

赵化成、柳春鸣：《甘肃西和栏桥寺洼文化墓葬》，《考古》1987 年第 8 期。

赵雪野、司有为：《甘肃白龙江流域古文化遗址调查简报》，《考古与文物》1993 年第 4 期。

郑隆：《大青山下发现一批铜器》，《文物》1965 年第 2 期。

郑隆：《水涧沟门墓》，《鄂尔多斯式青铜器》，文物出版社，1986 年。

郑州大学文物考古研究院（洛阳）、洛阳市文物考古研究院：《河南伊川徐阳东周墓地西区 2013—2015 年发掘》，《考古学报》2020 年第 4 期。

郑州大学文物考古研究院（洛阳）、洛阳市文物考古研究院：《河南伊川徐阳墓地东区 2015—2016 年发掘简报》，《华夏考古》2020 年第 3 期。

中国科学院考古研究所宝鸡发掘队：《陕西宝鸡福临堡东周墓葬发掘记》，《考古》1963 年第 10 期。

中国科学院新疆分院民族研究所考古组：《昭苏县古代墓葬试掘简报》，《文物》1962 年第 7、8 期。

中国社会科学院考古研究所甘肃工作队：《甘肃天水地区考古调查纪要》，《考古》1983 年第 12 期。

中国社会科学院考古研究所泾渭工作队：《甘肃庄浪县徐家碾寺洼文化墓葬发掘纪要》，《考古》1982 年第 6 期。

中国新闻网：《河南渑池发现 42 座春秋戎人墓葬　形制与陆浑戎王墓基本一致》，《文物鉴定与鉴赏》2021 年第 6 期。

钟侃：《宁夏固原县出土文物》，《文物》1978 年第 12 期。

周兴华：《宁夏中卫县狼窝子坑的青铜短剑墓群》，《考古》1989 年第 11 期。

周原博物馆：《扶风刘家发现战国双洞室墓》，《文博》2003 年第 2 期。

庄浪县博物馆：《庄浪县邵坪村出土一批青铜器》，《文物》2005 年第 3 期。

安特生：《甘肃考古记》，《地质专报》甲种第五号，农商部地质调查所印行，1925 年。

四、研究专著

安介生：《历史民族地理》，山东教育出版社，2007 年。

安梅梅：《秦汉统一多民族国家形成过程中的民族管理体制研究》，中国社会科学出版社，2021 年。

包曙光：《中国北方地区夏至战国时期的殉牲研究》，科学出版社，2021 年。

曹玮、林嘉琳、孙岩、刘远晴：《古代中国与欧亚大陆：边疆地区公元前 3000 年至公元前 700 年的金属制品、墓葬习俗和文化认同》，上海古籍出版社，2020 年。

岑仲勉：《两周文史论丛》，中华书局，2004 年。

晁福林:《春秋战国的社会变迁》,商务印书馆,2011 年。

陈洪:《秦文化之考古学研究》,科学出版社,2016 年。

陈槃:《不见于春秋大事表之春秋方国稿》,"中研院"历史语言研究所,1970 年。

陈槃:《春秋大事表列国爵姓及存灭表撰异》(三订本),上海古籍出版社,2009 年。

冯客:《近代中国之种族观念》,江苏人民出版社,1999 年。

傅嘉仪:《秦封泥汇考》,上海书店,2007 年。

郭沫若:《中国史稿》(第 1 册),人民出版社,1976 年。

郭物:《马背上的信仰:欧亚草原动物风格艺术》,人民美术出版社,2005 年。

韩建业:《新疆的青铜时代和早期铁器时代文化》,文物出版社,2007 年。

韩金秋:《夏商西周中原的北方系青铜器研究》,上海古籍出版社,2015 年。

韩康信、谭婧泽:《宁夏古人类学研究报告集》,科学出版社,2009 年。

何光岳:《南蛮源流史》,江西教育出版社,1988 年。

何光岳:《东夷源流史》,江西教育出版社,1990 年。

何光岳:《炎黄源流史》,江西教育出版社,1992 年。

黄烈:《中国古代民族史研究》,人民出版社,1987 年。

黄树先:《汉缅语比较研究》,华中科技大学出版社,2003 年。

黄维、陈建立、王辉、吴小红:《马家塬墓地金属制品技术研究:兼论战国时期西北地区文化交流》,北京大学出版社,2013 年。

江应梁:《中国民族史》,民族出版社,1990 年。

金景芳:《中国奴隶社会史》,上海人民出版社,1983 年。

李白凤:《东夷杂考》,河南大学出版社,2008 年。

李峰:《西周的灭亡:中国早期国家的地理和政治危机》(增订本),上海古籍出版社,2007 年。

李刚:《中国北方青铜器的欧亚草原文化因素》,文物出版社,2011 年。

李海荣:《北方地区出土夏商周时期青铜器研究》,文物出版社,2003 年。

李金玉:《两周时期的生态环境与社会文明研究》,中国社会科学出版社,2020 年。

李水城:《耀武扬威:权杖源流考》,上海古籍出版社,2021 年。

李文龙:《戎狄匈奴青铜文化》,文物出版社,2017 年。

李亚农:《西周与东周》,上海人民出版社,1956 年。

梁启超:《饮冰室文集点校》,云南教育出版社,2001 年。

梁云:《战国时代的东西差别》,文物出版社,2008 年。

梁云:《西垂有声:〈史记·秦本纪〉的考古学解读》,生活·读书·新知三联书店,2020 年。

梁云:《早期秦文化探索》,上海古籍出版社,2021 年。

林剑鸣:《秦史稿》,上海人民出版社,1981 年。

林梅村：《丝绸之路考古十五讲》，北京大学出版社，2006 年。

林梅村：《西域考古与艺术》，北京大学出版社，2017 年。

刘光华：《西北通史》（第 1 卷），兰州大学出版社，2005 年。

刘景纯：《秦国历史与北方历史地理研究》，中国社会科学出版社，2017 年。

刘学堂：《丝路天山地区青铜器研究》，三秦出版社，2018 年。

刘雪飞、余太山：《上古欧洲斯基泰文化巡礼》，兰州大学出版社，2012 年。

吕思勉：《吕思勉读史札记》，上海古籍出版社，1982 年。

吕思勉：《秦汉史》，上海古籍出版社，2005 年。

吕思勉：《中国民族史》，上海古籍出版社，2008 年。

马非百：《秦集史》，中华书局，1982 年。

马健：《匈奴葬仪的考古学探索：兼论欧亚草原东部文化交流》，兰州大学出版社，2011 年。

马健：《草原霸主：欧亚草原早期游牧民族兴衰史》，商务印书馆，2014 年。

满志敏：《中国历史时期气候变化研究》，山东教育出版社，2009 年。

蒙文通：《周秦少数民族研究》，龙门联合书局，1958 年。

孟世杰：《先秦文化史》，上海书店，1992 年。

潘英：《中国上古史新探》，明文书局，1985 年。

钱穆：《国史大纲》，商务印书馆，1996 年。

冉光荣、李绍明、周锡银：《羌族史》，四川民族出版社，1985 年。

饶宗颐：《饶宗颐二十世纪学术文集·甲骨集林》，中国人民大学出版社，2009 年。

饶宗颐：《西南文化创世纪：殷代陇蜀部族地理与三星堆、金沙文化》，上海古籍出版社，2010 年。

任乃强：《任乃强民族研究文集》，民族出版社，1990 年。

邵会秋：《新疆史前时期文化格局的演进及其与周邻文化的关系》，科学出版社，2018 年。

邵会秋、侯知军：《百兽率舞：商周时期中国北方动物纹装饰综合研究》，上海古籍出版社，2020 年。

沈长云：《先秦史》，人民出版社，2006 年。

史党社：《日出西山：秦人历史新探》，陕西人民出版社，2013 年。

史党社：《秦与"戎狄"文化的关系研究》，上海古籍出版社，2022 年。

舒大刚：《春秋少数民族分布研究》，文津出版社，1994 年。

宋亦萧：《青铜时代的东西文化交流：以新疆东部为中心的考察》，中国社会科学出版社，2019 年。

滕铭予：《秦文化：从封国到帝国的考古学观察》，学苑出版社，2002 年。

田广金、郭素新：《鄂尔多斯式青铜器》，文物出版社，1986 年。

童书业：《春秋史》，商务印书馆，2010 年。

王国维：《观堂集林》，中华书局，2004 年。

王明珂：《华夏边缘：历史记忆与族群认同》（增订本），浙江人民出版社，2013 年。

王明珂：《游牧者的抉择：面对汉帝国的北亚游牧部族》，上海人民出版社，2018 年。

王蘧常：《秦史》，上海古籍出版社，2000 年。

王绍东：《农牧交辉：多维视角下的战国秦汉时期北方长城》，中华书局，2021 年。

王学理、梁云：《秦文化》，文物出版社，2001 年。

魏瑾：《青铜之路：固原北方青铜文化》，宁夏人民出版社，2016 年。

翁独健：《中国民族关系史纲要》，中国社会科学出版社，2001 年。

乌恩岳斯图：《北方草原考古学文化研究——青铜时代至早期铁器时代》，科学出版社，
2007 年。

乌恩岳斯图：《北方草原考古学文化比较研究——青铜时代至早期匈奴时期》，科学出版
社，2008 年。

吴大澂：《愙斋集古录》，台联国风出版社，1976 年。

武沐：《匈奴史研究》，民族出版社，2005 年。

谢端琚：《甘青地区史前考古》，文物出版社，2002 年。

徐卫民：《秦汉历史地理研究》，三秦出版社，2005 年。

姚磊：《先秦戎族研究》，武汉大学出版社，2016 年。

杨建华：《春秋战国时期中国北方文化带的形成》，文物出版社，2004 年。

杨建华：《北方先秦考古研究》，科学出版社，2015 年。

杨建华、邵会秋、潘玲：《欧亚草原东部的金属之路：丝绸之路与匈奴联盟的孕育过
程》，上海古籍出版社，2016 年。

杨建华、赵欣欣：《内蒙古东周北方青铜器》，上海古籍出版社，2019 年。

杨建新：《中国西北少数民族史》，民族出版社，2003 年。

杨铭：《氐族史》，吉林教育出版社，1991 年。

余太山：《古族新考》，商务印书馆，2012 年。

余太山：《塞种史研究》，商务印书馆，2012 年。

袁仲一、刘钰：《秦陶文新编》，文物出版社，2009 年。

张国硕：《先秦人口流动民族迁徙与民族认同研究》，大象出版社，2011 年。

张景明：《中国北方游牧民族的造型艺术与文化表意》，知识产权出版社，2013 年。

张景明：《金银器与草原丝绸之路研究》，兰州大学出版社，2017 年。

张全超：《内蒙古和林格尔县新店子墓地人骨研究》，科学出版社，2010 年。

张天恩：《周秦文化研究论集》，科学出版社，2009 年。

张文玲：《黄金草原：古代欧亚草原文化探微》，上海古籍出版社，2012 年。

赵德云：《西周至汉晋时期中国外来珠饰研究》，科学出版社，2016 年。

赵俪生：《寄陇居论文集》，齐鲁书社，1981 年。

赵俪生：《日知录导读》，巴蜀书社，1992 年。

赵吴成、马玉华：《战国戎人造车》，文物出版社，2020 年

钟侃、陈明猷：《宁夏通史》（古代卷），宁夏人民出版社，1993 年。

周伟洲：《陕西通史（民族卷）》，陕西师范大学出版社，1997 年。

朱本军：《战国诸侯疆域及形势图考绘》，北京大学出版社，2019 年。

朱泓：《中国古代居民体质人类学研究》，科学出版社，2014 年。

朱学渊：《新版中国北方诸族的源流》，华东师范大学出版社，2010 年。

A. 策比克塔洛夫：《蒙古与外贝加尔地区的石板墓文化》，商务印书馆，2019 年。

A.A. 提什金、H.H. 谢列金：《金属镜：阿尔泰古代和中世纪的资料》，文物出版社，2012 年。

A.H. 丹尼、V. M. 马松：《中亚文明史》（第 1 卷：文明的曙光），中国对外翻译出版公司，2002 年。

C.B. 吉谢列夫：《南西伯利亚古代史》，新疆人民出版社，2014 年。

D. 策温道尔吉：《蒙古考古》，上海古籍出版社，2019 年。

丹尼斯·赛诺：《剑桥早期内亚史》，商务印书馆，2021 年。

狄宇宙：《古代中国与其强邻：东亚历史上游牧力量的兴起》，中国社会科学出版社，2010 年。

格林·丹尼尔：《考古学一百五十年》，文物出版社，2009 年。

葛兰言：《中国文明》，中国人民大学出版社，2012 年

勒内·格鲁塞：《草原帝国》，商务印书馆，1998 年。

柳德米拉·克里亚科娃：《欧亚之门：乌拉尔与西西伯利亚的青铜和铁器时代》，生活·读书·新知三联书店，2021 年。

罗杰·克里布：《游牧考古学：在伊朗和土耳其的田野调查》，郑州大学出版社，2015 年。

罗泰：《宗子维城：从考古材料的角度看公元前 1000 至前 250 年的中国社会》，上海古籍出版社，2017 年。

米尔恰·伊利亚德：《萨满教：古老的入迷术》，社会科学文献出版社，2018 年。

普·巴·科诺瓦洛夫：《蒙古高原考古研究》，内蒙古人民出版社，2016 年。

藤田胜入：《〈史记〉战国史料研究》，上海古籍出版社，2008 年。

希安·琼斯：《族属的考古：构建古今的身份》，上海古籍出版社，2017 年。

小川琢治：《中国古代民族的研究》，《微音月刊》1931 年第 1 卷第 5 期。

雅诺什·哈尔马塔：《中亚文明史》（第二卷），中国对外翻译出版公司，2002 年。

叶莲娜·伊菲莫大纳·库兹米娜：《丝绸之路史前史》，科学出版社，2015 年。

五、研究论文

（一）发表论文

安志敏：《甘肃远古文化及其有关的几个问题》，《考古通讯》1956 年第 6 期。

白崇斌:《宝鸡市益门村 M2 出土春秋铁剑残块分析鉴定报告》,《文物》1994 年第 9 期。

白崇斌、Gioji F. Guidi、范宾宾:《益门二号墓出土红色粉末的化学与矿物学性质》,《文物保护与考古科学》2004 年第 3 期。

白崇斌、范宾宾:《宝鸡益门出土玉器分析研究》,《文物保护与考古科学》2005 年第 4 期。

白云翔:《寺洼文化墓葬葬式浅析》,《史前研究》1984 年第 4 期。

曹怀玉:《商周秦汉时期甘肃境内的氐羌、月氏和乌孙》,《西北师大学报（社会科学版）》1964 年第 3、4 期。

曹建恩:《内蒙古中南部商周考古研究的新进展》,《内蒙古文物考古》2006 年第 2 期。

曹建恩、孙金松:《中国北方东周西汉时期偏洞室墓葬研究》,《中国史研究》（第 53 辑）[韩国],2008 年。

曹建恩、孙金松:《内蒙古地区青铜时代至早期铁器时代墓制的初步研究——以内蒙古中南部和东南部的墓葬资料为中心》,《内蒙古师范大学学报（哲学社会科学版）》2010 年第 5 期。

曹建恩、孙金松:《中国北方东周西汉时期偏洞室墓遗存及相关问题》,《边疆考古研究》（第 27 辑）,科学出版社,2020 年。

辰伯:《西王母与西戎》,《清华周刊》1931 年第 6 期（第 36 卷）。

陈畅:《忻州窑子墓地社会学研究》,《考古与文物》2013 年第 2 期。

陈戈:《新疆伊犁河流域文化初论》,《欧亚学刊》（第 2 辑）,中华书局,2000 年。

陈戈:《新疆史前时期又一种考古学文化——苏贝希文化试析》,《苏秉琦与当代中国考古学》,科学出版社,2001 年。

陈洪:《关中秦墓出土青铜器编年研究》,《文博》2012 年第 5 期。

陈洪:《关中、陇山两地区洞室墓之比较研究》,《秦始皇帝陵博物院》（第 3 辑）,三秦出版社,2013 年。

陈洪、李宇、武丽娜、李斌:《再谈秦墓屈肢葬渊源及其相关问题》,《文博》2014 年第 1 期。

陈靓:《索墩布拉克墓地人骨人类学的特征》,《新疆文物》2000 年第 1、2 期。

陈良佐:《再探战国到两汉的气候变迁》,《"中研院"历史语言研究所集刊》（第 67 本第 2 分册）,"中研院"历史语言研究所,1996 年。

陈槃:《春秋时代之秘、孤竹、厹由、义渠》,《"中研院"历史语言研究所集刊论文类编·历史编（先秦卷）》,中华书局,2009 年。

陈平:《试论关中秦墓青铜容器的分期问题》（上、下）,《考古与文物》1984 年第 3、4 期。

陈平:《试论宝鸡益门二号墓短剑及有关问题》,《考古》1995 年第 4 期。

戴春阳:《月氏文化族属、族源刍议》,《西北史地》1991 年第 1 期。

戴春阳:《秦墓屈肢葬管窥》,《考古》1992 年第 8 期。

戴春阳:《礼县大堡子山秦公墓地及有关问题》,《文物》2000 年第 5 期。

邓普迎:《陕西临潼新丰秦墓人骨研究》,《文博》2016 年第 5 期。

丁大涛:《陆浑之戎与伊洛地区的民族融合》,《濮阳职业技术学院学报》2020 年第 3 期。

杜正胜:《西周封建的特质——兼论夏政商政与戎索周索》,《中国上古史论文选集》,华世出版社,1979 年。

杜正胜:《欧亚草原动物纹饰与中国古代北方民族之考察》,《"中研院"历史语言研究所集刊》(第 64 本第 2 分册),"中研院"历史语言研究所,1993 年。

杜正胜:《周秦民族文化"戎狄性"的考察》,《周秦文化研究》,陕西人民出版社,1998 年。

段连勤:《犬戎历史始末述——论犬戎的族源、迁徙及同西周王朝的关系》,《民族研究》1989 年第 5 期。

段清波:《从秦始皇陵考古看中西文化交流》(一)(二)(三),《西北大学学报(哲学社会科学版)》,2015 年第 1—3 期。

范毓周:《甲骨文"戎"字通释》,《纪念殷墟甲骨文发现一百周年国际学术研讨会论文集》,社会科学文献出版社,2003 年。

冯国富、程云霞:《固原青铜文化暨动物纹牌饰的地域特征及与相邻地区的关系》,《宁夏师范学院学报(社会科学)》2010 年第 4 期。

付建:《朝那鼎与乌氏、朝那》,《考古与文物》2020 年第 3 期。

付建:《乌氏戎略考》,《宁夏师范学院学报》2020 年第 6 期。

甘肃省博物馆:《甘肃文物考古三十年》,《文物考古三十年》,文物出版社,1979 年。

顾颉刚:《瓜州》,《史林杂识初编》,中华书局,1963 年。

顾颉刚:《从古籍中探索我国的西部民族——羌族》,《社会科学战线》1980 年第 1 期。

顾颉刚:《九州之戎与戎禹》,《古史辨》第七册,上海古籍出版社,1982 年。

郭美玲、陈坤龙、梅建军、孙战伟、邵晶、邵安定:《陕西黄陵寨头河战国墓地出土铁器的初步科学分析研究》,《考古与文物》2014 年第 2 期。

郭物:《欧亚草原东部的考古发现与斯基泰的早期历史文化》,《考古》2012 年第 4 期。

郭物:《战国晚期西戎文化的独特性、多元性、多层性和多维性》,《中国文物报》2015 年 2 月 13 日第 4 版。

郭物:《马家塬墓地所见秦霸西戎的文化表象及其内因》,《四川文物》2019 年第 4 期。

韩飞:《甘肃张家川马家塬战国墓地出土绿松石珠微痕研究》,《文博》2019 年第 2 期。

韩飞、王辉、马燕如:《甘肃张家川马家塬出土车厢侧板的实验室考古清理》,《文物》2014 年第 6 期。

韩建业:《新疆青铜时代——早期铁器时代文化的分期和谱系》,《新疆文物》2005 年第 3 期。

韩建业:《中国古代屈肢葬谱系梳理》,《文物》2006 年第 1 期。

韩建业:《中国先秦洞室墓谱系初探》,《中国历史文物》2007 年第 4 期。

韩康信:《宁夏彭堡于家庄墓地人骨种系特点之研究》,《考古学报》1995 年第 1 期。

韩康信:《甘肃永昌沙井文化人骨种属研究》,《永昌西岗柴湾岗:沙井文化墓葬发掘报告》，甘肃人民出版社，2001 年。

韩康信：《彭阳古城王大户村春秋战国墓人骨的鉴定与种系》，《宁夏古人类学研究报告集》，科学出版社，2009 年。

韩康信：《彭阳张街村春秋战国墓两具人骨》，《宁夏古人类学研究报告集》，科学出版社，2009 年。

韩汝玢、埃玛·邦克：《表面富锡的鄂尔多斯青铜饰品的研究》，《文物》1993 年第 9 期。

韩涛、张群、赵惠杰、张雯欣、张全超：《宁夏海原石砚子墓地人骨研究》，《文博》2018 年第 4 期。

韩涛、朱存世、王晓阳、张全超：《宁夏地区古代居民的体质类型研究》，《文博》2019 年第 4 期。

韩伟：《关于"秦文化是西戎文化"质疑》，《青海考古学会会刊》1981 年第 2 期。

韩伟：《关于秦人族属及文化渊源管见》，《文物》1986 年第 4 期。

何光岳：《桂人、邦戎的来源和迁徙》，《长沙水电师院学报（社会科学版）》1989 年第 1 期。

何光岳：《〈山海经〉所载戎族的来源与分布》，《〈山海经〉与中华文化》，湖北人民出版社，1999 年。

侯红伟：《金戈铁马》，《甘肃日报》2019 年 11 月 14 日第 12 版。

胡谦盈：《论寺洼文化》，《文物集刊》（2），文物出版社，1979 年。

黄维：《北方地区青铜文化金制品的生产与流动——基于技术与艺术风格的分析》，《古代文明》（第 13 卷），上海古籍出版社，2019 年。

黄维、吴小红、陈建立、王辉：《张家川马家塬墓地出土金管饰的研究》，《文物》2009 年第 10 期。

黄文弼：《古代匈奴民族之研究》，《边政公论》1943 年第 2 卷第 3—5 期。

黄晓娟、王丽琴、严静、孙周勇、孙战伟、李建西：《陕北寨头河墓地出土硅酸盐类装饰珠的分析研究》，《考古与文物》2018 年第 2 期。

黄晓娟、韦清、赵西晨、严静：《甘肃马家塬战国墓地 M4 出土身体装饰件的保护修复及复原研究》，《中国国家博物馆馆刊》2016 年第 6 期。

雷紫翰、姚磊：《近百年戎族特征及称谓研究综论》，《史学月刊》2014 年第 8 期。

李非、李水城、水涛：《葫芦河流域的古文化与古环境》，《考古》1993 年第 9 期。

李建生、王金平：《周伐猃狁与"长父侯于杨"相关问题》，《中原文物》2012 年第 1 期。

李娟、郭妍利：《东周 S 形饰辨析》，《文博》2021 年第 2 期。

李如森：《略论关中东周秦墓葬制与关东诸国的差异》，《北方文物》1993 年第 4 期。

李水城：《沙井文化研究》，《国学研究》（二），北京大学出版社，1994 年。

李维明：《三角城遗址文化内涵与社会现象管窥》，《考古与文物》2015 年第 5 期。

李肖：《丝绸之路前传——汉通西域之前吐鲁番绿洲与东西方文明的交流》，"北京大学人文社会科学研究院"网站，2021 年 4 月 2 日。

李晓斌:《庄浪县出土北方系青铜器及有关问题探讨》,《丝绸之路》2016 年第 12 期。

李晓青:《甘肃地区先秦时期的文化交流与融合》,《文博》2010 年第 3 期。

李学勤:《益门村金、玉器纹饰研究》,《文物》1993 年第 10 期。

李宇:《秦金银制品的考古发现及相关问题初论》,《文博》2016 年第 4 期。

李志芳:《从出土东周带扣看其起源与传播》,《考古与文物》2011 年第 4 期。

梁云:《从秦文化的转型看考古学文化的突变现象》,《华夏考古》2007 年第 3 期。

梁云:《西新邑考》,《中国历史文物》2007 年第 6 期。

梁云:《从秦墓葬俗看秦文化的形成》,《考古与文物》2008 年第 1 期。

梁云:《论甘肃东部秦文化的年代》,《纪念国博百年考古文集》,科学出版社,2012 年。

梁云:《考古学上所见秦与西戎的关系》,《西部考古》(第 11 辑),科学出版社,2016 年。

梁云:《论早期秦文化的来源与形成》,《考古学报》2017 年第 2 期。

梁云、安婷宇:《试论葬俗在考古学文化族属研究中的指示意义》,《江汉考古》2023 年
第 6 期。

林怡娴、周广济、Ian Freestone、Thilo Rehren:《张家川马家塬战国墓地出土玻璃与相关
材料研究》,《文物》2018 年第 3 期。

林沄:《关于中国的对匈奴族源的考古学研究》,《内蒙古文物考古》1993 年第 1、2 期。

林沄:《戎狄非胡论》,《金景芳九五诞辰纪念文集》,吉林文史出版社,1996 年。

林沄:《早期北方系青铜的几个年代问题》,《林沄学术文集》,中国大百科全书出版社,
1998 年。

林沄:《中国北方长城地带游牧文化带的形成过程》,《燕京学报》(新 14 期),北京大学
出版社,2003 年。

凌雪、王望生、陈靓、孙丽娟、胡耀武:《宝鸡建河墓地出土战国时期秦人骨的稳定同
位素分析》,《考古与文物》2010 年第 1 期。

刘德岑:《秦晋开拓与陆浑东迁》,《禹贡半月刊》第四卷第八期。

刘桓:《甲骨、金文中所见的犬戎与玁狁》,《殷都学刊》1994 年第 2 期。

刘军社:《宝鸡益门二号墓的文化归属问题初探》,《宝鸡社会科学》1999 年第 4 期。

刘美娟:《宁夏彭阳王大户战国墓地青铜小件的检测分析》,《文物鉴定与鉴赏》2019 年
第 20 期。

刘羽阳、王辉:《先秦时期西北游牧地区动物埋葬习俗——从埋葬头蹄的现象谈起》,
《考古与文物》2017 年第 1 期。

刘云辉、何宏:《益门二号春秋墓文化属性再析及墓主新考》,《文博》2011 年第 4 期。

刘治立:《义渠灭国后的义渠戎人》,《寻根》2017 年第 6 期。

龙显昭:《汉代西域的族属及其与周秦"西戎"之关系》,《西南民族学院学报》1984 年
第 1 期。

芦敏:《张家川马家塬战国墓地出土车马金银铁饰件制作工艺初探》,《遗产与保护研究》

2018 年第 9 期。

罗丰：《固原青铜文化初论》，《考古》1990 年第 8 期。

罗丰：《以陇山为中心甘宁地区春秋战国时期北方青铜文化的发现与研究》，《内蒙古文物考古》1993 年第 1、2 期。

罗丰：《中原制造——关于北方动物纹金属牌饰》，《文物》2010 年第 3 期。

罗丰：《北方系青铜文化墓的殉牲习俗》，《考古学报》2018 年第 2 期。

洛阳市文物考古研究院：《"河南洛阳市伊川徐阳墓地考古发现专家座谈会"纪要》，《洛阳考古》2016 年第 3 期。

吕智荣：《朱开沟文化相关问题研究》，《华夏考古》2002 年第 1 期。

吕智荣、孙战伟：《内蒙古西岔三期遗存性质考察》，《考古与文物》2015 年第 4 期。

马格侠：《秦戎关系再议——以陇右秦墓为例》，《西安财经学院学报》2018 年第 3 期。

马格侠、张琳：《从陇右秦墓看秦人与戎人的关系》，《西安财经学院学报》2017 年第 2 期。

马建军：《宁夏南部春秋战国时期青铜文化的发现及其特征》，《西北第二民族学院学报（哲学社会科学版）》2008 年第 1 期。

马健：《公元前 8—前 3 世纪的萨彦—阿尔泰》，《欧亚学刊》（第 8 辑），中华书局，2008 年。

马健：《黄金制品所见中亚草原与中国早期文化交流》，《西域研究》2009 年第 3 期。

马金磊：《甘青地区青铜时代土洞墓的初步研究》，《考古与文物》2013 年第 2 期。

马金磊、王颢、田原曦：《郭家崖东周秦墓姜戎文化因素观察》，《文博》2018 年第 6 期。

马立群：《固原春秋战国墓地出土的青铜兵器》，《宁夏师范学院学报（社会科学）》2010 年第 5 期。

马小军：《乳钉纹琉璃杯来源问题初探——兼议西戎文化多元性与古丝绸之路关系》，《文物鉴定与鉴赏》2019 年第 11 期。

孟德会、刘余力：《谈洛阳伊川徐阳墓地出土的两件铭文铜器》，《文博》2022 年第 2 期。

孟琦、杨建华：《李家崖文化分期及相关问题研究》，《考古与文物》2016 年第 1 期。

米玉梅、赵吴成：《从马家塬战国墓管窥上古时期的中西文化交流》，《鲁东大学学报（哲学社会科学版）》2015 年第 6 期。

南玉泉、郭晨辉：《寺洼——安国系统陶鬲的序列》，《文物》1987 年第 2 期。

聂新民：《秦霸西戎地域考——秦国势力在黄土高原的扩展过程》，《西北史地》1986 年第 2 期。

牛世山：《秦文化渊源与秦人起源探索》，《考古》1996 年第 3 期。

裴建陇：《天水市博物馆藏西戎遗物的介绍和相关问题探讨》，《西戎文化的发现与研究学术研讨会论文集》，文物出版社，2019 年。

裴建陇：《马家塬墓地出土的筒形臂钏与弓形项饰》，《艺术品鉴》2022 年第 28 期。

彭裕商：《周伐猃狁及相关问题》，《历史研究》2004 年第 3 期。

齐东方：《中国早期金银器研究》，《华夏考古》1999 年第 4 期。

钱穆:《西周戎祸考（上）》,《禹贡半月刊》（第二卷）,第四期。

乔美美:《马家塬战国墓葬出土铜容器文化因素分析》,《秦汉研究》（第 13 辑）,西北大学出版社,2019 年。

丘菊贤、杨东晨:《西戎简论》,《西北民族学院学报（哲学社会科学版）》1989 年第 4 期。

邵安定、梅建军、陈坤龙、周广济、王辉:《张家川马家塬战国墓地出土金属饰件的初步分析》,《文物》2010 年第 10 期。

邵会秋、石嫱静:《中国北方地区先秦时期马镳研究》（一、二）,《草原文物》2018 年第 2 期、2019 年第 1 期。

邵会秋、杨建华:《欧亚草原与中国新疆和北方地区的有銎战斧》,《考古》2013 年第 1 期。

邵会秋、张文珊:《乌恩岳斯图与北方草原考古》,《考古》2020 年第 11 期。

沈长云:《猃狁、鬼方、姜氏之戎不同族别考》,《人文杂志》1983 年第 3 期。

施劲松:《川西石棺墓中的铁器》,《南方民族考古》（第 10 辑）,科学出版社,2014 年。

单月英:《东周秦代中国北方地区考古学文化格局——兼论戎、狄、胡与华夏之间的互动》,《考古学报》2015 年第 3 期。

史党社:《从考古新发现谈前丝路的一些问题》,《秦始皇帝陵博物院》（第 4 辑）,陕西人民出版社,2014 年。

史党社:《同样的人群、不同的道路——秦对"西戎"的两种控制方式及历史意义》,《秦与北方民族历史文化论集》,科学出版社,2018 年。

史念海:《西周与春秋时期华族与非华族的杂居及其地理分布》（上、下）,《中国历史地理论丛》1990 年第 1、2 期。

水涛:《甘青地区青铜时代的文化结构和经济形态研究》,《中国西北地区青铜时代考古论集》,科学出版社,2001 年。

水涛:《关于寺洼文化研究的几个问题》,《中国西北地区青铜时代考古论集》,科学出版社,2001 年。

宋景民、张桂芝:《合水九站青铜时代人骨的鉴定与研究》,《考古学研究》（三）,科学出版社,1997 年。

宋景民、张桂芝、水涛:《合水九站青铜器时代的人骨》,《人类学学报》1988 年第 3 期。

宋治民:《三叉格铜柄铁剑及相关问题的探讨》,《考古》1997 年第 12 期。

苏秉琦:《瓦鬲的研究》,《苏秉琦考古学论述选集》,文物出版社,1984 年。

苏海洋:《论早期秦文化和西戎文化中域外因素传入的途径》,《西安财经学院学报》2019 年第 5 期。

苏奎:《汉代瓀羊纹马珂与文化交流》,《考古与文物》2020 年第 2 期。

孙战伟:《陕西清涧李家崖东周墓地性质分析》,《南方文物》2015 年第 3 期。

孙战伟:《〈春秋〉与〈左传〉中所见的戎及相关问题》,《文博》2017 年第 3 期。

孙战伟:《毛家坪 B 组遗存再认识》,《考古与文物》2019 年第 2 期。

孙周勇、孙战伟、邵晶:《黄陵寨头河战国墓地相关问题探讨》,《考古与文物》2012 年第 6 期。

孙周勇、孙战伟、邵晶:《黄陵史家河战国墓地相关问题探讨》,《考古与文物》2015 年第 3 期。

滕铭予:《关中秦墓研究》,《考古学报》1992 年第 3 期。

滕铭予:《论关中秦墓中洞室墓的年代》,《华夏考古》1993 第 2 期。

滕铭予:《论秦墓中的直肢葬及相关问题》,《文物季刊》1997 年第 1 期。

滕铭予:《论东周时期秦文化的发展与扩展》,《中国考古学的跨世纪反思》,商务印书馆,1999 年。

滕铭予:《中国北方地区两周时期铜镞的再探讨——兼论秦文化中所见铜镞》,《边疆考古研究》(第 1 辑),科学出版社,2002 年。

滕铭予:《宝鸡建河墓地的年代及相关问题》,《边疆考古研究》(第 8 辑),科学出版社,2009 年。

滕铭予、王春斌:《东周时期三晋地区的北方文化因素》,《边疆考古研究》(第 10 辑),科学出版社,2011 年。

田静、史党社:《猃狁、乌氏的地域及文化散论》,《秦文化论丛》(第 9 辑),西北大学出版社,2002 年。

田静、史党社:《益门村二号墓相关问题续说》,《考古与文物》2002 年增刊号。

田率:《四十二年逨鼎与周伐猃狁问题》,《中原文物》2010 年第 1 期。

田小刚、李延祥、毛瑞林:《甘肃漳县墩坪墓地出土青铜器科学分析》,《有色金属 (冶炼部分)》2023 年第 7 期。

田亚岐:《东周时期关中秦墓所见"戎狄"文化因素探讨》,《文博》2003 年第 3 期。

田亚岐、刘明科:《关中战国秦墓地姜戎文化因素的比较与思考》,《第二届秦文化论坛秦文化研究会学术交流论文集》,内部刊物,2022 年。

童恩正:《试论我国从东北至西南的边地半月形文化传播带》,《文物与考古论集》,文物出版社,1986 年。

童书业:《夷蛮戎狄与东南西北》,《禹贡》1937 年第 10 期。

王安琪:《春秋战国时期西戎墓葬葬俗初探》,《东方考古》(第 18 集),科学出版社,2021 年。

王东明:《关于"民族"与"族群"概念之争的综述》,《广西民族学院学报 (哲学社会科学版)》2005 年第 2 期。

王颢:《战国秦墓姜戎文化群体特征之管窥——以宝鸡郭家崖秦国墓地为例》,《文博》2019 年第 4 期。

王辉:《张家川马家塬墓地相关问题初探》,《文物》2009 年第 10 期。

王辉:《甘肃发现的两周时期的"胡人"形象》,《考古与文物》2013 年第 6 期。

王辉:《马家塬战国墓地综述》,《西戎遗珍:马家塬战国墓地出土文物》,文物出版社,2014年。

王雷生:《瓜州新考》,《敦煌学辑刊》1993年第2期。

王雷生:《论骊山之役与西周的灭亡》,《人文杂志》1995年第4期。

王明辉:《甘肃庄浪徐家碾寺洼文化人骨研究》,《徐家碾寺洼文化墓地:1980年甘肃庄浪徐家碾考古发掘报告》,科学出版社,2006年。

王奕舒、凌雪、梁云、侯宏伟、洪秀媛、陈靓:《甘谷毛家坪遗址秦人骨的碳氮同位素研究》,《西北大学学报(自然科学版)》2019年第5期。

王颖竹、马泓蛟、马清林、黄晓娟、赵西晨:《甘肃张家川马家塬战国墓地M4出土料珠研究》,《文物保护与考古科学》2019年第4期。

王玉哲:《论先秦的"戎狄"及其与华夏的关系》,《南开大学学报》1955年第1期。

王玉哲:《秦人的族源及迁徙路线》,《历史研究》1991年第3期。

王玉哲:《西周时太原之地望问题》,《纪念李埏教授从事学术活动五十周年史学论文集》,云南大学出版社,1992年。

王占奎:《晋地"姜戎氏"文化的线索》,《文物考古文集》,武汉大学出版社,1997年。

王长启:《西安市文管会藏鄂尔多斯式青铜器及其特征》,《考古与文物》1991年第4期。

王震:《陕西清涧李家崖东周墓葬的年代及相关问题》,《边疆考古研究》(第26辑),科学出版社,2019年。

王志友:《早期秦文化与域外文化、北方草原文化的交流》,《西安电子科技大学学报(社会科学版)》2013年第6期。

王子今:《秦人屈肢葬仿象"窋卧"说》,《考古》1987年第12期。

王宗维:《西戎八国考述》,《西北历史研究》(1986年号),三秦出版社,1987年。

乌恩:《我国北方古代动物纹饰》,《考古学报》1981年第1期。

乌恩:《欧亚大陆草原早期游牧文化的几点思考》,《考古学报》2002年第4期。

吴伟:《试论春秋以前西戎为西地之戎》,《西北民族大学学报(哲学社会科学版)》2015年第4期。

吴艳春:《欧亚草原动物纹艺术的典型题材》,《文博》2011年第4期。

吴业恒:《河南伊川徐阳墓地发现春秋陆浑戎贵族墓葬和车马坑》,《中国文物报》2015年11月20日第8版。

吴业恒:《河南伊川徐阳发现东周陆浑戎贵族墓地》,《中国文物报》2016年4月22日第8版。

吴业恒:《河南伊川徐阳墓地的族属》,《大众考古》2017年第6期。

吴业恒:《河南伊川徐阳墓地初步研究》,《青铜器与金文》(第2辑),上海古籍出版社,2018年。

吴业恒、马占山:《戎人内迁伊洛》,《文博中国》微信公众号,2021年4月3日。

肖健一、乔美美：《西耳村、尹王村秦墓中所见的西戎文化因素》，《秦汉研究》（2020），西北大学出版社，2020年。

谢高文：《从秦咸阳发现带"戎"字陶文试析秦戎关系》，《秦始皇帝陵博物院》（第7辑），三秦出版社，2017年。

辛迪：《义渠考》，《内蒙古师范大学学报（哲学社会科学版）》2004年第6期。

辛迪：《春秋诸戎及其地域分布考》，《中国国家博物馆馆刊》2013年第4期。

徐日辉：《古代西北民族"绵诸"考》，《西北民族学院学报（哲学社会科学版）》1984年第1期。

徐日辉：《早期秦与西戎关系考》，《宁夏社会科学》2005年第1期。

许成、李进增：《东周时期的戎狄青铜文化》，《考古学报》1993年第1期。

许伟：《晋中地区西周以前古遗存的编年与谱系》，《文物》1989年第4期。

薛方昱：《义渠戎国新考》，《西北民族学院学报（哲学社会科学版）》1988年第2期。

薛瑞泽：《从"益国十二，开地千里"看秦的民族融合及对外交往》，《秦始皇帝陵博物院》（2017年），三秦出版社，2017年。

杨建华：《陕西清涧李家崖东周墓与"河西白狄"》，《考古与文物》2008年第5期。

杨建华：《中国北方东周时期两种文化遗存辨析——兼论戎狄与胡的关系》，《考古学报》2009年第2期。

杨建华：《张家川墓葬草原因素寻踪——天山通道的开启》，《西域研究》2010年第4期。

杨建华：《略论秦文化与北方文化的关系》，《考古与文物》2013年第1期。

杨建新：《论戎族》，《西北史地》1984年第1期。

杨瑾：《基于考古资料的周、秦与戎狄关系异同考察》，《江汉学术》2014年第2期。

杨铭：《义渠族属辨》，《陕西历史博物馆馆刊》（第4辑），西北大学出版社，1997年。

杨佩铭：《释戎》，《边疆人文》1947年第4期。

杨树达：《积微居字说》，《复旦学报》1947年第3期。

叶小燕：《秦墓初探》，《考古》1982年第1期。

尹盛平：《猃狁、鬼方的族属及其与周族的关系》，《人文杂志》1985年第1期。

尹盛平：《寺洼文化族属探索》，《文博》2020年第5期。

于焕金：《秦墓中出土的S形饰研究》，《考古与文物》2013年第5期。

于建华：《鹤嘴铜斧初论》，《北方文物》1996年第4期。

俞伟超：《古代"西戎"和"羌"、"胡"文化归属问题的探讨》，《青海考古学会会刊》1980年第1期。

袁靖、杨梦菲：《甘肃庄浪徐家碾寺洼文化墓葬出土动物骨骼研究报告》，《徐家碾寺洼文化墓地：1980年甘肃庄浪徐家碾考古发掘报告》，科学出版社，2006年。

翟晓兰：《匈奴帝国建立前后的文化分布与传播》，《文博》2009年第1期。

早期秦文化联合考古队：《戎狄之旅——内蒙、陕北、宁夏、陇东考古考察笔谈》，《考古与文物》2012 年第 1 期。

张亮:《中原地区战国时期洞室墓研究》,《考古》2021 年第 2 期。

张全超、朱泓:《内蒙古和林格尔县新店子墓地人骨研究》,《考古》2009 年第 3 期。

张瑞强:《春秋时期姜戎、陆浑戎融入华夏考》,《中央民族大学学报（哲学社会科学版）》2021 年第 6 期。

张曙晖、王文光:《商周时期的"戎"及其流变》,《云南师范大学学报（哲学社会科学版）》2017 年第 5 期。

张天恩:《秦器三论——益门春秋墓几个问题浅淡》,《文物》1993 年第 10 期。

张天恩:《再论秦式短剑》,《考古》1995 年第 9 期。

张天恩:《周王朝对陇右的经营与秦人的兴起》,《周秦社会与文化研究》,陕西师范大学出版社,2003 年。

张天恩:《甘肃礼县秦文化调查的一些认识》,《考古与文物》2004 年第 6 期。

张天恩:《古代关陇通道与秦人东进关中线路考略》,《早期秦文化研究》,三秦出版社,2006 年。

张天恩、刘锐:《春秋早期关中周余民及文化遗存浅识》,《陕西历史博物馆论丛》,三秦出版社,2021 年。

张天恩、煜珧:《秦墓的壁龛殉人葬俗初论》,《秦始皇帝陵博物院》（第 6 辑）,三秦出版社,2016 年。

张文立:《"鹤嘴斧"的类型、年代与起源》,《边疆考古研究》（第 2 辑）,科学出版社,2004 年。

张旭、朱泓:《试论甘青地区古代居民体质特征对华夏族形成的影响》,《中原文物》2014 年第 1 期。

张寅:《东周西戎考古学文化的初步研究》,《秦始皇帝陵博物院》（第 3 辑）,三秦出版社,2013 年。

张寅:《铲足鬲的分布、年代及其相关问题研究》,《文博》2014 年第 2 期。

张寅:《东周时期关中地区西戎遗存的初步研究》,《考古与文物》2014 年第 2 期。

张寅:《欧亚草原地带早期金属器上的鹿形纹样研究》,《中国美术研究》（第 23 辑）,东南大学出版社,2017 年。

张寅:《东周西戎文化杨郎类型来源管窥》,《中国国家博物馆馆刊》2018 年第 3 期。

张寅:《略论东周时期北方地区金属器上羊形纹样的来源》,《四川文物》2018 年第 5 期。

张寅:《东周西戎文化马家塬类型来源初探》,《考古与文物》2019 年第 2 期。

张寅:《两周时期西戎族群生业模式的转变》,《北方文物》2019 年第 2 期。

张寅:《公元前 1 千纪新疆地区偏洞室墓葬形制的东传》,《丝绸之路与秦汉文明》,文物出版社,2020 年。

张寅、耿庆刚、侯红伟:《关中地区东周时期"戎式陶罐"及相关问题研究》,《文博》

2017 年第 5 期。

赵德云:《中国出土的蜻蜓眼式玻璃珠研究》,《考古学报》2012 年第 2 期。

赵化成:《寻找秦文化渊源的新线索》,《文博》1987 年第 1 期。

赵化成:《甘肃东部秦和羌戎文化的考古学探索》,《考古类型学的理论与实践》,文物出版社,1989 年。

赵化成:《宝鸡市益门村二号春秋墓族属管见》,《考古与文物》1997 年第 1 期。

赵化成:《〈陇县店子秦墓〉读后》,《考古》2000 年第 1 期。

赵化成:《秦人从哪里来 寻踪早期秦文化》,《中国文化遗产》2013 年第 2 期。

赵化成:《李崖周代遗存与嬴秦西迁研究》,《国际视野下的秦始皇帝陵及秦俑学研究学术研讨会论文集》,西安地图出版社,2021 年。

赵化成、张寅、王辉:《西戎文化的考古发现与研究》,《中国考古学百年史(1921—2021)》,中国社会科学出版社,2021 年。

赵铁寒:《春秋时期的戎狄地理分布及其源流》,《大陆杂志》1955 年第 2 期。

赵吴成:《甘肃马家塬战国墓马车的复原——兼谈族属问题》,《文物》2010 年第 6 期。

赵吴成:《甘肃马家塬战国墓马车的复原(续一)》,《文物》2010 年第 11 期。

赵吴成:《甘肃马家塬战国墓马车的复原(续二)——马车的设计制造技巧及牛车的改装与设计思想》,《文物》2018 年第 6 期。

郑绍宗:《中国北方青铜短剑的分期及形制研究》,《文物》1984 年第 2 期。

钟侃、韩孔乐:《宁夏南部春秋战国时期的青铜文化》,《中国考古学会第四次年会论文集》,文物出版社,1985 年。

周晓陆、陈晓捷、汤超、李凯:《于京新见秦封泥中的地理内容》,《西北大学学报(哲学社会科学版)》2005 年第 4 期。

朱泓:《合水九站青铜时代颅骨的人种学分析》,《考古与文物》1992 年第 2 期。

竺可桢:《中国近五千年来气候变迁的初步研究》,《考古学报》1972 年第 1 期。

高滨侑子:《中国古代洞室墓》,《文博》1994 年第 1 期。

杰西卡·罗森:《红玛瑙珠、动物塑像和带有异域风格的器物——公元前 1000—前 650 年前后周及其封国与亚洲内陆的交流迹象》,《祖先与永恒:杰西卡·罗森中国考古艺术文集》,生活·读书·新知三联书店,2011 年。

(二)学位论文

曹军:《三晋两周地区东周车马器研究》,吉林大学硕士学位论文,2014 年。

曹肖肖:《甘肃东周时期戎墓研究》,西北师范大学硕士学位论文,2018 年。

柴帅兴:《陆浑戎研究》,河北师范大学硕士学位论文,2022 年。

陈飞:《陕晋北部南流黄河两岸地区东周墓葬研究》,吉林大学硕士学位论文,2020 年。

陈晶:《天水市博物馆藏战国车饰件的整理与研究》,西北师范大学硕士学位论文,2020年。

陈瑞:《寨头河墓地研究》,山西大学硕士学位论文,2020年。

陈探戈:《春秋战国时期的秦戎关系研究》,西北大学硕士学位论文,2011年。

陈苇:《甘青地区与西南山地先秦时期考古学文化及互动关系》,吉林大学博士学位论文,2009年。

代威巍:《陇东地区东周时期金银器及相关问题研究》,吉林大学硕士学位论文,2014年。

邓俊生:《秦国与西戎民族关系研究》,兰州大学硕士学位论文,2011年。

杜昀:《宝鸡益门村二号秦墓出土器物研究》,西北师范大学硕士学位论文,2019年。

冯盛国:《两周时期华夷关系研究》,陕西师范大学博士学位论文,2014年。

付文新:《寺洼文化墓葬壁龛研究》,兰州大学硕士学位论文,2017年。

高杨:《西周国家西北边境的身份认同与政治空间》,山东大学硕士学位论文,2020年。

耿庆刚:《东周青铜器动物纹样研究》,西北大学博士学位论文,2019年。

郭辉:《黄陵寨头河战国时期戎人墓地出土人骨的肢骨研究》,西北大学硕士学位论文,2013年。

郭物:《新疆天山地区公元前一千纪的考古学文化研究》,中国社会科学院研究生院博士学位论文,2005年。

洪秀媛:《甘谷毛家坪沟东墓葬区出土人骨的研究》,西北大学硕士学位论文,2014年。

侯知军:《新疆地区商周时期出土动物装饰器物研究》,吉林大学硕士学位论文,2014年。

胡进驻:《东周郑韩墓葬研究》,郑州大学硕士学位论文,2003年。

纪媛:《陇东南地区新石器时代至战国陶鬲调查与研究》,西北师范大学硕士学位论文,2020年。

江楠:《中国早期金银器的考古学研究》,吉林大学博士学位论文,2015年。

蒋超年:《甘青地区青铜时代考古学文化及族属研究》,东北师范大学硕士学位论文,2011年。

李丽丽:《魏晋以前西北地区羊形象研究》,西北师范大学硕士学位论文,2017年。

李楠:《关中地区商周时期墓葬壁龛的初步研究》,陕西师范大学硕士学位论文,2019年。

李珊:《甘肃地区汉代以前金银器艺术风格初探》,西北师范大学硕士学位论文,2018年。

李媛:《马家塬战国墓地文化性质及其与秦文化关系探讨》,西北大学硕士学位论文,2009年。

凌雪:《秦人食谱研究》,西北大学博士学位论文,2010年。

刘承:《西周后期周、秦、戎民族关系研究——兼论秦国早期史问题》,郑州大学硕士学位论文,2012年。

刘欢:《甘肃天水毛家坪遗址动物遗存研究》,西北大学博士学位论文,2019年。

刘静:《西周王朝西北边缘地带的文化与社会》,北京大学博士学位论文,2012年。

马芳芳：《马家塬墓地西戎文化研究》，西北大学硕士学位论文，2018 年。

马强：《宁夏出土北方系青铜器综合研究》，陕西师范大学硕士学位论文，2009 年。

马玉：《礼县早期秦墓葬群金属器动物纹样研究》，西北师范大学硕士学位论文，2020 年。

母少娟：《试论宁夏地区东周时期的墓葬》，中央民族大学硕士学位论文，2010 年。

裴建陇：《新出秦国短剑试论》，陕西师范大学硕士学位论文，2013 年。

秦晓禾：《甘宁地区东周时期西戎墓地出土腰带饰研究》，西北师范大学硕士学位论文，2017 年。

任秀芬：《东周时期北方长城地带的双耳罐研究》，吉林大学硕士学位论文，2013 年。

邵会秋：《新疆史前时期文化格局的演进及其与周邻地区文化的关系》，吉林大学博士学位论文，2007 年。

沈琳：《秦国与戎狄关系研究》，河北师范大学硕士学位论文，2011 年。

石嫦静：《中国北方地区先秦时期马镳研究》，吉林大学硕士学位论文，2018 年。

时西奇：《中国北方出土商周时期当卢研究》，吉林大学硕士学位论文，2016 年。

史党社：《秦关北望：秦与"戎狄"文化的关系研究》，复旦大学博士学位论文，2008 年。

宋江宁：《试论寺洼文化》，中国社会科学院大学硕士学位论文，2001 年。

田汉：《沙井文化偏洞室墓研究》，西北师范大学硕士学位论文，2020 年。

王安琪：《春秋战国时期西戎文化墓葬研究》，山东大学硕士学位论文，2020 年。

王飞：《马家塬和杨郎战国墓葬对比研究》，西北师范大学硕士学位论文，2014 年。

王璐：《渭河上游周秦汉时期遗址的聚落考古学研究》，西北大学硕士学位论文，2018 年。

王淑纬：《陇东南地区东周墓葬研究》，西北师范大学硕士学位论文，2020 年。

王笑：《张家川马家塬战国墓鋄金银铁矛研究》，西北师范大学硕士学位论文，2017 年。

王雪岩：《中国北方地区商周时期食草动物纹装饰研究》，吉林大学硕士学位论文，2018 年。

王占奎：《试论九站寺洼文化遗址——兼论甘肃东部地区寺洼文化》，北京大学硕士学位论文，1985 年。

王志友：《早期秦文化研究》，西北大学博士学位论文，2007 年。

谢钟慧：《中国北方地区夏至战国时期出土的无机非金属装饰品初探》，重庆师范大学硕士学位论文，2016 年。

辛迪：《两周戎狄考》，北京大学博士学位论文，2006 年。

闫虹如：《张家川马家塬战国墓出土装饰品研究》，西北师范大学硕士学位论文，2015 年。

姚磊：《先秦戎族研究》，兰州大学硕士学位论文，2014 年。

杨诗雨：《甘肃漳县墩坪墓地东周时期人骨研究》，吉林大学博士学位论文，2023 年。

张亮：《东周社会结构演变的考古学观察——以三晋两周地区墓葬为视角》，吉林大学博士学位论文，2014 年。

张盟：《公元前 1 千纪的内陆亚洲山麓通道》，吉林大学博士学位论文，2013 年。

张强：《生态环境对西周历史进程影响研究》，郑州大学博士学位论文，2014 年。

张亚楠:《毛家坪遗址周代制陶工艺研究》,西北大学硕士学位论文,2018 年。

张燕:《陕西省黄陵县寨头河战国戎人墓地人骨古病理研究》,西北大学硕士学位论文,
  2013 年。

张寅:《两周时期陇山东西两侧考古学文化研究》,北京大学博士学位论文,2014 年。

赵化成:《甘肃东部秦和羌戎文化的考古学探索》,北京大学硕士学位论文,1984 年。

赵良强:《洛阳徐阳春秋战国墓地西戎文化要素分析》,天津师范大学硕士学位论文,
  2023 年。

赵永生:《甘肃临潭磨沟墓地人骨研究》,吉林大学博士学位论文,2013 年。

周琪:《宁夏东周北方文化青铜器研究》,吉林大学硕士学位论文,2017 年。

周赟:《寺洼文化研究》,吉林大学硕士学位论文,2006 年。

六、外文文献

Colin Renfrew, *Archaeology and Language: The Puzzle of Indo-European Origins*, Cambridge
  University Press, 1990.

E. H. Mings, *Scythians and Greeks*, Cambridge University Press, 1913.

Emma C. Bunker, *Ancient Bronzes of the Eastern Eurasian Steppes*, The Arthur M. Sackler
  Foundation, 1997.

E. Jacobson, *The Art of the Scythians: The Interpenetration of Culture at the Edge of the
  Hellenic World*, New York, 1995.

Jeannine Davis-Kimball, Vladimir A. Bashilov, Leonid T. Yablonsky, *Nomads of the Eurasian
  Steppes in the Early Iron Age*, Zinat Press, 1995.

Joan Aruz etc, *The Golden Deer of Eurasia: Scythian and Sarmatian Treasures from the
  Russian Steppes*, The metropolitan Museum of Art, 2000.

Katheryn M. Linduff, Emma C. Bunker and Wu En, *Archaeological Overview in Ancient
  Bronze of the Eastern Eurasian Steppes from the Arthur M. Sackler Collections*, Arthur M.
  Sackler Foundation, 1997.

Mark E. Hall, "Towards an Absolute Chronology for the Iron Age of Inner Asia", *Antiquity*,
  1997(71).

S. I. Rudenko, *Frozen Tombs of Siveria: The Pazyryk Burials of Iron Age Horsemen*,
  University of California Press, 1970.

St John Simpson, Svetlana Pankova, *Scythians Warriors of Ancient Siberia*, Thames & Hudson, 2017.

The Trustees of the British Museum, *Frozen Tombs: The Culture and Art of the Ancient Tribes
  of Siberia*, British Museum Publications Limited, 1978.

V. Gordon Childe, *The Danube in Prehistory*, Clarendon Press, 1929.

插图索引

后 记

这本书是对我十多年来学习、探索西戎考古学文化心得的一次汇总。

2006 年，赵化成、杨哲峰、沈睿文、韦正四位老师带领我们北京大学本科 2004 级考古班的全体同学，前往甘肃礼县大堡子山早期秦文化遗址进行四个月的田野考古实习。其间参观了刚刚发现不久、正在发掘中的张家川马家塬西戎贵族墓地。两处遗址均获评当年"全国十大考古新发现"，对于一个第一次接触田野考古的年轻人来说，能够有幸参与其中，当时的震撼与骄傲是可想而知的。这次实习之后，我坚定了跟随赵化成老师学习秦文化与西戎文化的想法。

大学四年级保研之后，属实是一段轻松的时光，选定一个题目并着手开始本科毕业论文的写作，成为唯一的学习任务。在阅读完俞伟超先生《古代"西戎"和"羌"、"胡"文化归属问题的探讨》及赵化成老师硕士毕业论文《甘肃东部秦文化和羌戎文化的考古学探索》后，我大胆地向赵老师表达想要沿着秦、戎关系的方向继续研究的愿望。赵老师十分高兴，但表示若想看清秦文化的来源、构成及发展，对于西戎文化的了解是必不可少的，他建议我先熟悉西戎文化材料，以东周时期西戎考古遗存为对象撰写本科毕业论文。接下来的几个月中，赵老师手把手地教导我如何进行学术研究，使我在本科毕业时，有点入了考古学研究之门的感觉。最终的论文，赵老师应当是满意的。在他的鼓励与推荐下，论文中有关陕西关中地区东周西戎遗存的研究被单列出来，投稿《考古与文物》，得以录用。这也促成之后有关东周西戎文化"关中类型"的思考，也是我对西戎考古学文化展开研究的起点。

硕博研究生阶段，正值由北京大学考古文博学院、甘肃省文物考古研究所、陕西省考古研究院、中国国家博物馆考古院及西北大学文化遗产学院等五家单位合作的"早期秦文化与西戎文化考古"项目快速推进时期，在赵老师的安排下，我先后参加了甘肃秦安县"三普"调查、陕西关中地区秦汉时期离宫别馆考古调查、甘肃清水李崖、甘谷毛家坪遗址的考古发掘等工作，接触到大量第一手秦文化、西戎文化考古资料。赵老师还带我参加了"戎狄之旅""秦赵之旅"两次学术考察，行程遍及北京、河北、内蒙古、宁夏、甘肃、陕西、山西各县市，一路见闻及同行老师们的真知灼见，都为我理解西戎文化的形成提供了极大帮助。

学问有时是逼出来的。在博士研究生三年级时，赵老师让我在他给研究生开设的"战国秦汉考古研究"课程中，以"东周西戎文化的发现与研究"为题作汇报。这迫使我收起贪玩之心，对之前有关西戎遗存的一些零散的、模糊的认识进行了一次系统整理。在老师的启发下，我初步形成东周西戎文化是由寺洼支系和草原支系两个系统构成的观点，搭建起有关东周西戎文化认识的逻辑框架。至今我依然记得汇报结束后，坐在教室最后一排的老师露出的笑容。

之后，在赵老师的指导下，我以《两周时期陇山东西两侧考古学文化研究》为题，完成博士学位论文并通过答辩。论文利用考古新资料，对周、秦、西戎文化之间的互动与交流进行了探讨。在这过程中，我清晰地认识到，东周西戎族群作为跨地区、跨文明交流的重要媒介，要想全面理解其来源、发展及去向，必须将东周西戎文化置于文化交流的视野之下进行研究。但受当时能力所限，这部分研究并未在博士学位论文中展开。幸运的是，工作后受国家社科基金资助，我得以继续东周西戎文化中的多元文化因素研究，补全了有关东周西戎文化认识的重要一环。

2021年，国家社科基金结项后，我计划出版结项成果，当时向赵老师求序，老师欣然应允。可后来因为出版经费等原因，事情进展较慢，作序的事也耽搁下来。当真正进入出版流程之时，赵老师已身患重病。2023年，频繁往返北京探望赵老师，眼见老师病情愈沉，每每求序的话到嘴边，念及老师身体，又都咽了回去。不想，在最后住院时光中，老师竟问起作序之事。此时老师已无力写作，经同意，我利用他论文中有关西戎文化的论述和早年为我写下的相关项目鉴定评语，拟合成书序。老师阅后，回复："挺好！"颤抖地签名，并饶有兴致地翻了翻校样，对书名、结构提出了许多珍贵的修改意见。可以说，这部书稿中对于西戎考古学文化研究的每一点进展，都是在赵老师的指导下取得的，无一不凝结着老师的心血。

老师如父，从求学至工作，赵老师给予我太多的关爱。他深爱着考古，尤其是对秦文化和西戎文化研究，有着强烈的情感。即使在病程后期极其虚弱的情况下，每每与我们弟子聊天，提到最多的依然是他对于秦、戎研究的新观点、新思路，以及他无法继续探索下去的深深遗憾。老师的精神必定感召着我们继续前行。永远怀念恩师赵化成先生！

多年来，"早期秦文化与西戎文化考古"项目组在甘肃、陕西等地做了大量的田野考古调查与发掘工作，我有幸参与其中多个重要遗址的发掘及整理工作，并被允许使用许多尚未发表的秦文化与西戎文化新资料进行研究，这是应当十分感谢的。项目组的信立祥、焦南峰、王辉、张天恩、赵丛苍、田亚岐、戴向明、梁云等诸位师长，对我的研究提出许多宝贵的意见和建议，我的许多认识也深受他们的研究成果启发，在此深表谢意。

感谢北京大学考古文博学院高崇文、刘绪、徐天进、杨哲峰、孙庆伟、雷兴山、陈建立等老师，我对西戎文化的探索始于求学时期，一直得到各位老师的关心与指教。

感谢游富祥、周繁文、耿庆刚、张晓磊、潘攀等同门，以及甘肃省文物考古研究所侯红伟、王永安，秦始皇帝陵博物院付建在写作过程中的帮助和意见。

进入陕西师范大学历史文化学院从事教学、科研工作后，一直得到考古文博系张懋镕、曹玮、徐涛、朱君孝、杨瑾、郭妍利、毕经纬等各位老师的关心与帮助，本书的出版得到学院李秉忠院长、孙伟书记等领导的大力支持，在此一并致谢。

本书的编辑缪丹是我的同学，感谢她在编辑、排版、校对、印刷各个环节给予的大力帮助。感谢我的研究生们，在本书编辑过程中，康晨、梁祎宸、赵学敏、郭逗逗、赵睿彬、马奕琳、王伊妹、杨钰峰等同学分担了大量校对工作，付出了辛勤劳动。

最后要感谢我的父母，他们为我付出太多，而我无以为报。感谢妻子给予我的理解与支持。他们是我最温暖牢靠的港湾。这本书献给他们，也献给我的女儿。

张宗

二〇二四年四月十二日于西安馨园